全国革命老区县发展史丛书·广东卷

揭西县革命老区发展史

揭西县革命老区发展史编委会　编

SPM 南方出版传媒·广东人民出版社
·广州·

图书在版编目（CIP）数据

揭西县革命老区发展史 / 揭西县革命老区发展史编委会编. —广州：
广东人民出版社，2021.6
　（全国革命老区县发展史丛书·广东卷）
　ISBN 978 - 7 - 218 - 15078 - 9

　Ⅰ. ①揭…　Ⅱ. ①揭…　Ⅲ. ①揭阳—地方史　Ⅳ. ①K296.53

中国版本图书馆 CIP 数据核字（2021）第 105104 号

JIEXI XIAN GEMING LAOQU FAZHANSHI
揭西县革命老区发展史
揭西县革命老区发展史编委会　编　　　　　　　版权所有　翻印必究

出 版 人：肖风华

责任编辑：钱飞遥
文字编辑：郝婧羽
装帧设计：张力平等
责任技编：吴彦斌　周星奎

出版发行：广东人民出版社
地　　址：广州市海珠区新港西路 204 号 2 号楼（邮政编码：510300）
电　　话：（020）85716809（总编室）
传　　真：（020）85716872
网　　址：http：//www. gdpph. com
印　　刷：广州市浩诚印刷有限公司
开　　本：715 mm×995 mm　1/16
印　　张：29.25　插 页：14　字 数：400 千
版　　次：2021 年 6 月第 1 版
印　　次：2021 年 6 月第 1 次印刷
定　　价：138.00 元

如发现印装质量问题，影响阅读，请与出版社（020 - 85716849）联系调换。
售书热线：（020）85716826

广东省编纂《革命老区县发展史》丛书
指导小组

组　　长：陈开枝（广东省老区建设促进会会长）

副组长：林华景（广东省老区建设促进会常务副会长）

　　　　宋宗约（广东省农业农村厅二级巡视员、广东省老
　　　　　　　区建设促进会副会长）

　　　　刘文炎（广东省老区建设促进会副会长）

　　　　郑木胜（广东省老区建设促进会副会长）

　　　　姚泽源（广东省老区建设促进会副会长兼秘书长）

　　　　谭世勋（广东省老区建设促进会副会长）

　　　　廖纪坤（广东省农业农村厅总经济师）

办公室

主　　任：姚泽源（兼）

副主任：韦　浩（广东省农业农村厅扶贫协作与老区建设处
　　　　　　　处长）

　　　　柯绍华（广东省老区建设促进会副秘书长）

　　　　伍依丽（广东省老区建设促进会副秘书长）

微信扫描二维码 ◀◀◀
您立即获得本书作者的
相关资料。

《揭西县革命老区发展史》
编纂委员会

顾　　　问：刘端雄　　魏洁林　　张永庆　　林春雄　　何　亿
　　　　　　官楚生　　黄书香
主　　　任：蔡福生
副　主　任：黄建胜　　吴国栋　　杨伟强　　杨　华
成　　　员：张应新　　李勇豪　　王喜发　　高锐华　　张美胜
　　　　　　贝平波　　李文涛　　巫丽琼　　李庆裕　　邹锐豪
　　　　　　邓演杰　　温仲明　　蔡忠东　　邱渭灵　　林少红
主　　　编：蔡忠东
副　主　编：张应新　　邱渭灵

　　在举国欢庆新中国成立 70 周年前夕，中国老区建设促进会王健会长请我为《全国革命老区县发展史》丛书作序，作为一名在老区战斗过并得到老区人民生死相助的老兵，回首往事，心潮澎湃，感慨万千，深感义不容辞，欣然应允。

　　中国革命老区，是以毛泽东为代表的中国共产党人在领导人民推翻帝国主义、封建主义和官僚资本主义三座大山，争取民族独立和人民解放伟大斗争中建立的革命根据地，在这片红色的土地上，诞生了无数可歌可泣的革命英雄儿女，为后人树起了一座不朽的丰碑，她是新中国的摇篮，是党和军队的根。

　　在艰苦卓绝的战争年代，老区人民把自己的命运与中华民族的命运紧紧地联系在一起，与中国共产党和人民军队的命运紧紧地联系在一起，他们生死相依，患难与共。我曾亲历过战争年代，并得到过老区红哥红嫂的救助，切身感受到发生在身边的一幕幕撼天动地的革命故事，在那极其艰难的条件下，老区人民倾其所有、破家支前，不怕艰难困苦，不怕流血牺牲。"最后一碗米送去做军粮，最后一尺布送去做军装，最后一件老棉袄盖在担架上，最后一个亲骨肉送去上战场"，这是当时伟大的老区人民为建立新中国做出巨大牺牲的真实写照，它将永远镌刻在中国共产党、中国人民解放军、中华人民共和国的历史丰碑上。他们的光辉业绩永载史册，他们的革命精神必将影响一代又一代的革命新人，造就一代又一代的民族脊梁。

在社会主义革命和建设时期，革命老区和老区人民响应党的号召，面对落后的面貌、脆弱的经济、恶劣的生态环境，他们本色不变，精神不丢，自力更生，艰苦奋斗，干一行爱一行。始终坚持"革命理想高于天"，自觉做共产主义远大理想的坚定信仰者和忠实实践者，勇于向恶劣的自然环境和贫穷落后宣战，他们在各条战线上为国建功立业，用平凡的双手创造了一个又一个不平凡的奇迹，彰显了老区人的崇高精神和人格力量。

在改革开放的伟大进程中，老区人民解放思想，勇于创新，发奋图强，攻坚克难，老区的经济社会建设取得了辉煌成就。特别是在改变中国的面貌、中华民族的面貌、中国人民的面貌、中国共产党的面貌的伟大实践中发挥了至关重要的作用。老区人民既是改革开放的参与者，也是改革开放的推动者。

艰苦练意志，危难见精神。老区人民在近百年的革命战争、社会主义建设和改革开放的伟大实践中，孕育形成了伟大的老区精神：爱党信党、坚定不移的理想信念；舍生忘死、无私奉献的博大胸怀；不屈不挠、敢于胜利的英雄气概；自强不息、艰苦奋斗的顽强斗志；求真务实、开拓创新的科学态度；鱼水情深、生死相依的光荣传统。这是党和人民宝贵的精神财富、丰厚的政治资源，是凝心聚力、振奋民族精神的重要法宝，也是社会主义核心价值观的重要内容。

中国老区建设促进会怀着强烈的政治责任感和历史使命感，组织全国各地老促会人员克服困难，尽心竭力编纂《全国革命老区县发展史》丛书，记录老区的光辉历史和辉煌成就，传承红色基因，弘扬老区精神，是功在当代、利及千秋的一件大事。手捧这部丛书的部分书稿，读着书中的故事，倍感亲切，深感这部丛书具有资政、育人、存史的社会功能，有着重要的时代和历史价值。它是不忘初心、牢记使命的源头活水，是赞颂共产党、讴歌老区人民的一部精品力作，是弘扬老区精神、传承红色记忆的丰厚载体，是一项继承优秀传统文化、弘扬革命文化、发展社会主义先进文化，坚定"四个自信"的宏大文化工程。它必将成为一种文化品牌，为各界人士了解老区宣传老区支持老区提供一部有价值的研究史料。希望读者朋友们能从中了解并牢记这些为党和民族的利益不断奉献的老区人民，从中得到教益，汲取人生奋斗的精神动力。

新时代赋予新使命，新起点开启新征程。让我们更加紧密地团结在以习近平同志为核心的党中央周围，坚持以习近平新时代中国特色社会主义思想为指导，增强"四个意识"，坚定"四个自信"，做到"两个维护"，弘扬老区精神，铭记苦难辉煌。为实现"两个一百年"奋斗目标，实现中华民族伟大复兴的中国梦作出新的更大的贡献！

迟浩田

2019 年 4 月 11 日

2017年6月，中国老区建设促进会组织全国各地老促会启动编纂《全国革命老区县发展史》丛书，按照"建立中国共产党、成立中华人民共和国、推进改革开放和中国特色社会主义事业"三大里程碑的历史脉络，系统书写革命老区百年历史，深入挖掘革命老区红色文化资源，这对于充实丰富中国革命史籍宝库、在新时代传承红色基因、弘扬革命精神、强固根本，对于激励人们在新的历史条件下夺取中国特色社会主义伟大胜利，实现中华民族伟大复兴的中国梦具有重要意义。

丛书编纂以习近平新时代中国特色社会主义思想为指导，以《中国共产党历史》《中国共产党的九十年》等重要文献为基本依据，以党的领导为核心，以老区人民为主体，以老区发展为主线，体现历史进程特征，突出时代发展特色，坚持辩证唯物主义和历史唯物主义相统一、历史真实性与内容可读性相统一的原则，书写革命老区从站起来、富起来到强起来的光辉革命史、不懈奋斗史、辉煌成就史，把老区人民的伟大贡献、伟大创造、伟大成就、伟大精神充分展示出来，形成一部具有厚重历史特征和鲜明时代特色的精品力作。这是一部培根铸魂、守正创新，既为历史立言，又为时代服务，字里行间流淌着红色血脉、催生着革命激情的传世之作。丛书的编纂出版将成为讴歌党讴歌人民讴歌时代、传播红色文化、为革命老区和老区人民树碑立传的重要载体。

丛书按照编年体与纪事本末体相结合、以编年体为主的编写体例确定框架结构；运用时经事纬、点面结合的方式记述史实；坚持人事结合、以事带人的原则处理人与事的关系；采取夹叙夹议、叙论结合以叙为主的方法展开内容。做到了史料与史论、历史与现实、政治与学术统一，文献性、学术性、知识性相兼容。

为编纂好《全国革命老区县发展史》丛书，打造红色文化品牌，中国老区建设促进会认真组织积极协调，提出政治立场鲜明、史料真实准确、思想论述深刻、历史维度厚重、时代特色突出、编写体例规范、篇目布局合理、审读把关严格、出版制作精良的编纂出版总要求，力求达到革命史籍精品的精神高度、思想深度、知识广度、语言力度，增强丛书的权威性和社会影响力。各省（区、市）、市（州、盟）、县（市、区、旗）老促会的同志，以强烈的使命感、责任感和紧迫感，勇于担当，积极作为，认真实施，组织由老促会成员、专家学者等参加的十余万人编纂队伍。编纂工作主体责任在县，省、市组织协调、有力指导、审读把关。各方面人员以高度负责的精神和科学严谨的态度，满腔热情地投入工作，为丛书编纂出版做出了重要贡献。丛书编纂工作还得到了党和国家有关部委、地方各级党委政府及有关部门的大力支持和积极参与，社会各界也给予了热情帮助。中共中央政治局原委员、中央军委原副主席、原国务委员兼国防部长迟浩田上将，对老区人民怀有深厚感情，对革命老区建设发展十分关注，欣然为《全国革命老区县发展史》丛书作总序。

丛书由总册和1599部分册（每个革命老区县编纂1部分册）组成，共1600册。鉴于丛书所记述的史实内容多、时间跨度长和编纂时间紧，不妥之处，敬请批评指正。

中国老区建设促进会

一、革命旧址

1925年，国民革命军第一次东征时驻棉湖指挥部旧址——兴道书院

兴道书院三乐堂。第二次东征时，周恩来在兴道书院三乐堂给30多位学生做演讲。此处现辟为革命历史展览室

1925年10月，国民革命军第二次东征驻河婆指挥部所在地——大光学校旧址

1925年10月，河婆之战战场旧址——河江上狮山、象山两山对峙（刘汉波　摄）

1926年1月，普宁县湖西村（现棉湖镇）农民在黄氏祖祠成立了农会

东征军政治部主任周恩来治胃病和眼疾的中华医院旧址

土地革命失败后，揭阳第一个建立党支部的摇篮——五经富"我们书室"

第二次东征时医治伤病员的大同医院

1939年，南侨中学全景。此中学被誉为"潮汕抗大"

1946年3月，中共潮汕特委直属武工队在灰寨陈屋寮村成立

1947年6月7日，潮汕人民抗征队在大北山天宝堂成立。图为南山镇天宝堂

1947年6月，潮汕地委在大北山粗坑村召开扩大会议，标志着潮汕人民武装斗争进入新的历史阶段

西山公祠——中国人民解放军华南文工团旧址

光裕公祠——潮汕军政学校旧址

1947年10月12日，中共潮汕地委机关报《团结报》在京溪园粗坑村创办

二、革命先烈

1926年，到湖西村指导农民革命斗争的彭湃

三、革命文物

周恩来捐款给大同医院的牌匾

民国时期南侨中学大刀队使用的铁大刀

揭西县博物馆存放的南侨中学校章和揭阳青抗会章

朱德军长送给尖田村村民蔡美必的徽章

1949年7月8日在河婆成立的南方人民银行发行的流通整个华南解放区的南方券

四、革命活动

1935年冬，"我们书室"成员在曾畅机的菜园（书室旧址）合影

1939年，南侨中学大刀队全体队员合影

1944年2月12日，河婆黎明剧社第三次表演《大地回春》，演职人员留影

1949年7月，华南文工团三队队员在河婆西山公祠合影

1977年春节，揭西县文化馆举行"周恩来文物照片展览"，图为各界群众参观的踊跃场面

南方人民银行印币厂
曾设在良田先立小学

1948年5月，潮揭
丰人民行政委员会
在南山关西村三德
堂成立

1949年7月28日，辖
潮梅地区17个县市
的潮梅人民行政委
员会在南山道南小
学成立

五、纪念碑及纪念活动

河婆象山革命烈士纪念碑

大洋革命烈士纪念碑

2015年7月1日，《团结报》纪念馆在其创刊地京溪园镇粗坑村开馆

2017年，揭西县委和县直单位在大北山革命历史纪念馆开展"纪念建党96周年，重温入党誓词"活动

2017年7月19日，南方人民银行纪念馆在良田乡落成开馆

六、革命老区发展建设新貌

国民革命军东征所在地，现已成为揭西县政治经济文化中心。图为县城河婆新貌

县城东入口远眺

凤凰新城

县城河婆

国民革命军取得著名"棉湖战役"胜利的棉湖古镇新貌

棉湖镇云湖公园

棉湖大桥

揭西高速公路网建设：汕湛高速、潮惠高速、杨林立交枢组

揭西高速公路网建设：汕湛高速公路横江水库特大桥

大洋山区生态茶园

坪上湖光洋：无公害蔬菜种植基地

全国最大口服青霉素生产基地：广药白云山揭西生产基地

金和石牛埔：南侨中学

国家级示范性高中：河婆中学全景

揭西县棉湖中学全貌

按三级甲等医院建设的揭西县人民医院

按现代化二甲医院升级改造的棉湖华侨医院（揭西县第二人民医院）

火炬村是革命老区村，是解放战争时期潮汕人民抗征队诞生地。统筹发展红色旅游与乡村振兴、精准扶贫，促进旅游公共基础设施建设水平与群众生活水平的提升，有力地促进了革命老区的振兴发展。火炬村2020年被评为"揭阳十大美丽乡村"，2020年被评为第二批"国家森林乡村"

黄满寨瀑布，国家AAAA级旅游景区，省级地质公园，被誉为"岭南第一瀑"

大洋国际生态旅游度假村，国家AAA级旅游景区

京明温泉度假村，国家AAAA级旅游景区，全国农业旅游示范点，广东省养生旅游示范区

国家十佳红色旅游景区：大北山国家森林公园、大北山革命历史纪念馆

山湖村是国务院扶贫办确定的全国196个、广东5个贫困村定点观测点之一，入选第二批全国乡村旅游重点村，是全省旅游扶贫重点村、广东省美丽乡村特色村，是揭阳市精准扶贫示范村和新农村建设示范点

世界三山国王文化发源地：三山祖庙。2019年，台湾有20个团体981名游客到河婆庙角村进香朝拜，寻根问祖。

（以上照片除署名外，均为李维照摄影，蔡忠东收集。）

七、老区荣誉

2019年底，全县有百岁老人110位，是名副其实的长寿之乡，图为揭西县"全国长寿之乡"百岁老人图片展

2017年11月8日，揭西县被广东省精神文明建设委员会评为"广东省县级文明城市"

2017年11月8日，揭西县获得广东省爱国卫生运动委员会授予的"广东省卫生县城"称号

2017年12月，揭西大北山旅游度假区被广东省旅游资源开发质量评定委员会认定为省级旅游度假区

2019年中国天然氧吧创建地区——揭西县获"中国天然氧吧"荣誉称号

微信扫描二维码
您立即开展本书的延伸阅读。

东征炮火震山岳，铲除封建旧军阀。北山红旗起号角，革命斗争开天地。

粤东古邑、潮客交融的揭西县于 1965 年设县，地域在大革命时期包括揭阳县的第三区、第五区，以及陆丰县第四区和普宁县第六区的部分乡村。中共揭西地方组织，是第一次国共合作后开始创建的。她在党中央和上级党委的领导下，贯彻执行党的路线、方针、政策，带领揭西人民为推翻"三座大山"，争取自由民主解放而走过了艰难曲折的光辉历程。

1925 年，周恩来同志两度驰骋粤东，饮马榕江，唤起工农，镇贼平叛，为巩固广东革命根据地做出了历史贡献和丰功伟绩。大革命时期，中共广东区委派出党员干部到现揭阳地域开展农民运动，并在县城建立中共揭阳支部。从此，揭西地域大部分人民，在中共揭阳支部领导下，开始了轰轰烈烈的新民主主义革命运动。

1926 年初，中共普宁支部在湖西村（现属揭西县棉湖镇）开展农民运动的同时，培养和发展了一批党员，并建立了湖西村党支部。1926 年春，中共陆丰县第四区区委领导下的五云（现属揭西县五云镇）农军，打击土豪劣绅，处决黄塘寨反动头子。

1927 年蒋介石发动四一二反革命政变后不久，五云建立了苏维埃政权，革命烈火继续燃烧。土地革命战争时期，中共东江特委建立以丰顺八乡山为中心的革命根据地，揭西地域的大北山与八乡山相连，红十一军在揭西地域建立了革命据点，组织赤卫队打土豪劣绅，建立苏维埃政权。抗日战争爆发前夕，中共韩江临委在五经富重新建立了土地革命失败后揭阳县第一个党支部。这个党支部的建立，对推动揭阳党组织的建设，为揭阳乃至潮汕地区培养领导和革命骨干，有着重要意义。

抗日战争爆发后，揭西地域各乡相继成立的由党组织领导的青年抗敌救亡同志会，团结各阶层人士，宣传抗日、开办夜校、募捐支前、慰劳前方将士。1938年，中共潮汕中心县委在揭阳和顺乡石牛埔（现属揭西县金和镇）办起西山公学（后改名"南侨中学"），培养大批抗日干部，时称"潮汕抗大"，名扬海内外。1942年，"南委事件"发生后，党组织奉命停止活动，执行"隐蔽精干，长期潜伏，积蓄力量，以待时机"的方针和"勤学、勤业、勤交友"的指示，渡过难关。1944年秋，党组织贯彻中央指示，恢复活动，筹建武装队伍，开展抗日游击战争。从此，揭西地域的共产党人和进步群众纷纷参加抗日游击队和后来的韩江纵队，取得抗日战争胜利，并挫败了国民党反动派企图消灭共产党的阴谋。

抗日战争胜利后，面对国民党反动派大规模的军事进攻，揭西地方党组织采取积极的分散隐蔽措施，有效地保存积蓄力量，在大北山周围建立起一批秘密活动据点，组织群众为革命传送情报、隐藏枪支、筹集物资、照料伤病员、提供秘密开会场所等。1947年6月，中共潮汕地委在大北山天宝堂（现属揭西县南山镇）成立潮汕人民抗征队，开展以反对国民党的"三征"（征兵、征粮、征税）为主要内容的武装斗争。随后地委机关报《团结报》在粗坑村创办，野战医院在秤钩潭建立。1948

年，党领导大北山根据地军民粉碎国民党军队五次"围剿"，巩固、扩大了革命根据地。1948年4月，潮（安）揭（阳）丰（顺）人民行政委员会在南山关西村成立；1949年2月17日，河婆解放，成立了潮汕地区第一个军事管制委员会；6月19日，揭陆华边人民行政委员会在横江成立。7月8日，发行华南解放区统一使用的南方券的南方人民银行在河婆成立；7月28日，辖潮梅地区17个县市的潮梅人民行政委员会在南山道南小学成立；10月23日，成立揭阳县人民政府。10月26日，上砂乡和平解放，至此，揭西地域全境解放。

从此，揭西人民在中国共产党的领导下，跨进了社会主义革命和建设的新时代。在艰苦漫长的革命岁月里，我们共产党员和人民群众，经受了严峻的考验，一大批革命先烈们抛头颅洒热血，为革命事业献出了年轻而宝贵的生命，先烈们的革命精神和不朽的丰功伟绩与山河共存，与日月同辉，似松柏长青，永世留芳，永存史册！永远活在我们的心中！

北山火炬燃烈火，革命洪流涌波涛。大浪淘沙始见真金闪烁，沧海横流方显英雄本色。《揭西县革命老区发展史》真实地记录了中国共产党人和广大人民群众在揭西地域奋斗的革命历程，以告慰无数为党和为人民的解放事业而英勇献身的革命先烈，为党员和广大人民群众作出学习的典范。

在建设社会主义现代化的新征程中，我们要学习革命前辈勇于站在时代前列的高尚情操，学习他们善于利用本地区特点和优势开展工作的成功经验，学习他们遭遇困难和挫折却不改初衷的坚定意志，学习他们密切联系群众、依靠群众完成时代赋予的光荣任务的良好作风。

抚今追昔，我们始终不能忘记新中国的建立是先烈们用鲜血换来的，始终不能忘记党的领导是我们事业成功的根本。炉红好锻铁，风正一帆悬！今天，我们一定要继承和发扬党的光荣传统和优良作风，进一步切实加强党的建设，锐意进取，开拓创新，艰苦奋斗，同心协力，为推动革命老区振兴发展，加快构建"一园两区"发展新格局，全力打造生态发展示范区，建设美丽揭西、文明揭西、幸福揭西而奋斗。这是我们对革命先辈们最好的纪念！

揭西县革命老区建设促进会

2020 年 12 月 20 日

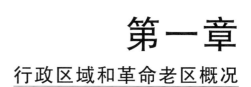

第一章

行政区域和革命老区概况

自然生态资源丰富
得天独厚环境优美

揭西县位于广东省东部，揭阳市西部，潮汕平原西北部，榕江南河的中上游。东连揭东区，南邻普宁市，西南接汕尾市陆河县，西北与梅州市五华县为邻，北与梅州市丰顺县接壤。地处莲花山支脉大北山南麓，地势自西北向东南逐渐倾斜。地貌主要有山地、丘陵、平原三大类型，其中山地占62%，丘陵24%，平原占14%。西北群山绵延60多千米，有海拔1000米以上的山峰6座，最高峰李望嶂峰海拔1222米。中部丘陵起伏，多为矮山。东南部平原开阔，海拔在20米以下，最低海拔3米。县域面积1365平方千米，东西长51千米，南北宽36.6千米。县境内地下热水资源（温泉）丰富，主要分布于河婆东星村、乡肚村，五经富建二村、龙潭汤坝村等地。东星村温泉水温最低55℃，最高88℃以上，乡肚村温泉水温50℃左右，五经富温泉水温55℃以上。地下热水资源开发对旅游业、养殖业等有经济价值。县境内水资源丰富，主要河流有榕江南河，一级支流有上砂水、横江水、龙潭水、石肚水、五经富水，二级支流灰寨水，主流、支流总长387千米，集雨控制面积2984平方千米。县属南亚热带季风气候，气候湿润，温暖多雨，光热充足。夏季日照时间长、高温多雨，冬季少雨；春季常有低温阴雨，夏季雷电多发，冬季霜期短。一年四季温暖如春，鸟语花香，被誉为"南国绿宝石"。

政区沿革和行政区划

　　揭西县主要地域原属揭阳县。秦汉三国时期属南海郡。晋咸和六年（331）属东官郡。东晋义熙九年（413）属义安郡之海阳县。南朝宋、齐、梁、陈建制不变。隋开皇十一年（591）属潮州。唐代因袭之。北宋宣和三年（1121），揭西地域隶属潮州治下揭阳县。南宋绍兴二年（1132）并入海阳，绍兴八年（1138）复建揭阳县，均仍隶属潮州。元至元十六年（1279），属潮州路。明洪武二年（1369），属潮州府。清沿明制，仍属潮州府。民国三年（1914），揭西主要地域隶属广东潮循道辖之揭阳县。民国十四年（1925），隶属于东江行政委员会。民国十七年（1928），隶属于东江善后委员公署。民国二十一年（1932），隶属东区绥靖委员公署。民国二十五年（1936），隶属于广东省第五区行政督察专员公署。民国三十六年（1947），隶属于广东省第六区行政督察专员公署。民国三十八年（1949）年初，隶属于广东省第八区行政督察专员公署。1949 年 10 月，中华人民共和国成立，揭西主要地域随揭阳县隶属潮汕专员公署。1952 年，隶属粤东行政公署。1956 年，隶属汕头专员公署。1965 年 7 月 19 日，国务院第 157 次会议决定，划出揭阳的良田、河婆、坪上、龙潭、灰寨、五经富、京溪园、钱坑、金和、塔头、东园、凤江 12 个人民公社和棉湖镇，陆丰县的上砂、五云 2 个公社，共 14 个人民公社和 1 个镇，153 个行政村，建置揭西县，成立揭西县人民政府，隶属汕头专员公署。1965 年 10 月，河婆人民公社划出河婆镇。1966 年 2 月，灰寨人民公社划出前锋、北溪、上寮、火炬、大新、南山、西友、分水、秤钩潭、杨梅坪 10 个生产大队，增设南山人民公社。全县辖 15 个公社和 2 个镇。1975 年 2 月，经上级决定，划普宁县贡山、湖西、四乡 3 个生产大队归揭西县棉湖镇管辖。1976 年 9 月，钱坑人民公社划出大园、大东、大岭埔、渔梁、井新、溪新、井美 7 个生产大队，增设大溪人民公社；是年 10 月，五经富人民公社划出大洋大队，增设大洋人民公社；良田人民公社划出岸洋、桐树坪、中心、河新、双水、河水 6 个生产大队，增设西田人民公社。至此，全县辖 18 个人民公社和 2 个镇。1983 年 10 月，撤销人民公社，将原公社改为区公所，隶属不变。全县辖 18 个区公所和 2 个镇，283 个行政村。是年 10 月，实行市领导体制，揭西县人民政府从此隶属汕头市人民政府。1986 年 12 月，改区制为乡、镇制。由原五云区分设五云镇和下砂乡，原河婆区与河婆镇合并，称"河婆镇"。全县有 16 个镇，4 个乡。1991 年 12 月，揭西县隶属揭阳市管辖。2003 年 6 月，良田乡、西田乡合并为良田乡。是年 12 月，五云镇、下砂乡合并为五云镇。五经富镇、大洋乡合并为五经富镇。至此，全县辖 16 个镇和 1 个乡。2006 年 5 月 31 日，撤销河婆镇设河婆街道。至 2019 年末，全县辖 1 个乡、15 个镇、1 个街道。2019 年，揭西县总户数 25.56 万户，户籍总人口 98.27 万人。其中非农业人口 30.7 万人，占总人口的 29.4%。全县 10 万人以上的乡镇（街道）有河婆街道、棉湖镇。揭西县有潮汕方言和客家方言两种不同的语言。潮汕方言也称"潮州话""潮汕话""福老话"，潮汕话 18 个声母，61 个韵母，8 个声调，保留着许多现代汉语所没有的古语音、古字音、古词汇和古声调。客家方言与古汉语同出一源，有许多共同之处，21 个声母，75 个韵母，6 个声调，保留着许多古汉语词汇、丰富多彩的熟语和特殊的语法特点、特殊词汇和单音节词。其中说客家话的有上砂镇、五云镇、良田乡、坪上镇、河婆街道、龙潭镇、南山镇、灰寨镇、京溪园镇、五经富镇等10个乡镇（街道）的居民，占全县人口57%。说潮汕话的有棉湖镇、钱坑镇、金和镇、凤江镇、大溪镇、塔头镇、东园镇等7个镇的居民，占全县人口43%。揭西县说客家话与说潮汕话相接壤的村庄，人们长期以来毗邻而居，在长期的交往中，居民两种方言皆会讲，这些村庄有京溪园镇曾大寮村、大鹿村，灰寨镇东联乔上村、金星乌犁村，东园镇黎宅埔村，塔头镇鹅毛溪村、大园村等。揭西县人口主要以汉族为主，有极少数的少数民族人口。2019年，有壮族、苗族、土家族、瑶族、黎族、侗族、彝族、满族、仡佬族、哈尼族、傈僳族、藏族、维吾尔族、畲族、俄罗斯族、白族、回族、独龙族、水族、傣族、朝鲜族、佤族、拉祜族、土族、蒙古族、仫佬族26个少数民族，少数民族人口1651人，主要来源于婚嫁。

党的建设基本情况

2019年底，全县有党的基层组织1475个，其中党委33个，党工委2个，党总支119个，党支部1323个，党员3.32万人，占总人口3.37%。

投资环境日臻完善

交通：2019年底，揭西境内有汕湛高速揭博段、汕湛高速揭西段、潮惠高速揭西段共65.95公里，出入口6个。正在兴建的兴汕高速、揭汕高速揭西段共32.98公里，建成后县内高速公路通车总里程为98.93公里、出入口达到9个，位居全市第一，揭西进入珠三角2小时经济圈。全县普通国道85.14公里，普通省

道 151.27 公里，县道 40.95 公里，乡道 934.05 公里，村道 186.59
公里，建制村开通农村客运班车的有 280 个，农村客运班线 18 条，
通车里程 484 公里。

能源：全县共有输变电站 110 千伏 10 座，35 千伏 2 座，主变
总容量 75.43 万千伏安；并网小水电 37 宗，总装机容量 8.137 万
千瓦，年发电量 19442.34 万千瓦时。2019 年，全县供电量 13.95
亿千瓦时，售电量 13.38 亿千瓦时，最高负荷 28.52 万千瓦时，
最高日供电量 511.4 万千瓦时。

通讯：全县有电信、移动、联通等电讯公司 3 家，固定电话
9.8 万户，移动通信用户 57.5 万户，邮政交换机总容量 15 万门。

水资源：主要河流有榕江南河，发源于汕尾市陆河县的凤凰
山南麓，自西北曲折向东南流，流经揭西县五云、河婆、坪上、
大溪、钱坑、金和、凤江至棉湖镇出境，干流全长 184 公里，县
内河段全长 71.7 公里。支流有上砂水、横江水、龙潭水、石肚
水、五经富水和灰寨水，主、支流总长 260 公里，集雨控制面积
2984 平方千米。多年来，平均降雨量 2235 毫米，多年平均地表
水资源量 189337 万立方米，多年平均地下水资源量 39957 万立方
米，全县水资源总量 190021 万立方米。中小型水库 92 座，总库
容 13189 万立方米。境内龙颈上、下库、北山水库、横江水库、
河輋水库为大中型水库，总库容达 29962 万立方米。

城市建设：县城市政建成区 12 平方公里，绿化覆盖面积
4.68 平方公里，公共绿地面积 4.62 平方公里，公园 1 座，面积
200 亩，大小桥梁 4 座，排污管道 12.8 公里，建成滨江公园，好
日子广场、沿江河景观、希桥酒店等一批标志性的城市景观。

服务：揭西县全面深化改革取得新成效，行政服务日趋完善，
设立 1 个县级行政服务中心，17 个镇级公共服务中心，318 个村
（居）党群服务中心。深化"放管服"改革，加强"数字政府"

建设，推进完善"互联网＋监管"系统，进一步健全一体化在线政务服务平台，大力推广应用"粤省事""粤商通"等政务服务小程序，推进审批服务网络化、便民化，出台实施减证便民、优化审批、提高效率等系列文件，研究制订《揭西县县级政务信息化项目建设管理办法（试行）》，对县政务信息化项目建设实施集约化管理，推行并联审批制度，深化"一门式一网式"改革，实现"一网受理、分类审批"，营造"廉洁、规范、高效、便民"的政务服务环境。

著名侨乡：有海外华侨、华人和港澳台同胞约 65 万人。主要分布在东南亚、北美、西欧等 30 多个国家。

生态名片：揭西县是国家级生态保护与建设示范区，林木绿化率 59.56%，森林覆盖率 58.37%，全年空气质量优级天数 API＜50 比例达到 97.36%。2019 年，揭西县荣获"中国天然氧吧"荣誉称号，全县负氧离子平均浓度为 1609 个/cm^3，大北山国家森林公园负氧离子浓度高达 1940 个/cm^3。2019 年底全县有百岁老人 110 位，是名副其实的长寿之乡。

自然资源：人多地少，山地（含丘陵在内）占全县总面积 84.9%，属于典型的"七山二水一分地"，人均只有 0.359 亩耕地。

绿色发展：始终坚持新发展理念，把绿色发展理念贯穿于经济社会发展的全过程各方面，以"一园两区"为主抓手，以"生态产业化、产业生态化"为主方向，大力发展生态旅游、生态农业和电线电缆"三大产业"，全力打造生态发展示范区。全县共有工业企业 941 家，其中规模以上工业企业 78 家，省级工程技术研究中心 1 家，市级工程技术研究中心 2 家；揭西茶叶产业园入选省级现代农业产业园，志诚公司甜玉米、蓝天无公害蔬菜被列为国家"星火计划"项目，"北山龙井""明前香芽"分别获得"中国名茶（上海）博览会金奖"和"广东省名优茶评比金奖"，全县农业龙头企业 13 家，省名牌产品 32 个，绿色食品 14 个，有机认证产品 13 个；先后获得"国家绿化先进县""国家农产品质量安全县""广东省旅游特色县""广东省国民旅游示范县""广东省旅游综合改革示范县""广东省商务生态示范区""广东最具南国特色旅游县""广东绿色名县""省旅游创新发展十强县""首批广东省全域旅游示范区""2019 年广东省旅游竞争力十强县"称号。2019 年全县规模以上工业增加值 40.66 亿元，增长 4.6%；农业总产值 67.24 亿元，增长 5.6%；旅游接待 1341.3 万人次，比增 12.34%，旅游收入 78.9 亿元，比增 15.03%。同时，全力推进以污水处理设施为重点的环保基础设施建设，已建成运营的污水处理厂 8 座、污水处理站 9 个，污水处理能力 10.98 万吨/日；正在加紧推进电线电缆产业园污水处理厂、县龙潭镇黄竹溪水质提升工程、金鲤桥水质提升工程、五经富河饮用水源保护工程等项目建设，建成后全县污水处理厂将达 22 座、污水处理站 218 个，日处理污水能力超过 17 万吨，率先在粤东地区实现城乡污水处理全覆盖。

文化教育卫生：揭西有着悠久的历史文化，世界三山国王祖庙发源地就在揭西县河婆庙角村。2019 年台湾有 20 个团体 981 名游客到河婆庙角村寻根问祖。有文物保护单位 55 处，其中省级 7 处、市级 9 处、县级 39 处；非物质文化遗产保护项目 71 个，其中省级 7 个、市级 22 个、县级 42 个；省级历史文化名镇 1 个、省级历史文化名村 3 个，市级历史文化名村 1 个、广东省古村落 5 个。全县有各类学校 389 所，是全国义务教育基本均衡县和省教育强县，各级学校教师 9464 人。全县卫生机构 411 个，医院、卫生院 22 个，卫生专业技术人员 2101 人，先后荣获"广东省县级文明城市""广东省卫生县城""广东省级慢性病综合防控示范区""广东省推进教育现代化先进县"等称号。

革命老区概况

星星之火可以燎原
大北山区春雷破晓

南粤红棉似火，北山松柏长青。揭西县经 1957 年评定和 1989 年补划，据广东省民政厅 1997 年编印《广东省革命老区村庄名册》统计，揭西县有革命老区村分布在 19 个乡镇，248 个管理区，1 个居委会。揭西县人民有着光荣的革命斗争历史，1924 年至 1949 年，老区人民在中国共产党的领导下，组织革命武装，打土豪，分田地，建立苏维埃政权。在革命斗争中，虽遭国民党反动派多次"围剿"，老区人民不屈不挠、前赴后继，坚持到全国解放。揭西县革命老区为革命事业做出了重大的贡献。她是中国共产党领导下的革命根据地的组成部分。1923 年海陆丰暴发了农民运动后，揭西县农民在中国共产党的领导下，先后于 1924 年至 1928 年建立了区委员会、苏维埃区人民政府、农协会、农民和群众团体组织，开展了武装斗争。掀起了抗租、减租、减息运动，与国民党军队和反动势力、土豪劣绅进行了英勇的斗争。1925 年，广东革命政府举行第一、二次东征，东征军政治部主任周恩来随军先后进驻棉湖、河婆。10 月 3 日东征军第一师第一、二、三团集结河婆，周恩来随政治部驻河婆大光学校。在此期间，周恩来在河婆圩大沙坝向群众发表演说，视察大同医院、中华医院，慰问伤病官兵，写下了"凡属军人一律不得侵犯"的告示。同时，给大同医院捐助毫洋 100 元，并题词"造福军民"，还为该院题"同心同德'的匾额。

在第一、二次国内革命战争、抗日战争、解放战争时期，大北山区一直是潮汕人民的革命根据地和活动中心。方方、古大存、卢笃茂、刘向东、曾广等同志，长期在大北山一带坚持革命斗争，红旗不倒。解放战争时期，潮汕地委电台、团结报社、北山银行、裕民银行、后方医院、兵工厂等都先后设立在大北山地区。南方分局领导人当时部分在香港外，其余都扎根在大北山区和丰顺的八乡山。大北山是名副其实的潮汕人民革命的总基地、大后方，长期以来，有潮汕"小延安"的美誉，为革命积蓄了党的力量和武装斗争的力量，为夺取革命斗争的胜利，创造了条件。根据上级的指示，1947 年 5 月中共汕头地委做出恢复武装斗争的决定，以大北山为根据地，在南山天宝堂成立了潮汕人民抗征队，下属一、四、六、八大队和横江独立大队，除武装斗争外，还发动边远群众对抗国民党的征兵、征粮和征税。1948 年 8 月中共闽赣边区党委决定：潮汕地区划分为东、西两片，并于次年 1 月成立中国人民解放军闽粤赣边纵队，直属二、五、七团的一部分及潮汕二支队的三、六、八团等，都是从揭西的大北山区建立和发展起来的，成为闽粤赣边区和潮汕武装斗争的主要力量，在潮汕革命斗争史上写下了壮丽的篇章。揭西县老区人民在革命战争年代，为革命事业作出的贡献是不可磨灭的，在社会主义建设时期，老区建设是"四化"建设的重要组成部分，发展老区经济是社会物质文明建设和精神文明建设的一项重要内容，扶持老区人民发展生产，治穷致富，尽快改变老区面貌是义不容辞的任务。据广东省民政厅 1997 年编印的《广东省革命老区村庄名册》统计，揭西县革命老区村分布在 19 个乡镇，248 个管理区，1 个居委会，785 个自然村庄，人口 57.14 万人，占全县人口的 76%。老区耕地 1.75 万公顷，山地 6.82 万公顷。

下砂乡：岭新、崇坑、坡苏、保新、宝石。

五云镇：下洞、京埔、流坪、下硿、郑塘、富厚、硿下、罗洛、龙江、岭仔、鹏岭、石陂、双岭、梅江、赤告。

良田乡：龙岭、下村、嶂上、金坑。

西田乡：桐树坪、河水、双水、中心、河新、岸洋。

河婆镇：乡肚、乡新、新四、新建、南新、南和、宫墩、马头、新楼、欣堂、厚埔、北坑、西坑、六一、客潭、岭丰、下滩、溪角、河东、溪东、庙垅、湖洋、东星、三星、溪西、庙角、新村居委。

坪上镇：红旗、樟树下、潭角、五星、石峡、坪上、连城、四新、东南村、员西、四和、员东、五联、神前、新榕、尖田、上仓、南联、湖光。

龙潭镇：汤坝、双龙、龙东、井下、富光、高田、团结、关山、菜子园、井田、陂尾、北联、南福田、龙跃、泉水塘。

南山镇：杨梅坪、秤钩潭、罗京水、新联、前锋、榕光、北河、北溪、南河、南山、分水、大新、火炬、西友、关西、上寮。

灰寨镇：东联、向阳、后联、新宫林、老宫林、三坝、新图、溪背圩、河五、上角、金星、马路、后洋、灰龙、柑坑、南洋。

五经富镇：恒星、建一、陈江、朝阳、联南、营盘、建二、联和、龙山、新和、中和、泮坑、文联、第八、第七、第六、第五、第四、第三、第二、第一。

大洋乡：五新、新安、中联、新仓、新其。

京溪园镇：大鹿、粗坑、曾大寮、美德、大岭下、长滩、甲溪、九礤、员墩、新联、岭溪、上陇、新洪。

钱坑镇：南光、埔龙尾、竹园内、钱西、红光、钱北、大茶石、月翁、长三水、顶联、白石、钱南、钱东。

大溪镇：新楼、赤寨、后洋、坎头、新园、大光、鸭堀、大东、大园、岭埔、井美、井新、庆光、星光、金星、金光。

金和镇：和南、金园、金溪、河内、仙坡、金新、南山尾、南山头、和东、杜塘、山湖、金光、和西。

凤江镇：凤南、凤北、凤西、花寨、鸿西、赤新、洪湖、鸿江、鸿新、莪萃、阳西、阳南、东新、东丰、东光。

塔头镇：塔头、阔西、阔园、潭新、潭溪、新溪、新园、旧住、保西、大丰、顶埔、山寮、锦龙、龙光。

东园镇：桃围、赤岩、东桥园、联丰、玉湖、后寮、三犁、古福。

棉湖镇：湖西、玉石、贡东、贡山、鲤鱼沟、新厝陂。

北山林场：归善、石结到。

1980 年 3 月，成立揭西县革命根据地建设委员会。1981 年至 2003 年期间，积极实施老区建设议案，落实扶持老区发展经济的资金、政策，加大对老区的扶持力度；帮助全县未脱贫的老区解决"五难"问题，重点是解决好"交通难"的问题。全县下拨老区扶持专项资金共 813 万元，帮助贫困老区兴建小型水电站 5 座、农田水利工程 32 宗，兴建茶叶加工厂 6 个，修筑公路 236 公里，新建桥梁 4 座，修建校舍 5580 平方米，建自来水工程 6 宗。1991 年 9 月，县委成立了揭西县老区建设促进会（下称"县老促会"），为革命老区建设出谋献策。1999 年，县老促会举办一期全县老乡镇青榄栽培技术骨干培训班，共培训青榄技术骨干 200 多人。2002 年至 2005 年，县老促会努力对全县老区小学深入调研，积极争取省老促会大力支持，省拨资金 2040 万元，分三批改造老区破旧小学 68 所，从根本上解决老区人民的子弟读书难问题。尔后，又对老区村道解决水泥路面，每公里给予补助资金 5 万至 15 万元，较好解决老区行路难问题，使老区人民走出山门，为脱贫致富奔小康打下坚实基础。2004年，南山镇归善村74户整村搬迁，广东省革命老区办支持资金每户7000元，共51.8万元。2005年坪上镇红旗西坑村40户、红旗双村26户，整村搬迁，广东省革命老区办支持资金46.2万元。龙潭镇团结村碰子肚村24户整村搬迁，广东省革命老区办支持资金16.8万元。

近年来，县委、县政府坚持以习近平新时代中国特色社会主义思想为指导，全面贯彻落实党的十八大、十九大和十九届三中、四中、五中全会精神，深入学习贯彻习近平总书记对广东重要讲话精神和指示、批示精神，认真贯彻落实省委十二届七次、八次全会和市委六届六次、七次全会精神，抢抓粤港澳大湾区、支持深圳建设中国特色社会主义先行示范区的"双区"建设重大历史机遇，扎实开展"不忘初心、牢记使命"主题教育，立足"生态发展示范区"定位，聚焦高质量发展目标，践行新发展理念，发挥党建引领作用，以"一园两区"为主抓手，推动全县全域"融湾建带"，团结带领全县干部群众真抓实干，务实践行，各项工作再创新业绩。坚决贯彻党的基本理论、基本路线、基本方略，切实增强"四个意识"、坚定"四个自信"、做到"两个维护"，紧扣全面建成小康社会目标任务，坚持稳中求进工作总基调，坚持新发展理念，坚持以供给侧结构性改革为主线，坚持以改革开放为动力，认真贯彻落实省委、市委决策部署，围绕"生态发展示范区"功能定位，坚决打赢三大攻坚战，全面做好"六稳"工作，统筹推进稳增长、促改革、调结构、惠民生、防风险、保稳定，落实新时代党的建设总要求，努力实现高质量发展，确保全面建成小康社会，更加紧密地团结在以习近平同志为核心的党中央周围，践行初心使命，坚定发展信心，激发奋斗热情，以闻鸡起舞、只争朝夕、风雨无阻的精神状态，把革命老区建设得更好，奋力开创揭西改革建设发展新局面。

第二章

党组织的创建与大革命时期

党组织的创建和大革命时期

（1919.5—1927.7）

揭西是山区革命老区，有着光荣的革命传统，1922 年彭湃在海陆丰领导开展的农民运动，对邻近的揭西地域有着深远的影响。1925 年，国民革命军两度东征，在揭西境内进行了著名的"棉湖战役"和"河婆战役"，中共广东区委书记、东征军政治部主任周恩来（东征时改任中共广东区委常委兼军事委员会书记）亲自向群众宣传革命思想，促进新文化的传播和群众革命运动广泛开展，推动地方党团组织建设。在国民革命军东征的影响下和海陆丰农民运动的推动下，五云农会于 1925 年夏秋之间成立。随后，河婆、东园、棉湖一带也相继成立了农会，农民运动如火如荼。第二次东征后，在周恩来的关心指导下，建立了中共揭阳地方组织。与此同时，中共普宁支部也在湖西（现属揭西县）建立了农村基层组织。

1927 年蒋介石在上海发动四一二反革命政变后，在广东的国民党反动派则在广州发动四一五反革命政变，大肆屠杀共产党员和革命群众，全省陷入白色恐怖，革命处于低潮。农会干部房屋被烧毁，五云农会会长彭球裕等一批农运骨干、农军战士和大批群众被杀害。但革命者不屈不挠，英勇奋斗。是年冬，五云建立苏维埃政权，革命烈火不断燃烧。

党组织建立前揭西社会历史背景和革命基础

一、五四运动前的社会概况

1840 年鸦片战争后，帝国主义列强不断把魔爪伸向中国，中国的国家主权被剥夺，政治、军事、经济命脉被控制。中国虽然在形式上保持独立，实际上却已逐步沦为帝国主义列强共同宰割下的半殖民地半封建社会。封建专制的清王朝，对外卖国求荣，对内却压制一切使中国政治和社会有所进步的趋势，成为一个卖国的、极端腐败的、扼杀中国生机而深受人民痛恨的政权。外国侵略者在今揭西地域的许多乡村圩镇建教堂，传播基督教和天主教。他们披着宗教的外衣，实际上干着搜集政治、军事、经济情报的勾当，同时，进行经济侵略。例如，他们在大洋强行开采钨矿，还在境内倾销鸦片，运来洋货，冲击市场，致使河婆、棉湖等地区烟馆林立，民族经济遭到极大的打击。

1911 年孙中山领导的辛亥革命，虽然推翻了清王朝，结束了几千年来的封建君主专制统治。但是，革命果实却落到袁世凯等北洋军阀手里。此后，封建军阀各自为政，争夺地盘，对外卖国，对内戕民。广大人民饱受其害，仍旧生活在水深火热之中。

揭西地域以山区为主，交通闭塞，经济和文化落后，人民长期以耕山种地、打柴烧炭为主，农业生产水平低下，工业生产更无基础。农村封建势力长期占据着统治地位，土豪劣绅和地主阶级除了对农民施加沉重的地租剥削外，还以各种各样的封建陋规进行敲诈勒索。各种宗法观念和制度也是广大人民的沉重枷锁，乡村中姓界、房界分明，宗族之间械斗时有发生，大姓欺负小姓、强房欺负弱房的事情比比皆是。加上天灾人祸频频发生，经济濒于破产，广大人民长期挣扎在饥饿和死亡线上。仅以1902年至1915年十多年间棉湖这一地区为例，由于旱灾，加上鼠疫流行，1902年死亡千余人，1904年死亡人数竟达总人口的30%，以致棺材都供不应求，1913年又因鼠疫流行，死亡1000多人。

帝国主义的侵略、掠夺，封建军阀的连年混战，封建势力的压榨、剥削，加上自然灾害的肆虐，使揭西人民陷于苦难的深渊。许多人流离失所、背井离乡、妻离子散、家破人亡，有的还葬身异地。社会矛盾日益激化，抗争思潮与日俱增。他们为了变革现实，改造社会，寻求翻身解放而连续不断地奋起斗争：1856年（清咸丰六年）8月，霖田莪翠乡吴阿顶、吴阿智、吴阿先、吴阿干等揭竿起义。同年9月3日，知县王皆春会同郑英杰赴莪翠乡镇压，王皆春被杀。1880年（光绪六年）3月，大溪凤栖楼乡民李阿赐父子密约乡众，拟于4月朔日竖旗会众，揭竿起义。1906年（光绪三十二年），揭阳革命党人林守笃奉命联络、改编二点会为民军，委任三点会首领张秉谦为民军都督，后于阳夏全歼清兵300余人。1917年（民国六年），日本代理商在大洋塘湖山开采钨矿，不准乡民开采，乡民反抗，却遭到镇压。所有这些农民起义和资产阶级旧民主主义革命运动都没能从根本上解决中国的社会矛盾、转变中国的社会性质，其中最大的原因在于缺乏先进的革命政党作为领导核心。

当人们为推翻帝国主义和封建主义的统治而在苦闷中摸索、在黑暗中苦斗的时候，1917年爆发的俄国十月社会主义革命，使中国思想界发生了剧烈变化。随着社会结构的变化，一场新的人民大革命也就成为不可避免的事情。

二、五四运动后新文化、新思想在揭西的传播

在俄国十月社会主义革命的影响下，1919 年 5 月 4 日，北京学生举行集会游行，反对巴黎和约、反对腐败政府的卖国行为，掀起了轰轰烈烈的反帝反封建的爱国运动，它标志着中国新民主主义革命的伟大开端。五四运动的消息传到揭阳，揭阳地区的青少年学生、知识分子、农民等各界群众，与全国人民一样，也积极投入这一轰轰烈烈的反帝爱国民主运动。5 月 7 日，揭阳地区榕江中学的学生在杨石魂、林希孟、谢培芳等的领导下，成立榕江中学学生会，组织发动广大学生进行示威游行、张贴标语、散发传单，开展街头宣传，并通电声援北京学生。各中小学组织宣传队，深入市镇、渡口宣传，抄查洋货，运动声势浩大。5 月 13 日，成立了县学生联合会，选举杨石魂为揭阳县学联主席。

学生们通过"外争国权，内惩卖国贼"的宣传，唤醒了人们，增强了广大社会民众反帝反封建的爱国观念。一些青年妇女冲破了几千年来的封建枷锁，走上反封建、争取翻身自由的道路，广大青年学生参加爱国运动，初步接触了工农群众，开始走知识分子与工农相结合的道路，既发动了群众也教育了自己，许多学生干部在运动中得到锻炼。1921 年 7 月，中国共产党在上海诞生后，他们在进步思想熏陶下，积极参加进步学生运动，成了学生运动的活跃分子和骨干。灰寨新图村青年李耀先 1919 年以优异成绩考进广东省立第一中学（广东广雅中学）。他大量阅读陈独秀、李大钊等主编的《新青年》《每周评论》等进步书刊，初步接受了马克思列宁主义。1923 年 6 月，他参加青年团广东区委书记阮啸仙等组织的广东新学生社，并成为骨干。同年秋冬间，参加中国社会主义青年团。与此同时，杨石魂于 1923 年在广州的广东铁

路专门学校参加了社会主义青年团后，经常与母校的进步学生许
涤新（揭西县棉湖镇人）联系，向他介绍广州地区新学生社的活
动情况，宣传学生社的宗旨、大纲及活动内容：贯彻执行党的国
共合作统一战线政策，团结和引导广大学生群众积极参加农民运
动，投身于反封建的斗争浪潮，维护学生本身利益。同年冬天，
在杨石魂的指导下，榕江中学"新学生社"成立，其领导骨干是
许涤新、江明衿等。新学生社成立以后，开展阅读革命书籍、革
命刊物活动，如阅读《新青年》《解放与改造》；同时，利用舆论
阵地开展革命宣传。新学生社的革命思想很快在全县传开。广大
青年学生接受新思想洗礼后，纷纷组织进步会社，借以唤起民众，
掀起爱国运动浪潮。1924 年夏天，谢培芳考进广州农民运动讲习
所，并加入社会主义青年团。10 月，被派任省农民协会揭阳特派
员。他回到揭阳后，着手筹建农会，改组学生自治会，发展社会
主义青年团组织。1925 年，河婆下滩村青年张仰明在广东省立第
二师范（韩山师范）读书时加入中国社会主义青年团。暑假期
间，他与张海鳌一起回河婆创办平民学校，招收学生数十人。
1926 年 7 月，张仰明考入广州中山大学文科，与在中山大学就读
的河婆、河田（现属陆河县）籍学生张海鳌、张梦石、彭史尧、
黄兆丰等人为改变家乡落后面貌，倡议创办"河潮社"，编印
《河潮》刊物，介绍新文化和民主潮流，反对封建迷信。在家乡的
黄敬丹、刘汉荣（向东）等人参加了该组织并积极撰写文章。同
时，他们利用暑假下乡宣传并创办夜校招收失学青年，扫除文盲。

　　揭西地域的进步会社，是广大青年学生、知识分子在五四运
动的影响下，自觉组织起来的。这些青年向往光明、向往革命，
勇敢地起来搞爱国运动，宣传新文化，反封建迷信，开展反帝宣
传，表达了广大青年的爱国热情。这些进步会社的建立和活动，
为揭西地域建立和发展党组织、开展革命斗争打下了良好的基础。

国民革命军两度东征对揭西的影响

一、中共"三大"的召开和国共第一次合作

1923年6月中旬，中国共产党在广州举行第三次全国代表大会。大会接受共产国际关于同国民党合作的主张，通过了《关于国民运动及国民党问题的议决案》等文件，决定联合孙中山领导的国民党，以共同进行反帝反封建的国民革命为中心任务；采取以共产党员个人身份加入国民党的形式实现国共合作。随后，共产国际和中国共产党推动和帮助了孙中山改组国民党，使之成为工人、农民、城市小资产阶级和民族资产阶级的民主革命联盟，成为国共合作的统一战线的组织形式。

1924年1月下旬，孙中山在广州主持召开国民党第一次全国代表大会，通过了由中国共产党人李大钊等参与起草的《中国国民党第一次全国代表大会宣言》，对"三民主义"做出适应时代潮流的新解释，确立了"联俄、联共、扶助农工"三大政策。由于新三民主义的政纲同中国共产党的民主革命纲领的若干基本原则是一致的，因而成为国共合作的共同纲领。第一次国共合作的形成，使大革命逐步走上高潮。

当时，被逐出广州的军阀陈炯明，踞守惠（州）、潮（州）、梅（州），拥有七个军10万人，长期与孙中山、大本营对立，是造成广东动乱与战祸的主要因素之一。1924年冬，孙中山离粤北

上，陈炯明认为大元帅府群龙无首、有机可乘，即于 12 月 7 日，在汕头重任"粤军"总司令，以援助商团为名，发兵进攻广州。针对上述形势，苏联军事顾问加伦提出了东征的建议，认为只有出兵东江，打倒陈炯明，才能改变广东局势，完成以胜利支持孙中山北上的政治使命。在中共广东区委的推动与帮助下，广州革命政府将所辖各军组成东征联军。

二、第一次东征及棉湖战役

第一次东征于 1925 年 2 月 1 日开始。

中共广东区委发表了《中国共产党檄告广东工农群众保卫革命打倒陈炯明》的宣言，号召广大工农群众发挥革命柱石作用，支持革命政府出兵东江，讨伐陈炯明。卧病北京的孙中山来电督促各将士："望努力破敌，以安内而立威信于外。"

2 月 1 日，东征军分左、中、右三路出发：打着拥护国民革命旗号但实际上却是地方军阀势力的杨希闵部滇军和刘震寰部桂军分别负责左路和中路；刚刚组建的黄埔军校两个教导团和许崇智部粤军，参加右翼作战。

东征军很快攻克龙岗、淡水、平山、海丰、陆丰等地。3 月 3 日右路军在里湖击败洪兆麟，7 日顺利占领潮安和汕头。正当右路军乘胜前进之时，担任左、中两路的杨希闵滇军和刘震寰桂军却心怀鬼胎，进至惠州后按兵不动，致盘踞在五华、兴宁一带的陈炯明手下林虎部得以养精蓄锐。他们集中主力两万人，开进河婆，抄袭东征军右翼后路，企图于揭阳、潮州之间一举消灭东征军。3 月 12 日，林虎属下刘志陆、王定华、黄任寰等部由河婆分两路东进，午后右路前锋约 500 多人抵里湖：左路前锋约六七千人到距棉湖 2.5 公里的鸿湖和金和的和顺，后续部队仍有万人左右。右翼东征军留张达民、叶剑英的粤军第二师驻防潮州，以防洪兆麟、叶举残部袭击。由蒋介石、周恩来、加伦等率何应钦的教导一团、钱大钧的教导二团、许济的粤军第七旅迎战林虎部。同时命陈铭枢、欧阳驹两部由河田向河婆前进，以便夹攻。12日，东征军从揭阳榕城出发，教导一团占领棉湖，教导二团向池尾推进，准备抗击驻里湖的林虎部。粤军第七旅从潮安经揭阳进至棉湖东北面的桐坑、狗肚（今古福）一带。13日凌晨零点30分蒋介石命粤军第七旅于早晨7时30分抵达塔头埠，包抄攻击林虎军左侧，令教导二团于早上5时30分出发攻击里湖之敌，并掩护一团左侧；令一团于早上5时30分渡榕江，6时30分攻击正面和顺之敌。不料里湖之敌抢先占领和顺，使教导二团无用武之地。粤军第七旅由于迂回路远，无法按时与敌接触。教导一团于早上8时前只得独挡十倍之敌。棉湖之战在大功山周围的农村打响。

教导一团以第一、第三营为第一线，第二营及特种部队为总预备队。战斗开始后，林虎部占据有利地形，以大部兵力包围一、三营。一、三营英勇奋战，反复冲锋，白刃相搏，双方死伤惨重。敌见正面难于取胜，遂以强大兵力袭击一营左翼，教导一团即令第三营迅速占领右前方高地，以压制敌人。上午10时10分，第一营左翼向新塘村东北一小高地转移，敌随即由新塘村推进至村东面，距教导一团团部及炮兵阵地仅四五百米。团长何应钦即令二营营长刘峙率总预备队第六连，渡过小河冲击敌人，同时令炮兵向新塘东面之敌开火。在炮兵掩护下，三营向敌发起冲锋，守敌被迫退出新塘村，新塘村被教导一团二营六连夺回据守。上午11时，敌增兵反攻新塘村，向二营五、六连猛攻。由于林虎部兵力雄厚，有增无减，教导一团处境十分险恶。11时30分，粤军七旅赶到，参与三营战斗。林虎军见三营增兵，遂改为包抄一营，此时刘峙率二营、曹石泉率学生连增援一营。下午2时30分，七旅和三营向敌人发起猛烈冲锋，林虎部不支，纷纷向和顺方向退却。七旅和三营跟踪追击，一营也向和顺方向推进。至和顺村时，林虎部使用总预备队大举反攻。七旅不支往后退却，一、三营虽极力抵抗，但因对方攻势甚猛，死伤枕藉。教导二团在里湖隐闻和顺方向炮声隆隆，遂决心来援。下午4时许，教导二团突然从背后打到敌王定华司令部，敌前线部队发现后方被袭，恐腹背受敌，遂狼狈逃遁，乘夜向五华、兴宁一带撤退，棉湖血战于当日黄昏告终。经过广大官兵的浴血奋战，军校教导团终于以两个团（主要是第一团）兵力，打败了敌军六个师，取得了空前的胜利，基本奠定了第一次东征胜利的基础。"棉湖之战是东征中一次决定性的战役，扭转了整个战局。"对于稳定军心、民心，鼓舞革命人民继续完成东征，继承孙中山先生未竟的事业，起到了重要作用。

棉湖之战是此次东征中最激烈的一次战斗，写下了中国近代战争史上光辉的一页，亦是战争史上以少胜多的典型战例。此次战斗，教导团虽伤亡严重，但战果辉煌。一团以1000余人浴血抗击万余名精锐之敌，伤亡达三分之一以上。全团九个步兵连连长，六个阵亡，三个负伤，副连长、排长伤亡也颇多。此役迫使敌军北溃100多里，除毙伤四五百敌军外，俘虏敌团长黄济中，营、排长8名，士兵500余人，缴获枪支700余支。棉湖大捷之后，右路军连续攻克了五华、兴宁和梅县，于4月初顺利结束了第一次东征。这次东征沉重打击了陈炯明的势力，壮大了革命军的力量，扩大了革命影响，促进了工农运动的发展。在东征胜利的推动下，在东征军中共产党员的努力下，广东党、团地方组织陆续建立，农会也恢复了活动，革命形势日益高涨。

三、第二次东征及河婆战役

1925年5月，杨希闵、刘震寰两部在广州发动叛乱，企图推翻广州革命政府。东征军迅速回师广州，平息了叛乱。7月1日，中华民国政府在广州成立。成立伊始，便着手开展统一军政、民政、财政工作。黄埔军校教导团扩编为国民革命军第一军，共产党员周恩来担任副党代表兼政治部主任。

此时，原来被打败的陈炯明残部，乘东征军回师广州之机，又在9月重新占领东江地区。因此，国民政府决定再次举行东征。任命蒋介石为东征军总指挥，周恩来为总政治部主任。

10月1日，国民革命军第二次东征出发了，这一次东征又得到东江和潮梅农军的响应和支援。14日攻克惠州后，乘胜东进，左、中、右路分别进发。左路军23日占海丰，破洪兆麟。26日，蒋介石、周恩来、何应钦率东征军第一师第一团刘峙部和第二团金佛庄部到达河婆。老百姓兴高采烈、欢欣鼓舞，大家送菜送水，踊跃迎军。大街上张挂着"欢迎国民革命军东征"的红色横联标语。绅士们和工商学各界代表身穿节日盛装，整队前往沙坝唇会场。会场上人山人海，一片欢腾。东征军总政治部主任周恩来在临时搭的讲台上讲话，向群众阐明东征军的宗旨是打倒军阀陈炯明，保护人民利益。东征军纪律严明，不占民房，士兵们有的露宿街头，有的住公共场所。总指挥蒋介石、总政治部主任周恩来和何应钦、苏联顾问加伦将军等，则分别住在大光学校、文祠前、老区署等处。

其时，洪兆麟从海丰退至榕城，与李云复、陈修爵、谢文炳等部集结，盘踞在棉湖和里湖一带。28日，东征军第一师第三团到达河婆，与第一、二团会合。因东征军第三师在五华塘湖附近失利，一师二、三团及师直属部队于30日开赴五华增援，只有一团留守河婆。洪兆麟乘河婆东征军兵力薄弱之机，亲率李、谢等部三四千人，从里湖直奔河婆，扬言要"打进河婆，大劫三日"。一团团长刘峙怯战，周恩来因病住河婆大同医院，正发高烧，闻讯后即令刘峙及党代表贺衷寒率军驰奔九斗、樟树坑布防阻敌；又令新到河婆的潮梅挺进军千余人，西出庙山及北坑一带，掩护侧后；自己则抱病临阵指挥。此役从早晨打到中午，洪兆麟腿部受伤，部下四处逃散，死伤甚多。10 月 31 日，二、三团及师直属部队返回河婆，追击洪部，打入里湖、洪阳，11 月 3 日抵达揭阳榕城。洪部向福建溃逃。11 月 4 日，东征军总指挥部抵达汕头。11 月 21 日，周恩来被国民政府委任为东江各属行政委员，主持东江（惠、潮、梅）地区 25 个县的行政工作。

此役俘敌 4000 余人，缴枪 4000 余支，基本打垮林虎部主力，扭转了蒋介石在华阳轻敌冒进造成的失败。此后，东征军乘胜攻克潮汕，全歼陈炯明残部，安定大局，胜利结束了第二次东征。东征的胜利是第一次国共合作进行国民革命运动取得的一个重大胜利。它对于揭西地区工农运动的广泛开展和工农武装力量的发展壮大，对于中国共产党揭西地方组织的建立和发展，都具有重要的意义。

四、两次东征对揭西的影响

国民革命军两度东征抵达揭西，揭西人民大众得到了深刻的革命启蒙教育，这对于揭西的民主革命有着深远的影响。

（一）开展革命宣传，启发人民觉醒。

东征军两次到揭西，在驻扎期间，宣传东征军的目的和宗旨，讲革命道理，运用布告、标语、传单、教唱革命歌曲等形式进行宣传。他们用六字韵文写成的《黄埔军校布告》，上面写到"我军奉命东征，实行讨贼救民，父老苦秦久矣，不得已而用兵"，"所到秋毫无犯，所过鸡犬不惊，不用军票购物，买卖尤属公平"，阐明东征军的目的及军队的性质。

在棉湖，蒋介石、周恩来，廖仲恺和苏联顾问加伦将军等在兴道书院住了三天三夜。周恩来在兴道学校教学生唱《爱国歌》，还在三乐堂给 30 多位学生演讲，指出中国当时是半殖民地半封建的国家，受到列强的蚕食和欺压的现状，揭露国内军阀、贪官卖国残民的罪恶，指出国家兴亡、匹夫有责的道理，教育青年应有救国救民的革命志向，号召有志学生要团结起来，与工农相结合，参加革命活动。学生受到了深刻的教育，积极开展爱国宣传活动，演出反封建、破迷信以及劝人戒烟等戏剧。同时行动起来，查抄日货，并把它们搬到棉湖沙滩烧掉。

河婆之战胜利后，周恩来离开河婆到汕头，同彭湃一起举办东江农工运动宣传员养成所，发展潮汕农运，培养骨干。南山乡的青年丘维中、杨展谋前往参加东江农工运动宣传员养成所学习。结业后，分别到揭阳的凤江、河婆和丰顺的留隍一带开展革命宣传，发动农民办农会。

（二）军队严明的纪律，教育了人民群众，在人民群众心目中留下了深刻的印象。

1. 不占民房，住宿于公共场所或露宿街头。革命军到河婆时，大部分官兵在沿河沙滩扎营。

2. 不强拉夫役，挑担给工钱。3 月 17 日，革命军在棉湖一时雇不到夫役而延误队伍出发时间时也不强拉民夫。需要雇用民夫时，不论挑担还是引路，一律给工钱。河婆战役后，革命军乘胜向榕城、汕头方向进军，河婆商会组织挑担人员，将弹药挑至里湖下船，走了四天路，革命军按每担一里路发给三毫作力资。老百姓把革命军称为救民救苦的军队，甘心效劳。

（三）关心农民运动和政权建设，为群众挑选贤人。

周恩来非常关心河婆的农民运动。东征军到河婆时，周恩来了解到河婆溪角村的张宾初是个有文化、有威信而勇敢的青年，因此，他多次到永承锅厂对面的戏馆找张宾初谈心，讲革命道理，要他带头把河婆农会组织起来，还送给张宾初一面画有犁头的红旗和一把大刀。

（四）关心河婆的医疗事业。

东征军在河婆驻扎期间，部队许多伤病员住在河婆大同医院和中华医院治疗，总政治部主任周恩来为了维护医院秩序，保障医务工作顺利进行，亲自提笔书写"凡属军人，一律不得侵犯"的告示。深深地感动了医院的医生及其工作人员。

周恩来身患胃病、眼疾，住在河婆中华医院二楼治疗，彭克猷院长亲自为他做了手术。楼下几个房间也住满了伤病员，在彭克猷院长及护士们的医治护理下，伤病员很快恢复了健康。为感谢医院的支援，东征军将领热情给医院捐款。周恩来病愈出院后，赠给中华医院一块手书"同心同德"的木质匾额，送给彭克猷院长一块写着"博爱"两字的红绸和自己的一张八寸半身照片。在一次视察住在大同医院的伤病员时，他送给河婆大同医院一块上书"造福军民"的木质大匾额和毫洋 100 元。

（五）促进地方党团组织建设。

第一次东征期间，中共代表、总政治部主任周恩来在县城学宫接见江明衿等左派组织代表时，对创建党团组织做指示说，不久就要筹建国民党县党部，你们要发展大学（共产党）、中学（青年团），特别要在工人、农民中发展，并动员较成熟的加入国民党，左右革命权力，要争取先机，不然右派势力大了就难办了。青年团员谢培芳、江明衿等根据周恩来的指示精神，着手秘密开展社会主义青年团（1925 年后称"共产主义青年团"）的组织工作，于 1925 年 5 月在县城成立共产主义青年团揭阳县支部。第二次东征后，在周恩来的关心指导下，于是年 11 月在县城建立了中共揭阳地方组织。

第
三
节

党组织的创建及农民运动的兴起

一、党组织的建立

1924 年夏天，谢培芳在广州农民运动讲习所加入社会主义青年团，10 月，被派任省农民协会揭阳特派员。谢回到揭阳后，着手筹建农会，改组学生自治会，发展江明衿等参加社会主义青年团。第一次东征棉湖战役中，谢参与组织挑运队，协助运送军粮，架设渡河浮桥等。棉湖战役后，他按周恩来指示，在工人、农民中培养发展团员。1925 年 5 月，成立青年团揭阳支部，谢任支部书记。10 月，第二次东征到揭阳后，又按上级指示，深入榕城、棉湖、炮台等地宣传和组织进步工会。是年冬，县总工会成立，谢任联络员兼秘书。11 月，加入中国共产党。

同年 11 月，第二次东征革命军攻克潮汕后，中共代表、革命军总政治部主任周恩来主政东江，国民运动进入新的历史阶段。在这种背景下，颜汉章、梁良萼、彭名芳、卓献弼等四位共产党员被派到揭阳着手创建地方党组织，发展党员。他们到揭阳之后，住在学宫。接着，中共汕头特支的余德明、黄汉强，岭东农民协会的卢笃茂，先后从外地回来。加上共产党员谢培芳。他们于 11 月在榕城建立中共揭阳支部，颜汉章任书记。当时，青年团员也参加党组织的活动。1926 年初，全县有党员 50 多人，有四个区在农村建起党支部。3 月，中共揭阳支部转为中共揭阳县特别支部，颜汉章任书记，增设特支委员卢笃茂，协助管理党内事务。此时，共青团员则分开活动。冬，中共揭阳县特别支部转为中共揭阳县部委员会，颜汉章任书记，卢笃茂任组织委员，张秉刚任宣传委员。下辖四个区委：一区区委由萧斧、谢培芳负责；二区区委由彭名芳、卓献弼负责；三区（现属揭西）区委由杨昌明负责；四区区委由梁良萼、林德奎负责。中共揭阳县地方组织是中国共产党的组成部分，是以马克思主义为行动指南的无产阶级的政党。自她成立之日起，便直接领导揭阳人民为争取自由解放、推倒"三座大山"而斗争，是揭阳人民革命的组织者和领导者。中共揭阳县地方组织的建立，使揭阳的工农运动有了一个坚强的领导核心，揭阳人民的革命斗争也因此进入了一个崭新的历史时期。

1926年初，在中共普宁支部的领导下，湖西村（现属揭西县）开展了轰轰烈烈的反帝、反封建的农民运动。组织农会，办贫民学校，同当地反动势力、土豪劣绅进行了声势浩大的政治、经济斗争，教育锻炼了民众，动摇了封建统治势力。县农军大队长何石和党支部派到六区的特派员林景光（海丰人），在湖西村开展农民运动的同时，培养和发展了一批中共党员，并建立了湖西村党支部，林景光任书记。1926年5月，林景光介绍黄兰相（湖西村农会会长）、黄巧国（村农军队长）、黄道孝（村农会执委）、黄益填（村农会会员）等人入党。

二、农民运动的兴起

1922年7月29日，彭湃等6人在海丰成立了农会组织。10月，彭湃派人到陆丰发动农民运动。陆丰农民闻风而动，区、乡农会相继成立。海陆丰各地农会有力地打击了地主的嚣张气焰，势力又很快发展到惠阳、紫金、普宁、惠来。1922年冬，五云农会建起自卫军，设常备小队。为了学会打仗，1000多个农民踊跃参加军事训练。1923年8月，反动军阀出兵镇压，农民运动受到了挫折，运动暂时归于沉寂。

1925年2月，国民革命军第一次东征，收复了陈炯明所盘踞的东江。随着东征军军事的胜利，东江地区农民运动又蓬勃发展起来。同年夏秋之间，陆丰县四区农会在河田塘仔唇寨成立，农会会长彭翠香，副会长范振南，秘书彭玉展。接着五云（现属揭西）农会在下洞祠堂成立，主要领导成员有彭宗植、彭正初、彭史尧、彭宙、彭衍树等。当地农民踊跃参加，组织发展很快。

9月26日，农军夜袭上砂反动头子庄尝在河田开设的顺发盐栈，没收其财物一批。

此时，上砂的反动势力勾结国民党反动派和陈炯明军阀的残余，成立上砂家族自治会，组织地方反动武装，对抗农民运动，大肆造谣污蔑、攻击共产党是"杀人党"，农民自卫军是"赤匪军"，挑拨上砂庄姓和五云彭姓的宗族关系，制造混乱，还上告国民党右派，要派兵剿办五云的"农匪"。五云农军多次出动攻打上砂的土豪劣绅及反动武装，屡次取得胜利。

在农会的领导下，广大贫苦农民向封建势力、土豪劣绅进行了一系列的斗争，提出"减租减息、打倒土豪劣绅、废除苛捐杂税"等口号。通过斗争，实现了减租减息，农民获得实惠，调动了搞好生产的积极性。1926年五云农业丰收，农民生活得到改善。农会还筹集了一定的经费办学，开办农民自己的学校，满足贫苦农民子女上学的要求。

1926年，陆丰县重新划区，五云划为十六区，区农会设在下洞祠堂。这一年是农民运动发展高潮的一年。农会组织已普及五云大小山村，会员达1万多人，参加农会户数占总户数五成以上。黄京埔、洛布、黄泥岭、下埔、郑塘等村还成立村农会，树起犁头旗。1926年春天，农军攻打黄塘寨（现属陆河县）的反动头子罗觉庵、罗碧成、罗晋权和罗大麻所组织的地方反动武装，烧掉其据点，活捉并处决了罗大麻。接着，与新田、河口（现属陆河县）等地的农军进驻罗溪（现属陆河县）、下砂、五云一带乡村。同年冬，盘踞在剑门坑的陈炯明军阀残部杨作梅等组织了反共讨赤军，对抗农民运动。海陆丰农民自卫军在大队长吴振民和中共五云区委书记彭宗植的率领下，攻打剑门坑，大破"讨赤军"，杨作梅残部逃往黄塘，农军再攻黄塘，杨败退入上砂，继续负隅顽抗。为了彻底打败"讨赤军"，摧毁上砂这座顽固的反动堡垒，12月，吴振民又率领农军300余人，并组织新田、罗溪、五云等几处农军共数千人，联合五华县农军，分为五路进攻上砂。此役获得胜利，缴枪300支，罚款650余元，迫使上砂的反动地主豪绅答应在上砂组织农会。农民革命的红旗终于插上了上砂。

五云农民运动的蓬勃发展和五云人民的革命斗争精神，在揭西其他地区产生了巨大的影响。

1926年1月20日，揭阳县第三区建立了全县第一个农会——三区霖田农会。1926年初，河婆成立农会，有会员20多人，领导人张宾初。接着，南和市也成立了农会，骨干有英德明、韩月运等。1月，在共产党员林景光的组织下，普宁县湖西村农民在黄氏祖祠成立了农会，并建立了以黄巧国为首的100多人的自卫军。中共普宁地方组织领导人陈魁亚和县城农军大队长何石，多次到湖西指导工作。村农会先后带领农会会员参加围攻县城战斗和开展"二五"减租斗争。8月，在中共揭阳三区党组织领导人杨昌明的领导下，东园村在娘妈宫成立农会，会员有70多人。农会主席林文任，执委林待倾，委员林大葆。会员后来发展到500多人。在农会的领导下，广大农民向当地的土豪劣绅做斗争，向地主、豪绅征收枪支武器，建农民武装，保护农会和维护社秩序，实行减租减息，清理公尝帐，办民众学校，让贫苦农民子弟免费读书。继之甲浦、官田、下洲、赤岩、下浦、鸿江、瑞来等地先后建立了农会组织。1926 年秋后，棉湖一带农会发展迅猛，至 1927 年春，农村中所有的贫苦农民都参加了农会，各村的会员由几个逐步发展到数十人、数百人。后来，棉湖一带的农会会员发展到数千人。

第四节 四一二政变后的斗争

1927 年 4 月 12 日，蒋介石在上海发动政变，大规模地捕杀共产党员，镇压革命。4 月 15 日，广东的国民党反动派以"清党"为名在广州发动政变，并在全省范围内"清党"。此时，揭阳县国民党右派头子孙丹崖、谢仲仁等为首组织了"清党委员会"，派反动军队包围县总工会、县农会，捕杀了农会秘书陈祖虞，到处悬红通缉共产党员和革命志士。

4 月 17 日，国民党军队的一个连进攻揭阳县农会，在中共揭阳地方组织的领导下，第四区农军 300 多人进行了反击，陆续加入战斗的农军有上万人。敌军抵挡不住，逃往县城。农军乘势围攻县城两天，直到敌人从汕头调兵增援，农军才撤退。接着，国民党反动军队对二区的农会发起进攻，三区的农会农军对敌展开针锋相对的斗争。东园、官田一带农会在三区农会的领导下，派出武装自卫队前往胶龙村支援，普宁、八乡农民也到阵地参战。

4 月 21 日，农军与敌人激战一天，后来普宁的反动军队乘机向八乡农会进攻，农军力量薄弱，枪弹缺乏，又无增援，因此战败。

4 月 30 日，中共东江特委领导下的陆丰农民举行武装起义。5 月 1 日，宣布成立陆丰县人民政府，各区成立自治委员会。5 月上旬，五云赤告的地主豪绅彭肖岩（陈炯明军阀政府的省参议员）获悉国民党军队将"围剿"陆丰县人民政府，于是召集五云一带的反动武装（俗称"十八股"）首脑18人到河婆开会。当晚，他们回到赤告寨组织反动武装，利用金钱收买坏分子，于次日早晨，勾结国民党反动军队，到五云镇压农民运动，杀害革命干部和革命群众，焚烧农会干部的房屋，袭击设在下洞祠堂的十六区农会和自治委员会，打死区农会干部彭球裕（郑塘人）。共产党领导下的五云广大农民，紧密团结，向十八股反动武装进行英勇的反击，把反动武装打垮赶跑。当天下午，农会组织全体会员和农军冒着大雨为遭反动派杀害的彭球裕送葬，举行追悼大会。中共陆丰十六区（五云）区委书记彭宗植号召农会会员要更加团结，坚持斗争。会后，区农会地点搬到郑塘村温屋祠办公。

大革命时期，揭西地域党组织的建立，是揭西地域近代社会政治经济发展的必然结果，也是马列主义在揭西得到广泛传播、工农运动深入发展的结果。揭西地域党组织建立后，集中精力领导农民运动，开展轰轰烈烈的反帝反封建的斗争。这就充分证明，有了中国共产党的领导，有了马克思列宁主义思想为指导的革命理论，一经同革命群众运动相结合，就会产生无穷的力量和巨大的成果。大革命初期和中期，党的路线基本上是正确的，党员群众和党的干部革命积极性是非常高的。然而，因为是幼年的党，在统一战线、武装斗争和党的建设三个基本问题上都没有经验，缺乏深刻的革命认识，还不善于将马克思列宁主义和中国革命的实践相结合，所以受了资产阶级的欺骗。蒋介石的上海四一二反革命政变，在粤国民党反动派的四一五"清党"，使轰轰烈烈的大革命归于失败。揭西地域的党组织和革命事业也遭受了重大损失。但是，在东征军中周恩来等共产党人的教育下，揭西地域广大工农群众进一步觉醒。同时，在农民运动中建立起的党组织，带领广大农民群众向封建势力猛烈开战，使党的主张更加深入人心。经过大革命洪流的淬炼，幼年的党和广大革命群众得到了考验和锻炼，总结了经验，吸取了教训，为党领导揭西人民把革命斗争推向新的阶段准备了条件。

第三章

土地革命战争时期

土地革命战争时期

（1927.8—1937.7）

　　大革命失败后，中共五华县委书记古大存在中共东江特委领导下到八乡山开辟革命根据地，创立中国工农红军第十一军和东江苏维埃政府。揭西地域的大北山与八乡山相连。在红十一军的带领下，河婆的石内，京溪园的大鹿、湳池等地相继建立革命据点，成立了苏维埃政权，组织赤卫队打土豪劣绅。但是，在李立三"左"倾冒险主义错误路线指导下的军事行动，使党组织及根据地人民遭受严重损失，一批红军战士、赤卫队队员光荣牺牲。同时，在党内开展的肃反运动，又使一大批党政军优秀领导干部和骨干受到伤害。1932年10月，机关设在河婆的揭普惠县工委成立，揭西地域土地革命烈火又重新燃起。但是，在国民党反动派的严重摧残下，党组织处境恶劣，至1935年冬，被迫停止了活动。1936年12月，一支9人组成的"抗日义勇军"小分队在五经富成立。1937年3月，中共韩江临时工作委员会书记李碧山在五经富发展了五名党员，建立了土地革命战争失败后揭阳县第一个党支部。

土地革命战争初期的党组织

一、"八一"南昌起义和"八七"会议决议的贯彻

蒋介石和汪精卫的背叛，使轰轰烈烈的中国大革命遭到失败，这个惨重的教训，使中国共产党认识到武装斗争和土地革命的极端重要性。为了挽救中国革命，1927 年 7 月中旬，中共中央决定举行南昌起义，成立了由周恩来任书记的前敌委员会。8 月 1 日，周恩来、贺龙、叶挺、朱德、刘伯承等率领党所掌握和影响的国民革命军两万余人，发动了南昌起义，开始了中国共产党独立领导革命战争、创建人民军队和武装夺取政权的新时期。8 月 3 日，起义军按中共中央的既定决策，撤离南昌，南下广东。此前，中共中央致函广东省委："即刻以全力在东江接应。"

8 月 7 日，中共中央召开了紧急会议（八七会议），会议清算了以陈独秀为代表的右倾机会主义错误思想，确定了土地革命和武装反抗国民党反动派的总方针，号召农民进行秋收起义。为此，广东省委制定了暴动计划，并于 8 月 20 日前后派原广东区委秘书长赖先声到汕头组织暴动。随后，在东江地区成立了潮梅等暴动委员会，做好策应工作。潮汕各地党组织迅速行动，恢复和健全各级党组织和工会、农会、妇女会，建立工农武装，准备暴动。

9 月 13 日，揭阳县委在渔湖江夏村召开党代会，20 多名代表出席了会议。会上，潮梅特委代表颜汉章传达了八七会议精神，

会议决定：深入群众，恢复农会组织，开展武装暴动，建立苏维埃政权，进行土地革命。同时，选举产生新的揭阳县委，张秉刚为县委书记，林运盛为组织部部长，陈卓然任宣传部部长。原中共揭阳县部委员会组织委员卢笃茂从泰国回到揭阳时，党代会已结束，被上级委任为县委巡视员。会后，重建四个区委，并以桑浦山为据点开展武装斗争。第一区区委书记张秉刚（兼），第二区彭名芳，第三区黄龙驹（黄贻嘉），第四区张怀天。县委书记张秉刚及组织部部长林运盛、县委巡视员卢笃茂、县武装团团长吴衔驻在一、三、四区，巡回管面上工作。陈卓然帮助第三区建农会，先后建立和恢复水流埔、石坑、朱竹坑、龙尾等村农会。在健全党组织的同时，按照南方局和广东省委联席会议决议，揭阳县委以农军为基础，组建广东工农革命军东路军揭阳团，负责人先后为彭名芳、卢笃茂、吴衔。9月26日，"八一"南昌起义军抵达揭阳，中共揭阳县委组织发动工农群众，与起义军领导人周恩来、贺龙、叶挺、郭沫若等密切配合，占领了县城，成立了揭阳县工农革命委员会。28日至30日，在贺龙、叶挺指挥的汾水战役中，揭阳县工农革命委员会发动工人、农民为起义军运送粮食、弹药，奔赴战场协助战勤和外围警戒的工人农民达2000多人。这次战役失利后，起义军撤离揭阳时，人民群众不顾个人安危，把140多名伤员转移到农村安全养伤。

二、"年关"暴动及其影响

1927年11月召开的中共中央临时政治局扩大会议，"左"倾盲动主义的急性病在一段时间内取得支配地位。这次会议的决议断言"现时全中国的状况是直接革命的形势"，据此确立了实行全国武装暴动的总策略。同月，广东省委发出了开展抗租暴动的指示。根据中央和省委的指示，12月23日，东江特委向东江各县发出《紧急通告》，要求各级党组织利用年关豪绅地主催租逼债的机会，领导工农群众实行年关大暴动，实现割据全东江的计划。

1928年春，揭阳县委组织了暴动。这次暴动，不但没有获得成果，反而暴露了各地的革命力量。在暴动斗争中，党组织损失比较严重。由于叛徒告密，县委书记张秉刚于2月9日在汕头开会时被捕遇害，党组织活动处于低潮时期。直至3月间与潮梅特委取得联系后，各级党组织才逐步恢复起来。为配合潮普惠的暴动，第二区的工农武装攻打炮台镇和登岗镇，不久，队伍被国民党军打散。接着，由颜汉章带领的揭阳工农游击队，从居西溜一带山区开回桑浦山南麓的郭畔埔村，宣告成立县苏维埃政府，颜汉章任主席，出版《红光》周刊，宣传抗征、抗税、抗粮。但十多天后也被国民党军打散。

4月7日，潮梅特委书记沈青与秘书徐克家、共青团潮梅巡视员庞子谦及交通员等一行到揭阳猴牯溜山——守青寮布置暴动工作，被国民党暗探发觉，遭敌包围。在战斗中，沈青及揭阳县委组织部部长林运盛壮烈牺牲，县委宣传部部长陈卓然被捕遇害。中共揭阳县委三位领导人相继牺牲后，县委领导机构陷于瘫痪状态，革命斗争处于困难的局面。

此时，由于党组织遭到严重的破坏，全县只有3个支部，58名党员。为避免和减少敌人的破坏，保存革命力量，县委决定暂停基层支部活动，党员及革命同志进行分散隐蔽。

三、河婆地区的农会活动

1928年春，中共紫金县委委员、农民运动领导人钟佩璜、钟一强等人到揭西地域的龙潭乡陂尾楼村活动，向贫苦农民宣传革命道理，秘密组织30多人的农会。同年秋，中共党员黄能从五华到河婆石内活动后，介绍地下党员张震天、钟佩璜和进步青年张展英（女）、甘质良到石内开展革命工作，把他们分别派到西坑村、鸡屎坑、上涵村、杨梅滩村教书。他们一边教书一边进行革命宣传，发动农民起来革命，培养了一批革命骨干和先进分子，发展了张客举、张裕民、张隆班、张兰头、张云益等8个共青团员。农历九月底，张震天组织几十个青年在西坑青云学校成立农民协会。农会成立以后，会员们在张震天、钟佩璜的领导下，经常在石内一带开展革命宣传。有一次，趁夜到河婆圩附近的南和市、过路塘、朱坑径一带散发革命传单、张贴标语、安插红旗等。次日，国民党河婆区署人员发现后，慌忙把标语等除掉。他们发现旗杆用苗竹制作，怀疑农会会员住在产苗竹的石内，便指派爪牙蔡道中，假装鸦片烟贩子，带了6个便衣人员直上莲花山，窜入石内西坑村，恰逢张震天往八乡山开会不在家而扑空。由于下涵村一个坏人告密，敌人得悉钟佩璜的活动情况，旋即转道窜进鸡屎坑村抓住钟佩璜。在敌人面前，钟佩璜不但没有屈服，反而无情地揭穿敌人的阴谋诡计，1929年1月1日，在河婆沙坝唇被杀害。

四、揭阳县委的重组

1928年4月中旬，东江特委派毛光同到揭阳组建县委，重建的县委机构有委员陈盛德、颜汉章、黄长夏、詹就又、卢笃茂、蔡乌因、陈海奎7人，常委3人。县委7名委员中，5名工农出身，2名知识分子。新组建的县委及下辖组织机构，从表面上看比过去健全，但是县委书记一职空缺，原因是在工农干部中还找不到合适人选，暂时由常委兼秘书颜汉章处理党内事务。是时，在"左"倾思潮的影响下，组建党的领导班子过于强调成分，片面理解实行"工农化"，规定知识分子不能当书记。因而像颜汉章这样的人，曾当过揭阳特支书记、部委书记，有工作能力，但是由于是知识分子出身，也只能担任秘书一类的职务。县委下设有宣传科、组织科、会计科、散发科、印刷科以及通讯科。县委下辖一、二、三、四区及渔区、官区共 6 个区，有 22 个党支部，1 个特支，党员 112 名。

6 月，中共广东省委派喻奇辉到揭阳改组县委，改组后的书记是喻奇辉，县委委员有卢笃茂、张家骥、张静民。县委机关常流动于三区的龙岭、下坡、河坑、朱坑等山村开展工作。7 月，增补陈达为县委委员。

9 月，广东省委书记李源到东江视察工作，在汕头市郊桑浦山（潮安、揭阳交界）召开潮梅部分地区党的负责人会议，传达党的六大会议精神。李源结合当时潮梅革命处于低潮的形势，强调"我们的斗争方式必须改变，不能再搞暴动，不能硬打硬拼；必须善于发动群众，积极领导群众开展日常斗争"，"从要求减租减息，一直到抗租抗息的斗争；同时结合地下武装，伺机行动"。会议使与会干部初步了解了革命形势和党的任务、方针，开始在群众中恢复工作。

12 月 10 日，临时东江特委在八乡山开会，讨论贯彻党的六大会议决议和省委第二次扩大会议精神，健全了特委领导机关，以林道文为代理书记。会后，东江特委常委方汝辑到揭阳第三区石坑寮召开棉湖及石坑寮一带部分党组织代表会议，传达会议精神，指导和帮助恢复党的组织活动。

工农红军的建立和"左"倾路线的危害

一、土地革命的兴起和工农红军的建立

1928 年 5 月，由五华革命委员会军事部负责人古大存带领由 30 名中共党员和革命战士组成的一支 60 多人的农军中队来到八乡山。在敌情严重、密探四布的白色恐怖环境中，队伍分散到五华、丰顺、揭阳的边界地区，以打石、烧炭等职业作掩护开展革命活动，恢复党组织，组织贫农自救会，发展革命武装力量，以八乡山为中心，开辟革命根据地。

6 月间，古大存与在五房山坚持斗争的揭阳县委委员卢笃茂取得联系，两人共商开辟发展八乡山这一地区革命活动的问题。7 月，在丰顺县的九龙嶂成立"五（华）、兴（宁）、大（埔）、丰（顺）、梅（县）五县暴动委员会"，推选古大存为主席。8 月，举行畲坑暴动，公开宣告共产党在八乡山、九龙嶂又高举革命红旗。畲坑暴动后不久，卢笃茂、张义廉来到九龙嶂，经过兴（宁）、五（华）、平（远）、梅（县）、大（埔）、揭（阳）、潮（安）七县中共负责人协商，成立"中国共产党七县联合委员会"（简称"七县联委"），古大存为七县联委书记，卢笃茂为七县联委委员之一。同时恢复了与上级党组织的联系。在七县联委的领导下，八乡山的革命队伍迅速壮大，革命根据地进一步发展。至年底，八乡山、九龙嶂、铜鼓嶂的苏维埃区域基本连成一片。

　　1928年10月中下旬，丰顺、五华两县革命委员会相继成立。1929年2月，中共五华县第一次党员代表大会在八乡山下溪乡召开，古大存当选为书记，大会决定建立苏维埃政权，开展土地革命。

　　2月底，东江特委从潮安迁到丰顺，后进驻到丰顺栋下。东江特委进入八乡山，使土地革命运动在东江地区拓展了新的区域。为配合这一地区的革命斗争，东江特委派黄汉强到揭阳，恢复党组织的活动，并组建揭阳县委，黄汉强任书记，委员是：叶静仁、陈达、张家骥、卢笃茂。接着，李辉光、陈淑山等到揭阳加强革命工作的领导。此后，县委在毗邻八乡山的北山一带建立赤卫队。

　　此时，揭、华、丰三县国民党驻军毛维寿部集结2500名反动武装分为五路"围剿"八乡山。古大存带领八乡山军民分头进行抗击，粉碎了敌人"围剿"阴谋，取得第一仗的胜利，大大鼓舞了八乡山革命人民的斗争情绪。此时赤卫队已发展到4000多人，拥有900支枪。

　　1929年4月，赤卫队配合古大存带领的工农武装，攻下了新亨区警察署，推动了全县斗争的发展。接着，瑞来、霖田、河坑、下坡、顶坝、坪上、石肚、尖石等村的农会、赤卫队和其他革命组织很快地恢复和发展，并成为革命活动的据点。县委在下坡村设立地下交通站，三区的霖田村、双山村、月眉村、石牌等村也设交通点。此时，东江特委为进一步推动革命斗争，经请示中央军委同意，建立红军第六军。

　　10月1日，东江特委机关进驻八乡山，召开了华、揭、丰等八县的武装干部会议，决定发展工农武装，扩大东江红军。同月，在新亨的尖石村召开群众大会，成立北山区苏维埃政府。此时，在靠近八乡山根据地的三、四区已开始走上赤色区域武装斗争的道路。

为了筹备召开东江苏维埃代表大会，成立红十一军，急需解决粮食问题。1930年3月5日，八乡山区范围赤卫队和运输队共200多人，由红六军教导队队长古宜权带领到大洋实行武装借粮。队伍冲进老屋下寨，攻进地主邹自含住宅。大洋各村的反动武装纷纷阻击。队伍撤退时，负责没收粮食的运输队因失去联系遭敌包围。曾尧、魏利善、林凤英（女）、卢永妹（女）、学老妹（女）、陈招（女）、魏招（女）、冯麻（女）8人不幸被捕。除了年纪最小的冯麻被赎出外，其余7位赤卫队队员都壮烈牺牲。因其中两名妇女已怀孕，故当时称为"七尸九命案"。

5月1日至10日，在八乡山滩下庄屋坪召开东江第一次工农兵代表大会，19个县市的184名代表出席。广东省委派林道文参加大会，传达省委关于建立东江苏维埃政府和中央军委关于成立中国工农红军第十一军的决定。会上通过民主选举，正式成立东江苏维埃政府执行委员会，委员长陈魁亚，副委员长古大存、陈耀潮。执行委员会有常务委员15人，执行委员45人，候补委员16人。同时，宣布正式成立中国工农红军第十一军，军长古大存，政治委员颜汉章、吴炳泰（后），副军长彭桂，参谋长龚楷、严凤仪（后）、梁锡祜（后），政治部主任岁欣然。下辖东江地区原有红军四十六团、四十七团、四十八团、四十九团、五十二团和一个教导队。军部设一个军校，由四十六团代管。还有一个独立营，全军约3000人。秋天，东江特委迁到大南山，红十一军军长古大存率领红46团和教导队坚持在八乡山进行英勇的反"围剿"斗争。从此，八乡山成为东江的革命根据地。

二、李立三"左"倾冒险主义在本地的影响

随着局势的好转，党内"左"的急性病又逐渐发展起来。1930年6月11日，中共中央在上海召开政治局会议，在李立三

主持下，通过了《新的革命高潮与一省或几省首先胜利》的决议，标志着以李立三为代表的"左"倾冒险主义错误在党中央占了统治地位。在李立三"左"倾冒险主义指导下，军事上，强令红十一军去攻打强敌驻军的潮安、揭阳。担任前敌总指挥的军长古大存不同意，主张先打敌人兵力薄弱的五华、丰顺，扩大八乡山根据地，然后再向外发展。但这一正确意见受到执行委员会主席颜汉章的拒绝，甚至古大存率四十六团在梅县丙村打了一个漂亮的胜仗，回来后还被颜汉章批评为"专找弱的打"。

这段时间，为了便于指挥红军夺取汕头、潮州、惠州，东江特委领导不顾古大存等同志反对，于1930年秋把机关迁到靠近汕头的敌人必争之地的大南山。东江特委从八乡山迁到大南山后，潮普惠的红军和赤卫队在处境困难的情况下，仍执行集中攻打棉湖的任务。战前，东江特委派军事干部刘琴西到普宁县第六区（即棉湖镇以南的月堀寨、湖西一带）做好准备，负责部署攻打棉湖的军事行动。

攻打棉湖前夕，一支红军部队宿于横山礼拜堂，普宁县保安中队中队长方昌伦获悉后，率部100多人，趁夜前来围攻，恰巧红军已转移他村。敌人扑空后，便在横山放火烧民房。红军第三大队100多人住在附近山村，获悉后立即向敌人包抄过去。战斗打响，六区乡民擂响战鼓，拿起武器上阵。方昌伦见势不妙，慌忙撤到英歌山。红军和农民乘胜追击，与敌激战至中午，把敌人层层包围。敌被围困山头，惊恐不堪。附近农村妇女担菜送水上阵地。午后，军民发起冲锋，攻上山头，打死敌兵30多人，活捉5人，缴枪70余支。敌中队长方昌伦被农民用锄头木棍打死。此役军民并肩作战，大获全胜，大大鼓舞了军民斗志。

9月21日，普宁县第三区红军主力200余人，地方武装驳壳连80多人，三、六、九区联队40多人，集中在月堀寨。刘琴西亲自做战斗动员，布置军事行动计划、战斗联络信号等。22日早上，红军开到距棉湖三里的湖西寨竹园内。是日恰逢棉湖圩期，部分红军战士化装为农民，利用赶集的热闹机会，预先进入棉湖镇，摸清敌人防守情况，准备外攻内应。上午10时，红军发起进攻，陈龙连长率驳壳连80多人，由湖西农会干部黄暹带路，从南门冲入，直扑守敌驻扎的一座祠堂。红军一枪击倒守门敌兵，迅速冲进大门举枪横扫，几个敌兵应声倒下，里面的敌人慌忙应战，但挡不住红军猛烈的火力，慌忙从后门逃窜。红军乘胜追击。此时街道人多，红军怕误伤群众，不敢随意开枪，一部分敌人趁机混在人群中逃跑。战斗中，陈龙连长冲在前头，不幸受伤。

红军攻进棉湖，地下党组织灵活地做好内应工作。兴道小学校长、地下党员邱秉经，带领进步教师在街上贴"红军万岁"等宣传标语，打开校门，欢迎红军进棉湖。红军先头部队占领棉湖，没收了奸商李万合的财产。根据当时的形势，红军于下午2时主动撤回湖西，当晚回到月堀寨。

红军攻打棉湖的同时，揭阳县红军游击队一个驳壳排40多人，在棉湖东面配合作战。他们于当天早上在竹园内埋伏，截击由揭阳沿江往棉湖的国民党船只。上午10时左右，埋伏在两岸的游击队队员一齐向电船开火，封住敌人前进后退的道路。游击队队员勇敢跳入江中，强登电船，从仓底里抓出国民党棉湖区区长（揭阳县县长毛琦的女婿）。当天下午，游击队队员押着俘虏和缴获的战利品，开到月堀寨汇合。

22日晚，普、揭两县的国民党政府，调集军队，向棉湖反扑。因红军已撤出，敌人扑空，摸不着去向。

23日上午，敌人一个营的兵力，朝湖西村开去。村农会用红军留下的武器弹药自卫，迎击来犯。10时左右，敌营长陈思成骑着大白马，带着队伍走向湖西，靠近村边时，遭到埋伏在竹园里的农民阻击，被农民一枪击毙。敌军慌乱，朝天开枪，守寨村民英勇应战，打退敌人几次冲锋。战至中午，敌人退入棉湖。此次战斗，湖西村农会干部黄暹、黄宝兴不幸牺牲。晚上，敌人纠集了普、揭两县敌军 600 多人，分两路包围湖西，守寨村民早已撤离。敌人扑空，残杀老、弱、病村民 19 人，重伤 7 人，放火烧寨，烧毁房屋 305 间。湖西人民被勒索 300 元大洋。但是，湖西人民坚信红军还会回来，上山搭草寮栖身，紧握枪杆，坚持了两个多月。是年冬，才逐渐回村重建家园。

1930 年秋收，八乡山收成不好，人民生活困难，红军也缺衣少穿，加上国民党对八乡山严密封锁，给红军带来很大困难。为了坚持反"围剿"，解决部队粮食物资供应问题，红军决定再打大洋。此次打大洋，红军四十六团团长古宜权认为大洋反动地方武装战斗力不强，因此急于出击，于 11 月 27 日晚率红军和八乡山赤卫队三四百人，从八乡山滩下出发，连夜进攻大洋。深夜，红军攻打大洋何树堀村。该村敌自卫团进行顽抗，红军和赤卫队英勇战斗，趁黑冲进村内，攻破一座敌自卫团固守的屋堡。正当攻打敌人另一屋堡时，村中的稻草棚起火，红军战士暴露在火光之中。敌人趁机猛烈向红军战士开火。因此，红军处于被动地位，只好撤退。此时天将亮，大洋各村的反动自卫团三四百人，登上高山两侧，集中火力向红军猛击。红军处于不利地形，边打边撤。在激战中，红军伤亡 30 多人，一连连长英勇牺牲，情况非常危急。上午 10 时，古大存率队赶来支援，抢占山头，打响机枪，掩护红军和赤卫队带着粮食撤回滩下。

三、王明"左"倾冒险主义的严重危害

1931 年 1 月 7 日，在共产国际代表米夫的直接干预下，党的六届四中全会在上海召开。会议通过了《中共四中全会决议案》，

中共中央领导权实际上为王明（陈绍禹）所操纵。王明等打着"执行国际路线""反对右倾机会主义的立三路线""反对调和主义"旗号，推行比李立三更"左"的冒险主义。在这一路线指导下，两广省委派领导成员徐德到东江召开特委扩大会议，指责整个东江"党的领导充满富农路线"，尔后，又强调要在根据地内部开展反"AB团"的斗争。2月，中共中央发出开展肃反斗争的指示信，号召在苏区内"为着肃清AB团与一切反革命派而斗争"，"以最严厉的手段来镇压"。东江特委所在的大南山苏区执行这一错误路线时，杀害了不少领导干部，其中有东江特委组织部部长颜汉章，东江特委委员黄汉强等。红十一军军长古大存也受到错误处分，军长职务被解除，留党察看三个月。这一错误运动也波及揭阳。此段时间，揭阳县委领导机构消失，革命斗争活动停止下来。全县仅有的第三区党组织机构也随之消失。

土地革命的复兴和受挫

一、揭普惠县工委的建立和土地革命斗争的深入

1932年10月，东江特委为配合大南山革命根据地反"围剿"斗争，发展新区，适应揭普惠三县边区工作的需要，决定以河婆为中心，在揭（阳）、普（宁）、惠（来）交界地区，建立中共揭普惠工作委员会，机关设在河婆。下辖揭西地域的河婆、棉湖，普宁的里湖，惠来的梅林（今属普宁）等区，负责人李彤（海丰人）、林汉希。

同月，红二团团长古宜权率100多人开赴揭普惠，协助开辟新区，在揭属石内、普属石牌的汤头、鹧鸪岭和惠属的黄沙一带开展游击活动。至此揭西地域又燃烧起了革命烈火。河婆、棉湖、东园、金和、凤江、京溪园、五经富、灰寨、南山、坪上、钱坑、五云等乡村圩镇相继恢复了农会组织，成立赤卫队。许多地方建立了苏维埃政权，他们组织、发动农民起来与国民党反动派、地主、土豪劣绅作斗争，开展土地革命。

年底，李彤调别地工作，林汉希召开工委会议，通过总结经验教训，制订了具体工作计划，决定抓住秋收与群众的迫切要求去发动斗争。在群众的热烈拥护下，建立了十几个村的农民协会。在此基础上，发展了20多个党员，成立了五个支部。

1933年三四月间，古大存和卢笃茂带红军300多人路经莲花

山。他们离开此地时,留下12名武工队队员分别到石内的江坑、瓜田等村进行革命活动,很快在石内一带培养了革命骨干40人,并在瓜田村重点建立一支18人的武装赤卫队,队长张云益。赤卫队配合红军进行革命宣传、散发传单、张贴标语,为红军送粮食、抬伤员、搭营房,侦察敌情等,还经常为红军到大富户征粮征饷,配合红军到普宁南洋山和桂竹等地打地主、资本家和土豪劣绅。

6月,在刘明、李叶、卢笃茂、曾桂等10位红军的宣传发动下,京溪园大鹿村成立了苏维埃政府,并在上、下鹿村分别组织赤卫队。上鹿村赤卫队队长邹同利、陈清水,队员有陈善、邹锐等9人;下鹿村赤卫队队长田镇昌、田则时,队员有老足、远盛等10人。赤卫队到处宣传革命,组织担架队、通信情报组、购粮供应组等。向大地主、大富户筹粮借款,供应红军及救济贫苦农民。还配合红军破坏敌人的军事交通、剪电话线、摧毁电线杆等。在此期间,下鹿有田如林、田亚声等5人参加红军。

1933年10月,蒋介石集中100多万兵力对中央苏区进行第五次"围剿"。是时,中共两广区委遭受多次破坏,党的领导处于停顿状态。东江各地的工作除了大南山和潮、澄、澳外,其他几个苏区先后在强敌的进攻下受挫。此时,桃围的大地主吴裕记,为抵抗红军,破坏革命,拉扯一支反动武装,准备对抗红军。

12月9日晚,东江特委农运部部长、游击队总队参谋长卢笃茂率红军游击队和大鹿、涧池、曾寮等地赤卫队队员共200余人,从曾寮出发,向桃围地主吴裕记"借"枪"借"粮。吴裕记兄弟3人,仗着一支狗腿武装,占据高楼工事,疯狂地向红军开火。红军战士奋起反击,突击队队员冒着敌人的弹雨,架梯越墙进屋,打开大门,击败反动武装,缴长枪40支,子弹三四担及粮食等物资一大批。红军把没收来的粮食拿出一部分分给农民。

揭普惠县工委努力创造和扩大游击区,随时发动广大群众配合红军的游击行动，为大南山红军提供了回旋余地，并积极配合了反"围剿"斗争。揭普惠县工委的斗争坚持到 1934 年 6 月才告停止。

二、遭受挫折和被迫停止活动

1933 年，东江特委将东江独立师整编为东江红军第一、二路军，古大存任第一路军总指挥，卢笃茂任第二路军总指挥。其时，卢笃茂带领红军游击队在大北山归善村附近的钩髻崬搭寮建立营地，进行军事训练，开展革命活动。

1934 年 2 月 23 日，国民党反动军队包围了湳池，抓走驻村工作的黄大头和一位教师林两国。4 月间，敌人侦缉队进驻曾寮村，抓走赤卫队领导人刘朝龙的妻子和刘文东、刘文信等赤卫队队员，村中耕牛家具和家产被洗劫一空。

此后，国民党军队大举围攻大南山根据地，形势十分险恶。为解大南山之围，卢笃茂带领游击总队 190 多名红军战士，转战于潮阳县、普宁县、揭阳县等外线。红军在普宁铁山、揭阳的桑浦山战败后撤至五房山。5 月中旬，这支转战多时只剩 90 多人的队伍，带着饥饿与疲劳到达大背崬（属揭西地域），准备利用这里熟悉的地形与敌周旋。

此时，八乡山革命根据地已陷入国民党统治。当卢笃茂部进入归善钩髻崬时，驻河婆的国民党林大纲部，随即派兵到南山、灰寨。驻五华、安流的潘彪团也于 6 月 9 日开进河輋村，对卢笃茂所率的红军进行合围追击。当天下午，良田中心村的刘柯献报告了白军进驻河輋村的消息，卢笃茂马上率部连夜撤到岸洋，却遭岸洋村刘居竹的反动自卫队拦击。红军队长黄先牺牲，部队只好退至页锡坑附近的山地密林隐蔽。10 日早上，红军利用密林山地向西南方向撤离，到大寮坳，后由牛埔岗村民刘德员带路，穿密林，抄小道，到牛过渡，过良田河。当进入七峇径顶时，遭罗经坝反动自卫队拦截。战斗打响后，河婆的国民党军 200 余人追上来，红军只得退回黄竹坑、大水坝，深夜进入良田，又从河峇开至胡头菜园窝山地。此时，以刘汉光为头子的良田地方反动武装自卫团也参加了"围剿"红军的行动。敌军共有 1500 多人，直奔胡头山地，把 90 多名红军层层包围。红军战士在卢笃茂的指挥下，利用高山密林进行英勇反击。战斗一整天，杀伤不少敌人，击毙一敌连长。入夜，敌人打着照明弹继续搜山。

这时，红军战士已壮烈牺牲 18 人，被俘 20 多人。卢笃茂只得命令战士分散突围，他自己一个人拖着扭伤的腿，走了 10 多公里，到了河峇村附近，在一个破炭窑里休息。次日，河峇村的农民陈阿香发现卢笃茂并把他带回家，藏在破棚上隐蔽治疗。后被陈阿照发现。陈阿照当即把情况告诉其兄陈桶新和反动绅士陈盛坤等。他们闯入阿香家，抓走卢笃茂。6 月 18 日，卢笃茂被押送到桐树坪村，后转到汕头、广州，1935 年 2 月 3 日（农历除夕）在黄花岗英勇就义。陈阿香也被潘彪以窝藏红军的罪名杀害了。

1935 年农历十一月，邓龙光派何宝书部 1000 名官兵，由杨明乔带路进剿石内，一路烧杀抢掠，农民家产被劫洗一空，被杀害的革命干部 11 人，群众 7 人。这个贫困山村被勒索 857 元大洋。一些革命者离乡背井，逃往南洋等地避难。石内村一场轰轰烈烈的农民运动又被镇压下去了。

土地革命战争时期，揭阳党组织多次遭到国民党反动派严重破坏，很多共产党员和革命志士遭到杀害，党的活动非常困难。1935 年冬，揭阳党组织被迫停止了活动。

第
四
节

为迎接抗日高潮做准备

一、抗日救亡思想的传播

1931年9月18日，日本帝国主义制造了震惊中外的九一八事变，大规模入侵我国东北地区，妄图灭亡中国。中华民族到了最危险的时候。蒋介石政府当局却顽固坚持"攘外必先安内"的不抵抗政策，严令东北军全部撤入关内，并要求民众"暂取逆来顺受态度，以待国际公理之判断"。政府当局的错误政策，极大地压制了抗日救亡的民族热情，助长了日本帝国主义的嚣张气焰，同时，也使一些人难以看清日本侵略者的野心，抱有退让求安的幻想。

中国共产党在江西革命根据地反"围剿"斗争极端艰苦的条件下，挺身而出，发表了《中国共产党为日本帝国主义强暴占领东三省事件宣言》。《宣言》指出，日本帝国主义公开进兵中国，其目的是使中国完全变成它的殖民地，号召全中国人民迅速动员起来，反对日本帝国主义侵略。1932年4月，中华苏维埃共和国临时中央政府主席毛泽东发布《对日战争宣言》，正式宣布苏维埃政府对日战争，号召全国工农兵及一切劳苦大众，一致起来进行民族革命战争，把日本帝国主义驱逐出中国，争得中华民族的独立与解放。

揭西是国统区，长期处于国民党政府白色恐怖的高压之下，广大民众为寻找救国救民真理，许多人到外地读书，这些接受新思想的学生与家乡进步青年互相联系沟通，互寄进步书刊，团结一致，追求真理，宣传抗日救国。

棉湖在外求学者甚多。早在 1924 年，许涤新在揭阳一中就读时就开始接受新思想，1925 年在普宁旅汕小学任教时加入中国共产主义青年团。1926 年考进广州中山大学预科班后，参加学校"社会科学研究会"，开始阅读有关共产主义的书刊。1929 年转考免费的上海国立劳动大学。1932 年任中国文化总同盟（简称"文总"）秘书，还参加"文总"机关刊物《正路》的编辑工作。1933 年 6 月，加入中国共产党，任"社联"党团书记。1934 年初，任中共文化工作委员会委员，中国左翼文化总同盟组织部部长。在此期间，他经常与在棉湖教书的青年吴孙光通信，寄来进步书刊，并建议棉湖组织一个青年读书机构。

1932 年，王琴在厦门集美试验乡村师范读书，与吴孙光在通信中讨论中国革命的认识问题，被反动当局查获，幸亏该校校长及时告知，离校回乡，途经汕头时找到林美南。王琴回到棉湖后与吴孙光研究，于 1933 年上半年组织了"道光学术研究社"，有20 多位青年参加，多数是小学教师，许涤新经常从上海寄来《北斗》《洪水》《新中华》等书刊供学习讨论。在学习和专题讨论中，他们向许涤新请教弄不清楚的问题，许通过来信解答问题，使大家明白革命道理。道光学术研究社组织起来后，汕头林英杰前来联系，向大家宣传革命形势，并要求捐款支持汕头大众诗歌社。不久，揭阳林邦高也来联系，要求大家每天读一万字以上书籍。道光学术研究社与上海、汕头、揭阳等地有直接的联系，抗日宣传等爱国运动甚为活跃。1935 年 2 月，许涤新在上海被捕，林邦高在揭阳被捕，林英杰也因反动派要逮捕他，离开汕头到了普宁，三方面联系中断。由于形势紧张，进步书籍被埋藏起来，暂时停止活动。

1936 年，王琴在棉湖贡山小学教书，与在普宁兴文中学教书的马士纯、邱秉经老师有联系，在他们的指导下，与吴孙光在棉湖组织"新文字研究会"和"棉华剧社"，出版《棉华》专刊，开展抗日宣传活动。

在东桥园，林美南、林密等人于 1931 年组织了"社会科学研究小组"，专门学习进步书籍，阅读马列主义著作。

1934 年初，普宁的兴文中学、梅峰中学由地下党员马士纯、邱秉经、林英杰等领导，开展救国教育，宣传共产党的抗日主张，成为抗日救亡的阵地。揭阳与普宁只有榕江一水之隔，普宁的革命活动对揭阳产生了直接的影响。

抗日救亡思想的传播，为党组织的重建打下了坚实的思想基础。

二、"我们书室"的建立及其影响

五经富是个文化之乡，知识分子较多。早在 1929 年，受到五四运动的影响，曾凌角、曾史恩、曾育之、曾庆成、曾虞书、曾畅机、曾佩恭等十几位在道济中学毕业的青年组织了一个颇有浪漫色彩的"微浪社"，开展反封建、反迷信的宣传活动。他们以微浪社的名义出版油印刊物，提出打倒学霸、反对迷信的口号，把微浪社印的刊物秘密散发到道济中学、教堂、牧师楼等地，同时发起罢课风潮，冲击西洋文化，致使道济中学、神道学校停办。他们还在 1931 年元宵节前的一个夜间把当地的三山国王庙烧成灰土，次日还到现场断壁大书"火之功用大矣哉"的大标语以之示众。他们这种过激的脱离群众的自发行动，引起乡人不满，反而被当权者利用，被迫赔款重建神庙。微浪社在压力下消失了。微浪社虽然解体了，但是，他们反对迷信、敢于向神权挑战的精神，在山乡留下令人敬佩的记忆。

1935 年春，培英中学从外地请来一批进步教师，其中有大革命时期的中共揭阳三区区委书记黄贻嘉。他们很快便与当地的知识青年曾广、曾畅机、曾冰、曾佩恭等结成朋友，在一起交流思想。他们经常对学生进行革命启蒙教育，宣传马列主义和革命思想，讲述革命道理，鼓励他们追求真理，组织起来拯救国家。这些教师与学校另一部分教师形成了观点对立的两派。他们撰写的批判唯心观点的文章在汕头《星华日报》《汕报》发表，在社会上颇有影响。在校学生曾定石、曾松、曾年寿、曾长江等接受进步思想的教育，经常阅读他们的进步书刊，逐渐有了革命的思想和进步的要求。下半年，学校停办，教师被迫离开了学校。黄贻嘉在离开之前，介绍他们订阅李公朴主编的《读书生活》杂志和邹韬奋主编的《大众生活》，并特别允许他们到其住处无条件借读一批哲学、经济学、社会发展史方面的书籍。他们订了《读书杂志》《世界知识》《大众生活》等一批刊物，通过这些杂志的介绍，他们进一步找到了何干之的《社会发展史》、薛暮桥的《农村经济》、沈志远的《经济学大纲》，还有许许多多的文学作品，如鲁迅介绍的《八月的乡村》《生死场》《铁流》《母亲》。这二三十位受了进步思想熏陶的青年集中在曾畅机家一个菜园的平房里，如饥似渴地读书学习，他们探讨真理，研究时局，并组织学习新知识，了解新思想。青年人读了革命书籍，接触了新思想，初步认识了革命真理，自然形成一个同思想共命运的革命集体。当时虽然没有章程，只是通过共同购买的书刊上签名"我们"二字而形成"我们书室"，但这批青年的结合是牢固而有战斗力的。如果说微浪社没有一定明确的思想追求，只有一种反抗精神，那么，"我们书室"应该说是在中国共产党提出抗日救亡统一战线主张和"一二·九"运动及上海爱国运动影响下成立起来的有觉悟的青年组织。

1936 年春，通过李祖尧的关系，曾广等"我们书室"成员到灰寨树文小学教书。从"我们书室"到树文小学，是五经富革命青年参加革命实践的成效显著且颇具创新的一年，他们不仅在教学方法上实现了许多革新，而且在教学内容上引入了适合社会的新的民族文化教育，特别突出了关于马列主义和抗日救国的宣传。它既锻炼了"我们书室"的青年，又教育了灰寨年纪较大的学生。这时，在灰寨的进步青年中间，按照五经富青年的做法，也组织了灰寨的"我们书室"，以李日煌、李毓明等为首，有 30 多人。与此同时，李祖尧、曾冰到河婆、石内教书，他们同样把五经富"我们书室"读书会的活动形式推广到灰寨、河婆等地。此外，河婆的张介萍、蔡若明、蔡传削等也和"我们书室"结为朋友。

这是五经富进步青年从思想到实践的一个成功的经验。

1937 年，曾广总结了灰寨树文小学工作的经验，倡导把五经富各村小学联合起来，实行全乡统一办学，组织全乡联校，请长辈曾吉光任乡联校校长。曾广、曾畅机分别任正、副教导主任，主持校政，他们聘请了一批进步教师到联校任教，以他们为骨干，办好联校，开展抗日救亡运动，并成立了"救亡剧社"等组织。实践证明，"我们书室"的建立，在统一战线、文化教育、宣传马列主义和爱国主义思想、培养先进分子、建立农村青年的革命组织等方面都是十分成功的。

三、党组织活动的恢复——中共五经富支部的建立

1936 年 9、10 月间，汕头组织了党的秘密外围组织"华南抗日义勇军"，在汕头读书的五经富青年曾定石参加了这个组织。

12 月 12 日，曾定石回到家乡五经富，准备发展组织。他带

来了铅印的抗日义勇军的章程，章程中规定了义勇军是武装的秘密的组织。它秘密成立，秘密活动，准备武装斗争。义勇军有严密的组织：大队以下分设小组，三人一小组，三组一小队。通过商量以后，在"我们书室"成员中，挑选曾广、曾畅机、曾年寿、曾冰、曾景清、曾瑞嗣、曾孟允（曾实）、曾松、曾木泉等9人，成立抗日义勇军小队，曾畅机为小队长。

1937年1月，曾定石在汕头经李碧山介绍加入了中国共产党。此时，党为了广泛发动群众，抗日救亡，需要进一步向农村发展，壮大力量。曾定石把五经富成立义勇军的情况向李碧山做了汇报。3月15日，刚成立的中共韩江临时工作委员会书记李碧山亲自到五经富，在育英小学住了一个星期。他通过了解情况，逐个谈话，逐个审查，决定吸收曾广、曾畅机、曾冰、李日煌、曾木泉等5人入党，并举行了入党宣誓，由李碧山、曾定石担任入党介绍人，李碧山监誓，并做讲话。宣布成立五经富党支部，书记曾畅机。党支部由中共韩江临委直接领导。7月，由中共韩江工委领导。

中共五经富支部是土地革命失败后揭阳地区重新建立的第一个农村党支部。它的建立，是揭阳县党组织恢复和发展的开始，对揭阳党组织的建设和马列主义的传播起了组织推动作用，并直接带动了灰寨、京溪园、龙潭、河婆一带党支部的建立。它培养了一批党的干部，他们不少人在抗日战争及解放战争中成为揭阳乃至潮汕等地各级党组织的领导骨干，为后来动员和组织当地青年及附近的广大群众起来抗日救亡和为开展解放战争时期的武装斗争做出了贡献。

土地革命战争时期，是揭西党组织在极端困难条件下坚持斗争并达到政治上成熟的重要时期。这一时期的党组织发动群众，实行土地革命，建立自己的武装队伍——中国工农红军第十一军，学会了游击战争艺术，建立了苏维埃政权和革命根据地，力图以革命战争推翻国民党反动统治。但是，在"左"倾冒险主义错误影响下，他们还不了解革命斗争的长期性和复杂性，在形势估量和斗争策略等方面脱离实际，遭受到严重的挫折。特别是在王明"左"倾冒险主义占据统治地位时期开展的所谓反"AB 团"和社会主义民主党的"肃反"运动，伤害了一大批党政军优秀领导干部和骨干，严重地削弱了革命力量。这些血的教训，使党的干部逐步地学会了将马克思列宁主义的基本理论和中国革命实践相结合，开始注意解决在强敌面前求生存谋发展的问题。这一时期，党组织始终依靠自己的力量，紧紧同绝大多数人民站在一起，在民族矛盾和国内阶级矛盾错综复杂的形势下，采取正确的方针，坚持了艰苦卓绝的反"围剿"斗争，保持土地革命时期的重要成果。同时，党组织积极带领广大革命青年，传播抗日救亡思想，迎接抗日高潮的到来。

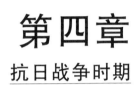

第四章

抗日战争时期

抗日战争时期

（1931.9—1945.8）

"七七事变"发生后，中国的抗日战争全面爆发。在抗日民族统一战线指引下，揭西的党组织在五经富、灰寨、棉湖、东桥园、钱坑、河婆、龙潭、龙溪等地，先后成立了青年抗敌救亡同志会。"学抗会""妇抗会""教抗会"也相继成立。在抗日救亡运动中，一批进步青年参加了共产党。

1938年3月，中共中央做出了《关于大量发展党员的决定》，揭西地域党组织从城镇到农村，从知识分子到农民，大量发展党员。至1939年12月贯彻中共中央《关于巩固党的决定》开展整党审干时止，揭阳三、五区的党员已达500多人。此后，经过整顿的党组织在抗日救亡运动中稳步发展。

1942年"南委事件"发生后，中共地下组织奉命停止活动。共产党员执行"隐蔽精干、长期潜伏、积蓄力量、以待时机"的十六字方针及"勤学、勤业、勤交友"的指示。

为了抗日，为了挫败国民党反共的阴谋，1944年冬，中共潮梅特派员林美南先后在京溪园大岭下和九斗埔召开揭阳三、五区地下党员骨干会议，传达中共中央指示，决定恢复潮汕党组织活动，开展抗日武装斗争。从此，揭西地域的共产党人和进步群众纷纷参加抗日游击队和后来的韩江纵队，挫败了国民党反动派企图消灭中共潮汕地方组织的阴谋，迎来了抗日战争的胜利。

党组织的发展壮大和抗日救亡运动蓬勃发展

一、中共揭阳地方组织的发展与县委的重新建立

"九一八"事变后，中国共产党倡导并领导了抗日民族统一战线。1935 年 8 月，为挽救民族危亡，中国共产党发出了著名的《八一宣言》，鲜明地提出了建立抗日民族统一战线的主张。12月，党的瓦窑堡会议进一步明确了建立抗日民族统一战线的基本策略和任务。震惊中外的"西安事变"爆发后，党毅然摒弃前嫌，从民族大局出发，全力促成西安事变的和平解决，开始国共第二次合作，推动建立了抗日民族统一战线。此时，国民党当局被迫暂时放弃"攘外必先安内"、对日本侵略者不抵抗以及寄望于国际社会调停干涉等卖国误国政策，开始走上抗日的道路。国共合作抗日的实现，受到了全国人民、各民主党派和爱国人士以及海外侨胞的热烈欢迎，也推动了全民族的抗日统一战线的发展。

1937 年 7 月 7 日，卢沟桥事变爆发。日本帝国主义发动了全面侵略中国的战争。全中国的抗战从此开始。事变后的第二天，中国共产党即发出《为日军进攻卢沟桥通电》，指出只有全民族实行抗战，才是中国的出路，号召全国同胞、政府和军队团结起来，筑成民族统一战线的坚固长城，抵抗日本的侵略。

在全国抗日浪潮的推动下，当时国民党军政当局不得不在形式上做出"开放民众运动"的决议案。国民党在潮汕的地方实力

派，包括驻军一五五师，由于形势的转变，在一定范围内表示赞成抗日。为此，1937年7月，"中共南方临时工作委员会"决定将韩江临委改建为"中共韩江工作委员会"。由李碧山任书记，设工委机关于汕头。下辖汕头市工委、梅县工委、澄海县支部、普宁县特支、揭阳县五经富支部。

韩江工委成立后，根据上级指示精神，对潮汕工作做了部署：继续以抗日为中心，加快步伐建立由党秘密领导的公开合法的抗日群众团体，在此基础上发展党的组织，壮大党的力量。同时充分利用抗战初期比较有利的形势和潮汕国民党党政军各派系的矛盾，开展抗日统一战线工作，推动当局采取抗战措施。五经富支部书记曾畅机和曾定石在汕头被捕，7月释放回乡。五经富联合小组抗日情绪高涨。此事报告给韩江工委后，李碧山秘密复信表扬并告知下半年可以发展党员。于是五经富发展曾佩恭等9人，灰寨也发展若干人，成立总支。10月，揭阳青年救亡同志会（以下简称"揭青抗"）负责人之一的郑玲和陈诗辉由中共韩江工委潮汕分委组织部部长苏惠和方东平介绍入党。12月，通过郑玲的联系和介绍，中共韩江工委潮汕分委审查并恢复了林美南的党籍。此后，林美南、郑玲又发展了陈德智、姚木天、王质如、吴灵光、林慧贞、郑明等人入党。接着，中共揭阳榕城支部成立，支部书记郑玲（后林美南）。1938年3月，中共中央作出了《关于大量发展党员的决定》。不久，中共中央长江局向下属党组织发出了"猛烈地、十倍百倍地发展党员"的指示。同月，以五经富支部为基础成立中共揭阳县第三区委员会，区委书记曾广，组织委员曾畅机，宣传委员曾冰。区办公地点设在水流埔。同时，以榕城支部为基础，在榕城成立中共揭阳县第一区委员会，书记林美南，组织委员郑玲，宣传委员陈德智。区委属刚成立的中共潮汕中心县委领导，下辖榕城支部、榕城妇女支部和朱竹坑支部。区委设在郑玲家，后在榕城东桥巷启蒙小学。接着，成立中共揭阳县工作委员会（下称"县工委"）。工委书记林美南，组织部部长曾广，宣传部部长曾畅机。县工委属中共潮汕中心县委领导，下辖一、三区委，机关设在郑玲家，后在东桥巷启蒙小学。8月，中共揭阳县第五区委员会成立，书记李日煌，组织委员李元调，宣传委员李追明。区委办公地点设在灰寨新宫林中和小学。10月，为使党的工作适应抗日形势发展需要，宣传部部长曾畅机去党校学习，组织部部长曾广调往新亨管理领导四区的党组织，任四区区委书记。县工委领导机构进行调整，书记林美南，组织部部长吴德昭，宣传部部长曾冰；增设青年部和妇女部，青年部部长陈德智，妇女部部长郑玲。县工委机关设在榕城中山路刘百泉家和榕城韩祠街吴凯痔疮诊所。12月，揭阳地区已建立了一、三、四、五区委，具备组建县委的条件。根据上级指示，揭阳县工委转为中共揭阳县委员会（下称"县委"）。县委属潮汕中心县委领导，下辖揭阳全境和丰顺的党组织，县委书记林美南，组织部部长曾畅机，宣传部部长曾冰，青年部部长余为龙，妇女部部长郑玲。县委机关先后设于郑玲家、启蒙小学、刘百泉家和吴凯痔疮诊所。当时丰顺县党组织也已建立发展，成立区委，由揭阳县委领导。（1941年，中共丰顺县工委会成立，揭阳、丰顺的党组织才分开活动）1939年9月，为适应抗日形势的发展，加强党对抗日游击队及前线工作的领导，林美南调任潮揭丰边县委书记，揭阳县委由曾广任书记。10月，曾广因病休养，县委领导班子做了调整，书记曾冰，组织部部长李日煌，宣传部部长曾木泉。县委机关曾改设于水流埔、长滩日新小学，后因潮汕战事逐渐稳定，仍迁回揭阳县城，设于吴凯痔疮诊所和刘百泉家的后屋。此时，揭阳县委属中共潮普惠揭中心县委领导，下辖揭阳一、三、四、五区委及丰顺汤坑等地的党组织。

二、建立抗日救亡组织

1937 年 8 月 13 日，"汕头青年救亡同志会"（简称"汕青救"）成立。随后，"汕青救"在国民党潮汕驻军一五五师随军工作队中的会员曾应之、林西图、陈臣辅到揭阳宣传抗日，帮助揭阳筹备成立救亡组织，促进揭阳的抗日救亡运动。此时，参加爱国运动的青年从上海、广州等地和日本回到揭阳家乡，与当地青年汇集一起，经过不断聚会，协商决定成立"青救会"。9 月 28 日下午，在榕城国民党党部礼堂举行 40 多人参加的"揭阳青年救亡同志会"成立大会。大会选出郑玲、姚木天、陈德智、邢凤杰、黄鸿图、王绍基、肖宁 7 人为第一届干事会执委，黄绍信、陈诗辉、邱金爱 3 人为候补执委，郑玲、王绍基、黄鸿图为常务执委，干事总务部主任黄鸿图（后肖宁），组织部主任姚木天，妇女部主任郑玲，军事部主任陈德智，宣传部主任王绍基（后吴灵光）。宣传部下设读报队、歌咏队、演唱队。1938 年 1 月 28 日，党组织根据形势的发展和斗争策略的需要，将揭阳青年救亡同志会改名为"揭阳青年抗敌同志会"（下称"揭青抗"）。选出第二届干事会执行委员会 7 人：林美南、郑玲、陈德智、姚木天、王质如（以上 5 人为中共党员）、林汉杰、袁举芳（以上 2 人是国民党员），林美南、王质如、林汉杰 3 人为常务执行委员。"揭青抗"成立后，在榕城和棉湖成立救亡出版社，出版小报《火花》，后改为铅印小报《前线》，辟有副刊《烽火》。还出版各种小册子、快讯、传单。

"揭青抗"的成立，带动了各乡青年抗敌同志会（以下简称"青抗会"）的建立。

首先是五经富党支部立即做出反应，进行联系，决定成立五经富乡青抗会。曾广是组织者和领导者，骨干有地下党员曾畅机、曾佩恭，成员有进步青年、中小学师生、当地上层人士的子女和国民党政府下层公务人员，共 100 多人。接着，灰寨青抗会在大石头成立，中共党员李日煌主持了 120 多人参加的宣誓大会。第二次入会宣誓大会在伯公坪召开，会员发展到 480 多人。1938 年秋，灰寨青抗会发展到了 1000 多人，有乡村绅士、学校师生、农民、纺织女工等各阶层群众参加。灰寨青抗会在开展抗日宣传、筹备抗日物资、进行军事训练、调解乡民关系等方面做了大量工作。棉湖青抗会于 1938 年初在米街的许厝祠成立，会员 200 人左右。棉湖青抗会的主要组织者是吴孙光、方书酞、谢德尧、蔡举先、蔡举宏、洪永权、张文彩、张文楷、李华武、陈克光、陈少麟、王国硅、曾绍宽、郭常平、陈剑首、李声清等。青抗会的宣传、组织、训练、总务干事由地下党员担任。地下党组织通过青抗会，团结教育广大青年，培养党员对象，壮大党的抗日力量，推动抗日救亡运动深入发展。东桥园青抗会，由方书酞（棉湖青抗会负责人）主持，在玉湖村祠堂召开成立大会，会员 100 人左右。成立时，各乡青抗会派出代表参加。钱坑青抗会，由林养迪主持，在湖畔广业学校召开成立大会，会员数十人。河婆、龙潭乡、龙溪乡青抗会，在蔡若明、蔡洛、蔡家苗的组织下，团结当地乡绅，联系附近的龙溪、龙文、龙泉、龙田几所小学，以学校为阵地，开展声势浩大的抗日宣传。

青抗会成立后，"学抗会""妇抗会""教抗会"也先后成立。

4 月 22 日，以迁到棉湖的揭阳一中为主体的揭阳几所中学，成立了由共产党领导的"揭阳学生抗敌同志会"（下称"学抗会"）。中学生蔡耿达、李腾驹、吴明光、郭惠和（川辑）被选为干事。在学抗会的领导下，学生抗日救亡爱国活动步调一致，团结互助，使学校抗日救亡运动健康发展。五经富妇女救亡同志会

（以下简称"妇抗会"）的领导者是曾毓青、曾秀春等人，她们团结周围妇女，到各个村庄演出抗日节目，发动妇女捐献支前。有的妇女把金耳环、嫁妆都捐献出来，把钱物交给青抗会，集中送上前钱。良田妇抗会，领导者是杨励英、春妹、张友等人，她们发动山村妇女上夜校学文化，捐钱物支援前方，活跃了山区的抗日气氛。教师抗敌同志会（以下简称"教抗会"）在中小学教师中也有组织，后来由于形势的变化而消失。

中华民族面临亡国的紧急关头，党领导下的青抗会、学抗会、妇抗会等抗日救亡团体，是党的外围进步组织。它们以公开合法的组织出现，在团结广大青年、宣传抗日、发动群众、组织武装、培养干部为发展党组织输送后备力量以及开展统战工作、推动潮汕国民党当局抗日等方面，都发挥了重要的作用。

三、抗日救亡群众运动的蓬勃发展

党组织领导的"青抗会""学抗会""妇抗会""教抗会"等抗日群众团体，积极贯彻中国共产党的全面抗战路线，运用灵活多样的形式，把抗日救亡的道理灌输到广大民众心中，点燃了城市和农村抗日的熊熊烈火，把抗口救亡运动搞得有声有色。对青年进行抗战教育是抗日团体的一项重要任务。棉湖青抗会定期召开形势报告会，对会员进行时事形势教育，引导青年阅读《解放日报》《新华日报》等进步报纸和党内刊物，请刚从闽粤赣边区学习回乡的王家明（青抗会会员）上哲学课，端正青年的政治观点，培养了一批建党对象。灰寨青抗会把原来的"我们书室"改为"战时读书会"，地点设在新宫林村中和小学。战时读书会定人定点组织阅读进步报刊杂志。接着，新图、后埔、新宫林、老宫林、老寨、车子、溪背圩、何五、塘房下、灰寨圩、桐树下等10多个村庄也组织战时读书会，关心国家大事。其中，车子寨育青学校订了《生活周刊》《新生周报》《大众生活》《永生》等 11 种杂志。新宫林村读书会，则按文化程度高低分班学习，程度较高的学政治经济学、哲学，文化程度较低的或文盲则以识字为主。地下党员在领导宣传抗战教育的工作中，文化水平得到提高，他们把学过的内容写成学习心得或作品，寄到外地报刊、杂志发表；大批青少年倾听了抗日图存的道理，受到抗战文化的熏陶。用口头、文字和文艺等形式开展抗日宣传是开展抗日救亡活动的又一形式。宣传队队员晚上打着汽灯到农村演讲，揭露日寇侵华罪行，宣传抗战"我必胜，敌必败"的道理，介绍八路军、新四军的英勇抗日事迹及敌后战场战绩，鼓舞大家参加抗战的热情。在学校、大街的墙上张贴抗日文章、漫画、标语等。文艺宣传更是搞得有声有色，各宣传队演出有强烈时代精神的抗战歌曲和剧目，如《兄妹开荒》《兄弟从军》《放下你的鞭子》《捉汉奸》；教唱抗日歌曲，如《义勇军进行曲》《大刀进行曲》《打回老家去》，教唱潮州童谣，如《你勿笑我奴仔鬼》。寒暑假期间，在外地教书的老师和在外地读书的学生回到家乡，则联合起来演出较大型的文艺节目，如《八月的乡村》《阿 Q 正传》。地下党员既是青抗会的骨干，又是文艺宣传的主要角色。灰寨青抗会在新图、中华二间学校组织抗日救亡宣传队，由中共党员李追明、李日煌、黄旭初带队，到南山、河婆、员埔、京溪园等地演出，激发了民众的抗战热情。南侨中学的师生，在党组织带领下，组织"南侨剧社"到学校周围的农村演出，到偏远的山区如良田、大洋、坪上、河婆演出，观众十分欢迎。汕头失陷后，他们到梅县和抗日前线的桃山、炮台等地演出，把日军的残忍杀戮和沦陷区人民颠沛流离、艰苦创业、坚决勇敢抗战的场面搬上舞台，鼓舞士气，激励民心。棉湖青抗会把揭阳一中、兴道书院和嘉新、俊群、植槐、智文、务本等小学联合起来，组成师生宣传队，在棉湖镇内公演较大型的抗日话剧，还先后与汕青抗宣传队、普宁里湖青抗会宣传队、南侨中学宣传队联合演出。1938 年冬，他们利用在外地教书的青抗会员回乡机会，组织一次为期一个月的下乡宣传。五六十名队员，沿榕江而下，到沿途各乡村演出，虽然生活清苦，但队员情绪高涨。办农民夜校，组织民众，宣传抗日，唤起民众抗日的热情。南侨中学在学校周围的 28 个村庄里办起了 28 所农民夜校，出现了夫妻、母子同上夜校学习的热潮，在夜校学习的学员累计达六千人。他们结合抗日形势编写教材，帮助农民提高文化水平和思想觉悟，发展了 70 多名党员。棉湖的夜校，由青抗会员中有教学经验的人担任教学工作。开始办了两个班，成年班的 100 多名学员，主要来自青年店员、工人和贫民阶层，少年班的几十名学员，主要是失学的小学生。后来夜校扩大到周围的农村如鸿江、山头、安仁、新住、方厝寨、湖富、贡山等地，许多有爱国心的乡贤受到启发教育，主动支持夜校工作。五经富在育英、箕裘小学和附近的小溪村，开办妇女夜校，教他们读书识字，明白抗日救亡道理。还在小溪村民众夜校中，吸收了一批妇女入党。坪上、五云、良田、河婆、龙潭、东园、塔头等地，都办起了同类形式的农民夜校。塔头阔口园农民夜校，一直坚持办到解放前夕。积极筹备抗日物资，支援抗日前线则是他们的具体行动。1938 年下半年，灰寨许多妇女在织布厂做工，劳动女工提出"有钱出钱、有物出物、有力出力"的口号。女工们动员资本家捐献布料，或把自己的嫁妆布缝制成干粮袋、做成布鞋，还自制牙刷，织毛巾、面巾等，送到独立第九旅华振中部，慰问抗日军队。棉湖青抗会一方面组织中小学生动员街道市民和附近农村农民捐献旧钢铁、子弹壳，支援前线制作枪炮，一方面发动富商富户捐款。同时，举办慰劳前方战士的文艺演出大会，请著名潮剧团"老正顺"演出，用卖名誉券的办法，发动富户富商认购，做了三四十套棉衣，送上前线。募捐支前活动在揭西的其他地方也开展起来。

四、创办南侨中学，培养抗日干部

抗战前夕，许宜陶、黄声、邱秉经、马士纯、余天选等人，先后离开泰国，回到普宁兴文中学。他们在校内外开展抗日救亡宣传活动，研究新文化运动。抗战爆发后，学校加强了师生的抗日思想教育，并分头到周围农村进行抗日救亡宣传，提高民众的爱国主义思想。1938 年 7 月，学校校董会按照国民党普宁县党部的旨意，无理解聘在该校实施抗战教育方针并享有盛名的进步教师，引起校长许宜陶、教务主任黄声的愤慨。他们倡议进步教师团结起来，集体辞职，离开兴文中学，另谋创建一所新型学校。中共普宁县工委宣传部部长马士纯（兴文中学舍务主任）和县工委统战部部长邱秉经（兴文中学训育主任）等几位党员也属被解聘之列。他们权衡局势，经过认真研究，毅然采纳了黄声的建议，报经中共潮汕中心县委批准，迅速把兴文中学进步师生撤出普宁，转移到揭阳县三区棉湖镇所辖的石牛埔（现揭西县金和镇）创办西山公学暑假班。由革命教师黄声出任校长，爱国人士张华云为名誉校长，杨少任为教导主任，汕头暹罗（泰国的旧称）华侨抗敌同志会组织委员许煜为总务主任，王琴为附小部主任。首批到西山公学的黄声校长和马士纯、邱秉经、杨少任、洪藏、李坚、余天选、黄耀、王琴等人，大都是共产党员，有较深的文化素养和丰富的办学经验。他们带了 28 元钱，几盒粉笔，几盏煤油灯，几领草席，办起了学校。没有炉灶，自己动手建；没有床铺，他们席地而睡；没有餐桌，8 人围起来，在地上开饭。早晨和学生一起做操，晚上和同学一块学习，师生打成一片。他们不计报酬，每月只有一二元零用钱，生活清苦，但精神焕发，朝气蓬勃。由于办学旗帜鲜明，宗旨正确，初时吸收了附近小学的进步教师、社会青年、革命学生 300 余人来校学习。经过两个月时间，西山公学便成为一个生气蓬勃、团结友爱的战斗集体，并得到汕头暹罗归侨抗敌同志会及海外广大华侨的大力支持。1938 年 9 月 18 日，中共潮汕中心县委为了巩固和发展这个干部教育基地并使它获得合法存在的地位，建议把"西山公学"改名为"南侨中学"，并成立了以暹罗华侨抗敌同志会主席马德兴为董事长的南侨中学董事会，同时直接行文给国民党中央华侨事务委员会，申请批准备案。那时，正是国共第二次合作抗日时期，很快得到准予创办的批复。南侨中学仍由黄声任校长，学校领导除原三名主任外，新配置训育主任林野寂，文专部主任邱秉经，教员还有吴国璋、李廷藩、林耀、温文展、袁琼、林英杰、杜伯奎、陈曙光等。中国汕头、泰国曼谷等地华文报纸发表"暹抗会"创办南侨中学的新闻。潮汕各县有志青年、青抗会员、进步小学教师、海外爱国华侨子女陆续前来投考。由于要求入学人员日益增多，为方便吸收各地更多青年入学，1939 年春，在揭阳水流埔设第二分校，派邱秉经为校务主任；潮阳和平设第三分校，派马士纯为校务主任。至此，全校共有 20 多个班，学生总数急增至 1800 人。同年 6 月，由于日寇进攻潮汕，汕头、潮州失陷，此时，日机轰炸南侨二校，局势恶化，中共揭阳县委决定撤销两个分校，集中力量办好石牛埔总校。学校设甲、乙文专班（其中文化程度高的为甲班，实际是培养革命青年和社会干部），初中部和附属小学。附属小学的学制及教学内容跟普通学校一样。初中部的数学、物理、化学、英语按规定课本教学，语文改学现代文学，历史改学现代史。另外增设有关抗战的政治课和军事课。文专班是重点，学员年龄较大，相当部分是地下党推荐的党员、青抗会会员和小学进步教师。学制按抗日需要，长短不一。有一两个月的短期训练班，也有半年制和一年制的。课程有政治经济学、哲学、社会发展史、语文、中国文学史、文艺理论，同时开设了中国现代革命史、游击战争战略战术、国际形势讲座等。学习内容有马列主义著作和毛泽东的《论持久战》《论新阶段》《抗日游击战争的战略问题》，以及黄耀老师冒着极大风险从延安带来的教材，或对学习笔记和学习资料进行整理加工而编成的教材，这些教材既有强烈的思想性和政治性，又针对当时潮汕的抗日形势，学以致用，深受学生欢迎。军事课是各个学生的必修课。黄耀是延安抗大第二期的学员，担任学校的军事课教学，讲抗日游击战争理论，还组织野外战术演练，学习挥舞大刀、实弹射击、投掷手榴弹，利用地形地物，组织黑夜行军、紧急集合等。学校开设军事卫生课，由校医江宁静给学生讲解止血方法、绷带包扎法、战地伤员担架搬运法、小伤小病治疗及常用药物使用等常识。学校开展以抗日救国为中心的丰富多彩的课外活动，成立学生自治会，各班成立班委会，班委会出墙报。学生自治会组织"青年熔炉社""少年先锋队""妇女呼声社""南侨剧社"等。师生合办出版《文化堡垒》《文化新军》《妇女呼声》等刊物，在校内外发行，成为师生自我教育自我提高的第二课堂，也是潮汕抗日救亡的舆论阵地。南侨中学的抗战教育，不仅着眼于校内师生，而且扩大到校外，放眼于农村广大农民和抗日将士。在学校周围村庄，办起农民夜校，宣传抗日，组织宣传队到前沿阵地宣传演出。当时，中共闽西南特委书记方方曾称赞南侨中学和潮汕青年抗敌同志会是潮汕党组织抗日救亡运动深入农村的两座桥梁。1939年春，香港《大公报》记者萧乾随黄声的哥哥和一位姓余的八路军干部到学校采访，看到学校周围的农村如火如荼的抗日浪潮，写了《黑了都市，亮厂农村》的专访，分七期在香港《大公报》连载并在汕头《星华日报》发表，高度赞扬南侨中学的发展是潮汕教育史上的奇迹（学校建国后被列为县级革命文物保护单位并复校）。南侨中学从创办到1940年8月被迫解散，历时两年零一个月，在这短暂的时间里，为党的教育事业以及培养革命骨干做出了不可磨灭的贡献。其主要表现在：

（一）为潮汕的革命斗争培养了大批干部。

南侨中学是以"抗大"为模式办起的抗日教育学校，向学生宣传党的抗日主张，灌输革命理论。学校坚持理论同实践相结合。学校实行民主管理，开展批评和自我批评，使师生融成一片，亲密团结，艰苦奋斗。学校培养的学生，大部分后来成为革命骨干，为革命斗争做出很大贡献。

（二）锻炼和造就了一支革命化的教师队伍。

南侨中学的教师，忠诚党的事业，贯彻党的路线，适应抗日形势的需要。他们在党组织的领导下，在教育学生的同时，自身也得到锻炼和提高。不少人还加入了中国共产党。这些教师以后分赴各地开展革命活动，不少人成为党的高级干部。

（三）采取学校党组织带动农村党的建设和正规学校带动业余教育的做法，为党的发展和普及农村教育做出了贡献。

南侨中学党支部派出党员骨干和教师，到周围28个村庄办起了业余班、农民夜校28所，在校学习的学员累计达五六千人。在学员中发展了党员70多名。他们在开展扫除文盲、普及农村教育方面，做出了有益的尝试，取得了宝贵的经验。农村党组织的发展，为以后建立抗日游击队、开展抗日战争打下了坚实的基础。

五、"岐山会议"的召开和抗日群众武装组织的建立

1938年10月12日，日本侵略军在惠阳大亚湾登陆，13日攻陷惠州后，又向广州进逼。国民党军队大部分不战而逃。华南和广东局势日益危急！10月中旬，中共闽粤赣边省委（对外称"闽西南潮梅特委"）书记方方根据党中央的指示，亲自到潮汕地区

巡视和部署抗战准备工作。他首先到普宁县流沙圩，停留几天后，由中共普宁县工委书记罗天陪同往汕头市，与潮汕中心县委书记李平会面商议。在他的指导下，潮汕中心县委在澄海岐山乡召开执委扩大会议。参加会议的有潮汕中心县委全体执委、各县委负责人、岭青通讯处和汕头青抗会的党员负责人等近 20 人。会上，方方传达了中共中央关于"华南工作一切为着准备抗日游击战争"的指示，并做了重要讲话。潮汕中心县委书记李平也在会上做了讲话。会议经过热烈、深入的讨论，确定了潮汕党组织中心任务是备战，提出了"一切为了发动群众，准备开展潮汕抗日游击战争"的口号，决定：潮汕全党及党领导的各抗日团体全面转入战备工作，把工作重点从城市转到农村、山区，从抗日宣传转到组织武装工农群众，组织战时工作队，迅速在战略地位重要的乡村和山区建立游击支点；各级党委设立军事部以加强对军事工作的领导，组织党员和青抗会员学习军事、进行军训，尽快开办游击干部训练班，培养武装斗争骨干，继续扩大党的组织，尤其要在战略地位重要的乡村和山区建立党的支部，按特委决定成立潮汕中心县委潮普惠南分委，如敌人占领汕头、潮安，将潮汕隔为两片，分委即改为中心县委，直接由闽西南潮梅特委领导，如日军近期在汕头登陆，即以游击干部训练班成员和汕头青抗会会员为骨干，到桑浦山区成立抗日游击队，开展抗日游击战。会议还确定了各县、市党组织工作重点地区以及推动国民党当局加紧战备等工作。"岐山会议"是抗日战争在潮汕进入临战状态的转折阶段召开的一次重要会议。它正确地分析了形势，确定了独立自主地开展抗日游击战争和积极推动潮汕国民党当局坚持抗战的正确方针，做出了加强备战的积极部署，武装了干部的思想，赢得了工作的主动。因此，当日本侵略军进攻汕头的炮声一响，潮汕党组织就能迅速建立游击队，进行抗日武装斗争。1939 年 6 月

17 日，潮州沦陷。6 月 21 日，汕头市沦陷。6 月 28 日，日机轰炸榕城后，飞抵棉湖上空，在棉湖沙坝尾投下炸弹，蔡和悦、陈敬对、王继岳等八人被当场炸死，另有两人被炸伤。11 月 28 日，四架日机在棉湖四脚亭、商会前、广巷、造船港头、文祠教堂、陈氏宗祠、草厝巷、打铁街等地，投下炸弹 49 枚，炸死 68 人、炸伤 72 人，房屋倒塌 100 多间，造成交通受阻。乡土沦陷，家破人亡的惨境激起了沦陷区人民大众对日本侵略军的仇恨和反抗，也使尚未沦陷地区的各阶层群众感受到厄运威胁，因而抗日情绪空前高涨，并形成了组织成立抗日武装的热潮。乡或联乡的抗日武装群众组织迅速发展，群众组织的抗日武装护乡队，有的虽然是国民党直接控制，但里面有共产党同志在工作，如河婆护乡大队；有的是党组织推动各乡绅成立起来，领导权实际掌握在地下党手里，是共产党控制的抗日群众武装，如五经富、钱坑、东桥园、灰寨的护乡队。抗日群众武装在肃反锄奸、团结乡村穷苦农民、安定群众情绪、提高大家抗战信心等方面起着积极的作用。

六、基层党组织的发展壮大

由于抗日民族统一战线的建立，各阶层群众已发动起来，组织了各种抗日救亡团体，抗日救亡运动形成群众性高潮。马列主义革命理论得到了传播，党的抗日民族统一战线的主张深入人心，全面抗战的路线为各阶层人士所热烈拥护，党在人民群众中的威望大大提高，党组织的发展出现了十分有利的形势。抗日救亡运动中，大批进步青年走上与工农相结合的道路，在火热的抗日救亡斗争中改造了世界观，提高了政治觉悟，迫切要求参加共产党。

为了贯彻中共中央《关于大量发展党员的决定》和中共中央长江局的有关指示，1938 年 6 月中旬，闽西南潮梅特委召开了执委扩大会，提出了"十倍百倍发展党员，方向应是工人和职员、知识分子"，并提出"今天虽着重指向工人和知识分子，可是这并不是说我们放弃农民，恰恰相反，发展工人、知识分子是为了加强农民的领导与开展工作"。根据上级指示精神，揭阳县工委从城镇到农村，从知识分子到农民，大量发展党员。至1938年12月，三、五区都已建立了区委，五经富村建立了党总支，棉湖、灰寨、大岭下、小陂洋、龙潭、圆埔、金坑、柑园、水流埔、河婆中学等地建立了党支部，有些村庄虽未成立支部，但都有党员在那里活动。此时，三区、五区的党员人数，发展到300人左右。1939年6月21日，汕头失陷，潮汕大地燃起熊熊战火。大批在战争中表现出色的积极分子被吸收入党。至12月贯彻《中央政治局关于巩固党的决定》时，暂停吸收党员，进行全面整党。此时三区、五区党员人数已达500多人。此后，经过整顿的党组织在抗日救亡运动中稳步发展。

（一）揭阳三区的基层党组织

1938年3月，成立中共揭阳县第三区区委会（下称"三区区委"），区委书记曾广，组织委员曾畅机，宣传委员曾冰，区委办公地点设在水流埔。以后，领导班子有所调整。8月，书记邱秉经，组织委员曾冰，宣传委员吴灵光；10月，书记曾木泉，组织委员陈权、许敦保，宣传委员李一松；1939年10月，书记许继，组织委员许敦保，宣传委员许隆秀。

1. 五经富的党组织

（1）五经富党总支

五经富党支部于1937年3月建立，1938年上半年已发展20多个党员，成立了党总支，书记曾木泉。

党总支属三区区委领导，下辖三个支部并单线联系个别党员：①营盘党支部，书记何绍宽，党员有何松（何永秀）、邹富近

（邹剑秋）、何细坚、何细勒4人；②锅厂村党支部，书记曾万隆（后是曾友新），党员有曾耀武、曾能让等6人；③妇女党支部，书记罗爱珠，党员有曾郁青、曾菊花、曾友兰、曾秀春等5人；④属单线个别联系的有石印村曾禁钗等3个党员，上车村、下油房村、老屋家、馆子角等都有党员。

1939年底，五经富党员发展到50多人。周围的大寨村、小溪、京溪园、大寮、长滩等地，都有党的组织。小溪还成立一个女支部，支部书记曾木泉兼任，党员有陈细花、曾耐青、陈苏蕉、曾竹青、陈孟红、陈苏枝、温素香、陈淑娴等8人。

这个时期，党组织的活动是成立青抗会、妇抗会和"大众救亡剧团"，搞抗日宣传、肃敌锄奸等工作。

（2）培英中学支部

1938年4月，培英中学建立党支部，书记曾烈明，1939年曾烈明到南侨中学读文专班，任南侨中学党总支宣传委员。

（3）聿怀中学支部

1940年春在五经富成立的聿怀中学党支部，是由河婆中学及南侨中学转来的连同后来发展的一批党员组成，由县学委柯永青直接领导，支部书记曾烈明，组织委员林兴祺，宣传委员蔡福盛（蔡洛）。先后有党员曾祖康、曾志杰、蔡伟廷（若虹）、蔡福松（洛明）、邹剑秋、邱志坚、李汉谦、李秉恭、王义兴、杨剑琪（瑞成）、李怀谦、蔡美齐（张明）、郭书盛、陈立英（舒因）、杨健等十多人。他们在学校组织读书会、励志剧社，出墙报，宣传团结抗战，坚持进步，反对倒退等。

2. 南侨中学党总支

1938年夏，西山公学开办暑假班，师生党员有30多人。成立了教师支部和学生支部，直属普宁县工委领导。教师支部书记杨少任，支委有王琴、李坚，党员有邱秉经、洪藏、黄耀、余天选、吴孙光等。学生支部书记邱德华，宣传委员苏冠甫，组织委员李坚（教师）兼任，党员有邱秉裴、许继、詹益庆等20多人。还有一批进步青年是吸收对象。10月，南侨中学党组织划归中共揭阳县工委领导。

南侨中学党支部注重在师生中挑选和培养先进分子，通过考验，吸收入党。1939年底，学校师生党员人数发展到130人左右，成立了南侨中学党总支。总支书记杨少任，组织委员邱秉裴，宣传委员许继。学校党总支下设文专班分总支，初中部分总支和教师支部三个分支组织。此时，南侨中学党总支直属中共揭阳县委领导。为了提高党员的政治素质，1938年底至1939年初，党总支决定在石牛山后的莲池村秘密举办新党员学习班。新党员学习班由总支委邱秉裴、许继主持，由杨少任、林野寂二位党员老师分别轮流上党课。学习班每期培训20人，时间一星期，一共办了三期。1939年寒假，中共揭阳县委派宣传部部长曾冰、青年部长余为龙等同志，在莲池村开办党员训练班，时间半个月。参加训练班学习，主要是文专部的党员，中学部的林绵苍、马余彦、叶德欣等也参加学习。1940年春，中共揭阳县委在榕城秘密举办党员短训班，学校派中学部分总支书记林绵苍前往受训。

在南侨中学党总支的帮助下，石牛埔周围的章厝寨、沙犁潭、崩山园、径口、柑园等村，先后建立了党支部和党小组。沙犁潭还建立了和顺乡党总支，章厝寨建立了和顺女支部。1940年石牛埔周围的农村党员约有六七十人。

南侨中学党组织带动农村党组织建设的经验，对下三区党组织的发展起着重要的作用。

3. 和顺乡的党组织

（1）和顺乡党总支

沙犁潭支部　南侨中学党总支，直接推动了附近农村党的建设。他们在沙犁潭开办夜校，给村民上文化课，讲解党的抗日民族统一战线的方针策略，传播进步思想，与当地村民结成了鱼水之情。夜校学员陈老再、陈阿宽在党员教师许继、许守京培养下，参加了中国共产党。陈老再、陈阿宽又介绍同村青年陈典入党。1939 年 1 月，在沙犁潭成立党支部。

崩山园古塘支部　在南侨中学党组织的帮助下，陈典到崩山园、古塘发展党员，先后吸收了吴永、吴乌弟、吴益隆、吴孟坚、吴演、吴从艺、吴老集、吴长勉等人入党，建立了崩山园古塘支部，支部书记吴永，组织委员吴演，宣传委员吴永兼任，支部直线联系人陈典。党小组陈老再到何厝和老寨发展党员，先后吸收何蕾、何再德、何乙、林敬惜等人入党，建立了党小组，由陈老再直接联系。

径口支部　书记许守京，党员有沈远慎、沈远捷等人。

沙犁潭新寨在陈阿宽等人的努力下，先后吸收了陈谬、陈再雄等 18 个党员。

尔后，成立了和顺乡党总支，总支书记陈阿宽，总支委陈老再、陈典。党总支委联系和顺一带的党组织，并联系章厝寨、石牛埔寨内个别党员。

（2）和顺女支部

南侨中学到夜校任教的党员师生，在和顺乡各所农民夜校中发展了一批女党员，有上埔新厝村的林莲，上栅方厝村的阿音，崩山顶村的林合意、阿淑，章厝寨村的陈银箬等人。1938 年下半年，建立了和顺女支部，支部书记陈银箬，副书记林莲，组织委员阿音，宣传委员林合意。

和顺乡党总支、和顺女支部建立后，积极配合党的中心工作，投入南侨中学反解散的斗争，进行反敌伪斗争，掩护革命同志来往，传送情报。

4. 棉湖的党组织

（1）棉湖支部

1937 年 10 月，王琴在普宁兴文中学教书时由马士纯介绍入党，先后在棉湖发展了吴孙光、王家明、王国硅 3 人入党。揭阳一中迁到棉湖后，吴孙光回到棉湖。1938 年，三、四月间，吴孙光介绍谢德尧入党，谢德尧又介绍方书酞入党，3 人成立了棉湖党小组，组长方书酞，党小组由吴孙光直接领导。同年，五、六月，党小组发展了张文彩、张文楷入党。9 月，棉湖党小组改为棉湖党支部，书记方书酞，组织委员蔡举先，宣传委员谢德尧，支部设在打油街俊群小学，上级领导人是吴孙光。以后各任书记是：1939 年上半年王国硅，下半年谢德尧，1940 年陈克光，1941 年张文彩。棉湖党支部的党员还有：李华武（李清）、黄成荣（黄钟）、洪永权、黄宜彬、郭常浩等人。

（2）揭阳一中学生支部

1938 年初，吴孙光在迁到棉湖的揭阳一中发展了孙波、蔡耿达、倪惠和、郭川烈、倪宏达等 6 人入党，成立了棉湖揭阳一中学生党支部，支部书记蔡耿达，由揭阳县工委书记林美南直接领导。

（3）揭阳一中女支部

南侨中学解散后，女党员张朗瑜、曾黎辉转学到揭阳一中读书，与吴瑛 3 人成立了中共棉湖妇女支部，支部书记张朗瑜。尔后，在中学吸收了陈佩娟、郭常英、杨文香、黄旋等人入党，加上 1941 年 6 月聿怀中学转来一中读书的杜兰、柯心琼、洪琼珊 3 位女党员，建立了棉湖揭阳一中女支部，支部书记张朗瑜。

（4）揭阳一中的高中部支部

支部书记林生鸿，党员有张华，陈光等。

（5）棉湖小学女支部

在棉湖小学，吸收了陈志华、李婵香、吴虹、杨茂坚入党，成立了棉湖小学女支部，支部书记吴瑛。

棉湖党支部与棉湖揭阳一中的学生支部、女支部、高中部支部及小学女支部没有隶属关系，但有横向联系。他们在开展抗日宣传、发动群众支前等方面，互相联系，通力合作，使棉湖抗日救亡运动搞得有声有色。

5. 金坑的党组织

（1）金坑中学支部

1939年春，南侨中学校长黄声，派出学校骨干协助创办金坑中学。由姚木天任金坑中学校长。党组织同时安排一些党员教师到该校任教，建立学校党支部，支部书记林希明。1940年初，金坑中学党支部书记由小学部陈宇担任，并负责领导柑园村党支部。年底，吸收林兴迟、林拔平、林兴达、林义成4人入党。1941年党支部又发展林拔良、林兴识入党。下半年，林毓德任支部书记。

（2）柑园村支部

1939年3月，林希明吸收柑园村农民夜校学员林毓德、林拔芦入党。10月，林毓德、林拔芦又介绍同村青年林世烈、林福入党。同时，林兴恭的组织关系转到柑园村，5人成立了柑园村党小组，属金坑中学支部领导。1940年初，林野寂出任金坑中学校长，校址由乡公所迁到金坑柑园村，党组织发展了党员8名，成立了柑园村党支部，支部书记林拔芦。9月，林拔芦调任三区区委组织委员，林兴恭任党支部书记。

（3）庵园村支部

1941年上半年，柑园支部在庵园村发展了林世晨、林世照、林仰生3人入党，成立了庵园党小组，组长林世晨。1941年冬，又吸收林兴预、林世径、林兴开入党，共有党员6人，成立庵园村党支部，支部书记林世晨。

金坑、柑园支部在抗日战争的各个阶段，贯彻党的方针、路线和政策，起着战斗堡垒的作用。

6. 东桥园党总支

1938 年初，中共揭阳工委书记、榕城支部书记林美南，在他的家乡开展抗日救亡活动，发展党的组织，吸收进步青年林美城、林树夷入党。8 月，林美城、林树夷又吸收林树辉入党，成立了东桥园大寨村党支部，支部书记林美城。1939 年，在东桥园乡吸收了林美洞（林成）、林美卿、林怀安、林老松等党员 20 名左右，成立了党总支，书记林树辉（后林成）。下辖有大寨村、玉湖村两个农民支部和一个妇女支部。此时，东园玉湖群英小学成立了校董会，中共党员林英杰利用在学校校董会聘请任职的便利，安排聘请陈绿绮、黄定志、王国硅、罗光谷、李少煌、李道师等一批党员和进步教师，先后到群英小学任教，使东桥园乡成为揭阳三区区委的一个活动据点。1940 年初，揭阳县委在东桥园乡林美南家安全顺利地举办了为期 20 多天的党员骨干学习班。

7. 塔头中心支部

1938 年初，进步青年邱林春得到归侨邱忠恕等上层人物支持，办起育基学校，聘请党员教师何绍宽到该校任教，何绍宽精心施教，威望甚高，培养了一批进步青年。同年冬，何绍宽介绍邱林春、邱芝入党。1939 年 4 月，吸收邱子通、邱亚正入党，成立了竹尾沟党支部，支部书记邱林春。此时，王纵书在山上寮小学教书，吸收了当地教师李肃生、校董会成员李两记、许家茂入党，成立山上寮党小组，组长王纵书。与此同时，党员教师马义友、郑关辉、林青山、王家桂、李坚等先后来到塔头阔口园积庆学校，开展抗日救亡活动，办夜校，启迪民智。他们与竹尾沟、山上寮党组织一起，成立塔头中心支部，校长李坚任支部书记，组织委员邱林春，宣传委员王纵书。尔后，山上寮党小组的李两记发展李哲如、李占丰入党，许家茂发展了李谋等人入党，成立了山上寮党支部，支部书记李坚，支委王纵书、许家茂。后邱林春接任书记，支委许家茂、李两记，王纵书调到坪上开辟新区。塔头中心支部在宣传抗日、建立抗日武装方面做了大量工作，在解放战争时期也做了较大的贡献。

8. 顶埔的党组织

（1）宝安中心小学教师支部

1941年下半年，南侨中学遭国民党强令解散，南侨中学校长黄声回到家乡顶埔，帮助家乡办起宝安中心小学，附设预科班。聘请共产党员林西园到该校任校长，三区区委委员陈彬和党员教师郭常昌、许声扬、林兴涛（林江）、林兴森（林枫）、林少华等到该校任教，建立了学校教师支部，支部书记林西园。

（2）宝安中心小学学生支部

宝安中心小学党支部先后发展了预科班和高年级学生杨辟青、杨益祥、陈声垂、陈铭锋等人入党，建立学生支部。

（3）农民支部

学校的师生党员发展了杨万等10多名农民入党，成立农民支部，支部书记杨辟青。以后，在顶埔、石牌、鹅毛溪、分水仔、旧址等村，分别建立了党支部或党小组。

9. 钱坑广业学校支部

1939年春，潮汕地下党组织派党员陈宇、郑英烈、吴武清到钱坑广业学校执教，开展党的活动，建立起钱坑广业学校党支部，支部书记陈宇。同年11月，发展了学校教师林茂定、林贤捷，学生林茂盛、林应隆，当地农民林图、林在、林赤武、林养胎8人入党。由于党员人数增加，党支部下设三个党小组：教师党小组、学生党小组、农民党小组。农民党小组大都是湖畔村人，因此也叫湖畔党小组。党组织的主要活动是开展抗日救亡宣传。1940年4月，潮汕抗日游击队被迫解散，以保存骨干力量。揭阳党组织负责保存一批游击队留下来的枪支子弹，由农民党小组成员林图（行船工人）用木船秘密运至灰寨陈屋寮埋藏起来。

10. 大溪乡支部

1941 年初，大溪乡李选龄以华阳公学校董会名义，到普宁聘请教师。经中共普宁县委研究，李凯派出共产党员李扬辛、邱秉斐、李扬照 3 人，到大溪乡立华阳公学任教，李扬辛任校长，邱秉斐任教务主任，李扬照任训育主任。此时，共产党员李坚已在渔梁小学任校长，4 人成立大溪乡支部，支部书记李扬辛，组织委员邱秉斐，宣传委员李坚，青年干事李扬照，党支部由普宁县委直接领导，李凯联系。同年 8 月，李凯到大溪详细了解支部工作情况，传达党在敌后的工作方针和斗争方法的指示精神，并提出要在新区积极做好建党的问题。10 月，吸收了李洪、李民 2 人入党。党支部成立后，调解钱坑与大溪两乡的矛盾，制止械斗事件发生，抵制国民党揭阳县政府向大溪征收赋税、摊派新兵等事件，受到大溪众乡绅和人民群众的赞赏。

11. 双山、凤湖、鸿江、山头的党组织

（1）双山党小组

1941 年 3 月，林衡（林文通）调到三区任区委委员，由陈彬联系。林衡联系阳夏、凤湖、鸿江三个乡，住双山村，开设痔疮诊所，以行医职业做掩护，发展党员。1942 年上半年，吸收了林大当、林亚艳、林四川（花名"九指半"）3 人入党，建立了双山党小组，组长林大当。

（2）凤湖支部

1941 年下半年，凤湖人杨辟林经杨辟青介绍在顶埔入党，尔后，组织关系转移到凤湖，由林衡领导。同年 8 月，杨辟林介绍杨辟禹、杨叔土、杨丁已 3 人入党。秋末，杨辟禹介绍杨敬入党，杨敬又介绍杨育入党。冬季，成立了凤湖支部，支部书记杨敬。

凤湖支部由林衡领导、联系。

（3）鸿江、山头党小组

1939年上半年，侯辉在南侨中学文专班读书，由林英杰介绍入党。1940年8月，南侨中学解散后，侯辉到鸿江山头小学教书，组织读书小组，发展党员。1941年，发展了山头村的侯泽声、吴象辉，车脚村的陈妈，竹成村的侯祥旺，刺沟脚村的陈两怀等5人入党，建立了鸿江山头党小组，组长侯辉，由棉湖吴孙光直接联系。

（二）揭阳五区的基层党组织

1938年8月，中共揭阳县第五区区委会（下称"五区区委"）成立。区委书记李日煌，组织委员李元调，宣传委员李追明。区委办公地点设在灰寨新宫林的中和小学。以后，领导班子有所变动。12月，书记李日煌，委员李凌冰、李娴。1939年7月，书记李元调，委员李凌冰、李追明、蔡若明、李娴。

1. 灰寨中心支部

灰寨的李日煌在五经富入党后，回到家乡发展李追明入党，以后又在新宫林发展了李元调、李琼章等人入党。1938年1月，成立了灰寨中心支部，中心支部书记李元调，组织委员李祥芬，宣传委员李琼章。中心支部下面领导三个支部：（1）青年支部。党员主要是学校师生，支部书记李琼章；（2）农民支部。支部书记李明，下设三个党小组；（3）妇女支部。支部书记李娴。1938年上半年，党员已发展到40多人。1939年秋，灰寨乡党员已发展到100人左右，新宫林、塘房下村、灰寨圩、新图村、车子村、牛路径村、吴福田村、三坝村、陈屋寮村、岐桐村、马路村、乌犁村、龙跃村、老宫林村、潭唇村、后埔村均有党员。

2. 小陂洋支部

1938年春，温日新为发展家乡教育事业，发动乡里绅士、群众，把原五所私塾学校合并为一所完全小学，名为"行知小学"，聘请曾广、曾孟允等党员教师到该校任教。后来，党员何绍宽也到该校，学校成为党的活动据点。下半年，党组织陆续吸收了温贤柳、温扬掌，温任权、温建民、温娇、温来英、邱亚等7人入党。1939年上半年，成立了小陂洋支部，支部书记曾孟允，委员温扬掌、温扬带、温贤柳。至9月，温扬掌、温贤柳、曾孟允等介绍了温少辉等14人入党。1940年曾孟允调到甲溪小学，支部书记由何绍宽接任。小陂洋党组织在抗日救亡运动、平息乡间事端、为民排忧解难、振兴教育事业等方面做了大量工作，受到当地上层人物的支持和群众的钦敬。

3. 龙潭陂尾楼支部

1938年秋，曾佩恭在龙文小学教书，吸收刘天弄入党。此后，又吸收刘天倡、刘天来、刘天霞入党。1939年春，成立陂尾楼党小组，组长刘天弄。同年冬，党组织又吸收刘天述、刘兴帝、刘道岛3人入党，建立了陂尾楼党支部，支部书记刘天弄，组织委员刘天倡，宣传委员刘天霞。1940年刘天弄到揭阳青抗会工作，刘天倡接任书记。陂尾楼党支部以办"七七"牌卷烟厂、"一二三"豆腐店为掩护，做党的交通情报工作，联系南山、灰寨、河婆、良田、坪上等地党组织。抗战后期，配合党组织破国民党政府粮仓，筹集抗日游击队军粮。潮汕人民抗日游击队建立时，党员刘天霞等5人前往普宁入伍，奔赴抗日前线。

4. 龙跃坑支部

1939年，何绍宽、杨颂庭介绍李金石入党，李是该村第一位党员。1940年，杨颂庭介绍李秉舟、李秉恭入党。1941年，李秉舟介绍李卓魁、李新喜入党。尔后成立了龙跃坑支部，书记李秉舟。

5. 河婆的党组织

（1）河婆中学支部

河婆中学学生温日新、蔡家苗在西山公学（"南侨中学"前身）暑期班入党后，回到学校和黄时风（昌黎小学教师）于1938年8月成立党小组，温日新为组长，由曾佩恭直接领导，是河婆地区最早成立的党组织。在两年左右时间内，先后吸收了蔡慰廷（又名若虹）、蔡福松（又名洛明）、蔡明桂、蔡高彭、成世榕、刘德明、刘修仁、黄立志等一批青年学生入党，成立河婆中学支部。

（2）汤坝村支部

蔡若明于1938年10月在南侨中学入党后，回到本村，先后吸收了蔡传削、蔡传拔、蔡其正、蔡春娇、蔡洁芳等一批青年入党，1939年春成立汤坝村党支部。

（3）井下楼村支部

蔡福盛（蔡洛）于1939年4月在南侨中学入党后，7月回到本村，与由河婆中学入党后转来的蔡明桂、蔡福松、蔡常团、蔡选方、蔡子修等先后吸收了蔡明蒜、蔡裕兴、蔡明埠、蔡秀娟、蔡嘎等一批青年入党，成立井下楼村党支部，蔡明桂任书记。

（4）河婆党总支

1939年7月，以河婆中学支部、汤坝村支部及井下楼村支部为基础，成立河婆总支部。蔡若明以五区区委委员兼总支书记，蔡明桂为组织委员，蔡洛为宣传委员。1940年，李追明由丰顺汤坑区委调到河婆，从事组织发展工作，兼任河婆总支书，委员有曾佩恭等，下辖的还有尖田尾支部，李琼章任书记。

6. 员埔中心学校支部

1938年，黄子能在昌黎小学教书时入党。1939年，黄伯康在瑞来中学教书时入党。同年7月，黄伯康介绍黄谷泉入党，黄子能介绍黄泰唐入党。坪上东门的黄立志在河婆中学入党。以上 5 人于 1940 年上半年建立了党小组，属单线联系。下半年，成立了员埔中心学校党支部，支部书记王汉青。1941 年，王纵书从山上寮调到坪上，加强党的组织领导。暑假，他又发展黄汝凯、黄增昌、黄义华、黄忠汉等人入党。党的活动范围从学校到乡村，从教师到农民。党组织在贯彻党的全面抗战路线上做了大量工作。1941 年，中共揭阳县委为了加强河婆地区的领导，决定将原第五区区委分设河婆、灰寨两个区委。当时在中华医院掩蔽的李凌冰为区委书记，蔡若明、王士华为委员。下属的支部有：陂尾楼支部、汤坝支部、龙溪小学支部、井田支部、龙文小学支部、龙光小学支部、中华医院支部、尖田尾支部，神前支部、坪上支部、员埔支部。河婆地区党组织积极贯彻执行上级指示，开展抗日救亡运动，由学校到乡村，组织读书会、"河中剧社"、"河中学生抗日宣传队"，分别下乡宣传"地不分南北，人不分男女，一齐起来团结抗日"的道理，演出街头剧《放下你的鞭子》等，在各乡村成立青年抗敌同志会，掀起河婆地区的群众抗日高潮。

七、抗日民族统一战线的开展

在党的抗日民族统一战线的指引下，在全民族抗战的氛围中，党组织根据本地区特点，利用有利条件，开展各种形式的抗日统战工作。

（一）在农村，以学校为阵地宣传党的方针、路线，传播革命思想，发展党员，开展党的统战工作，是揭西地域党组织工作的一大特色。

抗战初期，广大的党员扎根于农村学校，教书育人，用自己的革命热情与才干，贯彻执行党的抗日民族统一战线政策和全面抗战的方针，在各阶层、各党派、各团体中做了大量的工作。他们把学校作为与各阶层人士和人民大众联系的纽带，开启民智，发展新生力量，与当地中上层人士沟通思想，建立抗日民族统一战线。灰寨知名的绅士李壁如，早年在普宁县当县长，回乡后，在家乡创办了俊芳学校。党员李祥芬、李绍唐与他是叔侄关系。李祥芬、李绍唐利用这个关系，先后担任俊芳学校校长。当地的开明绅士李泰记、李广记是学校董事，共产党员李钦是李泰记的儿子，也在该校任教。3 位党员教师利用这些关系联系上层乡绅，并争取各方面支持，做好统战工作，使党的抗日救亡运动能顺利进行。该校也成为党的活动据点。龙潭一带的绅士受抗日救亡洪流的影响，倾慕五经富乡的抗战教育，聘请曾广、曾佩恭等人到龙潭乡和龙溪乡的龙文、龙溪、龙泉、龙田、龙光（时称"五龙"）和陂尾楼学校任教。如龙文学校校长是由当地大户人家、刘姓族长、日本士官生刘锦青挂名，具体工作由他的弟弟刘锦华主持，他们聘请曾佩恭等党员到该校任教。这些教师认真办学，赢得了当地中上层人士的信任，很有利于党的工作。在南山，龙跃坑村的龙跃小学先后有杨颂庭、李绍堂、李金石、李秉舟、高原等党员在学校任教，他们与村中的党员李卓魁、李怀谦、李秉恭、李荣紧密配合，发展党员，宣传抗日，搞好统战工作，得到当地上层人士李新开、李乌中的支持。他们发动群众办夜校，组织乡友会，并创建 1 所新学校，受到人们的赞扬。李金石还被村人推选为保长。有了这个合法地位，加上党员在村中享有很高的威信，实际上该村已为共产党掌握，成为一个可靠的革命据点。在南山小学，党员教师做邓光瑾的工作，取得很好的效果。邓光瑾为人纯良正直，曾做过乡长，其父是国民党的县参议员。邓光瑾主持学校，和进步教师相处得好。经过党的教育，政治思想转变很快，不久加入了共产党。入党后，他党性强，工作积极，对转变当地的政治环境起了重要作用。在长滩，曾广的舅父陈中雄是当地有名望的乡绅，与当地有社会地位的进步青年陈绍唐、陈国良等人支持共产党员曾木泉、曾瑞嗣（曾长江）、曾毓青、陈和、王慎华等人在长滩日新学校办学，开展抗日活动，使日新学校能坚持长期办下去，并成为我党区委、县委活动的据点。在竹尾沟，邱林春、何绍宽取得归侨保长邱忠恕的支持，把全村4所小学合并为1所完全小学。在人员、经费上更加充实，教学质量不断提高，也加强了村与村的团结，为共产党开展工作创造了良好的条件，成为共产党长期活动据点，并培养了大批人才。在良田，五华籍中共党员魏麟基凭自己与揭阳县县长林先立的关系，在良田创办先立小学后，回五华向当地党组织汇报，五华县委先后选派魏祥育、郑洪龙、杨励英等一批党员到该校任教，加强党在新区的力量，使良田党组织迅速发展、巩固、壮大。在五云（原陆丰县西北部的山区），陆西北党组织派王文、叶左恕到鹏岭小学和崇正小学，以学校为阵地从事党的工作。他们做好当地乡绅的工作，取得当地上层人物的支持，以鹏岭、崇正两所学校为中心，成立全五云乡"教师联合会"，70%的学校牢牢掌握在党的领导之下。办夜校，组织农民入学，也是当时抗战教育活动的一个形式。千百年来，广大妇女受封建礼教、乡规、族法重重束缚，要组织她们入学尤为困难。为此，党组织先做乡绅工作，再由乡绅出面协助解决。例如，在党组织的教育下，五云罗輋寨有威望的乡绅彭太昌，认识到妇女读书是件光明正大的进步事业，便把自己家里的草房子作为妇女夜校学习的场所。

（二）1938年夏秋之间，揭阳县委利用统一战线的关系，办了一个女社训队，很有特色和成效。

那时正是抗日高潮，县社训总队队长要在青抗、妇抗中办女社训队干训班，以便在全县农村开展女壮丁的训练。此时，林美南抓住机遇，得到中心县委李碧山的支持，派郑玲进去当教官，随后又调南侨中学邱秉经的夫人余天选、林野寂的夫人陈曙光去当教官，陈德智也去当了一段男教官。女社训队是一个合法的人民武装机构，党组织动员抗日团体青年女同志、女学生积极响应，并在社会公开招生。女干训班，着装整齐，剪短发，打绑带，束腰带，英姿飒爽，盛极一时，在全县以及潮汕都有很大影响。党组织调了适合条件的为数不多的党员到那里去学习工作，又发展了一批党员，成立了一个20多人的女社训队支部。学员结业后，通过县政府、社训总队的命令，集中分配到四区各乡镇任副队长，训练女壮丁。这是一件新鲜的、动员农村青年妇女进行武装训练参加抗日的群众性的大事。由于大势所趋，1938年冬开始，各乡女壮丁训练工作，进展还算顺利：妇女们一听说妇女解放，团结抗日，白天出操，晚上上夜校学文化、学政治、学会打日本鬼子，都情绪高涨，积极响应，形成一个反帝反封建的高潮，是社会的一大进步。经过几个月的训练、学习和深一层的工作，在队员中又发展了一大批党员，建立了一批乡村妇女支部。1939年第二期女社训队，国民党有关当局借口经费不足不办。党组织通过向县长林先立争取，仍继续开办，主要对象是三、五区的女党员，女青年，但由于抗日形势低落，毕了业的乡镇副队长分配下去，各乡镇都不愿接受，因而，女社训队在1939年下半年终止了。

（三）汕头南洋归侨抗敌同志会通过与潮汕驻军独九旅旅长华振中的关系，利用他爱国抗日的热情，组织随军工作队，协助国民党军队做好官兵抗日救国的政治思想工作，并做好驻军周围群众支前宣传工作。

南侨中学挑选五名党员师生，参加"汕头南洋华侨战地服务团"，随军参加对日军的战斗。战地服务团后来并入独九旅战工队。他们随军转战于潮安、揭阳一带，沿途宣传、发动群众，利用休息时间讲抗日故事，教抗日歌曲，鼓舞士气。其中，女学生吴秀远是一名出色的宣传队队员，在潮安黄沙田遭日机轰炸中弹牺牲。潮汕各县青抗会、妇抗会派代表，在普宁流沙白塔秦祠堂，为她召开追悼会，独九旅为她建墓树碑。此外，"南侨剧社"还到抗日前线为我守军进行宣传演出，出现军民齐心协力坚持抗战的好局面。

（四）抗日民族统一战线的建立，始终贯穿着共产党的全面抗战路线与国民党只依靠军队和政府的片面抗战路线的斗争。

当国民党掀起反共高潮时，三区国民党党部利用每月在一中礼堂举行各界人士联合纪念会的讲台，污蔑八路军、新四军不服从命令、游击战游而不击，蒙蔽一些群众。青抗会则采取针锋相对的斗争，从《新华日报》上摘抄八路军、新四军在各战场上的战绩，写成告示，四处张贴，让群众知道敌后战场的节节胜利，鼓舞全民族抗战到底的信心和决心。棉湖青抗会员陈克光还在联合纪念周会上发言，就棉湖吏弊、暗娼、烟馆、赌场公开活动的事实，揭露国民党政治的腐败，让大家明辨是非，看清事实。

（五）1940年初，在五房工作的王质如撤退转到河婆圩开设"卫生餐厅"，同去的还有王森林、王文征，任务是传送情报和开展地下党的工作。

他们在河婆做好当地学生的思想工作，教育引导他们走抗日的道路。1941年皖南事变后，揭阳县政府接到密令，要逮捕王质如。由于做好了统战工作，此密令很快传到共产党情报人员处，经情报人员转给林美南后，林与曾冰商议后及时通知王安全转移。

党组织在抗日民族统一战线中，力求争取团结一切可以团结的力量，结成广泛的抗日民族统一战线，始终坚持党组织在抗日民族统一战线中的领导地位，坚持独立自主的原则。对于顽固派破坏民族团结、压制抗日救亡运动的行为，则坚持有理、有利、有节的斗争，保证了抗日救亡运动正常健康地发展。

第二节 与反共逆流作斗争

一、南侨中学的护校斗争

1938 年 10 月，广州、武汉失守后，抗日战争由战略防御阶段进入战略相持阶段。12 月，日本天皇指令侵华日军以主要兵力进攻八路军、新四军和敌后抗日根据地。从此，抗日战争的战局发生了根本性变化：以国民党军队为主体的正规战争退居次要地位，以共产党抗日武装为主体的敌后游击战争处于主导地位。抗日根据地成为中国抗日战争的主战场，中国共产党领导的抗日武装成为抗日的中坚和主要力量。而国民党当局却妥协退让，顽固派军队更制造反共摩擦，包围、袭击八路军、新四军及其后方留守机关。1939 年，在平江屠杀了八路军办事处成员。接着，又制造了多起血案，在全国掀起了反共高潮。

1939 年国民党掀起反共高潮后，危及南侨中学的生存。先有揭阳县国民党党魁之一、县立一中校长曾靖圣的破坏，造谣中伤；后有省督学陈钟毓的到校视察检查；加上当时国民党政府的"消极抗日、积极反共"的祸国殃民政策。另一方面，南侨中学的抗战教育及其在抗日中所起的作用，在海内外深有影响，也惊动了国民党反动派。1939 年秋，党组织根据逆转的政治形势，曾指示南侨中学收缩阵地，将二、三分校撤并到总校，转移了部分"有色彩"的教师、学生。1940 年夏，同党有过统战关系的揭阳县长林先立透露了当局已决定解散南侨中学的信息。随后，揭阳县委领导人林美南、曾冰等多次到南侨布置护校斗争，增派了由普宁转移到揭阳任青年部长的庄明瑞具体指导，校党总支以林野寂、柯国泰、詹益庆等组成反解散斗争领导小组，并成立以校长黄声为首的护校斗争委员会，公开出面领导护校斗争。同时，派教师许宜陶、杨世瑞到韶关向国民党广东省教育厅陈述理由，据理力争，争取继续办下去。他们把书面报告亲自送至教育厅，并要求厅长接见，但教育厅厅长拒绝接见。7月14日，广东国民党当局以"尚未立案，且为异党分子所把持"为由，下令解散南侨中学。护校斗争委员会即根据党的斗争部署，一方面发表《告各界同胞书》，驳斥顽固派的所谓"理由"，揭露其摧残抗战教育事业的真相，呼吁社会各界人士和海外侨团声援；另一方面加紧做好师生的思想工作。护校斗争虽然受到挫折，但也迫使当局准予南侨学生转学他校。在此期间，中共揭阳县委及南侨中学党组织已充分做好思想准备，做了大量的组织工作，逐步把骨干转移、撤退。例如：调邱秉经到福建永定侨育中学，组织了几十名党员学生到聿怀中学、韩山师范、揭阳一中以及流沙的海滨中学等，有的学生到各地担任小学教师或其他岗位。1940年8月1日，南侨中学师生愤慨地举行了集会，纷纷控诉国民党反动派破坏抗日教育和民族统一战线的罪行，表达今后奔赴各地继续斗争的决心。和顺乡民众夜校全体学员给南侨中学校长和全体教师写慰问信，表达了当地民众对南侨中学校长、教师的尊敬、支持和鼓励。

8月13日晚，南侨中学尚未撤退的师生和各夜校农民学员数百人举行告别大会。师生们纷纷控诉顽固派的迫害，还散发了《南侨中学被迫解散告各界同胞书》，表明南侨中学2000名校友决心"继续为国家民族的利益而奋斗，为抗战教育的发展而奋斗"的坚定立场。同志们互相鼓舞，依依惜别。在组织转移撤退期间，由黄声校长带领一批教师坚守阵地，坚持斗争。后来，黄声、林英杰到新四军，其余教师转到桂林、昆明等地。

二、整党审干工作的开展

面对国民党顽固派的反共逆流，党组织为应付新形势下可能发生的事变，进行了抗日战争时期大规模的整党运动，以纯洁党的组织，净化党员思想，实施革命气节教育，放弃一些不合格党员，增强党的应变能力。1939年12月，中共潮普惠揭中心县委在揭阳水流埔瑞来小学召开整党审干工作扩大会议，闽西南特委的李碧山、特委青年部干部曾应之出席了会议。中心县委书记陈初明、组织部部长罗天、宣传部部长郑淳、妇女部部长方东平及各区党组织负责人曾冰、马毅友、吴建民、郑希、李凯、张鸿飞、罗彦等参加了会议，林川负责会议记录。会议传达了中共中央政治局8月25日发出的《关于巩固党的决定》的精神、南方局的有关指示和特委第六次执委扩大会议《关于集中力量巩固党组织的决议》，认真分析了逆转的形势，进一步提高了与会干部对党组织的认识和应变警惕性，提高了对革命的长期性和复杂性的认识。在此基础上对所辖的党组织的整党工作进行了全面部署。会上，对区以上的干部进行了审查，并调动了一些同志的工作，对于个别干部的问题，也做了适当的处理。会议作出如下决定：停止发展党员，对党员尤其是党员干部进行逐级审查，特别是要审查各级机关的成员，已经暴露的干部要调离岗位，并设法隐蔽起来；斗争方式和工作作风要从单一斗争形式向多种形式斗争进行转变；对党员进行教育，对政治上不坚定的要处理，觉悟不高的要放弃。这次会议对形势的发展作了正确的估计，特别是对南方形势有清醒的认识，十分强调应付突变事态，强调对党员、干部要有系统地结合实际进行教育和整顿。这是一次有历史性转折意义的重要会议，对纯洁潮汕地区的党组织起了十分重要的作用。通过整党审干工作，提高了各级干部和党员的政治思想水平和觉悟，增强了党组织的战斗力，以便适应新的斗争形势，转入地下活动。水流埔整党审干会议后，中共揭阳县委在三区东桥园举办党员骨干学习班。此后，全县各地党组织进行了整顿，举办党员学习班，学习党章党纲，学习中国近代史，讲革命形势，讲斗争策略，在全县范围内开展了一场党员的普遍教育。在具体措施上，处理及秘密放弃了一批不合格的党员。在揭阳的 1000 多名党员中，被开除、劝退、暗中放弃的就多达 200 余人，其中多数为暗中放弃。如灰寨范围原有党员 120 名，经过整顿审干，剩下党员 85 名，约占 70%。全县其他各级党组织，处理或放弃党员约占三分之一，被放弃的党员大都没有通知他本人，只是党组织内部秘密放弃其组织生活和党籍。整党工作持续到 1940 年。这次整党，使全县农村各个党支部的党员受到一次深刻的教育。在组织停止活动期间，党员没出现危害党的事业的任何行为，证明这次整党是有效的，揭西地域党的组织是纯洁的、有战斗力的。

三、建立地下交通站和红色交通线

随着形势的逆转，要使党组织不受敌人破坏，保证各级领导机关的安全，各地党组织之间的联系工作显得特别重要。揭西地域的党组织重视情报交通站的建立，挑选政治可靠、立场坚定、机智灵活的共产党员担任情报交通人员，选择一些地处偏僻的党组织和群众基础较好的地方建立交通站，以便交流信息，传递情报，接送人员，埋藏枪支。各个交通站连接在一起，形成一条条红色交通线。1939 年下半年，中共揭阳县委在京溪园圩"上合书店"设立中共潮梅特委的情报站，当时负责接头的人是陈权、陈瑞芝等同志。1940 年，李元调负责"书店"工作，至 1942 年结束。长滩日新学校交通站，接头人是曾在该校任教的老师曾毓青、曾木泉、曾岸等人，有时曾广也在这里，三区区委曾一度设立于此。京溪园竹尾沟交通站设在邱林春的木匠铺，由邱林春与王文波负责联系。东园潭口灰窑交通站，由林成经营灰窑生意，负责情报联系。鹅毛溪情报站，建立于抗战后期，负责人是刘辉。揭阳地下党通过刘百州安排刘辉到鹅毛溪小学教书，开展党的情报工作。县委领导人陈彬、林史和负责交通工作的江振群常来此地活动。情报站后搬至刘桶家。抗日游击队建立后，攻打国民党五经富银行等情报，都由该站做联系工作。1939 年，灰寨乡车子村育青学校是中共五区区委所在地，李日煌、李元调在此活动。小陂洋村的行知学校交通站，在此接头联系的有先后在该校任教的曾广、曾孟允（曾实）、何绍宽、李鹏。南山道南小学交通站，联络人是李怀谦、曾庆生等人。龙潭龙文小学交通站，曾佩恭负责联系。龙潭圩中的交通站设在一间小店内，刘少欧负责联络。井田学校交通站，由党员李凌冰负责联络员埔一带。河婆"大众卫生餐厅"的王质如负责联系东江片。1942 年，在龙子寨一间小学设立交通站，由在该校任教的黄谷泉负责传递。1944 年底，在东园玉湖林伯侯的家里建立了一个交通站，玉湖村人林勒为交通员，与潭口灰窑联系，陈彬常到该站指导工作。五云交通站，交通员彭成蚕负责情报联系。五云交通站毗邻五华、揭阳两县，是东江与韩江联系的必经之地。后来韩江的武装斗争进入了大北山，便设立了五云到良田的交通线。此外，许多党支部所在地如沙犁潭、柑园等地，都是党传递情报的接头联络地点。这些地方党群关系好，党的力量较强，易于掩护转移。各个交通站串成条条交通线，是党的躯体中的大动脉，党中央的指示，通过它输送到党的各个细胞——基层党组织。

党组织转入隐蔽斗争

一、调整领导机构

1939 年 3 月，汕头青年救亡同志会武装大队宣布被迫解散后，中共潮揭丰边县委随之撤销，其领导成员与中共揭阳县委合并。1940 年 4 月，成立新的揭阳县委，书记林美南，组织部部长陈敏之，宣传部部长曾冰、副部长钟声，后来又增加青年部部长庄明瑞，妇女部部长蔡瑜。

此时，全国性的反共高潮虽然被打退了，但是在国民党统治区内，政治形势仍然是恶劣的。5 月 4 日，中共中央指示："在国民党统治区域的方针，则和战争区域、敌后区域不同，在那里，是隐蔽精干，长期埋伏，积蓄力量，以待时机，反对急性和暴露。其与顽固派斗争的策略，是在有理、有利、有节的原则下，利用国民党一切可以利用的法律、命令和社会习惯所许可的范围，稳扎稳打地进行斗争和积蓄力量。"党中央的这个"五四"指示，像明灯一样照亮了每个党员的心，为地方党组织指明了斗争方向。中共闽西南潮梅特委根据这一指示，重新布置了新的斗争。7 月，以中共揭阳县委为基础，改建为"中心县委"，林美南任书记，调闽南中心县委书记何浚为副书记兼组织部部长，曾冰任宣传部部长。中心县委属中共闽西南潮梅特委领导，下辖揭阳全境及罗天任书记的潮普惠揭边县的党组织。为完善潮普惠揭边县工作，原揭阳划五区部分山区并入南阳山区，调五区书记李日煌任边县组织部部长。12 月，中共潮梅组织在揭阳水流埔召开临时代表大会，产生中共潮梅特委（初称"中共潮梅临委"）。中共潮梅特委成立后，决定撤销所属各中心县委，由特委直接领导各县党组织。此时，揭阳地区的党组织工作由曾冰负责。1940 年冬开始，国民党再次掀起反共高潮。1941 年 1 月 6 日制造了震惊中外的"皖南事变"，并封锁消息，严禁披露事件真相，反诬新四军"叛变"，宣布取消其番号，将第二次反共高潮推至顶峰。这时，潮汕党组织的活动，将面临一场严峻的考验。揭阳地区的党员在县委领导下，以自己合法的职务身份出现于社会，活动更加隐蔽。1941 年2 月，成立中共揭阳县委，书记罗天，组织部部长曾冰，副部长张鸿飞，宣传部部长李凯。揭阳县委属中共潮梅特委领导，下辖揭阳全境党组织。机关设在大岭下（现属京溪园镇）陈权家和揭阳东山围黄婵莲家。7 月，为了便于组织领导，根据揭阳的地域特点，在一、二、四区和三、五区分设两个县委，都称"揭阳县委"，属潮梅特委领导。三、五区的揭阳县委，张鸿飞任书记，委员李凯、陈彬。县委机关设在大岭下陈权家和东山围黄婵莲家。这时三区分为上三区和下三区：上三区委书记陈权、组织委员陈国寿；下三区委书记陈彬，组织委员林拔芦，宣传委员林衡。五区区委书记李元调。一、二、四区的揭阳县委，书记方朗。

二、打入国民党管、教、养、卫部门

早在 1940 年 5 月，中共中央在对国统区党的工作指示中就强调："对于地方保甲团体、教育团体、经济团体、军事团体，应广泛打入之。"1941 年 11 月至 1942 年 1 月，中共中央南方局又指示党的各地领导机关要熟悉国民党统治区各方面情况，善于估计形势，运用策略，创造各种工作方法，使上层工作和下层工作、公开工作和秘密工作、党外联系和党内联系相互配合，使各级党组织树立适应新形势的策略思想，并进一步提出打入国民党当局"管、教、养、卫"各部门的有关方针政策。据此，揭西地域的党组织在上级领导下，采取一系列的应变措施，迅速改变斗争方式方法，加强中下层统战工作，做到有准备、有目的、有计划地组织一批党员骨干打进国民党的管（行政团体）、教（教育团体）、养（经济团体）、卫（军事团体）等部门及各种民间组织，疏散党员以便更好地开展工作，形成散而不断、静中有动、内呼外应的格局。党组织的脉搏始终在跳动着，顽强地战斗着，并取得了显著成绩。在"管"的方面，主要是利用国民党推行其"新县制""民选乡长"之机，派出合适人选，打入基层政权组织。如党员李日打入灰寨乡乡公所当干事，棉湖湖东乡党员黄钟通过竞选当上普宁贡山乡乡长，柑园党员林兴迟、林世烈先后被推选为本村保长。他们在各自岗位上均起到保护人民群众的作用。如：五华共产党员魏麟基利用与揭阳县县长林先立的关系，于1940年春节后打入县政府工作，后到河婆任巡官，在1942年河婆人民枪杀区长梁伯平事件中，发挥了积极有益的作用。1942年8月，河婆人民枪杀了国民党政府区长梁伯平。梁伯平在河婆任区长时为非作歹，奸淫掳掠，在河婆六约引起极大的公愤。他深感穷途末日，星夜逃遁，被警惕的群众发现，将其截获并枪杀，大快人心。事发后，揭阳县长林先立想派兵"围剿"河婆的"顽民"。中共党员魏麟基及进步人士张仿舟受民众重托，利用他们与林先立的交情及在县府工作的合法身份前往说情，挑明梁伯平在河婆的劣迹与恶行，严正声明这是一场群众自发的正义行为，众怒难犯，切不可轻易出兵，否则后果将难以想象。林先立改变主意，使河婆免遭一场兵灾。此举有效地保护了群众，打击了顽固分子的嚣张气焰。

在"教"的方面，则是派出党员到学校任教，开展革命活动。这些党员教师，有的在学校长期任教，有的是临时工作需要而当教员的。学校成为共产党联系群众、发动群众、教育群众、做群众工作的主要场所，也是共产党同志谋取合法职业，掩护党的组织，开展抗日宣传的主要阵地。1940年冬，中共良田区工作委员会建立。在河婆任巡官的魏麟基陪同县长林先立到良田铲除鸦片烟时，林先立提出要在良田办一所小学，并叫魏留下办学。魏即向五华县委请示，县委认为良田虽然人多田少，粮食困难，建立根据地不够理想，但地处揭阳、陆丰、五华、丰顺边区，当地群众与统治者之间矛盾尖锐，民性强悍，敢于斗争，易以激发他们的斗争热情，加上有县政府的关系，有利于开展上层统战工作，更有利于党的发展，为此，决定开发良田。1941年春，五华县委派魏祥育、郑洪龙（又名郑挺生、郑群）、杨励英到良田中心小学任教，加强党的领导。同时，成立了中共良田区工作委员会（以下简称"良田工委"），书记郑洪龙，委员魏麟基、杨励英。良田工委成立后，首先发展教师刘汉枢入党，继之在学生中发展刘盛浴、刘德秀、刘盛煌入党，在嶂上夜校发展刘德凑、刘桂英两位农民入党，恢复了大革命时期的党员赖国梅的组织关系，在上村长滩寨启蒙学校发展教师万梦能等人。良田党组织的建立，对开拓良田的文化教育、解决房界械斗、平息事端、避免良田百姓兵灾发挥了重要作用，党在群众中有很高威望。良田党组织在斗争中不断成长，并拥有了自己的武装，为抗日战争和解放战争积蓄了武装力量。

除打进国民党管、教、养、卫部门外，还有的是深入到各民间组织、合法团体，如武术馆、守青队等，利用这些民间组织，掌握了农村武装，购买枪支子弹。金坑柑园村会堂购买十多支长枪，组织了守青队，柑园党支部安排了林拔芦、林毓德、林世烈、林拔平、林神福、林拔良等较有威望的党员，参加村里的守青队。林世烈当了守青队的负责人，把长枪分配给党员掌握使用，其余的枪支由林世烈等保管。守青队以党员为骨干，遵守乡规，切实防盗，保护好农作物，得到群众的信任。1942 年前后，柑园村前后开设了两个拳馆，各有各的师傅，容易引起摩擦和房界纠纷。党支部通过开办夜校，和群众一起学习，到拳馆去打拳，积极开展广交朋友的活动。通过闲坐间，个别串联，深入联系群众，赢得各方的赞誉和群众的拥护。同时，及时掌握动向，帮助调解纠纷，并进行抗日宣传等。1943 年大饥荒，党支部有力地支持了群众的生产度荒斗争，同时秘密建立了几个抗日游击小组，通过游击小组成员联系了一批群众，党支部在群众中的影响不断扩大，把大多数群众团结在党组织周围，使党的工作得到顺利开展。

三、实行特派员制

鉴于政治形势日益恶化，国民党顽固派对抗日进步力量的压迫日甚一日，中共南方工作委员会根据中共中央南方局指示，进一步贯彻"隐蔽精干，蓄力待机"方针，以适应长期斗争的需要，向属下各地党组织发出改变党的领导体制的指示。1941 年 9 月，中共潮梅党组织在揭阳水流埔召开代表大会，宣布把各级党组织由集体领导的党委负责制改为个人负责的特派员制，实行单线联系，不开会议。中共潮梅特派员林美南，副特派员李平。同时宣布撤销揭阳县委，把揭阳地域党组织分为三、五区和一、二、四区两部分。中共揭阳县三、五区特派员张鸿飞，副特派员王文波、柯国泰。此时，三、五区分为九个片，都设特派员，水流埔片李鸿基，五经富片曾烈明，塔头片姚祥礼，双山凤湖片林衡，高明片邱林春，灰寨片李元调，河婆片李凌冰，和顺片许隆秀，龙潭片蔡若明。在此期间，灰寨部分较隐蔽的党组织仍在继续搞秘密活动，并发展了新党员，建立新的党组织，由李彤负责领导。改特派员制后，各项工作有条不紊地进行。各地党员忠于职守，严守秘密，加强团结，有效带领群众开展多种形式的斗争。从县委制到特派员制的应变措施，有效地贯彻了党中央关于国统区党组织活动的指示精神，抵制了国民党的反共高潮。此时，五云、良田的党组织，分别在陆西北区委与五华县委领导下，进行着公开与隐蔽相结合的抗日斗争。

四、"南委事件"与党组织暂停活动

1942年5月26日，中共南方工作委员会组织部部长郭潜被捕叛变。次日，粤北省委书记李大林被国民党特务逮捕，粤北省委遭破坏。30日，特务逮捕在乐昌的八路军驻香港办事处主任廖承志。6月6日，郭潜带领国民党特务在大埔县高陂逮捕了南委宣传部部长涂振农、副书记张文彬等人。接着，南委交通站站长也被捕。南委书记方方及早撤退，幸免于难。至此，"南委"的下属党组织机关遭严重破坏，基本陷入瘫痪状态。原潮梅特委委员陈敏之，因公路过高陂，目击了郭潜变节事实，赶回揭阳向潮梅副特派员李平汇报。李平当机立断采取三项应变措施：马上切断与南委一切交通联系，撤退与南委有关人员；把发生情况火速通知在梅县的潮梅特派员林美南；立即派陈敏之到重庆，向中共中央南方局书记周恩来汇报。周恩来非常关心"南委事件"，做出指示：南委、潮梅特委要继续坚决执行"隐蔽精干、长期埋伏、积蓄力量、以待时机"的方针，以安全为第一，防止事件的继续扩大；南委所辖党组织暂停活动，上下级党员之间不发生组织关系，不发指示，不开会，不收党费，坚决撤退和转移已暴露的党员干部，方方在有安全保证的情况下，应坚决撤退到重庆；党员应利用职业隐蔽下来，执行"勤学、勤业、勤交友"的三勤方针，不强调斗争，以后恢复活动按此审查。9 月上旬，陈敏之回到揭阳，先后向林美南、李平，并通过林美南向方方传达了周恩来的指示。方方根据上级指示精神，结合具体实际做好部署，并指出：撤退不是"卷土而走"，要留下根子；撤退并非溃退，要有组织有准备地进行；先撤退已暴露的干部，后撤退外地机要人员；虽然停止工作，组织分散，但对下属要做好具体安排。11 月，方方离开梅县到揭阳榕城隐蔽。次年 4 月，安全到达重庆南方局机关。曾广转移到海丰公平中学任教，曾冰、王亚夫、王质如等转移到桂林，李凌冰、蔡若虹、蔡若明、张鸿飞等撤退到粤北，李日、黄一清、邱林春迁居江西。王文波留下来做"根子"，先后在炮台塘边小学及梅北老岭后小学教书，隐蔽下来，并与撤退的同志约好暗号，以备联系。林美南决定留下来负责潮梅全面工作，变动居住地点。经缜密考察，选定梅县城郊有 200 多人口的乌廖沙，租田办菜园，建立能长期隐蔽的据点。"南委事件"的发生，使揭西地域党组织处于最困难最恶劣的政治环境之中。许多隐蔽下来的党员，以公开职业作掩护，保守党的秘密，在自己的工作岗位上，勤学勤业，多交朋友，忠于职守，进行党的秘密活动。这是揭西地域日后能够顺利恢复组织活动、迅速掀起抗日武装斗争的主要原因和重要保证。

第四节 夺取抗日战争的最后胜利

一、党组织活动的恢复

1944 年，世界反法西斯斗争已取得了决定性的胜利。苏联军队已收复全部国土，开始进入邻国作战，追击溃败的德军，并把战火推向德国境内。在亚洲，共产党领导的敌后解放区战场开始摆脱严重困难局面，对日、伪军发起局部反击。国民党军采取避战观战策略，不战而逃。在潮汕，侵汕日军加紧对国统区进行蚕食，驻防潮汕的第六预备师畏敌如虎，节节败退，沦陷区日益扩大。在这一形势下，组织发动潮汕地区的抗日武装斗争的重任便自然落到了潮汕党组织的肩上。在这期间，隐蔽在乌廖沙的中共潮梅特派员林美南，经常派员到潮揭丰了解情况，分析时局变化，与李碧山、周礼平交换意见，认为潮汕恢复党的活动、开展抗日武装斗争的条件已经具备。国统区党组织要恢复组织活动，必须得到中共中央的批准。早在 1943 年秋冬间，林美南等曾拟议恢复组织活动。1944 年 1 月，林美南又嘱咐护送姚铎赴重庆的吴南生向南方局请示恢复组织活动事，南方局没有复示。春夏间，林美南根据形势发展，多方谋求与东江纵队取得联系，以期通过东江纵队的电台，向党中央汇报。但由于两地党组织自抗战以来未直接发生关系，未能接通。七、八月间，潮梅和闽西南党组织负责人林美南、朱曼平、魏金水等，在李碧山的联系沟通下，进行了会商研究。他们集中了广大干部和党员的意见，认为闽粤边区沿海的日军为配合其主力作战，将会向潮汕腹地入侵或在闽南沿海登陆，闽粤边区即将全面成为战区。虽然尚未与上级恢复联系和获得党中央的批准，但如果不当机立断迅速全面恢复潮梅和闽西南党组织的活动和准备开展抗日武装斗争，将会因丧失时机而犯极大的错误。因此，一致认为，必须一面继续设法与上级恢复联系，一面主动果断地全面恢复潮梅和闽西南党组织的活动和准备全面开展抗日武装斗争。随后即分头行动。此时，在广州大学读书的原中共梅县学生委员会书记吴坚，不负林美南的重托，在1944 年 8 月接通了与东江游击区的关系。潮梅特委书记林美南得悉后，即写了经中共中央南方局代表方方转中共中央的报告，汇报了潮梅和闽西南党组织自南委遭破坏以来的概况与当前形势，请示恢复组织活动和公开发动抗日游击战争问题。吴坚将此报告背熟后，即于 9 月上旬前往东江纵队。在之前，中共中央对潮梅和闽西南党组织的情况也十分关心。在 7 月 25 日给东江纵队的电报中，除对广东敌占区及国统区工作做出部署，还询问"与潮梅和闽西南最近有无联系，潮汕附近有无发展游击战争可能"。因此，当吴坚抵达东江纵队不久，中共广东省临时工作委员会书记兼东江纵队政委尹林平就听取了他的汇报，并将潮梅和闽西南党组织的报告转报中央。10 月 10 日，尹林平就组织西南抗日民主政权问题致周恩来并转中央电，提出建议："拟对潮汕及闽西南提供如下意见：（1）国（民）党区域（我）党工作，遵照午有（7 月 25 日）电示执行。（2）敌后工作，一为开展潮汕游击战争，一为进行汕头市及敌占城市工作。因此党组织有恢复之必要。（3）将来可能成为战区的地方做好准备工作，必要时恢复组织。（4）与我保持联系，并派干部受训练后回去，分别担任开展游击战争与党（的）工作，以便检讨事变、总结经验及了解目前组织情况。"尹林平根据当时形势的发展，在尚未获得党中央正式答复情况下，先将中央 7 月 25 日致周恩来转中央电报中所拟各项意见一并向吴坚传达布置，并将《中共广东区委宣言》等文件交其带回。11 月，林美南在京溪园大岭下召开揭丰党员骨干会议，宣布全面恢复党的组织活动，并准备抗日武装斗争，部署有关工作。会上，宣布林美南任潮梅特派员，李碧山任副特派员。林美南任命陈彬、王文波为中共揭阳特派员，在三、五区恢复党的组织活动工作，分别任命陈权、黄佚农为揭丰边正副特派员，到五经富负责党组织恢复活动工作，筹建武装队伍，开展抗日游击战争。此时，隶属东江五华县委领导的良田，隶属陆丰县委领导的五云地区，也恢复了党的组织活动。1944 年冬末，中共陆丰县委特派员王文在南溪灯心洋召开会议，决定成立陆西北区委，彭凌述任书记，吴坚（佑汉）任组织委员，叶左恕负责政工。1945 年，陆西北区委又分设两个区委：彭凌述任西北区委书记，辖五云、上砂、良田、河婆、河婆中学、吉云中学及以后加上的螺溪等处的党组织；朱靖祥为中区区委书记。组织恢复活动以后，五云党组织在彭凌述、叶左恕等人的努力下，开辟了东江经陆丰、揭阳（河婆）、五华、丰顺通向西南、韩江的新交通线。五云成了联结东江纵队和韩江纵队的枢纽与联络站，负责传递情报、护送人员过境的重大任务。竹尾沟党支部在陈权、温棒、邱林春、邱志坚等同志的努力下，恢复了党组织活动，并建立了交通情报站。良田党组织在魏麟基、刘汉枢、刘德秀等人的努力下，吸收了刘秉元等 9 名党员。党组织活动的恢复，使党又出现生机，党的力量有所壮大，活动范围也有所扩大。

二、建立人民抗日武装队伍

在潮汕党组织活动恢复的同时，筹建抗日武装队伍的工作也在加紧进行。1944 年 11 月，在大岭下（现属京溪园镇）召开的为期三天的揭丰党员骨干会议上，研究了建立抗日武装队伍、开展武装斗争的问题。会上，林美南揭露了日本侵略军企图打通广汕大陆交通线的阴谋，分析了全国和广东及潮汕与敌伪顽强斗争的形势，提出了恢复党组织活动、开展武装斗争的决策，讲明用武装保卫党组织的问题。会议讨论了建军的人员组织、武器筹集和经费来源等问题。到会同志有曾广、李凯、陈权、卢根、汪硕波、曾长江、曾适、黄伟萍等，他们详细汇报了自己联系范围内原有党员数量，恢复组织生活人数，以及可以动员参军的党员和积极分子人数。会议最后决定，把建军名额分配到各个乡村支部。全体党员除身体不好或做重要交通情报工作外，都要参加到武装斗争中去。武器问题，要求党员家里有枪的一定要献出，再通过党员的社会关系，秘密向守青寮、公尝借公枪。至于向亲友借枪、向地主借枪则放慢一步，以免过早暴露党组织的目的。对筹集经费问题也做了研究。同时，通过党员联系、动员最贫苦的雇农和积极分子，参加武装斗争。12 月 11 日，林美南到九斗埔（现属京溪园镇）汪硕波家，召开了有曾广、陈权、曾长江、汪硕波、卢根及东江纵队的欧阳等 10 多名党员骨干参加的会议，决定成立"潮汕武装斗争筹备小组"和"揭阳抗日游击队"。潮汕武装斗争筹备小组由曾广、林川、李凯、王武、陈彬、陈权及后来增加的张希非共 7 人组成。筹备小组先后在沙犁潭和普宁四方园王武家开过 3 次会议，最后决定在普宁、揭阳二县各成立一个抗日游击中队。由于揭阳县的党员骨干积极行动，很快筹集到部分活动经费，并向守青寮、公尝和私人筹到一些武器。1945 年 2 月 26 日，揭阳人民抗日游击队武装力量 100 多人（客语片和潮语片各 60 多人），集中到和顺乡沙犁潭村整编，成立揭阳人民抗日游击中队，中队长汪硕波，政治指导员陈彬，参谋黄梅杰。中队下面设三个小队（排），一个短枪班，一个非武装的政工队。3月7日清晨，林美南、曾广带领的揭阳人民抗日游击中队123人携枪60多支到达普宁牛血坑，与杜石（中队长）、李凯（政治指导员）带领的普宁中队180多人会师。此时，因发现牛血坑周围驻有日、伪军，当晚，队伍转移到铁山后的白暮洋村整编，人数压缩为200多人，他们中绝大部分是青年农民和教师，而且多数是党员。对部分年长体弱和其他不便参加战斗的人员，则动员他们回原地继续地下工作。3月9日，中共潮梅特派员林美南正式宣布潮汕人民抗日游击大队成立，王武为大队长，林美南为党代表，曾广为政委，林川为政治部主任，谢育才任军事顾问，杜平任参谋，张珂敏任军需主任。大队下设二个中队，一个短枪班，第一中队队长汪硕波，政治指导员陈彬，第二中队队长杜石，政治指导员李凯。会后，发布了《潮汕人民抗日游击队宣言》，宣言公开宣布接受中国共产党领导，并阐明潮汕人民抗日游击队的宗旨、任务、方针、政策，指出，"我们要驱逐敌人，收复家乡，最主要是依靠潮汕人民的民主团结，组织武装，坚持斗争。各抗日党派、各阶层、各种抗日武装部队，必须精诚团结，联合一致，对日作战。"宣言号召"全潮汕人民团结起来，武装驱逐日寇"。会后，部队转移到大南山根据地锡坑，在大窝村成立司令部，在深山老林中整编训练，学习射击投弹，利用地形地物，行军和宿营警戒，做好战前的一系列准备。潮汕人民抗日游击队的成立，使潮汕有了一支真正代表人民的武装队伍。潮汕人民的革命斗争，进入了一个新的阶段。潮汕人民抗日游击队以大南山为依托，先后组建两个突击队，与普宁各地的日、伪、顽发生了多次激战。在普宁流沙、涂洋、泥沟、南径、麒麟等地进行武装宣传，袭击日伪据点和国民党县区保安、政警部队。比较大的战斗有大坝遭遇战，西陇、里湖、社山、棉湖、陇头等地的战斗。在战斗中锻炼、壮大了人民武装力量，震慑了敌伪，逼使驻南径、麒麟等地的日军龟缩回普宁县城。6 月下旬，根据中共广东区委指示，潮汕人民抗日游击队扩编为广东人民抗日游击队韩江（潮汕）纵队，林美南任司令员兼政委，谢育才任军事顾问，下辖三个支队。部队后来发展到近 2000 人，这是游击队发展的全盛时期。在潮汕党组织领导下，韩纵全体指战员以旧劣的武器装备、高昂的士气，在普宁、潮阳、惠来、南山、揭阳、丰顺、潮安、澄海、饶平，以及五华、陆丰部分边界地区英勇战斗，共牵制了日、伪军 1000 人以上，为收复潮汕失地、争取抗战最后胜利做出了贡献。

三、策动"河山部"起义

为了争取揭阳人民抗日战争的最后胜利，揭阳党组织在迅猛发展抗日游击战争的同时，大力做好国民党营垒中的统战工作，尽可能争取更多的力量投入抗日阵营。1944 年春，爱国民主人士、原揭阳县县长林先立，利用同姓同宗关系，号召钱坑组织武装保卫家乡，得到当地乡绅乡民拥护。林先立便以从沦陷区流亡出来的一批爱国青年谢汉光、高风、古绍祥、黄友、李密等为领导干部，在钱坑等乡组织起"钱坑杀敌队"。队长高风，副队长古绍祥，队员 100 人全是本地农民。军需由林先立及各乡筹措。杀敌队组成后进行了几个月的集训。1944 年冬，日、伪军向揭阳、普宁县城以及棉湖、里湖等地发动进攻，国民党的驻军、政府官员逃至河婆以北山区。杀敌队会同各乡农民二三百人，在里湖包围袭击行军路经里湖宿营的日本侵略军中队（约 100 人），毙伤敌军数人，日本侵略军突围逃跑。党对这支国民党的抗日地方武装的历史及现状进行了认真的分析，看到它有憎恨日寇、爱国爱乡的进步性，更重要的是杀敌队的领导骨干大都是沦陷区的爱国进步青年，他们不甘当亡国奴，有一颗抗战的火热的心，跟党领导的潮汕人民抗日游击队有着共同的语言，是共产党在国民党武装力量中的统战目标。针对这种情况，党组织决定策动起义，使他们站到人民的一边来。1944年12月，杀敌队驻石牛埔，普宁县党组织领导人李凯路过石牛埔，被河山部哨兵怀疑为日军密探而拘留，当晚，高凤、古绍祥亲自进行审问，知道李凯是同乡，原是澄海青抗会员，当即向李凯表示他们的抗日决心，询问他能否和共产党取得联系，说他们拟参加抗日队伍。李凯了解到他们倾向抗日的进步思想，表示可以设法联系。第二天，李凯经当地党组织通过当地乡绅担保释放，并向党组织报告了情况。党组织经过分析了解，决定再派李凯、陈杨等同志和他们联系，发给共产党的报刊和宣传品，进行形势教育和思想教育，了解情况并解决存在的思想问题。经过一段时间的努力，杀敌队领导人谢汉光、高凤、古绍祥等10多人后要求参加潮汕人民抗日游击队，受到共产党的欢迎及鼓励。党组织及时指示他们："根据需要，要继续利用林先立关系掌握发展武装，教育巩固部队，等待时机起义，起义前为党做四件工作：一是争取林先立继续抗日；二是利用林先立关系掌握发展武装力量；三是为党筹取部分经费；四是搜集揭阳地区蒋军情报。"此后，他们按党的要求开展工作，并与党保持密切联系。当林先立被任命为国民党揭阳县后备队指挥所主任时，谢汉光等人及时把情况报告党组织。谢汉光逐步安排可靠人员分别担任杀敌队排长、班长，以教育团结士兵。1945年1月，钱坑杀敌队改编为"河山部"（取"还我河山"之意）独立第一中队，同时，由古绍祥率领留在甘石径的人员再扩编一个中队，两个中队都属河山部指挥，并得到武器和物资给养。还收编土匪武装，收缴钱坑附近恶霸地主的武器，加强两个中队的装备。他们在棉湖设税站，收取税款，又要求林先立拨款，自购轻机枪。所筹的钱有的立即交党组织，有的起义后带到流沙交二支队。当国民党调集兵力"进剿"普宁地区游击队时，他们及时将敌人的动态报告党组织。经过半年多的教育和工作实践，河山部谢汉光等 10 多个领导骨干的思想更加成熟，完全有把握控制两个中队。1945 年 5 月中旬，党派李凯、陈扬等同志在棉湖南郊一个村庄召开会议，与河山部两个中队的领导人谢汉光、高凤、古绍祥等人组成起义部队指挥所，讨论决定起义的日期部署、联络信号、方法等具体计划。1945 年 8 月 13 日下午，河山部两个中队在棉湖举行武装起义，并配合二支队里应外合，一举歼击棉湖守敌百余人，毙敌二三十人，缴获枪弹物资一批。河山部两个中队武装起义，是党在抗日战争时期实施争取团结进步力量共同抗日方针的胜利，是党的统战工作在潮汕地区的一次新胜利，从政治上、军事上给国民党反动派以有力打击。起义部队的《告揭阳同胞书》指出："国民党对日实行妥协、投降政策，对内反共反人民，其政治腐败透顶，不能改变。只有共产党才能领导人民真正抗日拯救中国。"同时宣告"武装起义参加共产党领导的潮汕人民抗日游击队，在共产党领导下，走上真正抗日救国的革命道路"。这对教育国统区人民，瓦解敌军起到一定作用。起义部队配合二支队歼灭棉湖之敌后开赴普宁流沙村，受到当地群众热烈欢迎。当地党、政、军、民联合召开祝捷大会，这对起义人员是一次很好的教育和鼓励，同时，对解放区军民鼓舞也很大，它促进了党领导的潮汕地区抗日武装斗争形势的发展。

四、韩江纵队三支队在大北山的战斗

1945 年 7 月底，韩纵三支队在曾广、汪硕带领下返回大北山区，经过灰寨时，在地下党员李捷、李苏的帮助下，侦察到灰寨溪背圩驻扎着揭阳县警第一中队，拥有一批武器弹药装备。独立大队准备歼灭这支国民党地方武装。7 月 30 日下午 5 时许，敌兵正在吃晚饭，游击队员装扮成担稻草的农民，路经溪背圩时突然放下担子冲入敌驻地，这时埋伏在溪背圩村的其他游击战士以迅雷不及掩耳之势，用极短的时间控制了县警中队驻地的里里外外，敌人成了瓮中之鳖，只得束手就擒。是役俘敌110多人，缴获长枪60多支，短枪数支，战马一匹，子弹两箱及其他物资一批。7月31日下午，三支队乘胜出击，一中队与短枪队共同作战，袭击了三区小溪村水结头陈氏宗祠的国民党县政府看守所，破其监狱大门，释放"囚犯"30多人，缴枪9支。8月2日，游击队到南山龙跃坑（洋沥坑）缴获敌特务组织的电台一部，抓获电台全部人员。不久，游击队在地下党员和革命群众配合下，又到京溪园上陇村打开国民党的谷仓，俘其守敌10余人，缴获储粮500多担，部分谷物分给当地群众度荒，其余作为游击队军粮。

三支队连连出击，频频告捷，大大震惊了国民党顽军。国民党以"维护治安"为名，出动正规部队一八六师对抗日游击区进行"围剿"，企图扼杀游击队于摇篮中。抗日游击队与国民党军发生了多次遭遇战。8月5日下午，一八六师一部400余人，配合地方反动武装，从棉湖到灰寨，转移到长滩，企图"围剿"游击队。三支队在后田寮山头进行伏击，双方激战至傍晚，游击队因势单力薄，主动撤离。8月14日，一八六师的一个营从南山经九磜开往五经富。敌人害怕游击队埋伏，前锋在沿途侦察，一边前进一边实行火力搜索、放空枪。当时三支队临时驻扎在长滩崩塘山，警戒战士由于缺乏临战经验，以为敌人放枪是发现了目标，因而与敌人交火。敌人一营500多人，向游击队扑来。游击队占据有利地形，官兵同心杀敌，勇敢阻击敌人，战斗从早上持续到下午5时许，多次打退敌人的进攻，傍晚敌人撤退到长滩。游击队考虑到敌人在五经富尚有一个团的后备力量，对峙下去，对己不利，于是撤离战场，到石湖山刘和合祠堂休整。这次战斗，游击队牺牲 7 人，受伤 10 人左右，走散几十人。此战由于对敌军力量估计不足、情报不准确而失利。同时，战斗中也暴露了抗日游击队同敌人正规军打阵地战缺乏临阵指挥经验的弱点。

晚上，独立大队在石湖山刘和合祠堂休整，三支队政委曾广和何绍宽等人则到竹尾沟村党支书邱林春家隐蔽，运筹全局事宜。15 日晨，何绍宽找到邱志坚之母吴宝兰，叫她回娘家塔头埠了解有无敌情。吴马上动身，并通过得力可靠的亲戚帮助，准确查明国民党一八六师两个营早晨刚到，临时住在北门和西门两个祠堂。同时，得知敌已派出数批便衣特务，四处寻找游击队行踪。何绍宽赶快向汪硕大队长报告。汪大队长随即加强戒备，防敌侦察和偷袭，并对部队进行潜伏知识和纪律教育。当天下午敌人突然来到竹尾沟彼岸实施搜索，情况十分紧张，但由于事前已有思想上、组织上相应的准备，能从容应对，全体人员自觉遵守纪律，服从领导。竹尾沟支部派邱芝等人在龙须渡口瞭望，邱林春到田步渡口监视敌人行动。这样避免了重蹈昨天在崩塘山隐蔽时因暴露而遭致攻击的复辙。当晚，部队秘密安全转移，进入八乡山。

五、日军在揭西地域犯下的罪行

汕头、潮州、澄城失陷后，日机常来潮汕腹地上空进行骚扰，多次轰炸棉湖和河婆。日本侵略军进驻棉湖、钱坑后，犯下累累罪行。

1940 年 5 月 10 日，日机对棉湖进行第三次轰炸，时逢圩日，飞机对沙坝扫射，凤江金沟围村村民侯玉存被炸死。被炸后的棉湖百孔千疮，血与火混成一片，老幼啼哭嚎叫，人们无家可归。每次日机空袭过后，棉湖青抗会都马上组织群众救灾，帮助受害灾民安排生活，发动群众捐款赈救灾民，协助损失重大的家庭渡过难关。青抗会在党组织领导下，发布了"抗敌防奸，保国卫乡"的宣言，要求棉湖国民党党部头目曾靖圣组织市民挖防空洞，架防空桥，定出防空警报信号，做到有备无患，确保人民生命财产安全。1941 年 6 月 7 日下午 1 时，两架日机在汕头基地起飞，沿榕江飞入河婆上空，为达到破坏交通之目的，以济襄桥为目标，轮流俯冲投了 10 多枚炸弹，其中一枚在济襄桥上炸穿了一个约 1 米的洞，其余落在桥附近或河里。有两名市民被炸死，数人被炸伤，造成人心惶惶，乡民半月不敢赶集。日机返航时，其中一架在揭阳曲溪坠毁，残骸被运到河婆示众。1943 年 8 月 13 日下午 2 时，一架日机从东南方向飞入河婆上空，二次在居民区投炸弹，炸死杨柳夫妇，造成"二尸三命"，共死伤数十人。1944 年 12 月 15 日，日本侵略军 84 人侵占棉湖驻米街，到处枪杀奸淫。三天后撤出棉湖。1945 年 1 月 18 日，日本侵略军 300 多人经鲤鱼沟进犯棉湖，驻方围杨合丰、寨脚尾陈仁发等处，第二天撤离。2 月 22 日，日本侵略军分三路进攻钱坑，打死红光村村民林三弟、钱西村林灵胜之母、钱东村林哺子、湖眉村林良才等 10 多人，打伤多人。进犯时遭钱坑杀敌队有力的阻击。3 月 4 日，日本侵略军第二次进犯钱坑，驻钱坑中学，便衣队驻乡公所，达 33 天。他们在驻地周围修筑碉堡，设岗放哨。日本侵略军进犯钱坑时，受到钱坑杀敌队有力的打击。敌驻钱坑时，杀敌队退守大溪、甘石径与敌对峙，阻敌进犯河婆。3 月 8 日至 5 月 5 日，日军再次侵犯棉湖，驻扎在洪鉴兴大楼，并成立伪区署。常驻 12 人，在面线街西头设栅，修筑工事，在澄碧楼架设轻重机枪，监视对岸鸿江一带。驻扎期间，澄碧楼被炸，日寇拘捕澄碧楼周围的 200 多名无辜群众，施用多种刑罚，企图使他们供出炸楼人员，结果用刺刀把澄碧楼附近一小旅店店主谢老途和新圩两名旅客活活刺死。棉湖是凤江平原黄红麻的集散地。因麻皮是重要的军用材料，日军占领棉湖后，把麻皮街铺户的麻皮抢劫一空，致使商家损失惨重。日军在棉湖奸淫妇女，更是无法统计。在此期间，日寇在棉湖扶植成立维持会和伪区署，维持会会长罗逊琴、伪区长洪公勉积极为日军卖命，罪恶昭彰，1949 年后被人民政府正法。日寇在棉湖、河婆、钱坑这些没有设防的市镇杀害无辜人民，给人民带来深重的灾难，犯下了累累罪行。同时，也激起人民保家卫国、抗战到底的决心。

六、抗战胜利

1945 年上半年，苏、美、英联军在欧洲取得彻底战胜德、意法西斯联军的伟大胜利，使日本法西斯完全陷于孤立的境地；在国内，八路军、新四军完成了 1945 年对日军的夏季攻势作战，打通了许多解放区之间的联系，在行动上取得主动地位，逐步实现由游击战向运动战的转变。7 月 26 日，中、美、英三国发表《波茨坦公告》，促令日本政府无条件投降。8 月 6 日和 9 日，美国分别在日本广岛、长崎投下一枚原子弹。8 月 8 日，苏联红军宣布对日作战。9 日，苏军进入东北，向日本关东军大举进攻。8 月 15 日，日本天皇以广播"终战诏书"形式，向全世界宣布无条件投降。9 月 2 日，日本天皇和政府以及日本大本营的代表在投降书上签字。中国人民抗日战争胜利结束，第二次世界大战胜利结束。9 月 13 日，日军司令田中久一在广州中山纪念堂签署了投降书。广东人民抗日战争胜利结束。9 月 28 日，日军代表富田直亮在汕头市签署投降书。潮汕地区的日军 4800 余名及所有伪军同时缴械投降。至此，潮汕地区抗日战争胜利结束。

抗日战争的胜利，是中国人民近百年来在反对外国侵略者的斗争中，第一次取得完全胜利的民族解放战争，是全国各族人民坚持团结抗战到底的伟大胜利。这场战争，是在中国共产党倡导的抗日民族统一战线的旗帜下，以国共合作为基础，包括各民主党派、抗日团体、各阶层爱国人士和海外侨胞参加的全民族抗战。十四年的浴血抗战，揭西的党组织不但得到发展壮大，而且在贯彻执行党中央的路线、方针、政策中，联系实际，在统一战线、武装斗争、党的建设方面，开展了具有创造性的工作，取得了显著成效：坚持了党在思想上、政治上、组织上的独立自主，对资产阶级坚持既联合又斗争的统一战线原则，依靠青抗会、学抗会、妇抗会等抗日救亡组织，宣传党的抗日主张；依靠华侨力量办起了南侨中学，培养了大批抗日干部；策动了国民党地方部队"河山部"的起义；在国民党反动派掀起反共逆流时，打进国民党管、教、养、卫等部门或民间组织，特别是以学校为阵地隐蔽精干、积蓄力量、开展工作。武装斗争方面，组织抗日群众武装，建立人民抗日武装队伍，在日、伪、顽三方面夹击下，不断发展壮大自己的武装力量。党的组织建设方面，把工作重点放在农村，同时重视引导知识分子党员与工农相结合并发挥他们应有的作用，创造了办学校带动基层工作的经验；面对国民党顽固派的反共高潮，开展整党审干，纯洁党的组织，净化党员思想，实施革命气节教育，增强了党的应变能力。在组织停止活动期间，党员坚持个别联系，个别活动，没有出现危害党的事业的行为，表明揭西党的组织是纯洁的、有战斗力的。由于党组织能掌握中国革命战胜敌人的三大法宝，因此，能经受住艰险复杂的环境和艰难困苦的考验，领导揭西人民迎来了抗战的胜利，壮大和发展了党和人民的力量，为揭西人民夺取解放战争的胜利打下了坚实的基础。

第五章

解放战争时期

解放战争时期

（1945.9—1949.9）

抗日战争胜利后，国民党政府迅速下山摘桃，强迫韩江纵队北撤，然后集中兵力迫害韩江纵队大批人员。中共潮汕特委遵照上级指示精神，根据敌我力量悬殊的实际情况，坚持隐蔽斗争，保存积蓄力量。韩江纵队部分队员北撤以后，曾广任中共潮汕特委书记，留下一支精干的以邱志坚为队长、陈彬为政委的"经济工作队"，在大北山南麓一带活动，开展地下武装斗争。1947年4月，中共潮汕地委成立，曾广任书记。党组织领导直属经济工作队和地下民兵骨干，带领群众，打开国民党的粮仓，威震潮汕，扩大了政治影响，鼓舞了群众斗志。6月，以刘向东为司令员、曾广为政委的潮汕人民抗征队在大北山天宝堂（现属南山镇）正式成立，随后，地委机关报《团结报》在粗坑（现属京溪园镇）创办，野战医院在秤钩潭（现属南山镇）建立。6月下旬，潮汕地委书记曾广在大北山粗坑村召开地委扩大会议，决定选择揭丰华边界的大北山为潮汕军事斗争的中心战略据点，以大南山、凤凰山为战略支点，南阳山、五房山为转动点，建立梅花形革命根据地。其时，揭西地域的粗坑、石结到、杨梅坪、龙跃坑、南山等地成为中共潮汕地委及抗征队的根据地。1948年11月开始，国民党第五"清剿"区（潮汕）司令喻英奇，调兵遣将，先后对潮汕革命根据地进行五次大"围剿"，主要进攻大北山根据地。在这艰苦的岁月里，党领导大北山区人民击溃了国民党反动派的猖狂进攻，挫败了喻英奇的"清剿"阴谋。特别是第五次反"围剿"，良田茅坳嶂一役粉碎国民党方景韩等部3000余人的进攻，保卫了根据地，迫使喻英奇再也无力进攻革命根据地，转而防守平原据点。中共潮汕地委则及时提出打出平原去的口号，武装斗争从山区防御战转入平原进攻战。是年，潮（安）、揭（阳）、丰（顺）人民行政委员会在南山关西村宣告成立。地委、县委、人民行委会机关相继向前推进，迁往灰寨。9 月，中共潮汕地委在横江（现揭西县境内横江水库）成立中共揭（阳）陆（丰）华（五华）边工作委员会，向五华、陆丰边境开辟新区。1949 年春，中共潮汕地委在大北山区农村实行减租减息，清债赎业，建立乡村政权。2 月，河婆解放，成立潮汕地区第一个军管会。7 月，中共华南分局在河婆建立南方人民银行，发行整个华南解放区统一使用的南方券；同时，辖潮梅地区 17 个县市的最高行政机关——潮梅人民行政委员会在南山道南小学成立。正当根据地人民在欢呼胜利的时刻，国民党胡琏残部窜入潮汕，分五路进攻大北山区，中共潮汕地委带领大北山区的民兵和广大群众，奋勇参战，踊跃支前，配合中国人民解放军闽粤赣边纵第三支队、第二支队和边五团在五经富阻击胡琏残部，打退其进攻，保护了中共潮汕地委、潮梅人民行委会等后方机关的安全，使根据地人民免遭洗劫。1949 年 10 月，揭西全境解放。从此，揭西党组织带领全体人民跨进了社会主义革命和建设的新时代。

第一节 积蓄力量，准备新时期的斗争

一、抗战胜利后党组织策略的转变

抗日战争胜利后，中国国内形势发生了根本的变化，国际间的民族矛盾降为次要矛盾，国内的阶级矛盾即以中国共产党为代表的人民大众与美帝国主义支持的国民党为代表的大地主、大资产阶级之间的矛盾上升为主要矛盾。以蒋介石为代表的国民党反动派，为抢夺抗战胜利果实，实现其独裁统治，一面调集大批军队抢占大城市和战略要地，加紧策划反革命内战，一面玩弄假和谈的阴谋，多次邀请中国共产党派代表赴重庆谈判。针对国民党反动派的军事镇压与和平欺骗的两手政策，中国共产党采取针锋相对的方针。一方面，积极争取通过和平的途径建设新中国，明确提出"和平、民主、团结"三大口号，并于 1945 年 8 月 28 日派毛泽东、周恩来、王若飞去重庆与国民党政府代表进行谈判；另一方面，告诫全党对蒋介石集团的反共内战危险应保持警惕，准备自卫战争。10 月 10 日，签订了《双十协定》。中国共产党同意把广东、浙江、苏南、皖南、皖中、湖南、湖北、河南八个省区内的根据地的抗日军队战士复员，撤退到华北解放区，广东的东江纵队北撤烟台。《双十协定》刚刚签订，蒋介石就发布进攻解放区的密令，企图完全占领长江以南地区，重夺华北战略要地和交通线，打开进入东北的通道。10 月 14 日，韩江纵队司令员兼政委林美南在大南山大窝村召开领导干部会议，根据中共中央和中共广东区党委的指示精神及敌我力量悬殊的实际情况，决定部队精简疏散，由公开的武装斗争转变为地下隐蔽斗争。会后，韩江纵队第二支队奉命将原来的四个大队精简缩编为两个大队，编余人员疏散到地方工作。11 月 20 日，潮汕党组织在八乡戏子潭召开会议，传达中共广东区党委决定，宣布成立中共潮汕特委，林美南任书记，曾广任副书记，林川、古关贤负责军事工作，曾广、吴健民负责党务工作。潮汕党组织由特派员个人负责制恢复为集体领导的党委负责制领导机关，这在当时严峻的形势下，意义十分重大。这次会议决定进一步精简韩江纵队队伍，继续实行分散活动，把工作重心逐步转移到地下党的工作上来，做好武装人员的复员和疏散隐蔽工作。在特委领导下，韩江纵队各大队收起长枪留短枪，各自保留一支精干的武装小分队，其余大部分武装人员复员疏散到地方做群众工作，完成了由武装自卫斗争到地下隐蔽工作的重大转变。

二、坚持隐蔽斗争，保存积蓄力量

1945 年下半年，揭阳县三、五区党组织绝大部分都已恢复活动，各级领导机构也逐步建立起来，至年底已建立 22 个支部，两个区工委。12 月，成立了中共揭阳县委，辖三、五区及一区的一部分和普宁的一、八区，书记陈彬，组织部部长王文波，宣传部部长林史，县委机关设在普宁下林村，不久转到揭阳玉湖、钱坑小学，后又转到普宁一区马索圩、南溪乡，后迁至京溪园学坷村。联络站设在下林村刘夷白家，吴容涛以西医门诊为掩护，住联络站。县委成立后，在玉湖召开第一次会议，贯彻落实上级关于分散隐蔽方针，研究县委分工和进一步整顿、健全组织等问题，决定组建三区、五区两个区委会，陈彬负责全面领导工作，王文波负责联系五区，林史负责联系三区。县委分析当前变化了的形势，明确当前的主要任务是力争在短期内把党的一切活动转入地下。首先是安置好从武装队伍撤退下来的党员和游击队队员，迅速转移已暴露身份的人员，不再使用或尽量少用比较赤色的活动乡村、据点，以防意外事故的发生。同时认真做好武装部队回地方人员的安置及思想工作，对知识分子出身的人员，通过关系，安排到比较灰色的乡村去教书，要求他们努力搞好教学，注意言行举止，以利做好校董、乡绅的统战工作，逐步占领学校阵地；对农民身份的队员，尽可能安排他投亲靠友，做小生意、做工，就地隐蔽，并设法打进乡村群众组织的守青队、拳馆等，白天种地做工，晚上进行公开的合法活动，这样既有利于隐蔽斗争，又可以团结群众，并从中掌握一定的武装力量；对少数尚未暴露的人员，利用各种关系，打进国民党的地方党政机关，做长期斗争的打算，同时注意做好乡长、保长、绅士的统战工作，从多方面去争取利用他们对革命的有利因素。由于做好了以上工作，革命力量迅速地分散隐蔽，确保党组织顺利地转入地下斗争。为了做好分散隐蔽工作，县委注意抓好整顿党的组织，纯洁队伍，对党员进行普遍的思想教育。在极端困难的条件下，揭阳县委还成立"正风社"，出版党内刊物《正风》，选编一些加强党性锻炼、保持革命气节的文件、资料，分发给党员干部学习，教育党员认清形势，树立坚定的信心。要求党员服从组织安排，与群众打成一片，积蓄力量，等待时机，坚持斗争，度过困难时期。在抓好党员思想教育的同时，还注意做好群众的思想教育工作，采取多种多样的形式，搞宣传点、联络点，帮助群众解决一些切身问题，把群众紧紧地团结在党的周围。中共揭阳县地方组织还注意运用统一战线这一克敌制胜的法宝，团结利用一些地方实力派，开展隐蔽斗争，掩护党组织和韩江纵队复员人员。当时国民党揭阳县政府"悬赏"

勒令水流埔 8 名韩江纵队回乡人员自首，并且每人要罚谷 90 公斤。对此，三区党组织争取了水流埔乡长黄绍玉的支持，结果除一人外，其余 7 人的罚谷都由乡里的公尝支付。一次，国民党军队要到乡里查户口抓人，黄绍玉提前三天就通知该乡地下党组织，及时疏散隐蔽人员，使敌人扑空。党组织还做好钱坑湖畔乡乡长林茂圃、塔头乡乡长吴平初、阔口园保长吴长就的工作，使他们支持共产党在学校开展工作，并且还为共产党及时提供国民党乡政府内的一些活动情况。

三、韩纵骨干北撤，加入全国解放战争

1946 年 5 月间，中共广东区党委电报指示潮汕特委派 50 名军事骨干参加北撤。当时在潮汕主持特委工作的曾广和林川、古关贤在汤坑开会研究，决定选出 50 名中队长以上的军事骨干和个别过于暴露的干部参加北撤，确定了北撤人员集中的时间、地点、行进路线，然后由林川到梅县向林美南汇报。5 月底，林美南来到汕头市，在特委秘密机关召开会议，对隐蔽斗争和北撤问题做出部署，确定继续执行"分散隐蔽，保存干部，积蓄力量，以待时机"的方针，并确定了参加北撤人员的最后方案。揭西籍的汪硕、曾松、曾长江、曾杰、曾实、曾畅机、李元调、李环球、汪潮和其他韩江纵队北撤人员共 48 人分数路秘密前往香港，后转到大鹏湾，同东江纵队、珠江纵队的北撤人员会合。6 月 30 日，方方代表中共中央军委到大鹏半岛欢送，2583 名北撤人员分乘三艘美国军舰驶离大鹏湾。7 月 5 日，抵达山东烟台。

四、国民党反动当局加紧迫害抗日人员

1946 年 6 月 26 日晚，国民党当局仗着美国的帮助，完成了全面战争的准备工作，撕破了和谈的假面具，大规模地向解放区、

人民军队进攻，全面内战由此爆发。

在广东，国民党军事委员会广州行辕主任张发奎秉承其主子的旨意，公然破坏《双十协定》和广东中共部队北撤的协定，千方百计地妄图消灭抗战有功的中国共产党领导的人民抗日武装——广东人民抗日游击队。6月和8月，他两次向各专署和县市秘密指示"匪类中共不能承认"，"江南方面不许有任何共产党部队存在"，严令各地"协同会剿以除后患"。

在潮汕，国民党第五"清剿"区行政督察专员兼保安司令郑绍玄不承认韩江纵队的存在，猖狂地实行"联防联剿"，威迫参加抗日游击队回乡人员"自新"，各地武装保安团配合国民党潮汕驻军一八六师在韩江纵队活动过的村庄进行"清乡"。1946年上半年，国民党在揭阳县的东园乡设立潮揭丰"剿匪"指挥所，军队四处烧杀抢掠，无恶不作。揭阳三、五区的地方封建反动头子勾结国民党军队，出布告悬赏缉拿抗日骨干，强迫参加过抗日的人员"自新"，对参加过抗日的人员的家属进行恫吓、勒索。1946年秋，五经富的地方反动头子放火烧掉韩江纵队领导人曾广、曾长江、汪硕的房屋，制造白色恐怖。在大北山，1946年8月底，国民党一八六师师部从丰顺汤坑移至揭阳新亨。其主力五五七团、五五八团分驻大北山边沿之汤坑、埔子寨、五经富、灰寨、南山一带，寻机进攻韩江纵队第三支队。面对严峻的局势，第三支队根据韩江纵队司令部的指示，一面加强根据地中心区的建设，成立以何绍宽为主任的大北山工作委员会，进入八乡山开展群众工作；另一方面，将主力开进五华县境内活动，试图加速打开大北山北部地区的工作局面，开辟新区。但这一带反动派控制很严，群众工作基础薄弱，部队开展活动困难，半个月后即撤回大北山边的秤钩潭村。敌五五八团及省保安团即兵分两路来攻。第三支队避其锋芒，轻装转移，使之扑空。10月初，留短枪队和一个中队在大北山活动，主力重返大南山。

五、建立敌后武工队，开展地下武装斗争

为了贯彻党中央 1945 年 9 月提出的"向北发展、向南防御"的战略方针和广东区党委《目前形势与任务的指示》的精神，1946 年 3 月，中共潮汕特委决定大部分人员复员或分散隐蔽，小部分武装骨干在特委直接领导下继续坚持地下武装斗争。由韩江纵队军事委员会主席、潮汕特委委员林川在普宁县藏宝堂代表纵队领导林美南宣布组建直属经济工作队的命令，以原韩江纵队特务队副队长邱志坚带领的队员为基础，和从韩江纵队一支队、二支队、三支队中挑选的政治坚定、作战勇敢的连排骨干 10 多名，在五区陈屋寮村成立中共潮汕特委直属经济工作队（亦称"特务队""武工队"），队长邱志坚，政委由中共揭阳县委书记陈彬担任，组长张志华、黄欣进。这支队伍的主要任务：一是保卫党的领导机关和筹措活动经费；二是开展对顽敌的斗争；三是坚持经常学习，不断提高军政素质，并执行特委交给的特殊任务。武工队分两个组分别在揭阳、普宁活动。7 月份以后，队伍增加到 20 多人，队长林震、政委陈彬、指导员邱志坚，分三组分别在揭阳、丰顺和普宁活动。武工队接受潮汕特委和所在县委双重领导。9 月以后，当队伍到普宁县活动时，中共普宁县委书记李习楷兼任政委。在揭阳主要活动于大北山南麓的陈屋寮、杨梅坪、树头洋、洪屋角、小陂洋、光头洋、竹尾沟、鹅毛溪、小溜、三沛等村庄，组织当地的地下党员、群众积极配合武工队进行革命活动，组织农民侦察敌情传送情报，认真做好安全掩护工作。特别是陈屋寮村，距离国民党灰寨乡公所不到五华里路，在村党支部和武工队密切协同下，由党员李文光等七八人组织成一支民兵队伍，利用抗日游击队留下的武器，巡逻放哨，并逐步吸收先进青年参加。

至 1947 年春，发展为比较健全的民兵队伍 20 多人。其他男女村民也积极主动地支持武工队开展工作，使该村成为武工队赖以生存、发展和出色完成任务的堡垒村，被同志们称作"解放区"。

武工队成立后，在党的领导下，密切依靠地方党组织，团结群众，英勇机智地进行各种形式的斗争，做出了出色的成绩。日本投降后，潮汕地方反动势力到处搜捕革命分子，强迫"自新"，气焰十分嚣张。针对这一情况，武工队在各地党组织配合下，采取分化瓦解、区别对待的政策，针锋相对地与之斗争。对于一般敌对的乡、保、甲长，递送统战信件，向他们讲明革命必胜的趋势，劝告他们走正义之路，警告他们作恶必判，对于少数极为反动的"地头蛇"则坚决镇压。如普宁县流沙一带号称"四大天王"之首的陈君秀，历史上一贯反共，土地革命战争时期就当国民党的"清乡""联防"主任和县参议。韩江纵队撤退后，他仍任流沙区八乡联防处主任和自新委员会主任，曾诬指二三百人为所谓"匪类"，以毒辣手段强迫"自新"，还配合搜捕地下共产党员、革命人士多人并加以杀害。由此，特委直属武工队决定利用陈君秀回家过春节的时机采取行动。1947 年 1 月 24 日早晨，由武工队武装掩护，几名队员分别乔装成"叫花子"或国民党便衣人员，先后以讨饭或送信为名，巧妙地进入陈君秀家，探听虚实后，一举将陈君秀击毙。这次成功的锄暴行动，震动了全普宁，打击和分化了敌人和地方反动势力，群众扬眉吐气。同时在统战工作的努力争取下，使一些乡、保、甲长不与人民为敌，或者以各种方式秘密支持革命活动。1947 年春，国民党当局已发动了全面内战，在国统区加紧征兵、征粮、征税（简称"三征"），潮汕经济萧条，加上春旱严重，地主奸商囤积居奇，粮价一日数涨，人民度日艰难，而国民党政府不顾人民死活，加紧搜括民粮，逼得民众怨声载道。5 月，中共中央指示南方的党组织广泛开展农村战争，开辟第二战场。香港分局根据中央指示，决定在广东各地恢复公开武装斗争。潮汕特委根据中央指示，决定以原特委直属武工队为骨干，组织公开武装队伍，发动群众，破仓分粮，直接打乱国民党的天下，使群众有粮度荒，且为建立抗征队储备必需的军粮。中共揭阳县委认真贯彻上级指示，积极做好武装斗争的准备，并配合特委直属武工队，发动群众，进行"破仓分粮"行动。事前，中共揭阳县委书记陈彬、特委武工队队长林震、指导员邱志坚等领导同志，进行周密的部署，发动大北山区几个村庄的地下民兵50多人，由特委直属武工队领导，负责保护群众参加破仓。在群众基础较好的陈屋寮、树头洋、洪屋角、甲溪、大岭下、赤那、龙路径、下坝、厚洋、柑园、沙犁潭、鹅毛溪、竹尾沟等村，组织500多名农民的担粮队伍。5月4日晚，中共揭阳县委与特委直属武工队率领党员、民兵和农民担粮队共1000多人秘密地开到上陇村（现属京溪园镇），把揭阳县政府棉湖粮田处设在该村的谷仓包围起来。武工队打开谷仓大门，扣留守仓人员，农民担粮队把仓内50000多公斤谷子连夜挑光。第二天晚上，又乘胜破了灰寨的谷仓，得谷2000多公斤。这批粮担回去后，分散到各村，由各村的骨干负责掌握，按对半分或六四分的办法，一部分分给农民度荒，一部分分散寄放在农民家里，为开展武装斗争备足军粮。接着，特委直属武工队还动员、武装陈屋寮村党员、积极分子组成的20多名民兵，随队一起开赴普宁县，协同该县破开横溪国民党政府谷仓。破仓分粮的胜利，既打击了国民党当局的横行暴政，又解决了部分群众春荒缺粮的燃眉之急，更重要的是通过这次斗争，激发了群众起来参加革命斗争的热情，为重新建立公开的武装斗争，在思想上、物质上和组织上做了初步的准备。破仓分粮时值农历四月，后来群众把这场斗争称之为"四月暴动"。在地方党组织的配合下，武工队还截获了粤东师管区武装走私的贵重财物，先后缴获揭阳县国民党警察局局长和保警大队大队长武装走私的价值几亿元的国民党币物资，上交领导机关以应活动经费所需。经过一年多的隐蔽斗争，揭西党组织及潮汕特委直属武工队终于胜利地度过了艰苦的分散、隐蔽阶段，彻底打破了国民党妄图消灭共产党及其地下武装的阴谋，不仅保存了武装力量，还得到锻炼和发展。在农村建立了一批秘密据点和地下游击小组，打下了较好的群众基础，这就在思想上、组织上和物质上为创立公开武装队伍准备了较好的条件，为开展武装斗争打下了良好的基础。

游击战争的全面开展

一、潮汕人民抗征队的成立和"粗坑会议"

1947 年初，中共香港分局根据中共中央关于开展国统区农村游击战争的指示和广东的实际情况做出恢复广东武装斗争的决定，提出"实行小搞，准备大搞"的方针。4 月，香港分局决定将中共潮汕特委改为"中共潮汕地委"，并派富有武装斗争经验、原广东人民抗日游击队珠江纵队政治部主任刘向东到潮汕任地委副书记，负责军事领导工作。5 月下旬，刘向东到潮汕，向中共潮汕地委书记曾广等领导同志传达香港分局关于潮汕恢复公开武装斗争的指示，分析了潮汕形势和群众情绪以及敌强我弱的情况，决定立即动手，动员军事骨干并运送武器上山，集结到大北山建立潮汕人民抗征队，从小到大，逐步发展武装斗争。6 月，人民解放军已经渡过黄河，挺进中原，揭开了解放战争战略进攻的序幕。蒋介石反动集团为了应付北方打败仗的局面，把驻潮汕的正规军一八六师调到北方。此时潮汕兵力空虚，正是共产党恢复武装斗争的有利条件。按照地委的决定，潮汕人民抗征队于 6 月 7 日在大北山天宝堂（现属南山镇）成立。这一天，特委直属武工队，普宁、揭阳县武工队以及原韩江纵队部队留下来的军事骨干共 70 多人到天宝堂汇集一起，刘向东代表潮汕地委在会上正式宣布成立潮汕人民抗征队，刘向东任司令员，曾广任政委。抗征队下辖一个大队,林震任大队长,陈彬任政委。大队下辖一个中队和一个短枪队,中队长邱志坚,指导员何绍宽(后蔡若明),短枪队长陈石。6 月下旬,潮汕地委书记曾广在大北山粗坑村(现属京溪园镇)主持召开地委扩大会议,传达贯彻党中央和香港分局的指示,讨论研究武装斗争问题。会议认为,斗争依然是长期的、残酷的、曲折的,但潮汕有革命传统的深刻影响,群众基础好,且驻潮汕国民党正规军北撤后,兵力空虚,开展斗争的条件已成熟。因此,会议制定了斗争的方针:加强党的领导,放手发动群众,积极在山区发展地方武装,开展农村游击战争,在平原开展群众斗争,山区与平原互相配合,采取分散的、公开的和秘密的多种形式的斗争方式,不断削弱敌人力量,稳扎稳打地发展。会议决定:(1)选择揭丰华边界的大北山为潮汕军事斗争的中心战略据点,以大南山、凤凰山为战略支点,以南阳山、五房山为转动点,建立梅花形革命根据地。(2)积极发展武装力量,派骨干到八乡山、南阳山和河婆、卅岭、汤坑等地组织武工队,从山区到平原开展游击战争。(3)提出反"三征"行动口号,广泛发动群众进行减租减息,改善人民生活,组织广泛的民主统一战线,把群众斗争从经济斗争迅速提高到政治斗争,逐步建立民主政权或两面政权。(4)决定将地委领导机关由国统区移到大北山,抗征队指挥部设在粗坑村,同时决定各县委的主要领导分为军事工作和地方工作两条战线开展活动。会议还正式宣布了广东区党委的决定:中共潮汕特委改为"中共潮汕地委",书记曾广,副书记刘向东,组织部部长吴坚,宣传部部长吴健民。"粗坑会议"是在从隐蔽斗争转变到发动公开游击战争的重要时刻召开的。会议从潮汕的实际出发,贯彻党中央、香港分局和广东区党委的指示,确定了新的斗争方针和策略,并提出了符合群众要求的行动口号,对潮汕游击战争和各项工作的迅速开展起到了重要作用。7

月，潮汕地委以潮汕人民抗征队名义发布《告各界同胞书》，向全区人民宣布潮汕人民武装的成立，提出抗征队的宗旨和任务："反抗'三征'，反抗蒋政权四大家族专制统治，借此达到改善民生，结束内战，实现和平、民主、独立、自由之目的。"并提出减租减息、反对"三征"和民主统一战线的政策主张，号召"一切被蒋政权压迫剥削的人民联合起来，迅速奋起自救，争取真正的和平民主日子的到来"。潮汕人民抗征队的成立和"粗坑会议"的决定，标志着潮汕人民武装斗争进入了新的历史阶段，给潮汕人民指明了斗争方向。根据地委会议精神，中共揭阳县委立即行动起来：组织力量把韩江纵队在各地埋藏的枪支启封，秘密送上大北山，通知原韩江纵队的武装人员入伍；发动党员、青年带枪带粮上山参加抗征队；在大北山周围群众基础较好的村庄，组织民兵或抗征小组配合抗征队行动。全县迅速掀起群众性的武装斗争热潮。

二、大北山革命根据地的开辟

"粗坑会议"明确树立了根据地思想，认识到根据地是革命队伍赖以生存、发展和打击敌人、壮大自己的战略基地。因此，会后潮汕人民抗征队和各地党组织迅速开展了以发动群众反"三征"为内容的人民游击战争，开辟以大北山为中心的梅花形游击根据地。大北山属莲花山脉的中段，位于韩江上游的梅江、琴江之南，处在揭阳（包括揭西）、丰顺、兴宁、五华、陆丰的边界，纵横约60公里，西北方向和梅县的九龙嶂、铜鼓嶂连绵相接，地理位置非常重要。山高路险，林木茂密，地形险峻，军事上既有易守难攻之利，又易受到多方包围攻击之害。海拔1000米以上的山峰有7座，其中在揭西境内的有李望嶂、三县凸、北山嶂等6座。揭西地域的良田、西田、归善、粗坑、石结到、杨梅坪、秤钩潭、大洋等大小村落分布在山沟里。大北山南麓，比较重要的圩镇有河婆、南山、灰寨、五经富等。南麓向外延伸 10 公里是丘陵地带，再往东南方向，便是经济发达的榕江平原。

大北山区地处高寒地带，土地贫瘠，交通不便，生产比较落后，人民生活贫困，封建势力剥削农民十分严重。国民党反动统治深入山区，与地方封建势力结成一体，沉重的征兵、征粮、征税，迫使人民喘不过气，人们只能在狭缝中求生存。恶劣的生存条件使当地村民变得强悍起来。例如良田人民连年遭受自然灾害、农业失收，在沉重的封建剥削下，为了生存，良田人民与国民党军队进行了你死我活的斗争。他们拿起武器，依靠险要的山地，几次打退国民党军队的"进剿"。到解放战争时期，大北山地区民间已经有了一定数量的洋枪、土枪。1947 年 1 月底，潮汕特委书记曾广派党员黄佚农、曾郁青、高原、邱克明等进入良田，通过办学，与良田原有党员一起，开展群众工作，教育、团结群众，为建立革命根据地做好准备。当时，良田有一个隶属中共陆丰县委领导的党支部（上良田为主）和一个隶属中共五华县委领导的党支部（下良田为主）。6 月，根据中共香港分局的决定，中共良田地方组织全部移交给中共潮汕地委统一领导。此后，良田地方党组织日益发展壮大，并在当地建立了民兵，使良田成为大北山革命根据地的重要组成部分。

大北山在土地革命和抗日战争时期就是潮汕地区的革命根据地。1937 年春，中共韩江临委在大北山南麓的五经富建立了第一个农村党支部。党员们在附近农村开展工作，发展党员，建立支部。至抗战胜利时，大北山地区农村建立的党支部，经过抗日战争的锻炼，组织不断巩固，大部分党员成为革命的骨干力量。1947 年 6 月 7 日，潮汕人民抗征队在大北山成立，中共潮汕地委机关设在大北山归善、粗坑。随后，野战医院在秤钩潭建立。这是建立大北山革命根据地的基本条件。

当时，国民党反动统治依靠当地封建势力加强对大北山区八乡山的统治。其中，八乡山乡长廖少成便是当地反动势力的头子。他从土地革命战争时期起便与人民为敌，抗日战争时期，又勾结国民党军队包围韩江纵队在八乡的活动据点小溪村，抓捕群众10多人，并悬红缉捕抗日游击队领导骨干。在其残酷的统治下，百姓困苦不堪。为了拔掉这个钉子，扫清障碍，抗征队决定首先镇压廖少成。事前经过侦察了解，掌握了廖少成的活动规律，得知他对抗征队四处破仓分粮的行动深为恐惧，欲卖掉耕牛，筹款外逃。7月8日，抗征队派出队员8人，在何绍宽、邱志坚带领下，潜入贵人村，化装成牛贩子，说要买牛，把廖少成从家中引出来，几枪把廖击毙。事后，抗征队发布《惩处廖少成告同胞书》，揭露廖的罪行，号召人民奋起斗争。从此，国民党政府在八乡的反动统治被推翻，解除了群众的顾虑。在此期间，潮汕地委、抗征队和揭阳县委又派出了一批骨干到达大北山的汤坑（现属丰顺县）、卅岭（现属揭东县）、南山、灰寨、河婆、良田、钱坑（以上现均属揭西县）等地组织武工队，开展抗征活动，以掩护中心据点的斗争。为了打开局面，扩大影响，壮大力量，地委和抗征队领导决定突袭汤坑。为确保首战胜利，地委派揭丰边县工委组织部部长黄佚农潜入汤坑镇，通过地下党员摸清敌情。7月30日，刘向东、曾广率抗征队从八乡小溪村出发，星夜行军近50公里赶到汤坑锡滩村山边祠堂掩蔽。31日晚，按作战计划袭击汤坑镇警察所、丰顺县保警分队、田赋处和税捐处，缴获长短枪50多支、弹药等物资一批。战后，教育释放了俘虏，还在镇内张贴、散发宣传品，扩大政治影响。8月3日晚，又在当地党组织和民兵配合下，破开西门外柯义泉处敌人粮仓，获谷1200多公斤，就地分粮济贫，发动群众起来抗"三征"。汤坑镇是潮汕至兴梅公路的重镇，抗征队首战告捷，震动了潮梅地区，粉碎了敌人散布的"韩江安定"的谎言。群众欢欣鼓舞，到八乡山参加抗征队的人越来越多。抗征队突袭汤坑取得首战告捷，国民党广东省第五"清剿"区行政督察专员兼保安司令郑绍玄惊呼："丰顺县素称保安第一良好县，亦生一夕数惊!"随即策划向八乡山抗征队基地进攻。8月22日，他调集了专署集训队和潮安、揭阳、普宁、丰顺、五华等县政警九个中队共1000余人，由保安副司令兰迅云为总指挥，于8月23日、24日分四路向八乡山中心地域戏子潭实行四面包围，妄图在六天内歼灭抗征队。这是国民党潮汕当局在抗征队成立后发动的第一次围攻。抗征队领导获得情报后，认为敌我力量悬殊，不应打没有胜利把握的硬仗，遂决定将主力撤出八乡山，留下政工队发动群众坚壁清野，疏散隐蔽。司令员刘向东、大队长林震率抗征队中队，于23日迅速冲出敌之包围圈，远途奔袭普宁重镇里湖。经两夜冒雨急行军，于25日凌晨，向据守里湖据点之敌发起攻击，歼草庵据点守敌，缴获步枪50多支。进攻码头警察所的战斗，因敌紧闭铁门固守而未能攻克。此役，班长李可光荣牺牲。黎明后，抗征队开始挺进南阳山。抗征队奇袭里湖镇的胜利，使揭阳、普宁、惠来三县的国民党当局受到震慑，棉湖、流沙、梅林诸镇告急，从而迫使敌人慌忙于8月底撤出进犯八乡山的兵力，抗征队取得了这次反围攻胜利。随后，抗征队在南阳山外围草帽崀进行了3天的休整总结。在这里，全体指战员举行了追悼会，悼念阵亡烈士李可同志。开了个战地文娱晚会，欢庆反围攻取得的胜利。用两天时间召开了小队长以上干部总结会，刘向东同志做了总结发言，指出这次反围攻作战的胜利是正确运用了毛泽东军事思想，采取"敌进我退"战法，摆脱被动，力争主动，进入敌空虚而又敏感的后方，歼灭敌人有生力量，在运动中调动、分散敌人，打破敌人的"围剿"。此后，抗征队乘胜开进南阳山，在十多天的时间里，顺利完成扩军、征粮工作，协助当地党组织成立武工队，宣传发动反"三征"，开辟新的根据地，大大提高了抗征队的士气，增强了新老区人民的斗争意志。为了贯彻粗坑会议精神，配合抗征队开辟革命根据地，1947 年 9 月，潮汕地委在大北山建立了一支政工队，由何绍宽任队长，曾郁青、蔡达材任副队长，队员有黄一清、李娥、张雪梅、王耀东、李瑞芳、黄伟萍等人。这支队伍在大北山腹地八乡山活动。首先，政工队决定在秋收前进行退租退息斗争。这时八乡村里又有人谣传国民党军队已到了南山，就要开进八乡。政工队一查，原来是岸洋村地主指使碴尾村廖某所为，于是，对廖某进行教育，弄清事实真相，消除了群众的恐惧。当时八乡有许多农民佃耕岸洋村地主刘基祝的土地，刘是大北山区的大地主，政工队决定把他作为第一个退租对象。刘基祝居然反对退租退息，其子刘条明竟威胁佃户，继续照样收租。为了扫清运动障碍，政工队把刘条明扣押起来，进行批评教育。之后，他便老老实实按规定退租。于是八乡、岸洋一带第一次退租高潮便形成了，退了租，解决了"秋荒"困难，群众喜气洋洋。抗征队在八乡站稳了脚跟。为了加强舆论宣传，潮汕地委和抗征队在粗坑创办了机关报《团结报》，先后由陈衍芝、曾烈明、王亚夫任社长，王一帆任副社长兼总编辑。

《团结报》于 1947 年 10 月 12 日出版，紧密围绕潮汕地委在不同阶段的中心任务发表社论，宣传党的方针政策，揭露国民党反动统治，及时报道全国形势和开展潮汕游击战争、建立根据地的情况和经验，在鼓舞士气、动员人民群众、巩固和发展革命根据地方面，发挥了重要的作用。

11 月 20 日，潮汕人民抗征队公布《减租减息暂行办法》，规定一般年景实行"二五减租"。减租减息运动使根据地广大贫苦农民普遍在经济上得到实惠,生活上开始有所改善,广大农民进一步认识到只有跟共产党干革命才是求得翻身解放的出路。因此,群众普遍地发动起来,各种群众组织也跟着建立起来。据统计,大北山区有乡农会 14 个,会员 9000 人;乡妇女筹委会 2 个,村妇女筹委会 30 多个,会员近 2000 人;乡一级的商人协会 6 个,筹委会 4 个;儿童团也全面组织起来,入团儿童 2000 人。此外,还有八个乡成立了文协会,会员二三百人,凡初中文化以上的人都可以参加文协会(多数是小学教员)。文协会员在农村帮助搞革命宣传和文化教育工作,特别是担任群众夜校教师,起到很大作用。减租减息运动带动了各项工作的顺利开展,大北山区广大农村的形势一片大好,革命根据地日益巩固。此时,中共揭阳县委积极抓好大北山南麓外围据点的建设,西至河婆、横江,东至五经富、高明一带,发展党员,建立民兵,开展革命宣传活动,发展堡垒户、堡垒村,建立秘密活动点,并从粮食上、经济上有力支持大北山革命根据地。为了巩固和扩大以大北山为中心的游击根据地,同时在斗争中努力扩大队伍,1947 年 9 月 29 日,抗征队奉命集中在大北山的碇尾进行整编,成立第一大队和第三大队。第一大队大队长林震,副大队长邱忐坚,政委郑希,副政委王文波,教导员蔡若明;第三大队大队长李习楷,政委陈彬,教导员郑辉。第一大队留守大北山,第三大队开赴大南山开辟新的根据地。11 月上旬,潮汕地委领导人曾广、刘向东召开干部会议,决定第一大队开赴揭阳县梅北地区活动,要完成三项任务:(1)消灭新亨警察所之敌;(2)协助当地党组织建立武工队,着手开创五房山据点:(3)动员群众参军,壮大队伍。11 月 7 日下午,第一大队派部分队员化装潜入新亨圩,突袭新亨警察所,全歼敌警,缴获长短枪 32 支。获胜后,向梅北地区挺进,沿途打击当地反动势力,协助当地党组织成立梅北武工队,为开创五房山据点创造有利条件。第一大队也扩充队员 30 多人，胜利完成潮汕地委交给的任务。接着，第一大队配合三区、五区武工队采取了一系列军事行动，把武装斗争引向大北山外围地区。12 月 20 日，第一大队进攻河婆警察所。河婆位于大北山西南，地理位置重要，为揭阳、五华、陆丰、惠来、普宁等县的水陆交通枢纽，是敌我必争的山区圩镇。队伍以夜间运动接近敌人据点于拂晓突袭的战法，清晨 5 时许发起攻击。敌警在睡梦中惊醒，来不及抵抗。此役俘敌 30 多名，缴获长枪 30 多支和电话机等装备。天亮后，就地召开群众大会，宣传"人民必胜、蒋军必败"的革命道理，发动群众起来反"三征"，当地群众拍手称快。在此期间，大队领导预见到河婆将是敌我反复争夺的圩镇，因此，组织排以上干部，对该镇和外围的地理位置、地形地貌进行勘察了解，为尔后在这一地带的作战活动提供了有利的条件。抗征队、武工队发动群众抗"三征"、开展"双减"运动不断取得胜利，威信大大提高，农民群众热烈报名参军。京溪园竹尾沟是一个只有 700 余人的小村庄，抗征队刚成立时，村党支部动员党员邱芝、邱子通参加抗征队。1947 年 10 月，支部书记邱林春传达县委"洪屋角会议"精神之后，动员党员、青年踊跃参军，几天内就有 10 多人上山入伍。全村共有 30 多人参加抗征队。群众性的参军热潮，使人民武装队伍迅速扩大，武装斗争得到迅速发展，为巩固大北山革命根据地、开展游击战争奠定了坚实的基础。

三、建立地方武装队伍，壮大革命力量

为了发展大好形势，加快武装斗争步伐，巩固大北山根据地，潮汕地委决定在大北山外围和大南山地区开展武装活动，全区广泛组织武工队。1947 年 10 月，中共揭阳县委在京溪园洪屋角召开县委扩大会议，参加会议的有林史、李日、林兴恭、邱林春、

杨坚、李彤、黄谷泉等。会后，中共揭阳县委分为揭阳县工委和霖田县工委。中共揭阳县工委，书记林史，组织部部长林兴恭，宣传部部长叶广仁，辖揭阳三区及下林、卅岭和普宁一区，工委机关先后设在岭完、青潭岭、杨桃脚等地。中共霖田县工委，书记曾烈明，组织部部长李日，宣传部部长李彤，辖五区和三区的客语片，工委机关设在长滩、小溪。两个工委建立起来后，主要领导亲自抓组建武工队工作，大北山区迅速掀起群众性的武装斗争活动。

（一）五区武工队的建立与发展

1947年10月，中共潮汕地委和抗征队司令部派何绍宽到五区灰寨、南山等地筹建卅岭武工队。何绍宽与中共霖田工委取得联系，霖田工委即派党员李卓魁、李范和李快配合何绍宽开展活动，从当地民间借出两支手枪，在灰寨陈屋寮村宣告成立卅岭武工队。武工队按照潮汕地委的指示，高举反"三征"、打倒蒋介石反动政府专制统治的旗帜，进行革命宣传，受到广大群众的支持和拥护。地下党组织紧密配合，派出党员并发动农村先进青年参加武工队。年底，武工队发展到30多人。

1948年1月，抗征队武工队派干部蔡福松到揭阳县五区的龙潭与当地党组织配合，组建河婆武工队，蔡福松为队长（后李荣），这支武工队主要活动于龙潭、龙溪、坪上和河婆一带。3月，又派骨干黄平到卅岭组建另一支武工队，由黄平担任队长，活动于五经富以东的卅岭一带。至1948年春天，以上三支武工队发展到200多人。武工队活动于根据地的前沿，经常到国民党统治区宣传我党、我军反抗"三征"，打倒蒋介石，减租减息、废除苛捐杂税等方针政策，有时利用夜间秘密进入敌驻军据点，突然袭击，扰乱敌人，制造声势。1948年1月，卅岭武工队带领民兵50多人，乘夜进入国民党统治区白塔一带活动，利用当地公演潮剧，群众集中的场面，登上戏台向广大群众宣传共产党的政策、主张，造成很大影响。河婆镇是敌人设在大北山根据地前沿的一个重要据点，武工队多次潜入河婆镇敌军驻地张贴传单，侦察敌情，甚至把宣传品散发到敌军反动联防的营房里去，使守敌惊惶失措。武工队依靠群众，深入调查了解，准确掌握民间枪支和粮食储存情况，向封建宗族公户和富户征借大量的枪支、弹药和粮食，还在交通要道设税站，征收行商税，供应抗征队的军需。在开辟新区、发动群众对敌斗争中，武工队运用党的民主统一战线和区别对待的政策，争取团结进步人士、开明绅士和乡、保、甲长，促使他们不为敌人所控制和利用，对个别屡教不改残害群众的顽固分子，进行坚决打击。1948年春，国民党保安独八营营长曾吉率兵进攻大北山根据地，进驻五经富时，企图利用同姓的宗亲关系，拉拢当地曾姓的上层人士为其效劳。由于武工队已对五经富的绅士进行了反蒋的统战工作，指明形势与前途，并对个别比较顽固的晓以大义，提出警告，所以曾吉的部队到五经富后，绅士们都悄悄地躲避，使曾吉陷于孤立。又如，国民党灰寨乡反动乡长李进章，在抗日战争时期曾向国民党告密，使韩江纵队人员的家庭遭到烧、抢，还强迫韩江纵队复退人员向国民党自首。1947年5月"破仓分粮"后，李又勾结国民党揭阳县政府派武装部队到灰寨大肆搜捕参加担粮的群众，抓走12人。武工队在灰寨活动时，他又多方破坏，誓与人民为敌。经上级批准，武工队把他就地处决，有力地打击了地方反动势力。清除了这个障碍，游击活动顺利开展起来。武工队还配合抗征队进行作战，经常利用晚间深入敌军驻地打冷枪，把敌军打得晕头转向，惶恐不安。1948年春，在灰寨的卅岭武工队的基础上成立一支武装中队，40余人，李范为中队长，李卓魁为指导员；在河婆武工队的基础上成立一支武装中队，30余人，刘寇为中队长，蔡四显为副指导员；在卅岭成立一支武装中队，黄平为中队长，黄一清为指导员。各地武装中队的成立，标志着大北山地区党领导的游击战争进入了新的阶段。五区武工队在斗争中锻炼壮大，后来整编为闽粤赣边纵第二支队七团。

（二）三区武工队的建立与发展

1947年11月，中共揭阳县工委书记林史在灰寨乡与金和交界的岭完村召集了林江、林远、李大、郭清、林基闻、林华、刘百守等7位三区的地下党员和革命积极分子一起开会，传达中共中央、香港分局和潮汕地委关于恢复武装斗争的指示以及中共揭阳县工委关于成立三区武工队的决定。经过学习、讨论，统一了认识，确定以到会的7位同志为基础组成三区武装工作队，由林江、林远为队长，配备由抗征队司令部拨给的短枪三支，子弹六发，在揭阳三区一带活动。主要任务是：宣传发动群众，开展反"三征"，揭露国民党的反动统治，筹枪筹粮组建民兵，发展武装力量，尽快建立平原游击支点，为巩固大北山中心根据地而斗争。三区武工队成立后，在大溪乡、和顺乡一带的偏僻山村开始活动，以敌人统治力量和封建势力较薄弱的小村为突破口，进行革命宣传，积极筹枪借粮，发动群众开展反"三征"斗争。同时，认真执行党的统战政策，对较大村庄的封建头面人物，针对不同情况，区别对待，很快建立了岭完、下寮园、狗脚村、网地、龙湖、鸭堀寨、古塘、崩山顶、乌黎等10多个游击活动据点，使武工队有了初步的立足点。三区武工队成立初期力量还比较薄弱，采取昼伏夜出、"拉家常"与群众交朋友的方式，调查掌握敌情、民情和各乡村蓄枪情况，在群众中广泛开展反"三征"宣传，把武装斗争与宣传群众紧密结合起来。武工队利用大乡村春节前后连续演戏的机会，组织了10多次"闯戏台"，向群众宣传反"三征"，接受宣传的群众达数万人次。他们还闯入国民党揭阳县三区区公所所在地棉湖沙坝尾，袭击在那里收税的国民党征税队，扩大武工队在这一地区的影响。1948年2月，中共揭阳县委把地方党员干部林少华和原韩江纵队骨干李非等10多位同志调入三区武工队，武工队扩大到20多人。为了适应形势的需要，三区武工队遵照上级指示，在揭阳县委书记林史的主持下，在大溪乡把武工队分成上、下两个队：上队以林江为队长，队员10多人，主要活动于大溪、钱坑、和顺一带；下队以林远为队长，队员10多人，主要活动于顶埔、塔头、河内，有时到凤湖、鸿江、东园一带。武工队活动范围扩大了，他们开展以借枪借粮为主要内容的群众工作和统战工作。1948年3月，武工队已筹到60多支枪、36000多公斤粮食。地下民兵等各种群众组织也建立起来了。大溪乡、和顺乡国民党的保甲制度也基本上被瓦解。三区武工队在大溪乡、和顺乡站稳了脚跟。三区武工队在斗争中不断发展壮大，后来整编成为闽粤赣边纵第二支队三团。

（三）良田武工队与民兵大队的建立与发展

1948年3月，潮汕地委从八乡山政工队调出蔡达材为队长，带领政治工作组进驻良田，开展群众工作。与此同时，良田党组织建立了良田区委，蔡若明、刘德秀分别为正、副书记，还成立了政工队和武工队。在区委统一领导下，政工队依靠贫苦农民，开展退租退息运动，半个月内共退租300余宗，群众发动起来了。武工队的主要任务是宣传党的政策，发动青年参军及征借枪弹、筹粮备战。4月，武工队发展到50多人，成立了良田武装中队，中队长刘镜，指导员蔡高排。该队后来编入闽粤赣边纵第二支队七团。接着，公开成立良田下村基干民兵和上良田民兵队。4月下旬，成立良田民兵大队，并积极将工作向陆丰、五华边境推进，为打通闽粤赣、接通与东江的联系打好基础。后来这支队伍的部分团队发展为闽粤赣边纵第二支队第八团的成员。

（四）地方民兵组织的建立与发展

1946 年，两龙的汤坝村建立守青队时，几个地下党员就参加守青队，经过一年多的工作，逐渐使守青队成为我党控制的一支武装队伍。他们维持社会治安，夜间巡逻放哨，白天严密监视陌生人进入抗征队活动地区，发现可疑情况，立即报告，先后抓获特务嫌疑人物 30 多个，保障了地下党和抗征队活动的安全。此外，他们还积极配合抗征队作战。抗征队第一次攻打河婆时，事前汤坝民兵认真做好侦察，发动进攻当晚，民兵分成三个班配合部队作战，不仅做向导，而且冲在前。抗征队蔡流带头冲入敌驻地时不幸中弹倒下，民兵蔡自运冒着敌人密集的子弹，不顾一切把蔡流背出来。抗征队第四大队成立初期，汤坝民兵经常随队出发，参加战斗，英勇作战，服从命令听指挥。1947 年下半年，良田、横江、南山、灰寨等地大部分村庄都先后建立起民兵组织，合计约 2000 人。这些民兵大部分有土枪、药枪，多数是武工队收缴民枪留下的。初期，民兵的活动是秘密的，具有高度的警惕性，防止暴露，采用化装、找借口的办法完成站岗放哨、传送情报等任务，无任务时就积极搞好田园生产。大家一心一意为革命，毫不计较个人得失，真正做到"召之即来，来之能战"。随着形势的发展，揭阳三、五区各乡都普遍建立民兵，队伍也迅速扩大。至 1948 年上半年，民兵队伍有 5000 人，年底发展至 12000 人。1949 年 1 月，揭阳县委决定从 1 万多名民兵中挑选 700 多人建立民兵基干团，团长刘化南，政委林史。后来，民兵基干团的两个主力连编进边纵第二支队第六团。

四、地下交通情报工作

潮汕地委、潮汕人民抗征队在武装部队成立之初，便重视交通情报工作。中共揭阳县委也积极配合抗征队司令部，认真搞好地下交通情报工作。1947 年 8 月，揭阳县委派林兴恭到棉湖建立地下交通情报站，指定地下党员林生鸿担任站长，规定情报站的主要任务：（1）收集敌情，掌握敌军行动情况，及时送到指定的联络站或县委驻地。(2) 调查敌情、社情，摸清当地资本家、富户的枪支、弹药、资金数量和封建宗教组织活动情况。(3) 秘密张贴革命传单、标语。（4）为人民武装部队购买各种军需用品。（5）护送参加革命的同志。棉湖地下交通情报站靠近国民党区署、警察所和敌联防营地，在敌人心脏进行秘密活动，担任情报站交通员的同志有 10 多人。他们不畏艰难困苦，不怕流血牺牲，积极为党的事业而工作，及时查清、掌握敌伪驻防人数、装备、动向，迅速把情况送到抗征队司令部，为抗征队的军事行动提供准确的可靠情报。

地处揭阳县三、五区水陆交通要道的钱坑乡，是国民党重点控制的一个反动堡垒，经常派军队驻防。钱坑中学地下党员和抗征队小组成员遍布邻近乡村，自然形成一个很好的地下情报网，凡是敌人的活动都有情报及时送到抗征队。有一次，敌军押送一批军需品往河婆，由于抗征队获得地下党组织提供的准确情报，把敌军需品全部截获。为了拔除国民党军队驻扎在钱坑的据点和当地反动武装联防队，钱坑地下党员方丹、林戈等对敌据点进行调查侦察，查清了驻敌的人数、配备、岗哨、火力点，绘制出地图，描出进攻路线、爆破点等，然后向县委书记林史和抗征队第八大队指导员林少华汇报。第八大队于 7 月 19 日夜袭钱坑伪联防，歼敌 23 人，缴枪 20 多支，把联防捣毁，接着又攻打国民党在钱坑的驻军据点，迫使驻敌全部撤离。钱坑中学党支部除了搜集军事情报外，还注意搜集经济方面的情报，主要是调查全乡地主和公户存粮情况，包括户主、保管人、存粮地点、数量等，都列表上报，使抗征队根据需要随时向其"借粮""借款"，对当时没有固定收入的抗征队解决经济问题起了很大作用。同时，也是从经济上对地方封建势力进行有力的打击。此外，他们还收集政治情报，除经常调查社会各阶层人物的政治思想动态之外，还对当地乡、保长和绅士、便衣特务、可疑人物进行监视、观察，使抗征队能根据不同情况，对顽固者给予打击，使一般者不敢妄动，也迫使这些人不得不充当两面派，既应付国民党，也应付共产党。

1947年10月，中共揭阳县委在灰寨岭建立情报总站。1947年底，抗征队司令部在大北山区南山乡的大溜埔建立交通情报总站（杨颂庭负责）。以后逐步形成几条交通线：一条向东，在五经富分线，一条分线经高明、水流埔、下林直入榕城，另一条分线至梅北通潮揭丰边县委，接潮澄饶通闽西南；一条向西，经龙潭、河婆、横江联系东江；还有一条向南从龙潭经湖光、员埔、石内至南阳山，连接大南山。在根据地内部，村与村之间建有交通线，揭阳县境内共有19个交通情报站，交通员90多人。此时，县委的交通情报站与抗征队司令部的情报站既是统一领导，又有分工。

在严酷的对敌斗争中，情报交通工作是一条十分尖锐复杂的隐蔽战线。时间性强，任务艰巨，如果没有崇高的革命事业心，没有迎难而上、把个人生死置之度外的精神，是绝不能胜任的。战斗在党的地下情报交通战线上的同志，为了完成任务，有的甚至献出宝贵的生命。张国光，1948年5月参加抗征队，刚入伍就接受组织派遣，回到家乡河婆，打进国民党河婆反动联防队，负责内线情报工作，多次秘密收集并送出敌军活动的情报。同年9月，因为坏分子出卖，他不幸被捕。驻河婆国民党军的头子钟超武，企图从他身上挖出我党在河婆的地下情报系统，对他软硬兼施，各种刑法，无所不用其极。但是，张国光视死如归，不管敌人如何迫问，只是一句"不知道"，敌人的图谋落空。9月27日，年轻的优秀战士张国光在河婆圩遭敌人杀害。临刑，他昂首高呼：
"中国共产党万岁！"慷慨就义。

　　党的地下交通情报工作是相当艰苦的。在当时交通通讯设备
很差的情况下，交通员们靠双脚来回奔走，靠一心为革命的坚强
意志和智慧克服困难，战胜敌人，完成党的地下交通情报任务，
使抗征队能准确了解敌人的行动情况，做到知己知彼，百战百胜，
准确地打击敌人。

第三节 粉碎敌人"围剿"，发展壮大武装队伍

一、主动出击巩固和扩大根据地

1947 年底，全国解放战争顺利发展，解放军已转入全国规模的进攻。蒋介石被迫采取分区防御的方针。为了经营华南内战基地，以挽救其全面崩溃的危机，9 月，蒋介石委派宋子文任广东省政府主席兼广州行辕主任和保安司令。12 月 27 日，宋子文派少将喻英奇任第五"清剿"区（潮汕）司令兼行政督察员和保安司令。喻英奇一到潮汕，便叫嚣第一期三个月肃清平原有形匪犯，第二期肃清山区。于是，他大批起用退职军官、地主反动头子，强化"剿共"领导机构，扩充武装力量，推行联防政策，在山区周围增设联防据点；同时颁布了"五杀令"（即"窝匪、庇匪、济匪、通匪、从匪者杀"），企图扑灭人民群众抗"三征"的斗争，并着重部署对抗征队五个山区根据地的军事"围剿"。2 月 4 日，喻英奇在揭阳县城从监狱里提出所谓"窝匪、通匪"犯人 9 名，游街示众后枪杀，一时杀气腾腾。

早在 1947 年 10 月，香港分局就发出《为迎接大反攻，加强农村斗争的指示信》，要求各地独立大胆地放手依靠广大群众，猛烈开展群众斗争和游击战争，利用宋子文基础未固的空隙，建立了广大农村据点和武装组织，打破蒋宋进攻的企图。为挫败国民党的"清剿"，12 月，香港分局把在华东军政大学学习的原韩

江纵队北撤干部张希非调回潮汕，接任抗征队第三大队队长，并带来香港分局的这一指示。1948年1月，潮汕地委在大北山归善村（现属揭西县）召开会议，贯彻分局指示，分析了潮汕敌我形势，确定了击破喻英奇进攻的方针和措施。会后，潮汕地委发布了一批政策性文告，动员人民起来斗争，开展政治攻势，瓦解国民党军队和地方反动势力，并具体提出反正立功奖赏的规定。遵照香港分局的指示，在中共旅暹潮侨工作组的动员组织下，原疏散到泰国等东南亚各地的"韩纵"干部、党的干部，进步群众，从1948年起开始陆续回国参加武装斗争。抗征队和武工队按归善会议的部署，主动出击，摧毁根据地周围的国民党据点，并分散到国统区发动群众破仓分粮、抗"三征"，开辟新区；同时在山区根据地开展减租减息运动，健全民兵、农会组织，建立革命政权，镇压地方反动势力，锄奸肃特，巩固根据地。

　　1948年1月28日下午，林震大队长带领抗征队员50多人，再次攻打河婆镇。以后，又多次袭击河婆镇，包围孤立之敌，使处于大北山脚下的各处之敌惶恐不安，有力地支援了当地武工队在广大农村的活动。2月18日，驻灰寨之敌揭阳县保警200余人进犯粗坑。第一大队第一中队领导邱志坚、蔡若明及时判定敌归途必经路线，立即指挥第一中队从杨梅坪出发，控制大坂田附近险要地形，设伏截击收兵归巢之敌。经短促激烈战斗，毙伤敌20余人，俘敌11人（内含民兵俘敌2人），缴枪20多支，弹药一批。敌仓皇撤出灰寨，败走揭阳县城。从此，打破了敌人企图盘踞灰寨建立据点的计划。此役第一中队班长王耀东壮烈牺牲。3月上旬，第一大队获悉桐坑乡正筹划成立反动联防的情况，立即开赴该乡，从地主手中缴获轻机枪一挺，使其计划遭到挫败。3月17日，根据钱坑中学地下党组织提供的钱坑反动势力正在筹建联防大队的情报，林震大队长即带领短枪队于午后袭击钱坑。当短枪队包围敌乡公所时，敌联防大队长桑泉正在午睡，被二中队指导员李彤活捉。战斗很快结束，缴获警服200多套、手榴弹20多颗。这次袭击行动，挫败了敌人筹建联防队的计划。部队回到灰寨驻地时，受到群众热烈欢迎。

二、粉碎敌人第一、二次"围剿"

1948年春，喻英奇为实施宋子文的"清剿"计划，做出"围攻山地，扫荡平原"的部署，对抗征队发动第一次"清剿"。由其副司令兼潮普惠南指挥所主任林贤察率领10个中队近千人的兵力，于3月15日开始，采取"长驱直入，分进合击"战术，"进剿"大南山，企图于锡坑合围歼灭抗征队第三大队，摧毁大南山游击根据地。

第三大队根据情报和敌我力量悬殊的情况，采用"集中力量伏击敌之主力汕头保警大队一路，挫其锐气，其余各路由武工队、民兵展开'麻雀战'袭扰"的打法，取得了第一次反"围剿"的胜利。这次胜利，显示了人民战争的威力，暴露了反动派的根本弱点，鼓舞了广大群众，打击了国民党的气焰，对以后的反"围剿"战斗有重要意义。

喻英奇进攻大南山失败后，把进攻矛头转向大北山。他凭借省保安独立第八营和暂编"清剿"第三大队（即被其收编的海盗王国权部，后扩编为省保安独立十一营），集合揭阳县、丰顺县、五华县自卫大队共1000多人，于4月初，由保安独立第八营营长曾吉为总指挥，四路分进合击，对大北山发动进攻。其部署为：暂编"清剿"第三大队王国权部，由五经富、干草湖向戏子潭方向进击；曾吉部由五华双头经贵人村、大竹园分别向戏子潭、滩下进击；揭阳县、丰顺县自卫大队由丰顺清溪向滩下进击；五华县自卫大队，由双头向蟾蜍田方向进击。计划于4月11日在戏子潭合围，歼灭抗征队主力，摧毁大北山根据地。

抗征队司令部决定充分发挥山区的群众优势和有利的地形条件，利用敌进军路线漫长、各路不易协调、给养困难等弱点，各个击破敌人进攻。司令员刘向东、政委曾广亲临前线指挥，以第一大队为主力，并动员武工队、民兵协同作战。部署第一大队副大队长邱志坚率领第一中队配置于大北山东南面外围甲溪、长滩一带，阻击入侵之敌；大队长林震率第二中队部署于八乡山中心地带，待机破敌，同时担负保卫正在召开的潮汕地委扩大会议；新组建的第三中队布防于良田的桐树坪。同时，动员八乡山民兵和群众坚壁清野，筹粮备战。

4月5日，敌军王国权部进犯大北山，与抗征队第一大队一中队在长滩附近遭遇。第一中队先敌抢占南畔山两个山头迎战。敌人在轻重机枪火力掩护下，采用密集队形向抗征队阵地冲击。第一中队指战员沉着应战，待敌进至距阵地几十米处，集中机枪、步枪和手榴弹的猛烈火力将敌击退。接着，敌投入后续兵力进行第二次冲击，以更猛烈炮火压制，造成抗征队伤亡激增，小队政训员温武腹部负重伤，不肯下火线，鼓舞战友坚守阵地。邱志坚判断当前最大威胁是对面高地的两挺重机枪，决心把它除掉，即指挥机枪班隐蔽接近敌翼侧，乘敌疯狂扫射而暴露目标之机，消灭敌射手。全队指战员奋勇迎战冲到跟前的敌人，挫败了敌之第二次冲击。激战中，卅岭武工队和当地民兵勇敢参战。历经土地革命战争、抗日战争时期，紧跟共产党闹革命的老民兵陈凤带领树头洋村民兵参战，阻击从侧面迂回进攻的敌人，又乘胜猛攻逃敌，不幸英勇牺牲。杨梅坪村民兵猎手李燥伯带领儿子、孙子三代和村民10多人跑了10多公里山路赶来参战。有一股敌侦察小分队沿丛林渗透到介子崔古庙附近第一中队阵地侧后方，正好碰到李燥伯所带领的民兵。李燥伯迅速掩蔽击敌，一连毙敌2人，迫敌仓皇逃退。战斗至下午 4 时，敌人多次冲锋均告失败，敌大队长王国权恼羞成怒，亲自摇旗指挥其部队进攻。抗征队副大队长邱志坚指挥神枪手黄编以准确的机枪点射，将王国权击倒。敌人失去指挥，顿时队伍大乱。抗征队乘机发起冲锋，敌人败退。是役，毙敌 40 多名。

长滩一战打乱敌人的进攻部署后，抗征队迅即向八乡山集中。王国权部受挫后仍继续向大北山进犯，进至北溪小溜山时遭到当地民兵阻击，晚上撤驻南山圩南山小学，又遭南山民兵袭击，一夜不得安宁，疲劳不堪，第二天才急忙进山；闯到干草湖时，遭第一中队截击，不敢恋战，经龙岭下进入大北山腹地。敌军无论窜到那个村，都会立即遭到该村民兵的迎头痛击。抗征队和武工队、民兵在长滩、南山等地几天奋战，为八乡山腹地歼灭孤立之敌创造了条件。

4 月 7 日，五华敌兵 150 多人自双头向八乡蟾蜍田进犯。抗征队第三中队和良田民兵 120 多人予以迎击，敌人溃退。青溪方向，敌揭、丰县警队遭抗击，伤亡 10 多人。与此同时，另一路敌军保八营和揭阳县自卫队一个中队，已进入贵人村、大竹园村，与敌兴宁独九营　连、五华布尾自卫队会合。11 日晨，敌分两路向滩下、戏子潭进犯，妄图与从南山进入八乡的第三"清剿"大队会合。当敌曾吉率队进至滩下时，村民兵即予以迎击，引敌上山。埋伏在山上的汤坑武工队和民兵协同作战，敌无法前进，不得不从大竹园村窜至离戏子潭 1.5 公里处，却又中了抗征队第二中队的伏击。下午，卅岭武工队和民兵参战，四处山头，民兵吹响号角，在煤油桶里燃放鞭炮，打响火药铳，枪声"炮"声，硝烟弥漫，打得敌军晕头转向，真是风声鹤唳，草木皆兵。第二天继续激战。两天中，抗征队毙敌 30 多人，俘敌 7 人，缴枪 17 支。13 日，敌人才实现所谓"会合"。14 日，敌不得不向思茅坪方向逃命，途中又遭第一中队和汤坑武工队、民兵的伏击，伤亡20多人，后借大雾狼狈溃逃。敌前线总指挥曾吉哀号："战况惨苦。"

此次八乡激战，前后历时10天，毙伤敌王国权大队长及以下官兵150多人，俘敌7人，缴枪17支，打败了敌人围攻。抗征队战士蔡光、吴刘荣、邓租素、邱瑞第、蔡云、李显南、高志中等英勇牺牲。第二次反"围剿"胜利后，抗征队司令部做了总结，刘向东执笔写了《粉碎敌人"一期清剿"后的工作纲要》，其中着重指出取得这次反"围剿"胜利的主要原因：一是在作战地区普遍进行了减租减息，改善了农民生活，使之团结在我们党周围，坚决支持我们作战；二是在与封建势力斗争中迅速武装民兵，与部队并肩战斗；三是有平原游击队配合支援山地作战；四是建立了一支能够进行机动灵活、英勇顽强作战的主力部队，成为整个反"围剿"的中心力量，这对于反"围剿"斗争和游击根据地的巩固，具有十分重要的意义。

三、良田"惹角丘会议"

1948年4月上旬，潮汕地委在大北山良田惹角丘村召开县委代表参加的扩大会议，由赴香港分局参加2月会议的地委书记曾广主持。曾广传达了中共中央《解放战争第二年战略方针》、香港分局2月会议《关于粉碎蒋宋进攻计划，迎接南征大军的指示信》（即"挂起大招牌，放手大搞"）等重要文件精神，以及广东南路地区武装斗争的经验教训。会议认为应该认真贯彻大胆放手发展，继续开展群众性的减租减息和反"三征"斗争的方针，作出了《潮汕地委四月决议》。具体部署是：加强主力部队和民兵的配合，广泛建立和健全民兵组织，加强短枪队和爆破队，发扬群众性游击战争的优势，粉碎敌人进攻；大量组织武工队开展平原游击战争，摧毁国民党基层政权，孤立敌人据点；提高抗征队主力部队的正规化程度；加强军队的政治工作，开展"三查三整"，提高指战员的阶级觉悟；积蓄经济，充实武器弹药，合理征收公粮和开展税收。会议还决定在原抗征队第一大队、第三大队的基础上，分别建立北山团和南山团。北山团团长陈彬兼政委（后林史任团长），副团长陈坚，参谋长郑剑夫，政治处主任曾冰（后陈纬）；南山团团长张希非，政委吴坚，副政委郑希，参谋处主任陈扬，政治处主任方东平。第一大队由支队直接领导，活动范围遍及潮汕全区，北山团成立后，其执行机动作战的任务并没有改变。

良田会议是从"小搞"转变到"大搞"的一次重要会议，对挫败国民党的"清剿"，巩固和发展革命根据地，有着重要的指导意义。从此，潮汕地区的武装斗争和群众斗争进入了放手"大搞"的阶段。

良田会议以后，各部门认真贯彻会议精神。4月19日，抗征队给各大队、武工队发出《粉碎敌人"一期清剿"后的工作纲要》，强调今后应在巩固基础上大胆放手发展，抓紧时机，展开政治攻势，向山区外围活动，削弱与打击反动力量，动员群众为反"围剿"而战。

潮汕地委在总结前阶段揭阳、霖田两个工委开展武装斗争取得成绩的基础上，决定把两个工委合并为中共揭阳县委，书记林史，组织部部长李日，宣传部部长林兴恭，县委机关设在南山榕树楼、细溪。不久，潮汕地委派曾冰任县委副书记。7月，林史调任潮汕支队北山团团长，北山团政委陈彬兼任揭阳县委书记。为了配合反"围剿"斗争，揭阳县委紧急行动起来，加强了武装队伍的领导力量。县委下辖的几支武工队迅速发展壮大起来。4月，县委决定，从三区上、下武工队抽调一部分骨干并吸收一部分同志共60余人，在大溪乡成立揭阳三区武装联队，由陈端担任中队长。4月下旬，县委在良田下村基干民兵队和上良田民兵队基础上成立良田民兵大队。

四、粉碎敌人第三次"围剿"

喻英奇对大北山的"围剿"破产后，经过极为短促的准备，即对南阳山根据地发动新的"围剿"，企图割裂大北山、大南山、南阳山互为犄角的战略布局，达到各个击破的目的。

刘向东、曾广根据潮汕地委良田会议精神，针对敌之态势及其后方兵力空虚和人民反对"三征"情绪高涨的实际情况，决定扬长避短，采取外线作战方针，以充分发挥我方政治优势和广泛的机动、灵活性，粉碎敌人对南阳山的进攻。为此，命令大南山主力放弃直接进入南阳山作战方案，大踏步挺进平原，结合地方武装主动出击敌人后方，把反"三征"暴政的群众斗争引向国民党统治区，南阳山区则由武工队和民兵配合，发动群众袭扰敌人。大北山军民则应积极主动出击，从各个方面密切配合南阳山、大南山兄弟部队，坚决粉碎敌人的第三次"围剿"。

此时，抗征队领导接到钱坑党组织报告：钱坑罗谦埔"怡合""广利"两个封建宗派各有一挺轻机枪，正策划成立联防队，遂决定由林震、邱志坚率第一大队在揭阳三区武装联队和灰寨乡民兵的配合下，前往该地收缴这两挺轻机枪。队伍于4月27日上午到达钱坑后，在施以强有力的军事压力基础上，通过统战联系，首先让"怡合"派交出白朗林轻机枪一挺，再采用软硬兼施的办法，迫使顽固的"广利"派封建头头乖乖交出捷克轻机枪一挺。

中午，获得敌王国权部正从河婆往大溪方向调动，拟"进剿"南阳山根据地的情报。林震、邱志坚和武装联队队长林枫判断该敌必经钱坑，遂果断决定先抢占领罗谦埔西北约一公里的白石山高地伏击敌人。下午1时，战斗打响，解放军居高临下，先敌发起冲击。第一大队蔡班长背着醒眼的红包袱，端着上了刺刀的步枪冲在前头，带动全队勇士，冒着敌人密集的炮火勇往杀敌，发起了冲锋竞赛，杀得敌人接连败退，只得背河顽抗，翌日退守河婆镇。此役，毙敌中队长以下官兵30多名，顿挫该敌"进剿"锐势，打乱了敌人进攻南阳山的部署。战斗中，第一大队小队长曾延芳，班长林光福，战士刘观，武装联队战士林德、吴顺发等英勇牺牲。战斗结束后，武装联队开到龙跃坑，用4天时间进行整训，县委书记林史主持，总结经验教训，悼念牺牲烈士，表彰战斗英雄。

4月30日，第一大队在卅岭武工队、三区联队和民兵配合下，于晚间包围进攻驻揭阳县五经富的省保安第八营，双方激烈战斗，消灭敌人20多人。第一大队小队长陈升、班长黄广进、战士曾泉英勇牺牲。因部分炸炮不响，遂改变计划撤退。第二天，该部敌人怕被围歼，撤向棉湖。

5月初，保安第八营一部与潮、普、惠、揭、陆五县保警共约1000人，分三路进犯南阳山，在山区周围据点驻扎，并把逃亡在外的南阳、梅田联防队带回南阳、梅田，企图将南阳山长期围困。抗征队南阳山连队、武工队与民兵配合，用麻雀战与敌人周旋，坚持了10多个昼夜的艰苦斗争。此时的大南山部队在南山团团长张希非、政委吴坚等指挥下，跳出外线，挺进潮（阳）普（宁）揭（阳）惠（来）平原敌人后方展开平原游击战。抗征队主力第三大队推进到揭阳县三区卅岭一带牵制揭阳县敌人。5月上旬末，第三大队和卅岭武工队、揭阳县三区联队到揭阳县桐坑没收闽粤边"剿匪"指挥部政治处主任、少将林飞鸿的布匹一批。11日又击溃向坑美寨进犯的揭阳县政警中队、白塔联防队。战斗中，第三大队三中队队长孔佳等3人英勇牺牲。

卅岭战斗后，南山团、抗征队第三大队及武工队痛击普宁城蓝、广泰一带政警中队和联防队，奇袭潮阳港头、内举、华阳乡公所，突袭惠城、大坝圩敌人，破开关埠下底村国民党政府谷仓。这些军事行动共缴获轻机枪五挺、冲锋枪一支、长短枪80多支，子弹六七千发，弹药物资一批，谷近百石。潮普平原敌人大为震惊，一些国民党乡保长纷纷辞职或潜逃。

大北山方向，主力第一大队和第四大队在敌河婆据点附近出击。该部在横江与中共东江地委领导的紫（金）五（华）中队会合，再与要求投向潮汕人民抗征队的"华南民主联军"第二纵队张辉部友军会师。抗征队由司令员刘向东、北山团团长兼政委陈彬为代表，与联军代表邹世良、张辉进行谈判。双方商定：张辉部队在潮汕活动期间，军事上由潮汕人民抗征队统一指挥，但保留其番号和组织独立性；粮食供养由抗征队负责；双方一致反蒋到底；并共同商定了下一步的军事行动计划（1948年9月，该部230多人又投靠国民党军队）。5月11、13日，第一、第四大队，紫五中队和张辉部共600多人在河婆附近的东心埔、三家村等地活动，截击了到农村征粮的揭阳县保警二大队，并打退刚到河婆立即出援的省保安第八营。两天中，毙、伤、俘敌20多人，缴获一批枪支、弹药。第一大队战士邱友仪、黄吉灵英勇牺牲。抗征队乘胜追击，两次进入河婆。这样，使揭（阳）陆（丰）边区敌人据点河婆、河田受到威胁。另一方面，省保安第十一营企图向南阳山寻歼抗征队主力的计划已经落空。因为揭阳梅北突击队、武工队和民兵几百人于4月下旬在揭丰、揭安公路平原展开大破袭行动，揭、丰各地告急。省保安第十一营又被调至揭阳新亨、桐坑一线设防，企图阻止抗征队挺向揭（阳）丰（顺）平原，棉湖方面敌人也配合向根据地的灰寨等地窜扰。根据敌情变化，刘向东、陈彬率领潮汕支队主力第一大队会同紫五中队、友军张辉部，从河婆附近挥师东下揭阳县三区平原，与揭阳三区联队、卅岭武工队一起,到外线出击揭阳县平原敌据点,迫使窜犯根据地的敌人兵力调回平原。5 月 21 日上午,第一大队向窜犯卅岭之敌揭阳县警及白塔联防队发起攻击,追敌十多里,毙、伤敌 17 名。接着,第一大队转向揭丰公路,与敌人争夺对交通线的控制,在汤坑武工队协同下,与保安第十一营及保独第八营一部于 25 日在石桥头发生激战。此役毙敌 13 名,俘敌 9 名。第一大队小队长曾细奎、机枪手林庆、大队通讯员黄和内壮烈牺牲。自 5 月 18 日至 26 日,抗征队在卅岭、汤坑的四次战斗中,毙伤敌约 50 人、俘敌 9 人。这期间,汤坑武工队还奇袭丰顺县湖陂联防队,不费一弹,敌 20 多人全部被俘,缴获手枪 23 支、子弹 1000 多发。6 月 9 日至 30 日,敌保安第八营、第十一营,揭普惠陆联防处自卫队,揭阳县政警队又分别向大北山根据地的龙潭、南山、灰寨等地窜犯抢掠,均遭到大北山地方部队的反击。这三次战斗毙伤敌政警中队长各 1 人、官兵共 50 多人。第三次反"围剿",是抗征队成功地运用外线作战的胜利。由于抗征队主力在外线展开平原游击战争,组织地方部队、武工队和民兵配合歼敌,各个击破,使敌后方处处报警,乱了阵脚,迫使进犯大南山、南阳山之敌只得撤退,"围剿"又告失败。抗征队驰骋平原,扩大了军事政治影响,进一步推动了山区周围平原地区群众斗争的发展。抗征队还提高了外线作战的战术水平,加强了各支部队的作战配合技能,给养、装备也得到补充和增强。与此同时,在抗征队和地方党组织的发动下,大北山周围掀起参军热潮,曲湖村一个晚上就有 30 多名青年参军。

五、占领河婆中学教育阵地培养革命人才

河婆中学在抗日初期就有党组织活动,具有光荣的革命传统。"南委事件"后,党组织停止活动。1944 年春,张海鳌因无法与

党组织接上关系，回到家乡河婆，在河婆中学任教。下半年，受聘河婆中学校长。接任后，他充分利用私立学校自筹经费、自聘教师，以及学校远离县城百多华里，县政府较少过问的有利条件，顺应上层势力希望他办好学校以光乡梓的思想，在做了一番调查分析之后，运用他多年做党的地下工作和在广西桂林办地方干校的经验，以河婆中学为阵地开展革命教育：首先是增办高中，以便容纳更多青年升学，争取社会更多支持，更广泛地进行革命思想的传播，培养人才；其次，聘请一批进步教师，使他们在学校占绝对优势；再次是做好上层统战工作，团结和争取可以团结争取的社会力量，以减少阻力，为党员和进步教师开展革命活动创造有利条件。1946年上学期，中共揭阳县委通过社会关系派党员黄钟到河婆中学任教，发展党员，建立支部。经过考察和个别教育，于4月发展了张克亚、张雪梅入党。以后，由他们联系培养一批进步同学，先后吸收了张竞存、张毅生、张雪灵、黄新伟、贝启业、张淑英、张淑贞、罗乔兴、张云淡、张壮划等同学入党。与此同时，中共东江地委所属陆丰县委通过建立在溪角小学的金山支部的张少由、张旭光、张介萍，于1946年3月发展了首届高中班的张天竞、张文宏、蔡仲谋入党。不久，香港分局的香港工委报刊工作委员会领导人之一蒲特（饶蒲凤）向到香港汇报工作的中共陆丰县委书记刘洪西（刘志远）通知，张海鳌的关系作为临时关系，进行单线联系。同时，上级党组织又先后将外地党员李维群（李坚）、刘德赛等学生的组织关系转到河婆中学党组织。1947年7月，遵照中共中央香港分局农委负责人之一、原广东区党委委员林美南的指示，东江地委在潮汕地区的党组织和党员划归潮汕地委领导。决定东江地委在河婆地区的党组织和党员暂由溪角小学金山支部书记张介萍联系，河婆区特派员李汉谦直接领导；在河婆中学的教师党员，由黄钟负责，揭阳县委组织部部长王文波直接联系。此时，河婆中学师生党员 20 多人（包括直线联系），形成了更坚强的核心力量。他们在校长张海鳌的帮助、支持和掩护下，充分发挥各自所长，进行革命教育和地下党组织活动：领导"微明读书会"和"河中剧社"等革命组织，组织读书会同学秘密传阅学校"万人图书馆"的书刊以及学生私下传阅的《华商报》《正报》《新青年》《西行漫记》《钢铁是怎样炼成的》和毛泽东的《中国革命和中国共产党》《目前形势和我们的任务》等革命书刊，定期召开学习讨论，配合全国反内战、反饥饿、反迫害斗争，揭露国民党的黑暗统治，使同学们认清革命形势，接受党的教育。"微明读书会"是党领导的外围组织，当时参加的同学有 100 多人，党组织在读书会中挑选培养建党对象、发展党员。还带领"河中剧社"，利用寒暑假及 12 月学校校庆，在河婆或学校公演《家》《朱门怨》《升官图》《风雪夜归人》《抓壮丁》《兄妹开荒》等戏剧及改写的《新年大合唱》，既调动了师生的革命热情，也在社会上产生了深远的影响。党员和进步学生积极参与校外进步活动，深入农村，用开办夜校的形式或者出农村壁报，以宣传、传授文化知识为名，向农民讲解、宣传全国解放战争形势和农村贫困的原因，揭露国民党政府的反动和腐败，启发农民觉悟，动员农民起来斗争。随着革命形势的发展，以及敌人蠢蠢欲动的迫害，河婆中学师生相继走上投奔抗征队的革命道路。1947 年底至 1948 年 3 月，教师张洛寂、王一帆、徐昭华和学生贝启业、张壮业等 20 人分别上山，校长张海鳌也遵照党组织的通知，于 4 月以向华侨募捐的名义到香港寻找中共香港分局。5 月 22 日前后，中共河婆区委负责人张克亚、张介萍向河婆中学学生党组织传达上级的指示，为了适应武装发展的需要，决定河中党员留下少数坚持学生工作外，其余上山，并要求秘密发动一批学生同时入伍。杨方笙、林乐恒、杨丰、孟珂、潘康等五位老师秘密领出粮薪，毕业班同学毫不犹豫地放弃再过三个星期就可领到的毕业证书，按党组织的通知，38 位师生于 27 日夜间分别离校，巧妙地秘密越过特务横行的国统区，顺利地进入游击区，并于 28 日发表《揭阳县河婆中学师生被迫离校敬告河婆各界同胞书》。这次集体上山参加抗征队的行动，对潮汕各界震动很大，给青年学生、革命群众以良好的影响。至全国解放，河婆中学师生参加抗征队、解放军的有 200 多人。

六、潮揭丰人民行委会的成立和基层民主政权的建立

1948 年上半年，潮汕游击战争已有了相当的发展，基层政权的改组，使大北山纵横百余里的解放区连成一片，从良田、大洋到灰寨、南山、龙潭、龙溪、五经富 15 万人口的地区，已完全在抗征队、武工队和民兵力量控制之中。广大农民普遍发动起来，组织了近万名民兵队伍，建立了农会，实行减租减息、退租退息，有的还进行清债赎业。而原来的国民党地方政权已陷于瘫痪状态，有的则名存实亡。这样，解放区已具备了建政的条件。

1948 年 5 月，潮（安）揭（阳）丰（顺）人民行政委员会在大北山的南山关西村三德堂宣告成立，主任杨戡（杨世瑞），后来何绍宽为副主任。下设各处及负责人安排如下：民政处何绍宽（后李琼章），民运处姚木天、张洛寂，民兵处刘化南，文教处黄钟、林乐恒，财粮处黄卓豪，秘书处杨峰。这是潮汕地区抗日胜利后第一个县级民主政权。它的建立，标志着反蒋战争已进入一个新的阶段。潮揭丰人民行政委员会成立后，为了适应新的斗争形势的需要，加快区、乡、村政权的建设，组织了政权工作队，派到大北山周围建立基层民主政权。政工队由行委会民运处领导，行委会主任杨世瑞，副主任何绍宽兼民运处长。河婆至五经富一带有三支政工队，良田、横江有两支政工队。政工队的基

本任务是发动群众建立乡村民主政权和农会、民兵、妇女会、少年儿童团等组织,广泛深入地开展反"三征"斗争,进行减租减息,打击封建势力,支援人民解放战争,巩固扩大革命根据地。政工队下到基层后,紧紧依靠广大贫苦农民,深入宣传发动群众,工作顺利地开展起来。全县第一批建立乡级政权的有良田、大洋、南山、灰寨、龙江、新民、新联、龙溪、龙潭等。由于各地实际情况不同,这批乡级政权的建立过程不尽相同。有的乡民兵、农会、妇女会等组织比较健全,群众基础比较好,政工队进村以后,通过和群众商量,在党支部和农会、民兵、妇女会等群众团体中酝酿出人选,把民主政权建立起来。有的乡情况比较复杂,如五经富有1万多人口,中间隔着一条龙江河,河西的谢屋寮、高屋寮、小溪、鸭母湖等村庄较小,多为纯农业的农民,经济比较落后,但群众基础比较好;河东的五经富,人口多且同为一姓氏,官僚地主封建势力雄厚,信仰基督教的人多。龙江以东还有坡头、大寨、岗仔围等村,情况也很复杂。为了建立乡政权,驻该乡的政工队分成几个小组,深入各个不同特点的村庄,发动群众,酝酿乡政权组成人选。经过多次反复协商,选出各方面代表40人,其中基本群众代表占多数,也有开明绅士、文化教育界人士和基督教徒等。进而在这些代表中酝酿选出21个执委,其中7个常委,并在常委中选出乡长1人,副乡长2人。最后召开群众大会,宣布成立龙江乡民主政府,曾陵为乡长,曾耀宗为财粮委员。龙潭乡和龙溪乡因毗邻敌占区河婆,群众经常遭受驻河婆国民党军队地方反动联防的迫害,公愤很大,他们同仇敌忾,决心与敌人斗争。6月1日,中共河婆区委与这两个乡各界人士进行广泛协商,决定成立民主政权,任命由原国民党龙溪乡乡长蔡帜新为龙溪乡乡长,上层人士刘应天为龙潭乡乡长。6月5日,两个乡召开群众大会,宣告成立民主政府和民兵大队,宣誓打倒国民党反动派，大会开得有声有色，影响甚大。这个时期的基层民主政权属于初级民主政权，是广泛的反蒋统一战线政权。多数乡是地下党员任乡长，开明人士任副职；个别乡由民主人士任乡长。这样做有利于团结群众，调动社会各阶层力量，共同对敌斗争。民主政权建立起来后，以"彻底解放人民、服务人民，为人民做好事、谋利益，使人民得到真正的幸福"为最高目的，实行"减租减息、发展生产、繁荣经济、公私兼顾、劳资两利"的工商政策；贯彻执行"整顿治安，肃清特务，推行新民主主义文化教育"的方针；广泛组织群众搞好生产，扩大农会、民兵、妇女会、少年儿童团等组织。通过以上活动，进一步有效地打击和削弱地方封建势力，征粮征税支援前线，从而有力地支援了抗征队，粉碎了喻英奇的"围剿"，进一步巩固和扩大了革命根据地。至1948年底，建立民主政权的乡有南山、灰寨、龙江、卅岭、瑞来、上陇、龙溪、龙潭、横江、良田、太原、大溪、塔头、大洋、新民、新联等乡。员埔、南森乡接近国民党驻军据点，则建立流动政权。钱坑、金坑、凤湖、阳夏、东园等乡则由武工队、政工队开展群众工作。

七、加强党的建设，发展人民武装

在开展武装斗争中，中共揭阳县委始终坚持对党员进行革命气节教育，在斗争中发展党员，健全各地党的组织，发挥党员在斗争中的先锋模范作用。在恢复武装斗争之前，县委就着手抓建党的准备工作。早在1946年冬，县委在玉湖举办区委干部学习班，培训骨干，进行社会调查，布置各地基层党支部，在农村的积极青年中挑选、培养建党对象，做好建党规划。训练班结束后，在三、五区发展70多名新党员。当时，两个区委下辖22个支部。1947年春，县委在石牛埔开办党员训练班，培养建党骨干及区一级组织员，派往各武工队任组织委员，专门负责武工队和有武工队开展活动的农村的建党工作。1947年6月抗征队成立后，中共揭阳县委号召党员带动人民群众参加武装斗争，把动员一切力量支援游击战争作为全党工作的中心。是年冬，各区相继成立武工队，大北山南麓至榕江沿岸大片地区的武装斗争迅速开展，为适应形势发展和加强对基层党组织的领导，县委把三区武工队分为上、下两个武工队，区委书记兼任武工队的指导员，五区分为河婆区和南山、灰寨两个总支，这样就有利于把武工队和地方的建党工作同时抓起来。1948年5月潮揭丰人民行委会成立后，根据地全面建立民主政权，在全面进行民主建设的同时加强党的组织建设工作，促进了党的进展。此时，县委在南山榕树楼举办两期建党训练班，学员分派到各区政工队当组织员，负责开展建党工作。县委还派吴瑛、李增钦下到各区和各支队去检查建党工作的进展情况，县委副书记曾冰亲自带队到龙潭龙溪乡搞建党工作的试点，总结发展党员的经验，推动全县的建党工作。县委还特别注意做好县委机关附近农村的建党工作，在榕树楼村发展一批党员，建立党支部，由党支部组织民兵小队，负责保卫县委机关。由于县委加强了对建党工作的领导，全县党组织得到较快的发展。

为加强潮汕地区的领导，以适应革命形势迅速发展的需要，中共中央香港分局于1948年5月派出林美南（原广东区党委农委负责人之一）和李平、徐扬、方东平回潮汕，于5月底到达大北山根据地。林美南回到潮汕后，经过了解情况，并同潮汕地委负责人研究，于6月底至7月初在大北山的条河村（现属南山镇）主持召开潮汕地委干部会议。会议分析了自1947年6月潮汕人民抗征队成立以后的工作情况，肯定了潮汕地区半年来粉碎敌人多次"清剿"，采取山地游击战与平原游击战结合，创造了有利革命发展局面的做法。会议认为此段时间，处于发动公开游击战争和抗击国民党军事"清剿"的激烈斗争中，潮汕党组织和人民武装都把工作重心放在军事上，把大批地方党组织的领导人和党员骨干奉调到部队工作的做法是可以理解的，但是，随着游击战争的胜利开展和农村游击根据地的开辟，武装队伍中及地方上的党组织建设已经明显地落后，同迅速发展的革命形势已不相适应了。会议通过充分发扬民主，进行批评和自我批评，检查了在减租减息中侵犯中农利益和防奸肃反中某些滥杀的过"左"现象，以及由于各地领导干部精力大部分投入武装斗争，忽视正常的建党工作等问题。决定今后的任务是：军事上继续分散发展，广泛活动，集中力量扫除山地周围的联防队、自卫队，开展平原游击战争，开辟揭丰华边和揭陆华边工作，以求与兴梅和海陆丰根据地连成一片，在部队和地方大量发展党员，建立与健全各级党的机构。会议还根据分局决定，增补李平为潮汕地委副书记，徐扬为常委。条河会议对加强潮汕党组织和部队的建设，提高全党干部对方针、任务的认识，增强政策和策略观念，起到了重要的作用。条河会议后，潮汕党组织以及人民武装部队大力加强地方和军队的党组织建设。首先是加紧在武装队伍和农村中发展党员。按照入党条件及党章规定的手续，把符合条件的同志吸收入党。至1948年秋，揭西地域共发展党员320多人，新建30多个支部。其次，进一步健全了各级领导机构，县委以下设区委，形成了县委、区委到基层党支部的一元化领导核心。揭阳县委（书记陈彬）下辖两个区委和两个总支。再次，从思想上、政治上、组织上巩固党，开展以"三查三整"（查成绩、查立场、查生活；整非群众观点、整自由主义、整小圈子作风）为内容的整党工作。潮汕支队在大北山举办军政干部学校进行训练。人民武装建设方面，1948年5月，潮汕抗征队二支队指挥部由大北山迁至龙跃坑，有司令部、政治部、军政干部学校、团结报社、兵工厂、被服厂、法院、交通总站等，潮汕地委书记曾广任支队政委，副书记刘向东任司令员，徐扬任政治部主任。陈彬、邱志坚和独立大队等也经常驻在这里。村中民兵、妇女、青年等群众组织相继成立，踊跃支前，参军参战。这里成为大北山根据地的领导和指挥的核心，成为军事、政治、经济、文化活动的中心。5月10日，抗征队司令员刘向东在五区龙潭乡崇坑村召开会议，宣布成立潮汕人民抗征队第四大队，任命蔡达材为大队长，刘镜为副大队长，黄谷泉为教导员，蔡高排为副教导员，把河婆武工队的武装中队编为第四大队第二中队。良田武装中队编入第四大队第一中队。6月20日，在灰寨成立潮汕人民抗征队第六大队，李彤为大队长，李范为副大队长，黄一清为教导员，李卓魁为副教导员，把灰寨武装中队编入第六大队第一中队，卅岭武装中队编入第六大队第二中队。这两个大队执行上级指示，发动群众，建立民兵、农会、青团打击敌人，扩大游击区，在战斗中不断发展壮大。6月6日，根据地委关于扩大主力的决定和抗征队司令部的统一部署，由北山团团长林史主持，以三区武装联队为基础，并从武工队抽调部分骨干，在和顺乡崩山顶村宣布成立潮汕人民抗征队第八大队，林汀为大队长，许日生为副大队长，林少华为教导员，叶广仁为副教导员。第八大队成立后，隶属于北山团和中共揭阳县委双重领导，其主要任务：一是和三区武工队、政工队紧密配合，继续巩固和扩大大北山中心根据地的边沿地区。二是消灭地方反动武装，拔除敌人的据点，阻击骚扰侵犯共产党中心根据地的敌人，配合反"围剿"斗争。三是挺进普宁一、八区（当时该区党组织由揭阳县委领导），开辟新区。7月，潮汕地委根据香港分局指示，将潮汕人民抗征队改编为潮汕支队，司令员刘向东，政委曾广，副政委李平，政治部主任徐扬。潮汕支队下辖北山团（团长林史，政委陈彬）、南山团（团长张希非，政委吴坚，8月改称"潮普惠南指挥部"）和三个独立大队。全支队共有指战员 1900 多人。在此之后，部队扩编，潮汕支队共辖 12 个大队，即：独立第一、二、三大队，北山团的第一、四、六、八大队，南山团的第三、五大队及南雄、西山、三清大队。潮汕支队还组建了一支 30 多人的文艺宣传队（后改为"第二支队政治部宣传队"），活跃部队和根据地群众的文化生活，加强宣传工作。此后，揭阳县委决定从三区武工队挑选 12 名队员组成榕江南岸武工队，由林远任队长（后陈光），他们挺进普宁一、八区，宣传组织群众，开展游击战争。1948 年 9 月 16 日，在地下党的配合下，经过周密的侦察和部署，由林远带领六位队员，趁广泰圩期，化装成赶集的农民，分两路混入，乘机冲进乡公所，活捉反动头子、乡长叶楼邓，冲进广泰小学活捉国民党普宁县参议员杨克生。在圩场上，宣传党的政策，并在宣布叶楼邓的罪状后，把叶处决。群众欢欣鼓舞，圩里的酒被抢购一空。此后，群众觉悟提高，革命热情高涨，一、八区各乡民兵、农会、妇女会等群众组织相继成立，形成了大好的局面，榕江南岸武工队也扩大至 48 人，共借枪 600 余支。

八、揭陆华边工委的成立和独三大队的组建

潮汕地委很重视揭、陆、华边区的工作，地委副书记刘向东把揭、陆、华边称作大北山的后屏风。良田则是揭、陆、华边的立足点，又是大北山的腹地之一。早在 1941 年，中共五华县委就在良田建立了地下党支部。1947 年 1 月，潮汕特委派党员骨干到良田，为开辟革命根据地做好准备。当时良田已有两个分属中共五华县委和陆丰县委领导的支部。6 月，中共香港分局决定，中共良田地方组织统一成立总支，属潮汕地委领导。1948 年 3 月，成立良田区委，领导政工队发动群众减租减息。4 月，八乡反围攻中开始建立民兵。5 月，成立良田乡政府，建立五华武工队和

陆丰武工队。此时，东江的华熊队（群众称之为"紫五队"）也开来潮汕，经常驻扎在揭陆边区，协助开展工作。同时，一支由蔡家苗为队长的武工队已在横江立足，收税、发动群众、减租减息，成立民兵、农会。8月，为了向陆丰方面发展，中共良田区委抽调属下的五华武工队和陆丰武工队部分队员组成上砂武工队，到陆丰县上砂（现属揭西县）开辟新区。刘当、张介萍任队长。8月27日，上砂武工队从良田出发。第二天，一路9人到上砂径背祠堂落脚。傍晚，上砂封建反动头子派出武装突袭祠堂，武工队队员全部落入敌手。残暴的敌人用铁丝穿过武工队队员双掌，押至上砂圩。晚上，陆丰西北武工队队员庄成学准备营救被捕的同志，不幸在上砂圩街上被捕杀害。29日上午，敌将武工队队员押出游街。张介萍、贝影等武工队队员忍受着敌人惨无人道的折磨，大义凛然，沿街向群众宣传革命，揭露敌人罪行，一路高唱《国际歌》，高呼"打倒国民党反动派""中国共产党万岁"等口号。下午，在牛牯溜山上被杀害。他们是：刘当、张介萍、贝影、刘道蓝、刘道彬、刘道势、刘新春、贝荣春、庄觉共9人（1950年在河婆象山顶建立"上砂七二四殉难烈士纪念碑"，供后人凭吊）。接着，陆丰河田区联防队向武工队袭扰，首占五云的大鹏岭、赤告等地，五云亦建立联防队，揭陆边区工作受了挫折。在这种情况下，为了贯彻中共中央香港分局指示，加强党对揭阳、陆丰、五华边区军事斗争、群众斗争、统一战线、党的建设等全面工作的领导，建立边区主力，统一作战计划，使各个地区互相配合、互相支持，以适应新的形势，完成新的任务，中共潮汕地委书记曾广到良田、横江检查工作，主持召开会议，总结整风，端正干部认识，并宣布成立中共揭阳、陆丰、五华边区工作委员会（简称"揭陆华边工委"），辖横江、良田、五云、上砂及五华县的安流以东的党组织，机关设在横江（现"横江水库"）。陈权任书记，曾烈明任组织部部长，蔡若明任宣传部部长（不久，蔡调离，由曾烈明任宣传部部长，曾郁青任组织部部长）。中共揭陆华边工委成立以后，对干部进行一系列的教育，吸取"上砂事件"的经验教训，强调团结战斗的重要性。经过各方面的协商，于9月22日把在边区活动的东江、韩江部队合编成立了独立第三大队，又称"横江大队"，大队长钟良，指导员唐克。大队下设两个中队：原东江的华熊队为第一中队，中队长钟良（兼），指导员唐克（兼）；原韩江的武工队编为第二中队，中队长贝浩，指导员彭少明，副中队长彭彪。独立第三大队成立后，在揭陆华边工委直接领导下，贯彻执行中共中央香港分局关于抓紧进行政治教育和军事训练的指示。在政治教育方面，主要是揭露压在中国人民头上的"三座大山"的罪行，使大家深刻认识到，只有拿起枪杆子，推翻国民党反动统治，广大受苦受难人民才能翻身解放。学习解放军，执行"三大纪律，八项注意"，进行文化教育。部队生活团结紧张，严肃活泼。当时，虽然物质生活很艰苦，但丰富的精神生活使部队战士个个朝气蓬勃、精神焕发。1948年秋，五云的工作恢复过来，政工队在独三大队的掩护下，已进到下洞、南进、水东一带活动。11月，华熊队回东江，横江基干民兵组成第三中队，高原任大队长兼指导员。

九、第四次反"围剿"斗争的胜利

1948年9月1日，喻英奇升任闽粤边区"剿匪"总指挥，并把指挥部从梅县松口移至潮州。宋子文即令其与第六"清剿"区会剿大北山，限9月底肃清。这一次，喻英奇集中保安第八营、第十一营，揭普惠陆联防办事处自卫队，驻河婆马汉初部及河婆、埔子寨、白塔联防队共1100余人，采用"密集靠拢、重叠配置、轮番攻击"战法，企图把人民军队压缩在狭小地区内，消耗真兵源及弹药，使其失去持续作战能力，以达到消灭大北山主力部队的目的。

为了粉碎敌人的"围剿"，保卫大北山革命根据地，潮汕地委和支队司令部根据敌我双方的实际情况，正确拟订了作战计划，领导潮汕军民坚定、灵活地付诸实施。

这次反"围剿"大体可分两个阶段。

第一阶段：坚守内线作战。9月8日，驻河婆之敌揭普惠陆联防办事处自卫队会同从普宁调到河婆的马汉初部和河婆联防队共400余人，向龙潭游击区进犯，潮汕支队第四大队和龙潭民兵在朱坑径一带将敌兵击退。10日，天未亮，敌人兵分四路进犯龙潭，警戒于大寮的第四大队二中队遭敌包围，突围时，7名战士牺牲，敌人也不敢深入龙潭，撤回河婆据点。9月10日，敌省保安第八营从棉湖向洪沟，企图深入根据地，被潮汕支队第八大队于洪沟洋下堤岸阻击，不敢前进。与此同时，敌保安第十一营会合丰顺埔子寨和揭阳白塔联防队500余人，从揭阳向大北山进犯，潮汕支队第一大队和卅岭武工队在鸭麻湖登山迎战，五经富民兵积极配合，充分利用自制的炸炮痛击敌人，坚守山头阵地。从上午10时激战至下午5时，国民党军队因大量伤亡而败退。

第二阶段：出击外线作战。上述潮汕支队的顽强抗击，给敌主力予重大杀伤，顿挫其进攻锋芒，使其不敢贸然进犯山区。

但是，进攻之敌仍在山区边沿棉湖、河婆一线驻守窥视，支队司令部立即命令主力第一大队挺进潮普惠南，第六大队插向潮揭丰边，从东、南两个方向出击，大胆迅猛进入敌空虚且敏感的后方，在大南山和梅北兄弟部队协同下，猛烈开展平原游击战，利用潮普惠平原武工队活动的基础和群众拥护人民军队、敌人兵力分散等条件，集中优势兵力出击平原，在敌后战斗历时20多天。第一、第三大队主力长驱数百公里，与地方部队、武工队、民兵配合作战，大量消灭敌人，威胁普宁、潮阳和惠来等几个县城，迫使敌人"清剿"大北山的兵力回援，予以歼击，打破敌之"围剿"，进一步巩固了大北山、大南山根据地。这次反"围剿"战斗，是潮汕支队运用内线作战和外线作战相结合的成功战例。

十、潮汕地委"灰寨会议"

1948年10月初，潮汕地委在灰寨召开干部会议，传达贯彻闽粤赣边区八月党代会决议。会议认为，潮汕游击战争已有一定的规模，必须加紧发展，坚持三四年的艰苦斗争，提出巩固山区各块根据地，积极开展平原游击战争。具体部署是：大北山向梅、兴、丰、华方面发展，大南山向惠来和潮、普、揭方面发展，潮揭丰边向揭阳、丰顺方面发展，使潮汕根据地连成一片，并与兴梅、粤赣湘边根据地连接起来，还提出全区建立主力团、主力大队，以协助地方开辟新的游击区；各县以大队为基础建立地方团。会议分析了敌我双方的政治、军事形势变化，判断喻英奇将于近期对大北山根据地发动大规模的进攻，决定以"保卫秋收"，动员全党和军民迅速备战，坚决打破敌人新的进攻。会上，还宣布了闽粤赣边区党委关于潮汕地委执委及常委分工的决定：曾广任书记，刘向东任副书记兼潮汕支队司令员，李平任副书记兼宣传部部长，吴坚任组织部部长，方朗任副部长，张希非任潮汕支队副司令员兼参谋长，徐扬任政治部主任。灰寨会议之后，在潮汕地委和各级人民政权的领导下，大北山革命根据地掀起全民备战的行动热潮：《团结报》连续发表社论，号召军民动员起来，保卫秋收，粉碎敌人新的进攻，潮揭丰人民行政委员会领导各级人民政权和各人民团体组织群众拥军支前，筹粮备战；潮揭丰民兵指挥部迅速将根据地5000多名民兵进行整训、整编，从实战出发，把民兵分别编成战斗基干队、护乡队、运输队、救护队、劳动服务队，举行"保卫秋收、保卫解放区"的武装大检阅、大动员。10 月 15 日，刘向东、曾广、徐扬等领导人一起到第一大队驻地贵人村，召集连以上干部会议，传达边区党委会议决议，终止地域性称谓的"潮汕抗征队"，正式启用"中国人民解放军闽粤赣边纵队潮汕支队"番号，并宣布整编命令。其中，第一、第三大队分别扩编为潮汕支队主力第一团、第三团。第一团团长邱志坚，副政委陈迅之，参谋处主任曾祥华，政治处主任刘百洲。第三团团长陈华，政委许衡，副团长黄欣进，政治处主任陈特础。同时，决定调整补充战斗骨干，加强连队党组织的战斗堡垒建设，以更好地担负全区机动作战任务。并指导主力第一团进行整军备战工作，抓紧政治教育和军事训练，准备粉碎敌人向大北山根据地的大规模重点进攻。

十一、策反工作的开展及其成果

潮汕地委十分重视向国民党军队开展反蒋统一战线和策反工作。灰寨会议以后，在二支队政治部建立了对敌军工作科，任命蔡若明为科长，先后抽调蔡兆山、张化充、李追明、李福、陈雪影、李汉忠、叶彬、林石生、袁明惠、辜御喜、李绪等十多位同志到敌工科工作。在林美南、曾广、刘向东、张希非的直接领导下，实行既争取又斗争的方针，一方面发出《潮汕人民抗征队告蒋军官兵书》，开展政治攻势；另一方面选派干部通过各种社会关系，运用各种方法，对国民党官兵进行分化瓦解。原为海匪的王国权部被喻英奇收编为保安第十一营后，成为喻的一支主力部队，与抗征队作战 20 多次。为分化瓦解敌军，潮汕地委和抗征队派出得力干部，通过多种关系，利用其内部矛盾，对其基层军官进行了半年的争取教育和组织工作，终于促使其连、排长发动官兵 242 人于 1948 年 12 月 30 日在丰顺县潘田反正，将队伍开进大北山解放区南山圩。地委和司令部派出以陈彬为首的代表团与之谈判。经边区党委同意，在保安第十一营官兵做出坚决脱离蒋方、不与人民军队作对的公开声明后，让其开往陆丰县碣石港，配合牵制敌人。保十一营的反正，是当时广东省两宗较大的国民党军队兵变事件之一，是潮汕地委、潮汕支队敌工工作的胜利，使喻英奇的军事力量受到削弱。敌工科还先后策动了驻棉湖敌军及潮阳两个连和水上联防大队的起义，同时配合主力，分别策动惠来和潮安县城驻敌起义，解放了惠来县城和潮安县城。敌工科成立后的半年多时间里，取得较大的成绩，对瓦解敌军，扩大我军政治影响，夺取敌人武器充实我军装备，减少我军的伤亡，发展我军实力，起到了很好的作用。

十二、第五次反"围剿"斗争的全面胜利

1948年11月，喻英奇不甘其四次"围剿"失败，调集第五（潮汕）、第六（兴梅）两地区的兵力3000多人，由保安团团长刘永图任总指挥，妄图以"中央突破"战法，袭击良田，得逞后，再分区"驻剿"平原，以达到摧毁大北山根据地的目的。潮汕支队司令员刘向东、政委曾广、副司令张希非及第一团团长邱志坚等，分析敌情，判断敌人制造进攻丰顺河西的假象，旨在调动主力第一团出击，企图从五华方向偷袭良田。他们当机立断，将计就计，引敌就范。

这次反"围剿"战役，大体可分为三个阶段。

第一阶段：将计就计，诱敌深入。10日凌晨，一团按计划行动，九小时步行100华里，进至丰顺河西亮相，以迷惑对方。11日白天，河西之敌倾巢来犯，一团展开全部兵力包抄击敌，猛追逃敌，将犯河西之敌赶回汤坑。入夜后急行军返回良田，13日凌晨已集结于良田，根据敌情分析，选择良田与罗经坝之间的茅坳

嶂为战场，伏击来犯之敌。部署第一团一连、二连分别占领左翼、右翼高地，担负主攻任务。三连、四连为预备队，负责肃清残敌，阻击增援。良田民兵配置在第二线阵地上，待战斗打响后投入战斗，发展胜利。

第二阶段：茅坳嶂伏击战斗。14日上午10时，敌广州绥靖公署独立步兵第二团一营方景韩部从河婆进至五华大坂田村后，却就地停止前进。傍晚，五华大坂田两群众送来紧急情报，称该敌已秘密进至良田西北口的罗经坝村，并严密封锁消息。支队及团领导核实后，判断敌将在15日偷袭良田。此时发现河婆、龙潭、龙溪方向有敌情，担任老虎石阻击任务的部队又没能按时占领阻击阵地，司令部不得已抽调三连和良田民兵在良田南面的老虎石布防，以牵制河婆方面敌兵。15日凌晨，敌总指挥、新编保安十六团团长刘永图率敌主力第一营和保安独立第八营两个连及张辉部一个中队，从罗经坝出发奔袭良田。9时许，敌前卫100多人首先进抵茅坳嶂阵地，但既未以火力搜索，又不占领两侧高地，也不继续前进。第一团领导静观其变。约一刻钟后，前面的敌人沿谷地展开，其尖兵班带着军犬向设伏高地登攀。在此情况下，指挥员发出攻击命令。顿时，土炸炮、手榴弹、步枪、轻机枪狂风暴雨般从左右翼山头向进入狭谷之敌倾泻，群山震撼，硝烟弥漫，毙敌几十名，打得敌人晕头转向。二连代连长李针腹部重伤，仍鼓舞战友勇猛杀敌。指导员刘百洲组织10多位班排长和战斗骨干，在副指导员邱克辉带领下冲到坳底，活捉敌兵5名，缴获步枪20支、枪榴弹筒两个及子弹四箱。不久，敌主力慌忙登上伏击圈外几个高地，以猛烈的火力压制我阵地，封锁坳底。守卫在左翼山头的一连二排战士，在指导员刘德秀的指挥下，顽强地扼守阵地，大量地消灭冲到前面的敌人。下午3时许，神枪手黄编发现只剩10多发子弹，就搬起大石头猛砸往上冲的敌人，不幸中弹牺牲。接着，二排长蔡提、机枪手曾振华同时受伤，指导员劝他们包扎好伤口就地休息，他们说伤口不要紧，誓死守住阵地。敌军攻占高地未果，即转向进攻二连侧后无名高地，敌我经激烈战斗，阵地数度易手。在反冲锋战斗中，一连连长李快、炊事员黄坚壮烈牺牲，战士们仍坚守阵地。副司令张希非、团长邱志坚及时组织二连火力，支援一连一、三排与预备队四连进行反冲击，消灭敌人，终将阵地夺回，并牢牢掌握手中。下午4时左右，敌我处于对峙的僵持状态。支队司令部领导考虑到已给敌人造成大量伤亡，粉碎了其偷袭企图，而第一团经过一天的战斗，弹药已消耗殆尽，亟须补充，因而命令部队主动撤出伏击阵地，准备诱其深入，创造战机，集中兵力歼灭之。当晚，我军第一团组织民兵分批潜入茅坳嶂高崇路口两个村庄，采用麻雀战术，不断袭扰、杀伤敌人。刘永图、方景韩部在抗征队的打击下，伤亡惨重，士气沮丧，惧怕遭到意外的致命攻击，星夜仓皇撤回五华罗经坝。

在茅坳嶂战斗的同时，敌另一路保安第八营一个连和河婆联防队向横江附近窜犯，被我军独立第三大队和横江民兵阻击后撤退。

茅坳嶂一战，在良田党组织和人民群众、民兵的配合下，打败了强敌，歼敌110多名，俘敌5名，缴获枪支弹药一批，为第五次反"围剿"奠定了胜利的基础。

第三阶段：转入反攻，歼击"驻剿"河西之敌。在此期间，赶到汤坑的国民党军警相继窜入河西，大肆抢掠、纵火。茅坳嶂战斗胜利后，一团奉命远途机动，乘胜奔袭河西，在独二大队、六大队配合下，拔除了同德楼、红莲楼、埔下村三个据点，全歼守敌丰顺县保警一个大队、联防总队一个中队。其余进入大北山根据地的各路敌人，均被潮汕支队和当地民兵击败。潮汕支队乘胜出击平原，从而彻底粉碎了敌人第五次"围剿"。第五次反"围剿"战役，共歼敌 500 余人（含俘敌中队长以下 110 多人），解放新兵 250 人，缴获轻机枪两挺，枪榴弹两支，长短枪 130 多支，其他军用物资一批。战后，大北山根据地的良田、横江、南山圩、五经富等地人民群众 1 万多人分别举行集会、游行、慰劳子弟兵等活动，庆祝胜利。这次战役是潮汕支队与有国民党驻广东国防军参战的敌人打的一场硬仗，说明潮汕人民武装部队指战员的指挥能力和作战能力得到提高。正如香港分局 1949 年初给中共中央的电文中指出："其后年底（指 1948 年年底，编者注）九连和潮汕都打退敌二三千人的进攻，并能连续战斗，扩大战果，我军已不仅能够打垮伪国防军省防军，而且作战规模开始提高到自觉的战役作战的计划性组织性的高度。"

第五次反"围剿"作战，后来统称为"茅坜嶂之役"。这次战役的胜利，不仅给国民党军队以重大打击，同时也标志着潮汕战场形势发生了转折性的变化，从此结束了长期的"围剿"与反"围剿"的战争形势。国民党在潮汕地区已由战略进攻转为重点防守在各个孤立据点；人民武装则由战略防御转入战略进攻。另据华南分局《敌情档案》载：茅坜嶂之战后，方景韩部伤亡 200 余人，方景韩返广州后遭军法处决。

巩固战果，解放揭西全境

一、大岭下会议的召开和二支队六团的组建

早在 1948 年 6 月，根据中共香港分局指示，中共闽粤赣边工委与中共潮汕地委合并，成立"中共闽粤赣边区党委"，下设闽西、闽南、韩东、梅州、潮汕五个地委。8 月 7 日至 24 日，边区党代会召开，会议根据香港分局决定，组建中国人民解放军闽粤赣边纵队，下辖四个直属团（边一团、边二团、边五团、边七团）和梅州支队、潮汕支队、韩江支队、闽西支队、闽南支队。11 月 14 日，党中央指出："再有一年左右的时间，就可能将国民党反动派政府从根本上打倒了。"12 月 30 日，毛泽东在为新华社写的新年献辞中向中外宣布，"中国人民将要在伟大的解放战争中获得最后的胜利"，"中国人民解放军将向长江以南进军"，号召全国军民"把伟大的人民解放战争进行到底"。根据中国人民解放军总部命令，中国人民解放军闽粤赣边纵队于 1949 年 1 月 1 日宣告成立。司令员刘永生，政委魏金水，副司令员兼参谋长铁坚，副政委朱曼平，政治部主任林美南。潮汕支队奉命编为中国人民解放军闽粤赣边纵队第二支队，司令员刘向东（刘永生 2 月奉调闽粤赣边区，张希非代任司令员），政治委员曾广，副司令员兼参谋长陈彬，副政治委员李平，政治部主任徐扬（徐扬 5 月奉调纵队，郑希接任）。为了贯彻中共中央提出的一年左右解放

全中国的号召和中共中央香港分局的指示，1949 年 1 月 18 日至
30 日，潮汕地委在大岭下村召开扩大会议。闽粤赣边区党委副书
记兼宣传部部长林美南，地委书记曾广，副书记李平、刘向东以
及全体执委、各县委书记共 20 多人出席会议。会议总结潮汕一年
来的政治斗争、军事斗争的成绩及经验教训，提出新的战斗任务：
动员全体党员和潮汕人民克服困难，勇敢前进，赶上全国形势，
争取一年左右解放全潮汕。同时，提出新的斗争方针：加大力量，
主动进攻，大胆向平原发展，对敌人开展全面进攻，歼灭敌人的
有生力量，使各块根据地连成一片。具体要求是：迅速拔掉敌人
在根据地周围的据点，向榕江、练江平原和揭陆华边、丰华兴边
发展，解放广大农村，形成对城镇敌人据点的包围，争取尽快与
兴梅、粤赣湘边根据地联结起来。为此，要求各部队抓紧时机迅
速扩军，半年内增加兵力一倍；开展整党整军和练兵立功运动，
提高战斗力，迎接新的战斗任务。要求全区人民全力支援前线，
准备接管城市，迎接全面解放。大岭下会议，对今后工作做了具
体的部署，给革命斗争指明了方向，鼓舞潮汕军民豪情满怀地迎
接胜利。地委大岭下会议后，中共揭阳县委机关由南山圩迁至灰
寨，并召开县委会议传达贯彻地委会议精神，对县委领导班子做
了调整充实，县委书记林史，副书记林兴恭，组织部部长李日、
副部长邱林春，宣传部部长林兴恭（兼）、副部长杨坚，县委委
员何绍宽、吴瑛。工作人员四五十人。县委会议后即着手整风工
作，县委机关和其他机构工作人员进行整风学习，通过学习中央
有关整风的文件，弄通精神实质，明确整风的目的要求和方法；
接着由领导带头，总结检查近期以来的工作和作风，摆出存在的
问题；然后请下级对县委领导和有关人员提出意见；最后在收集
群众意见的基础上，对干部特别是领导干部，进行一次鉴定性的
总结，对个别问题做出结论。通过整风学习，使干部端正了思想，

改进了作风，认清了急剧发展的革命形势，大大提高了革命战斗力。1949 年 1 月，在边纵二支队和中共揭阳县委领导下，以揭阳县民兵基干团的两个主力连、潭口税收中队、卅岭独立大队及第八大队的一个连队为主要对象组建了"中国人民解放军闽粤赣边纵队第二支队第六团"，由原北山团参谋长郑剑夫任团长，揭阳县委书记林史兼任团政委，团部设政治部、参谋处、副官处及直属突击队。参谋长郑剑夫（兼），政治处主任杨左生，副官处主任刘声。团部设在南山圩招江楼。这是一支活动于大北山揭阳县三、五区（今揭西县）的地方留守部队。它的主要任务是保卫根据地、保卫群众利益、保卫设在灰寨、南山等地的上级党政领导机关，同时积极向外伸展，开辟新区。平时以连队为单位各自执行任务，战时各连队随时协同作战，团领导带领团部随连队活动。由于指战员同心协力，又有当地基干民兵参战和广大群众的支持，他们配合兄弟部队较好地完成了各项任务。六团是二级军事建制，先后组建过 7 个连队和 1 个直属突击队，指战员 700 多人，装备轻机枪 7 挺，长短枪 700 支左右，其间曾调出 3 个连队编入兄弟部队。团部设党委，书记林史。机关、连队设党支部，排设党小组。建队 10 个月，党员由初时的 27 人发展到后来的 80 人左右。

二、河婆、棉湖军管会的成立

按照闽粤赣边区党委指示和潮汕地委大岭下会议部署，1949年 1 月至 4 月，中国人民解放军闽粤赣边纵队第二支队展开拔除敌人据点、向平原进军的春季攻势，第八大队向钱坑方向进迫，独三大队向五云方向发展。2 月 14 日，丰顺的埔子寨联防据点被二支一团、二支七团（即后来的边二团）一举攻克，全歼守敌100 多人，联防头子被捉，埔子寨解放。这次战斗，震惊了在大北山周围各个据点的敌人。在潮汕支队强大的军事攻势威慑下，河婆保安警察雷英部、挺进队钟超武部与蔡兆贞、张玉谦的反动联防队共200多人，于2月16日深夜弃城向里湖方向逃遁，河婆市宣告解放。2月17日，边纵二支七团、六团四连进驻河婆，张贴二支队司令部布告，宣布"约法六章"，以稳定社会秩序。同时，成立潮汕第一个军事管制委员会——河婆市军事管制委员会，主任蔡达材，委员黄如、王珉。下设保卫、民运、民政、敌资保管、财经等科及秘书室。3月4日，成立河婆市民主政府，市长张鸿博，副市长张洛寂，下设民政、社会、文教、财经四股。一连两天，在河婆市举行庆祝河婆解放大会。河婆解放，是中共潮汕地委、潮汕武装部队和中共揭阳县委领导大北山军民长期以来英勇斗争的结果。河婆的解放使潮汕解放区中的大北山与南阳山、大南山区连成一片，又与东江解放区联结起来，形成一大片的革命根据地，为向五华进军，连接兴梅解放区创造条件。此后一段时间，一部分后方机关搬来河婆，河婆成了潮汕地委政治活动中心。接管河婆，为中共潮汕地委和武装部队创造了接管城市的初步经验。河婆解放后的第二天，南面的钱坑解放；21日，西面的陆丰县五云（现属揭西）解放。这样，揭陆华边除上砂外都已解放，为进军五华，开辟新区创造了条件。4月27日，二支队和边纵直属团以3000兵力发起攻打里湖的战斗，经过两天围攻，全歼守敌300人左右。里湖守敌被歼，使棉湖驻敌县保安第三营和警察所警员惊破了胆，遂于4月28日晚仓皇逃遁，棉湖宣告解放。至此，原揭阳三、五区全境解放。4月29日，二支六团、四团进驻棉湖，随之成立棉湖市军事管制委员会、市政府。六团政委林史任军管会主任，陈实任市长。棉湖原是国民党揭阳县三区区公所所在地，常有驻兵防守，人口3万左右，商业、手工业较为发达，是揭阳第二大圩镇，情况比较复杂。潮汕地委、二支队、揭阳县委都很重视接管棉湖的工作。潮汕地委有意识要从棉湖取得接管城市的经验，专门做了研究，派地委委员王家民到棉湖传达布置接管事宜。军管会配备一批有经验的干部分管财政、民政、工业等组，进行接管工作。

三、揭阳县人民行政委员会的成立

随着革命形势急剧发展，根据地不断扩大，为了更好地发展革命力量，动员群众进行革命斗争，进一步巩固和建设根据地，支援前方，尽早解放全潮汕，1949 年 3 月 4 日，揭阳县人民行政委员会在南山宣告成立，主任何绍宽。行委会机构设置及人事安排：秘书科科长杨丰（后曾实）；社会科科长曾木泉；财粮科科长黄润泽（后李一松、黄卓豪）；民政科科长黄贻嘉（后张洛寂）；文教科科长黄钟；建设科科长张兆熙、副科长李琼章。为了加强基层政权建设，打破旧的政权体制，废除旧乡政权以姓氏宗族为基础的封建统治结构，便于加强领导。5 月 10 日，揭阳县人民行委会发布命令，在全县范围内实行废乡建区，原来的乡民主政府一律撤销，新建立县、区、村三级政权体制，全县成立七个区和两个市政府：第一区（南联区）人民政府辖原南联、灰寨、大溪、太原四乡；第二区（新龙区）人民政府辖原新民、龙江、建安三乡；第三区（河婆区）人民政府辖原龙潭、龙溪、圆埔、南森、下滩、南和六乡；第四区（塔头区）人民政府辖原保安、惠安、东园三乡；第五区（卅岭区）人民政府辖卅岭一带；第六区（五联区）人民政府辖原和顺、金坑、钱坑三乡；第七区（凤江区）人民政府辖原鸿江、阳夏、凤湖；二市：河婆市、棉湖市。区以下建立村人民政府，全县共有 100 个行政村。各区政府设正副区长各 1 人，下设民政、公安、财粮、文教等股。各股设股长 1 至 2 人。废乡建区工作在上半年陆续完成。

四、揭陆华边人民行政委员会的成立和二支队八团的组建

早在 1948 年 10 月，为了贯彻潮汕地委灰寨会议精神，向丰顺、五华、兴宁方向发展，潮汕地委和潮汕支队司令部决定，派出力量开辟这一片新区，临时成立"丰华兴边工作委员会"。从潮汕军政干部学校（在南山龙跃坑）抽调 10 多名政治军事骨干，由蔡洛明带领前往，并由丰顺县委抽调原在八乡山一带工作的李娥、张九的政工队合在一起，调丰顺县委常委、宣传部部长廖志华（廖进）为工委书记，蔡洛明为副书记。主要任务是解放三县边区，使潮汕地区与闽粤赣边区及东江地区连接起来。1949 年 1 月，成立丰华兴人民行政委员会，主任丘峰（后来任丰顺县县长），主要领导八乡至汤坑西边和东边的工作。3 月 10 日，潮汕地委和二支队按照香港分局和边区党委"潮汕应向梅兴丰华边进军"的指示，调集二支队一团、二支队二团、独三大队、良田民兵基干队及随军工作队近千人，由刘向东带领（一周后由陈彬带领），开进五华，开发琴江以东地区，二支五团开赴五华县东北配合行动。丰华兴边工委领导的武工队、政工队，则负责五华双头、郭田至水寨一带的工作。3 月 21 日，边纵司令员刘永生和政治部主任林美南率边纵直属一团，在五华县坪上与二支队第一团及二支队五团一部胜利会师。第二天，第二支队副司令员陈彬也专程到坪上迎接。这次会师，标志着边纵由分散兵力打游击战到集中兵力打运动战的战略转变。第一团被授予"边纵直属第五团"番号。同时，在边五团抽调第三连和由边一团抽调的两个连组编为边七团。独三大队进军五华后，把良田民兵基干队编为第四连。二支队司令部决定调整大队领导机构，调刘镜任大队长，贝浩任副大队长，高原任教导员。此时，大队共有二、三、四三个连队，近 300 人。大队部建立党支部，各连队建立支部，有党

员47人。党员在连队中起到核心和骨干作用。4月，中共潮汕地委决定将中共揭陆华边工委转为"中共揭陆华边县委"，下辖地增加陆丰县水东、五华县琴江以东一带12区乡、丰顺县的上下八乡，书记黄佚农，组织部部长曾郁青、副部长李鹏，宣传部部长曾烈明。4月下旬，五华县水寨解放，蔡洛明任军管会主任。这时，琴江一带局势基本稳定下来，边一团、边五团、边七团、二支二团、二支五团相继离开五华。独三大队在斗争中逐步成长。5月初，以正巷、罗经坝一带的基干民兵为主要成分，吸收安流一带先进青年编成独三大队第五连。这时独三大队共有四个连队，根据二支队司令部指示，成立二支队八团。黄佚农任政委，曾郁青任政治处主任。下设营部，刘镜为营长，贝浩为副营长，高原为教导员。后张适群、张波（张复旦）为副教导员。军事上由刘镜代负责（对外称"副团长"），后勤处由黄伟萍、刘导（后为张益谦）负责，张聂夫为副官（此时，对外称团，连队仍由营部领导）。在这段时间里，所谓"广东人民解放军东江沿海第一军"黄忠部到五华，"民主联军"的邹世良也组织了100多人，打着"中国人民解放军嘉属护乡团"的旗号，自称是东江部队，在安流一带招摇撞骗，进行收税打劫。4月12日，中国人民解放军粤赣湘边纵队和闽粤赣边纵队发表联合声明，向他们发出警告："若欲获得中国人民解放军光荣称号，必须表明诚意，接受共产党领导，坚决执行共产党各项政策，将部队交粤赣湘边纵或闽粤赣边纵改编，则本军表示欢迎，否则，不许再用人民解放军名义。如用此名义，本军必予联合追究。"5月26日，解放军部派代表与邹部谈判，但他们借故拖延时间，不做具体答复，当天下午4时，中国人民解放军忍无可忍，双方开火，邹部向梅林方向溃逃，中国人民解放军解放安流。随后成立军管会，蔡洛明为主任。至5月底，五华县琴江以东地区全部解放，建立了一批区、乡民主政权和群众组织，发动群众开展退租退息运动，从而巩固了大北山根据地，也为实现潮汕与粤东兴梅解放区连成一片创造了有利条件。6月19日，成立揭陆华边人民行政委员会（以下简称"揭陆华边人民行委会"），主任委员曾烈明。下设机构和负责人如下：民政科科长张九、财粮科科长张益谦、文教科科长蔡洛、民运科科长张夏、供管科科长刘导，青年团、妇联分别由出席潮汕地区青年妇女工作会议的曾绿枝、张夏负责，后分别由张复旦和李娥负责，还有民兵大队长张权，农会长古连。揭陆华边人民行委会成立后，丰华兴人民行政委员会宣告结束，部分干部合并到揭陆华边人民行委会。6月以后，二支队八团在五华成立了五连、六连、七连和八连。8月，二支队八团二、三、四连编入主力部队。9月，蒋军胡琏残兵进犯，留在揭陆华边的二支队八团五、六、七、八连，带领民兵英勇战斗，打击敌人。1950年揭陆华边人民行委会结束，各乡村政权归原揭阳、陆丰、五华县建制。八团五连编入潮汕军分区一团，六连、七连编入揭阳县大队，八连编入兴梅军分区四团。至此，二支队八团完成了光荣的历史任务。

五、裕民银行和南方人民银行的创立

由于国民党政权面临垮台，经济崩溃，各地物价飞涨，货币贬值。以揭阳县城白米价格为例：1942年每斗83元（法币，下同），1943年990元，1946年6000元，1947年6.9万元。在这种情况下，国民党政府印发金圆券代替法币，规定从1948年8月22日起，金圆券1元等于法币300元。1948年10月每斗白米金圆券7.5万元，折合法币2250万元。这样，群众怕纸币继续贬值，市面实行以物换物，一些商号发行自己的流通券，但是群众对这种私人流通券没有信心，也常受到不应有的损失。1948年夏，中共潮汕地委根据当时的形势，召开潮汕党、政、军负责人参加的联席会议。为支援战争，保护人民财产利益，决定成立银行，发行流通券，并委派刘化南和黄润泽负责筹建。1948 年 12 月，潮揭丰行委会在南山圩（现属揭西）成立裕民银行，由刘化南、黄润泽分别任正、副经理。刘化南受命之后，亲自到汕头，通过汕头市地下党，在汕头购买了两台印刷机及道林纸和油墨等物资一批，还在汕头挑选了两位制电版的技术人员和几名印刷工人，在南山圩的福寿堂日夜设计、加工，至年底，完成印刷出六种面额、八种版别的"裕民流通券"的任务。1949 年 2 月 26 日，潮揭丰行委会批准裕民银行发行"裕民券"，并于 2 月 25 日颁发发行布告指出："为充裕民生，安定市场，繁荣经济，特批准裕民银行发行流通券，流通解放区。"并规定"解放区各市镇工商贸易一律以新币为单位。严禁外币在市面上流通"，"一切商号或民众团体发行伪币流通券，须于 10 天内收回"。1 月至 7 月，裕民银行共发行 400 多万元，曾发放工农业贷款 35 万元，商业贷款 223 万元。河婆解放后，裕民银行总部迁往河婆。裕民银行先后在河婆、棉湖、里湖、流沙、两英、神泉、隆江、甲子、卅岭设办事处。"裕民流通券"不但在解放区流通，在国统区也流通。1949 年 3 月，中共中央华南分局方方、许涤新针对华南金融混乱、通货成为严重问题的形势，向党中央请示，拟建立华南银行，发行流通券。党中央同意后，华南分局于 4 月决定建立南方人民银行，发行南方人民银行流通券（简称"南方券"），并指定蔡馥生、赵元浩负责筹备，在香港成立筹备小组。为避免伪造，"南方券"在香港印好底板图案，然后运回根据地加印面值、号码及南方人民银行等字样，于 6 月中旬运达河婆。印刷厂在河婆挂永泰印刷厂的牌子。正要安装设备准备印刷时，蒋军胡琏兵团从江西向潮汕逃窜，为防备万一，印刷厂立即搬入良田，借先立小学（现良田中心小学）作为印刷厂厂址。广州解放后，全体人员赴广州，归入中国人民银行华南区分行。7 月 8 日，南方人民银行在河婆正式宣告成立，蔡馥生任总经理，赵元浩任副总经理。设立南方人民银行总管理处，发行整个华南解放区统一使用的南方券。7 月 23 日，在河婆的裕民银行并入新建立的南方人民银行潮汕分行。南方流通券规定与裕民流通券等值。至此，裕民银行与裕民流通券完成了自己的使命。南方人民银行从 6 月下旬投产，到 10 月中旬，共印刷南方券成品 3246 张，总面额为 1.09 亿元。

六、筹建新民主主义青年团及妇联、农会

为了广泛全面地动员组织各阶层群众参加解放战争，尽快夺取革命的胜利，1949 年 4 月，揭阳县委决定组建揭阳县青年团、妇联筹委会，由县委副书记林兴恭兼任筹委会主任，吴瑛、洪龙为副主任。工作尚未开展，便接到潮汕地委在灰寨俊芳学校召开潮汕地区青年工作会议的通知。县委派洪龙、林戈参加。会议传达了中共中央《关于建立中国新民主主义青年团的决议》和中国新民主主义青年团第一次全国代表大会的精神，作出建立中国新民主主义青年团潮汕地区筹委会和各县、区筹委会的决定。会后，揭阳县的群众组织分头成立：青年团揭阳县筹委会，仍由林兴恭兼主任（几个月后由张洛寂负责），林戈为副主任，张文宏为宣传部部长，张淑英为少年儿童部长。洪龙调到地区青年团任组织部部长。妇联工作由吴瑛（正）、洪凯（副）负责。青年团县筹委领导下有一支十多人的建团工作队，队长林苏，还有一支 30 多人的少儿工作队，温晋波、张熊子分别为正副队长（分成客、潮语两个组）。后来温、张调到潮汕青年团工作，揭阳的少年儿童工作队由温凌波负责。5 月，青年团县筹委会人员分头到各区协助建立区的青年团筹委会。经过一个多月，区青年团筹委会普遍建立起来，并着手发展团员的工作。发展团员，先是在农村、学

校原来秘密组建的民兵和地下抗征小组、读书会、剧社等党的外围组织进行，他们在革命斗争中经受锻炼，涌现了一批积极分子。如河婆中学有四分之一的学生参加了"微明读书会"，钱坑中学有40多人参加了"地下抗征小组"。第一批团员大部分就是从这些积极分子中挑选吸收的。对尚未具备入团条件的青年，团组织则通过"青年联合会"去团结、教育、组织他们参加各项革命活动。少儿工作队也分赴到各区，在各区筹委的领导下，配合政工队、武工队、区政府组建区、村儿童团，教唱革命歌曲、民谣、儿歌，开展跳舞、演剧、支前等活动，为革命做贡献。河婆溪角小学组织"铁木儿小组"，秘密地为贫苦群众、孤寡老人挑水、送米送菜，有时为部队送情报，机智勇敢地剪断敌人电线。全县儿童团人数已达2.2万人，占潮汕解放区（潮澄饶未计入）儿童团人数的70%以上，由于工作出色，获得"儿工模范揭阳县"的称号。揭阳县农会成立于1949年春，会长李捷，指导员邱林春，秘书张钧天。上半年，全县七个区的农会都组织起来，一共拥有会员3万余人，区、村级的农会干部有780多人，全县100个行政村，90%的村建立起村农会。广大农民在民主政府和农会的领导下，在清债工作结束后，转向改善生活、调剂耕地和生产建设工作，部分行政村完成了评租工作，减轻农民被地主剥削的租谷1500担左右。在一、二、三区进行了调剂耕地，大部分贫苦农民获得了耕地，生活得到初步改善。此外，各区农会还积极组织农民大搞生产建设，修筑山塘20多处，开山造田，办农民合作社（开始时以经营屠猪为主）等。各级农会积极响应民主政府的号召，踊跃献钱献粮支援前线，积极缴交公粮，义务修路运输等。广大农民从政治上、组织上以当家作主管天下的姿态，迎接全面解放的到来。

七、迎接南下大军及潮梅人民行委会的成立

随着 1949 年春季攻势和潮普惠南揭丰平原进攻战役的胜利，解放区游击区迅猛地扩大，到 1949 年 6 月底，二支队所属地域解放了三分之二，人口约 200 万。其中，120 万人口的解放区建立了区政府 29 个，市（镇）政府 12 个，未建区的乡政府 105 个，村政府 350 个。先后成立揭阳、揭陆华边、普宁、潮惠南、惠陆边、丰顺、潮揭丰边（梅北）等县政府（或行政委员会）和惠来、两英等十多个城镇军事管制委员会。这些地区联成大片解放区，成为华南解放战争基础较为牢固和面积较为宽广的重要基地之一。

在潮普惠南揭丰平原战役的同时，闽粤赣边纵队第一支队攻克大埔县城。接着，在中国共产党的策动争取下，梅县、龙川、兴宁等地保安团相继起义，兴梅地区全境解放。闽西专员练惕生及地方实力派傅柏翠等率五县武装起义。粤赣湘边纵队相继解放龙川、五华、紫金、和平等县城。这样，潮汕解放区和兴梅、闽西解放区连成一片，闽粤赣边区也同粤赣湘边区连接起来，这就为解放大军南下和华南分局内迁粤东建立了很好的基地。

1949 年五六月，潮汕解放区人民掀起了热烈的迎军支前运动。潮汕地委 5 月发出通知，号召全体解放区人民，动员一切人力、物力、财力，支援前线，迎接大军南下。一场轰轰烈烈的迎接解放大军南下的群众运动在解放区热烈展开。大北山各乡村组织担架队，广大青年踊跃参军。各群众团体掀起了捐款捐物支前的热潮。河婆区捐献稻谷 96000 公斤（各种物资折谷计算）。该区员埔乡捐献稻谷 258000 公斤，占全区之半，获潮汕解放区支前冠军。为了掀起捐献高潮，妇女指导员张锦云把家里的苎布和自己的外衣交给妇女会骨干，让她们带头捐献，指导员杨莲捐出银

裤带；西门的绩麻嫂家里虽穷，竟捐出 10 多件物品，汤坝嫂（又名"进春"）把家里能捐的东西都捐了，还激动地说"头发若卖有人要，我愿剪下来捐献"；此外，东门的张碧玉献谷 10 石，李花捐谷 600 公斤，蔡菊清捐谷 420 公斤；连城寨的初妹婆捐出心爱的玉镯，蔡月捐出白银、银裤带。还有一条条绣上"慰问南下大军""支援前线"的手帕，倾注了连城妇女的深情。在下滩乡、南和乡的捐献会上，金雪嫂当场摘下玉镯捐上，旭嫂手上的玉镯用力脱了好久，手腕都红肿了，还是摘不下来，她十分失望地叹息起来。横江村的捐献运动搞得有声有色。他们组织了运输队、募捐队和洗衣队。募捐队分三个组，多数是妇女，其中有六个 60 多岁的老婆婆，她们每天一早就带着木桶、箩筐到区政府集中，然后分头下乡，去发动民众捐献。朱盆岭寨的洪嫂，把准备过生日用的大母鸡献出来，黄泥塘彭田姆把要换米度日的母鸡献出来。五经富高屋寨，有 70 多户人家，生活很艰苦，也捐出 3600 公斤谷。庵背村有一位 81 岁的老妇，把青年时期挑担积存了一辈子的五元大洋献出来。开明绅士曾耀宗把一头牛卖掉全部捐出所得。京溪园陈井捐一头 130 斤重的猪。揭阳行委会人员节食 5 天，每人每天节米 5 两，加上一个月的零用费一起捐献支前。河婆中学师生一人一信慰问南下大军，并募捐了 3000 多元。6 月，华南分局机关从香港秘密迁往梅县，途经河婆住在大同医院，设临时办公室，其直属机关（青团、妇委、华南文工团）分布于河婆的祠堂和学校等。在此期间，华南文工团在河婆沙坝唇的演出轰动了河婆观众。住在大同医院二楼的华南分局书记方方，关心河婆工作，亲自接见河婆区委的主要领导，询问工作情况，做出指示并发表了关于当前形势和主要任务的长篇讲话（这篇讲话后来在《团结报》全文发表）。这对提高河婆人民群众革命斗争热情、支援前线和迎接南下大军是个大鼓舞。7 月 2 日，经党中央批准的潮梅人民行政委员会在南山道南小学成立，辖潮汕、兴梅 17 个县市，主任林美南，副主任李洁之、黄声。行委会成立后，卓有成效地领导群众恢复和发展生产，实行减租减息、管理财政、税收等各项政府工作，完成征集军用粮草，组织群众搞运输、担架、侦察、向导、宣传、救护、慰问等战勤任务，掀起了如火如荼的支前运动。8 月，人民解放军向广东压境。潮汕军民豪情满怀，热烈响应党的争取一年左右解放全潮汕的号召，盼望南下大军早日到来，解放家乡。9 月 6 日，潮梅人民行政委员会与中国人民解放军闽粤赣边纵队第二支队司令部联合在河婆培光学校召开潮汕党政军迎接南下大军动员大会，决定成立潮汕党政军迎接南下大军动员委员会总会，要求各县成立相应的组织。会议号召潮汕军民，立即行动起来，拥军支前。

八、军民抗击胡琏兵团，全力保卫解放区

1949 年 7 月初，在中国人民解放军野战军南下向闽、粤、赣胜利进军形势的威逼下，淮海战役中被解放军击溃的国民党第十二兵团副司令胡琏，在江西收罗其残部，伙同江西省政府主席方天部两万多人，窜入梅州地区，一路烧杀掳掠，无恶不作。原属胡琏兵团的第十一师刘鼎汉部六七千人（又称"台湾新军"，原系第十二兵团的美械装备主力），早在 6 月 25 日便由台湾海运抵达汕头，会同驻汕之敌喻英奇的三二一师向潮阳、揭阳、潮安、澄海等县城推进，妄图打通潮梅走廊（兴揭公路和韩江水路），接应胡琏残部逃往台湾。敌人在潮汕占据交通要道和重要据点，控制沿海港口，以便窜逃出海。他们采取以进为退、以攻为守的策略，向解放区游击区发动进攻，抢掠壮丁，屠杀群众，奸淫妇女，坏事做尽。当时担负潮汕一元化领导的边纵政治部主任林美南当机立断，于 6 月 17 日指示二支队领导乘刘鼎汉部立足未稳之

机，集中兵力，下练江平原寻机歼敌，以打乱其部署。据此，二支队代司令员张希非于 6 月 30 日召开了团以上干部作战会议，研究确定作战计划：以边五团及二支队一、三、四、九、十一团等部队的优势兵力，歼灭潮阳西北部重镇——赤寮（谷饶）守敌黄少初部。黄部虽非嫡系，但谷饶既是扼制潮（阳）、普（宁）、揭（阳）三县交界咽喉，又是练江北岸仅存的敌设防城镇，是屏护棉城重镇的桥头堡，是敌人的要害部位。黄少初是潮阳县保警第三营营长兼潮普揭边联防主任，自号"北山王"，该部是潮汕地区残存的一支较为强悍的地方部队。二支队领导根据敌情判断，歼黄战斗开始后，驻汕头市、潮阳县城的刘鼎汉部和附近守敌必来救援，因此，决定集中 3000 人的优势兵力，采取"攻点打援"战法，部署第二支队第一团、第四团机炮连、司令部爆破班等担任主攻任务，邱志坚统一指挥边五团、二支队三团担任打援敌"台湾新军"任务，二支队四团、九团分别担任打揭阳、普宁县城出援之敌。5 日黎明时，主攻部队战斗打响，首歼外围碉楼和警察局之敌，继续向纵深发展进攻。9 时许，敌"台湾新军"第十一师三十三团从棉城乘汽车驰援谷饶，抵临昆山脚，在猛烈炮火支援下，向边五团发起整连、整营的集团冲击，遭到边五团近战火力和重机枪猛烈的阻拦射击，伤亡累累。敌首次锐势受挫。随后，边五团又击溃敌人的连续进攻与轮番突击。临昆山激烈枪炮声助长了黄少初固守待援的决心，妄图凭借大楼顽强抵抗。主攻部队组织数挺重机枪实施抵近射击，穿透墙体射杀敌人，展开激战。敌我攻防激战至下午 5 时许，"台湾新军"对第二连阵地的最后一次进攻遭到惨败。边五团又听到敌督战队的吼骂声，夹杂着败阵官兵的哭喊声。边五团乘敌前后拥挤混乱之机，组织预备队（第一连）和团侦察排在前沿分队协同下，实施短促、勇猛的阵地前出击，歼敌一部，以敌之溃败而告终。谷饶守敌遭到猛烈攻击，不见援兵靠近一步，希望破灭而动摇。我主攻部队一鼓作气，拿下镇南楼，傍晚结束战斗。是役，全歼保安第三营（欠一个连），俘虏营长黄少初及其以下官兵100多人，毙伤敌"台湾新军"及保安营副营长以下100多人（内含台湾新军60多人），缴重机枪1挺、轻机枪6挺、步枪100多支、弹药一批。我二支队第一团张良和边五团刘先、林广足、蔡讷壮烈牺牲。这次战斗，既全歼谷饶守敌，又击溃强劲援敌，使胡琏兵团第十一师来汕后受到沉重的当头一棒，大振我军的军心军气。中共中央华南分局给第二支队和边五团电令嘉奖。这段时间，华南分局、闽粤赣边区党委连续发出指示，进行军事部署，由边区党委副书记、边纵政治部主任林美南统一指挥在潮汕的各个部队；通过对敌形势进行认真分析，认为敌人窜扰是垂死挣扎，目的是逃亡；在敌人一时占有较大优势的情况下，潮汕部队应暂时从战略进攻转为防御作战；要求潮汕军民做好准备，与敌人进行最后一次残酷的战斗。8月2日，根据中共华南分局指示，中共潮汕地委和二支队司令部在灰寨崇正小学召开党政军干部会议，中共揭阳县委书记林史参加了会议，会议研究了抗击胡琏的窜犯和准备接管城市工作等问题。8月11日，兴梅至潮汕之水、陆两路均为敌人所打通。8月16日，潮汕作战指挥部命令第二支队、第三支队集中兵力攻打普宁县城，以解梅北之围，命令边五团担负留守任务，隐蔽集结于大岭下及其附近村庄。敌胡琏兵团除使用驻果陇泗坑兵力增援普宁城外，企图以驻古沟、大头岭之敌第十一师（"台湾新军"）乘隙偷袭边五团设在南山、灰寨的潮梅人民行政委员会和地委领导机关。17日下午，获悉敌台湾新军由驻地向揭阳县西部方向进发。边五团抓紧完成临战准备，并于当晚派团政治部主任刘百洲到南山圩指挥部向边纵政治部主任汇报战备情况，表达全团指战员决心依托京溪园一带的龙江河两岸有利地形和人民条件，坚决歼灭进犯之敌，誓死保卫人民和领导机关安全（当时，地委副书记李平正准备带领机关人员撤进山区的行动，立即停止，转为向南山、灰寨做好安民支前工作）。18日晨，敌第十一师一个加强团已窜至五经富一带，与我侦察分队接触交火。这时，敌特工头目邱翠亭突然认出边五团几名熟悉人员，判明对手乃是一个多月前在临昆山激战中给其沉重打击的边五团，急报敌首。敌随后又发现边五团大部队正在渡河准备出击，惧怕遭到致命歼击，顿时惊恐万状，惊呼"邱团来了"，不战而退。事后，边纵政治部主任林美南亲书手令，嘉奖边五团指战员充分发扬敢于压倒一切敌人的英雄气概，是一支"兵不血刃而屈人之师"，圆满完成指挥部赋予的光荣任务。8月底，潮汕地委针对紧张的敌情，发出《关于粉碎胡琏匪军最后挣扎的决议》，指出，估计胡琏军来潮汕后，"进犯的目标，必然是我大北山区，而揭阳三、五区与汤坑河西，可能成为敌人进犯的目标"。该决议确定了作战目的和方针：保卫大北山根据地，保卫人民政权和群众利益，集中优势兵力，选择有利时机和地形，击溃或围歼其一路，然后转移兵力，视情况再打击其他各路，牵住胡军尾巴，保证解放大军广州方向的战役顺利进行，最后配合入潮大军将其围歼。为加强作战指挥，还决定第二、三支队，边五团，边三团，以第二支队司令部为骨干，成立临时联合指挥部，林美南为统一最高指挥。会后即加紧进行准备。9月初，林美南针对敌军动向，部署部队在普、惠、揭、陆一带截击敌人，指出："匪乃丧家之狗，我为胜利之师。我军精神上宜放手主动出击，勿多顾虑，指挥上则需小心谨慎，坚持艰苦战斗，去争取胜利。"第二支队司令部从一、四、九团中，抽出精锐人员组成一个突击营，在潮普惠一线相机打击胡军，进行了多次战斗，打击了胡军的气焰。9月21日，敌军4000多人分五路向大北山根据地进攻：一路由丰顺县汤坑经埔子寨向五经富；一路由揭阳县桐坑径经高明向五经富（其中一分路自高明向京溪园迂回五经富）；一路由棉湖经洪沟向顶埔；一路由普宁县泗坑、里湖向钱坑、甘石径；另一路由五华县油田向平南、茶亭岗，从大北山西北面配合进攻。战斗前夕，潮汕作战指挥部进行军事部署：三支队布防于五经富前面的陈岗围、高明一线；二支队六团于上陇至京溪园一线；三团于顶埔、金坑一带；四团、九团布防于钱坑、甘石径一线；八团于五华县平南一线，边五团为机动部队，集结于灰寨机动待命。21日拂晓，敌1000余人从左翼埔子寨向五经富、陈岗围发起进攻，三支队一团仓促迎战。接着，敌主要一路1000余人以骑兵为先导，从中路桐坑、高明而来，正面攻击五经富，三支队一团从陈岗围抢登排子崇迎战，三团正在五经富出操，一听到排子崇枪声，即抢登村后虎尾崇英勇阻击，激战终日，打退敌人多次冲锋，坚守住阵地。与此同时，另一股敌人在上陇对岸渡口以火力掩护企图强渡龙江河，遭六团第二连奋勇阻击，敌人三次强渡均未得逞。正当左翼与中路进攻之敌把三支队一团和三团分别钳制在陈岗围和五经富激战之际，担任右翼进攻的敌人先头部队乘隙从没有防备的圆墩、田步地段顺利渡过龙江河，夺取了距离五经富对岸五华里的井潭山，掩护其主力陆续渡河，向庵背方向迂回包围，这使得驻扎在北山中学的司令部形势异常危急，也使背水作战的第三团处境极为险恶。好在担负机动支援任务、保持着临战状态的边五团已于21日拂晓前即主动从灰寨推进到高龙寨、大石碑道路枢纽部集结待命，做好了向顶埔或五经富增援的准备。当听到五经富方向枪炮声时，即刻跑步驰援，及时赶到战场。团长兼政委邱志坚掌握敌人处于半水半陆、立足未稳之战机，果断实施"背水击"和"半渡击"战法破敌、解围：一是指挥第一营从行进中展开，猛打、猛冲攻歼扼守井潭后面三座山头之敌，截击、追杀向纵深迂回之敌，把敌压制在河岸边；二是令第三营组织轻重机枪和步枪火力，拦击仍在渡河之敌后续部队，切断其两岸联系，派出一个连协同团侦察排，消灭退守河岸之敌，为保证三支队三团安全渡河撤回两岸创造有利条件；三是联络原驻防京溪园的六团独二连进到河岸边，配合边五团三营阻击敌后续部队。敌我双方激战至晚，敌狼狈撤退，从而粉碎了敌人合围第三支队和窜犯灰寨南山的企图。三支队经过一天激战，当天傍晚主动撤退，到龙江河西岸防守，是晚敌进占坡头圩，不敢在五经富久留，第二天在石印等几个村抓去60多个壮丁后，经平坑、高明向揭阳城方向撤退。战斗中，五经富地下党组织带领民兵，紧密配合部队作战。时值龙江河水暴涨，担架队积极抢救伤员，曾耀宗、曾庆勇等冒着生命危险引导伤员过河。运输队上前线为部队煮饭、送茶水，做好后勤供应。他们给部队有力的支援。在五经富战斗的同时，在五华县油田，胡琏残部200多人进犯平南，被二支队八团和平南、安流、八乡山民兵击败，只好撤回水寨。其余从棉湖、里湖方向进攻之敌亦被二支队阻击，不敢前进，向普宁撤退。

此次战役取得了重大胜利，共毙伤敌营长以下100多人，保卫了潮梅人民行委会、潮汕地委等领导机关和后方各个部门，保卫了大北山根据地人民的生命财产安全，同时显示了解放区的牢固地位。

九、揭西地域全境解放

在8月2日的灰寨会议上，潮汕地委副书记李平做了《城市政策》报告，同时对揭阳解放后的工作做了具体部署。会议决定揭阳县委与潮揭丰边县委合并，成立新的揭阳县委。潮汕地委书记曾广指示，由林史向潮揭丰边县委传达这一重大决定和商讨有关入城问题。林史先行向揭阳县委其他领导何绍宽（揭阳行委主任）、李日（组织部部长）、杨坚（宣传部部长）等做了传达。8月17日，揭阳县委林史带领一行9人的工作组，到达小北山五房乡，向潮揭丰边县委领导王勃、陈君霸、方思远等同志传达了潮汕地委关于两个县委合并的决定，并一起商讨有关接管揭阳事宜，确定各科股干部人选和其他问题。随后，两个县委分头进行有关接管揭阳的准备工作。

1949年10月1日，中华人民共和国成立。

13日，闽粤赣边纵队司令员刘永生、副司令员铁坚率领边纵部队以"中国人民解放军第四野战军先遣队"的番号从兴梅南下抵达揭阳县，在五经富举行军事会议，对解放全潮汕做出部署。

17日上午，边五团在向揭阳城推进途中，在西郊榕江支流竹桥渡口，与敌胡琏兵团一个加强团发生了遭遇战。这是解放揭阳、进军汕头的一次主要战斗。当时战况瞬间剧烈多变，双方都竭尽全力争取主动，想取得先机压倒对方，于是双方隔河沟对垒，激战终日。敌人不断从揭阳向战场增援机动兵力、兵器，组织迫击炮、步兵炮、火箭筒等火力，对我军进行猛烈轰击，企图强渡狭窄河流闯进富饶产粮区抢粮、抓壮丁。边五团士气高昂，抢先占领堤坝制高点及岸边楼房，先敌开火，充分发挥各类步兵兵器火力，给敌人造成重大伤亡，粉碎了胡琏匪军的进攻，保护了当地人民群众的生命财产安全。为此，边五团不惜付出流血牺牲的代价，其中陈锦联、李夵两位班长（二人都是从马来西亚回祖国参加解放战争的爱国华侨青年，籍贯分别为福建和广东增城）和机枪手刘汉明壮烈牺牲，一连指导员邱克辉、机炮连副连长刘才来等20多位指战员负伤。这场激战至当日傍晚以敌人狼狈撤回揭阳而告终。边五团侦察分队跟踪掌握敌情，部队逐段交替推进，紧迫揭阳城。与此同时，边纵三支队也推进到揭阳城郊锡场乡。18日晚，敌驻城部队弃城逃遁。19日，揭阳解放。三支队、边五团进入揭阳。随后，潮揭丰边县委与揭阳县委领导率七团、六团进入榕城。20日，两个县委领导在揭阳会合，合并成立中共揭阳县委、揭阳县军事管制委员会。中共潮汕地委调杨英伟任县委书记兼军管会主任（一个多月后调陈彬接任），林史任县委副书记兼军管会副主任。23日，成立揭阳县人民政府，杨世瑞任县长，何绍宽任副县长。同时，把二支队六团的四个连和七团的三个连整编为揭阳县警备司令部，司令员郑剑夫，政委林史，副司令员杨兆铭。26日，上砂乡和平解放，至此，揭西地域全境解放。揭西地域全境的解放和人民政权的建立，标志着揭西人民结束了被压迫、被剥削的苦难历史。从此，揭西人民翻身当家做主，迈步跨进了历史的新时代——社会主义时期。

抗日战争胜利后，在国民党蒋介石集团发动全面内战，企图消灭共产党和人民武装的时候，揭西党组织贯彻执行上级的指示，根据实际情况，转入了地下武装斗争，做好分散隐蔽，并加强了地方工作，不但保存积蓄了武装力量，并使其得到锻炼和发展；尔后，按香港分局的部署，在恢复武装斗争的同时，根据广大农村群众的迫切要求，开展了反"三征"斗争，广泛发动群众，进行减租减息，并把群众斗争从经济斗争提高到政治斗争，建立了大北山革命根据地，从"小搞"发展到"大搞"；当国民党调集兵力"清剿"根据地时，党组织带领人民武装，正确运用游击战术：山地与平原紧密结合，内线作战与外线作战相机运用，集中与分散处置得宜，不断提高作战水平，从游击战发展成为运动战，至1948年冬挫败了敌人的第五次"围剿"，使人民武装由战略防御转入战略进攻；为了贯彻"一年左右解放全中国"的号召，党组织提出"加大力量，主动进攻，大胆向平原发展，使各块根据地连成一片"的方针，于1949年春开展了春季攻势，同年夏天取得了平原进攻战役的胜利，解放区迅速扩大，为解放大军南下和华南分局内迁粤东建立了很好的基础；在胜利在即之际，抗击了胡琏残部和"台湾新军"的窜扰，终于在南下大军压境的形势下，粉碎了敌人的垂死挣扎，完成了解放揭西全境的历史使命。

三年的解放战争，揭西成为中共潮汕地委的活动中心。中共潮汕地委带领广大人民，在党中央正确领导下，总结了历史经验，逐步形成了以大北山根据地为依托的武装斗争与白区隐蔽斗争相结合、山地游击战与平原游击战相结合、武装斗争与群众斗争相结合、公开斗争与隐蔽斗争相结合的总格局，并且充分发动群众，争取一切可以团结的力量，瓦解、孤立、削弱、打击了敌人，取得了解放战争的伟大胜利。

揭西地区的解放，是揭西党组织不断加强党的建设、注意建立和发展人民武装力量、正确贯彻统一战线政策和策略的结果。揭西全境的解放，翻开了揭西历史新的一页，揭西党组织将担负起领导揭西人民建设新生活的重任，谱写更加光辉灿烂的新篇章。

第六章

建设发展时期

第
一
节 **改革开放前建设发展**

一、基本完成社会主义改造的七年

1949 年 10 月 19 日，中共揭阳县委成立。23 日，揭阳县人民政府成立，随即接管国民党县党部、县政府、各科局及文教、卫生、群众团体等 61 个单位；收容遣送国民党残余武装官兵 2000余名，逮捕反动头子数人，破获特务组织 2 个。同时，在全县设置 16 个区及 6 个市，建立人民政权。同年底，组织一万多名民兵配合军分区部队，清除桑浦山土匪。1950 年 4 月 18 日至 20 日，省、地、县土改工作队一千多人进桃地、梅岗、南龙、盘岭 4 个区的农村，开展土地改革运动试点工作。同时，在全县开始土改运动的准备阶段：清匪反霸，退租退押。10 月，开展镇压反革命。10 月 20 日，成立县土地改革委员会。11 月试点工作结束。12 月至次年 3 月，全县转入土改运动的行动阶段，遵照上级指示，依靠贫雇农，团结中农，孤立富农，有步骤地、有分别地消灭封建剥削制度，发展农业生产，召开区乡农民代表大会，建立各级农民协会，全面划分阶级成分，没收地主土地，征收富农多余的土地，分配给无地或少地农民。1951 年 11 月至 1952 年 11月，转入土改的结束阶段，即土改复查，进一步发动群众，巩固既得胜利，颁发《土地证》，巩固新生的人民民主政权，维护新的社会秩序。1951 年，全面开展抗美援朝运动。通过举行各种群众集会，蔑视美帝国主义，提高爱国主义和国际主义觉悟。青年踊跃报名参军，各阶层人士自觉捐献飞机、大炮（折款）。1952年，按照中共中央指示，先后开展了"三反"（反贪污、反浪费、反官僚主义）和"五反"（反行贿、反偷税漏税、反盗窃国家财产、反偷工减料、反盗窃国家经济情报）的斗争，对广大干部进行了警惕资产阶级腐蚀，廉洁奉公，为人民服务的教育，为资本主义工商业的社会主义改造打下了基础。1953年，贯彻中共中央《关于农业生产互助合作的决议》，推广汪汉国建立农业生产互助组的经验，开展互助合作运动。同年11月，在党中央的统一部署下，大张旗鼓地开展党的过渡时期总路线的宣传教育。1954年，汪汉国等8个初级农业生产合作社率先建立，随后各地也纷纷建立。至1956年1月底，全揭阳县共建立初级农业生产合作社3974个，参加的有16.58万户，占农户总数82%。同年2月18日，汪汉国成立第一个高级农业生产合作社，随即掀起办高级社的高潮，至春耕前，全揭阳县已建立高级社280个。10月底，全县参加高级社户数占农户总数87%。同时，对城镇私营工商业和手工业进行社会主义改造，年底基本完成。其时，社会主义改造取得伟大胜利，但工作中出现了对改造的要求过急过快、形式过于集中等问题。

二、全面建设社会主义的十年

1957年夏，揭阳县委贯彻中共中央《关于整风运动的指示》，开始部署整风运动，要求各级党员干部切实改变工作作风，密切联系群众，加强调查研究，推进社会主义建设。其时，号召广大干部和各阶层人士大鸣、大放、大讨论，向党组织及领导人提意见，帮助党委整风。同年又转入以反击资产阶级右派为内容的政治运动。由于斗争严重扩大化，一些党员干部、知识分子和非党

人士受到批判斗争，至 1958 年夏基本结束，揭阳县共划右派分子
505 人，其中教育系统 404 人，被划为右派分子的都分别受到处
理。1958 年下半年，贯彻中共八大二次会议制定的"鼓足干劲，
力争上游，多快好省地建设社会主义"的总路线，领导人民在工
农业生产上进行大跃进。农业贯彻"以粮为纲"，提出"解放思
想，破除迷信""人有多大胆，地有多高产"等口号；工业贯彻
"以钢为纲"，发动全民大建高炉，大炼钢铁。各级党组织在"举
红旗，大跃进"的口号下，大兴农田水利建设，发展农业生产，
但由于生产指标层层加码，出现脱离实际的浮夸风，造成人力、
物力、财力的极大浪费。9 月 9 日至 13 日，贯彻中共中央政治局
北戴河会议作出的《关于在农村建立人民公社问题的决议》，揭
阳县 22 个乡镇，改建为 14 个人民公社，实行政社合一，取消按
劳分配和自留地，大办公共食堂，实行粮食供给制；食饭不用钱，
刮起"一平三调"的共产风，挫伤了农民的生产积极性。1959 年
初，开始贯彻中共中央两次郑州会议精神，纠正"共产风"等
"左"倾错误。中共八届八中全会后，又根据党中央决定，在全
党开展"反右倾"斗争，错误批判了一批党员和干部，影响了纠
正"左"倾错误的工作。1960 年冬，贯彻中共中央《关于农村人
民公社当前政策问题的紧急指示信》（简称《十二条》），着手纠
正"一平三调"共产风，逐级核算退赔，进行整风整社。1961 年
春，落实中共中央《农村人民公社工作条例（草案）》（简称
《农业六十条》），进一步纠正平均主义，以生产队为基本核算单
位，实行劳力、土地、耕畜、农具"四固定"，推行"三包一奖"
制，允许社员经营少量自留地和小规模家庭副业，保障了生产队
的自主权，调动了农民的生产积极性，恢复和发展了农业生产。
1961 年至 1963 年，贯彻党中央关于国民经济"调整、巩固、充
实、提高"的八字方针，领导农民大办农业，实行粮食大包干政

策和副食品综合换购办法；同时，压缩机构，精减干部，加强农业第一线；对部分商品实行高价政策，以回笼货币，活跃市场。在广大人民共同努力下，终于克服了历时 3 年的严重经济困难。1963 年，先后根据党中央《关于目前农村工作中若干问题的决定（草案）》（简称《前十条》）和《关于农村社会主义教育运动中一些具体政策的规定（草案）》（简称《后十条》），开展"小四清"（清账目、清仓库、清财物、清工分）运动的试点工作。1964 年 8 月，中共汕头地委以揭阳县为"四清"（清政治、清经济、清组织、清思想）运动试点县，抽调 14859 人，组织工作总团派进河婆等 17 个人民公社和榕城镇开展"四清"。至次年 6 月底基本结束。1965 年 7 月揭西县建立后，县委在本县全面铺开"四清"运动，1966 年 9 月结束。这次社会主义教育运动对广大干部和群众起了一定的教育作用，揭露了经济等方面的不少问题，促进了农业生产发展，但存在"左"的思想错误，扩大了对干部的打击面，挫伤了部分干部和群众的积极性。

三、"文化大革命"的十年

从 1965 年 7 月建县至 1979 年实行家庭联产承包责任制之前，这一阶段的主要特点是国家实行计划经济，政府包揽社会经济运行的全部事务。在"文化大革命"和"以阶级斗争为纲"条件下，以及在"农业学大寨""工业学大庆"的号召下，农业方面，政府通过行政命令、政治鼓动、少量的资金投入和无偿使用人力、物力，大力开展开荒造田、平整土地、兴修水利、建设小水电站等农田水利基本建设，促进了农业经济发展。揭西现在水利设施大部分是在此阶段建成的，较大的田块是当时平整的。工业方面，政府通过行政手段，调动全县的人力、物力和财力，大力扶植发展国营和集体工业企业，县属麻袋厂、糖厂、小水电等年产值百万元以上，成为县的财政支柱，在当时的汕头市一度独占鳌头，名扬全国。

在创造辉煌的同时，也造成"灾难"。"文化大革命"严重挫伤了广大干部群众的积极性。工农业生产受到冲击，人民生活水平有所下降。到 1979 年，农村年人均收入约 59.3 元。

1966 年 5 月，《中国共产党中央委员会通知》（简称《五一六通知》）下达后，"无产阶级文化大革命运动"开始。揭西县成立了"文化革命领导小组"。

8 月 8 日，中共中央《关于无产阶级文化大革命的决定》发布后，红卫兵运动开始，中共揭西县委按国务院通知，选派红卫兵代表上北京，"革命大串联"开始。1968 年 2 月 17 日，揭西县革命委员会成立，领导全县革命和生产。1969 年 12 月 12 日至 16 日，中共揭西县第一次代表大会召开，选举产生了新的县委领导班子。1970 年 2 月开始进行"一打三反"（打击现行反革命活动，反对贪污盗窃、投机倒把、铺张浪费）运动，造成一批新的冤假错案。1971 年 10 月，县委传达关于林彪叛国事件的文件，开展"批林整风"运动。揭露、批判林彪反党夺权的罪行及其反动思想，以基本路线（阶级斗争）为纲，对干部和群众进行思想和政治方面的教育，随后又举办各种学习班，贯彻中共中央关于"批林批孔"的指示精神。

在此期间，县委领导全县人民开展"农业学大寨"运动，组织干部到山西省昔阳县大寨参观学习，提出建成大寨县的口号，制定学大寨的规划，工农业生产和水电建设有较大发展，但在总体上仍然执行"文化大革命""左"的路线、方针、政策。

1975 年，邓小平主持中央日常工作，开始扭转"文化大革命"中的混乱局面，被"四人帮"诬为"右倾翻案""否定无产阶级文化大革命"。其时，县委在全县开展"反击右倾翻案风"。

1976 年 10 月 6 日，江青反革命集团被粉碎。10 月 19 日，县城召开万人大会，庆祝粉碎王洪文、张春桥、江青、姚文元"四人帮"的伟大胜利。"文化大革命"从此结束。

改革开放新时期的开始：
由计划经济向市场经济转轨期（1979—1999）

    1976 年 10 月，江青反革命集团被粉碎，"文化大革命"结束。随后，县委领导全县人民开展揭批"四人帮"运动，清查与"四人帮"有牵连的人和事，调整充实各级领导班子。1978 年 12 月中共十一届三中全会公报发表后，县委积极宣传、贯彻、落实三中全会的路线、方针、政策，把工作的着重点转移到社会主义现代化建设上来。1979 年 8 月，在全县开展"实践是检验真理的唯一标准"的讨论，使广大干部群众从极"左"和"两个凡是"的思想束缚中解放出来。各项工作拨乱反正，"阶级斗争为纲""无产阶级专政下继续革命"等口号停止使用。县委认真落实党的各项政策，复查改正了"文化大革命"中的大批冤假错案，对全县 238 名反右派时被错划的"右派分子"给予改正。1980 年，对 583 名工商业者的错误处理进行纠正。1981 年，全县 3801 名"四类分子"全部摘帽。1981 年底起，县委贯彻中共中央有关思想战线问题的座谈会精神，在一手抓物质文明建设的同时，一手抓精神文明建设，坚持四项基本原则，反对资产阶级自由化，广泛开展"五讲四美三热爱"（讲文明、讲礼貌、讲道德、讲卫生、讲秩序，语言美、行为美、心灵美、环境美，热爱毛主席、热爱共产党、热爱社会主义）的活动。1982 年，县委贯彻《全国农村工作会议纪要》，在全县农村推行各种形式的联产承包责任制和新的经济政策，推行农村经济体制改革。1983 年冬，撤销人民公社，实行区公所建制。1984 年，县委按照干部的"四化"要求，调整了县四套领导班子，一大批老干部退居二线，一批中青年干部走上领导岗位。同时，分期分批开展整党。1985 年，县委为了促进工业企业管理体制的改革，推行厂长负责制和生产岗位责任制，调动了广大职工的积极性。1987 年，在城镇实行商业经济体制改革，推行企业承包责任制；积极引进外资，发展"三来一补"企业和对外贸易；开发第三产业，发展个体和集体商业，拓宽商品市场。1988 年，全面深化经济体制改革，不断完善各种责任制；在发展粮食生产的同时，加快水果、水产、畜牧和加工业基地建设，促进农村商品经济发展；大力加强能源、交通、通讯等基础设施建设，改善投资环境，全县经济出现好势头。当年，全县工农业总产值51163 万元，比 1987 年增长 29.25%，比 1976年增长 2 倍多。

本阶段可分为第一个十年和第二个十年两个时期。

1979 年至 1989 年（第一个十年），县委、县政府依靠改革开放政策，大力推进解放思想、放开搞活、制度创新，启动多元经济发展。根据党和国家一系列改革开放政策，于 1982 年在农村完成家庭联产承包责任制，在完成计划粮食种植面积的基础上，允许农村开展多种种养。制度创新及种子技术、管理技术和新化肥新农药的注入，极大地调动了农民的积极性，解放和发展了生产力，农业在量的扩张基础上，农民实现了增产增收。农村人均年纯收入由 1979 年的 163.6 元，增加到 1989 年的 448.4 元，比增174.1%。农业发展，农民增收，农村稳定。1985 年国营和集体企业实行厂长（经理）负责制、承包制和生产岗位责任制，扩大了企业经营自主权，国营、集体工业企业经改制焕发了新的生机与活力。从 1979 年至 1989 年，国营、集体工业企业生产总值由7638 万元上升到 2.56 亿元，十年比增235.17%。从 1987 年开始，鼓励"三来一补"企业和开展对外贸易。1989 年全县共有"三来一补"企业 58 家，对外贸易总额从零到 680 万美元。同时，放开个体、私营商业和其他第三产业，使第三产业由 1979 年 0.58 亿元，发展到 1989 年的 1.58 亿元，比增 172%（按可比价计算）。在此期间，个体私营工业企业也以"乡镇企业"的方式开始出现。

1989 年至 1999 年（第二个十年），主要随着国家深化改革、扩大开放、加快市场化进程的大势，第一个十年制度创新的作用逐步弱化，国营（有）、集体企业逐步走入困境；农业在实现了量的飞速扩增后进入低迷阶段，粮食及其农副产品卖不起价，农民增产不增收。政府继续沿用行政手段，开始探索农业规模化经营模式，虽然效果不佳，但为以后"三高"农业发展和农业规模经济拓宽了发展思路；面对国营（有）、集体工业企业逐步走入困境的难题，一方面采取注入资金进行救治，一方面放手个体私营工业企业的发展。在农业方面，政府认识到了家庭联产承包责任制的局限性和农产品的品种品质不高、市场竞争力不强的弱点，号召大力发展"三高"农业。1995 年开始创建优质粮生产基地和创办粮食高产示范片，倡导养猪、种茶、种青榄、青梅、香蕉、柑橘等。1999 年，县正式确定发展青榄、生猪、蔬菜、茶叶、珍禽为主的五大农副业龙头企业，开始创办农副业生产基地。在政府主导下，当年，全县仅投入青榄基地建设资金就达 1500 余万元，采取全党动员、全民动手、机关干部出钱出工的方式，新种青榄 5.5 万亩。至 1999 年底止，全县各类水果种植统计面积达 15 万亩、茶叶 3.1 万亩、蔬菜 11 万亩、生猪 60 万头、珍禽 120 万只，由于政府单纯靠行政手段来追求"三高"和规模化，缺乏市场引导和科技支撑，群众缺乏积极性，致使农业五大龙头企业的"龙头"抬不起来，带不动基地和农户发展，导致规模不经济。

这些品种落后、品质不高、科技含量较低、市场竞争力不强的农产品，虽没有给农民带来较大的福音，但为农业规模化经营和真正"三高"农业拓宽了发展思路。

在工业方面，县政府提出"一电二瓷三化工"的发展思路。广东威达集团公司是国家医药局、机电部定点生产企业，省首批十大高科技企业之一，1993年被列为"全国百强高新企业"之一，跻身省1994年的100家现代企业制度试点企业。1995年加挂广东威达集团股份有限公司，揭阳市政府注入数千万元资金，兼并了县农机厂后，又到南京市兼并了资不抵债的南京天宇公司。于1996年8月23日，"威达医械"A股股票在深圳证券交易所挂牌上市。它是我国医疗器械行业及揭阳市股份制企业首家上市公司，也是这个行业的首家通过ISO9001质量认证的集团公司。国家医药管理局把威达列为当年中国正在筹组的十大医药企业集团之一。威达集团从研制B超定位碎石机开始，先后推出了痔疮治疗机、医用电子直线加速器、近距离遥控后装机、人工心肺机、磁共振成像系统等近30个高科技医疗器械产品，取得了显著的社会效益和经济效益，成为中国首家集科、工、贸于一体的医疗器械集团公司，在海内外享有较高的信誉。全县个体私营企业从无到有，得到了长足的发展。1996年发展到8468家，产值30.97亿元，实现就业8万余人。1999年实现工业产值43.6亿元，占全县工业总产值的92.4%，成为县域经济支柱。

第三节 社会主义市场经济体制下发展和建设的新探索

2000 年，国家全力推进社会主义市场经济体制的完善，国民经济处于国际经济低迷、国内市场疲软、经济走势下滑、结构性矛盾比较突出的稳定发展时期。

揭西作为广东省的 16 个山区贫困县之一，缺乏区位优势和工业商贸优势；人才、资金外流；矿产资源不具开发价值；农业结构性矛盾十分突出，产品的品质差、效益低，农户市场意识淡漠，农户增产不增收，农业五大龙头企业带动无力；青榄长势差，农户没信心；茶叶品种老化，市场份额少；加上经济形势偏紧，帮扶资金少；县本级财政收入少，靠省财政转移支付来保工资；群众发展经济信心差，经济不景气，历史积累下来的社会问题矛盾较多，社会管理控制问题突出。

2000 年，县委、县政府确定以谋求广大人民群众根本利益的最大化为己任，坚持"两手抓、两手都要硬"的方针。在政治上，采取一切措施，包括党政领导接访、信访包案、领导机关进村入户解决群众反映强烈的热点难点问题等在内，积极化解社会矛盾，密切党群干群关系，取得群众的信任和理解。发挥党的领导和群众路线的政治优势，推行干部制度 9 项改革，成为省委干部制度改革试点县，着力建立公开、公平、竞争、择优的选人用人机制，激活干部队伍。大打计生、殡葬和社会治安管理的"人民战争"，从而在政治上赢得了民心，稳定了民心。在经济发展上，制定了以市场为主导，以结构调整为主线，以科技为支撑，以民营工业和农业龙头企业为重点，以改善山区人民群众基本生产和生活条件为基础，以多元投资和适度规模及群众自愿为导向，以发展和创造揭西区域优势为动力，加快脱贫奔康步伐的发展思路。2001年，在此发展思路基础上，根据揭西经济社会发展与国内外，特别是与发达地区发展的比较，揭西县响亮提出"创造新环境，增创新优势，打造新揭西"的战略方针，即要创造文明高效的政务环境、安全稳定的社会环境、开放规范的市场环境、协调和谐的生态环境和文明祥和的生活环境等五大新环境；增创生态优势、科技优势、乡情人缘优势、党的领导和群众路线等四大新优势，打造一个生态均衡、富裕文明的新揭西，力争把揭西建成揭阳市乃至粤东地区的后花园。在这一发展思路和方略主导下，政府基本退出市场，把市场交给企业和农户，政府开始成为市场的"监护神"，除了保吃饭、保运转外，用少量的资金投资于县域经济发展规划、产业导向、品牌塑造、有发展前景的企业及项目的启动上，投资于改善人民群众基本生产条件和基本生活条件上，投资于科教文卫和社保等公益事业上。依靠开放与规范的市场环境和文明高效的优质服务来吸引外来投资，启动民间投资。一是在省、市支持下，开展以解决贫困户"四个一"（人均一块半亩保命田、贫困户每户输出一个劳动力、挂靠到一个农业龙头企业、掌握一门致富技能）和行政村"四通"（通机动车、通电、通邮和电话、通广播电视）为主的"两大会战"，总投资8400多万元，大大改善了山区人民群众的基本生产和生活条件，荣获省"两大会战"先进县称号。2001年，降低中小学生教育收费近600万元，投资602.16万元解决1877名中小学生免费读书问题。二是改变揭西号称"穷山恶水"的观念，发挥青山碧水的优势。申报并被国家批准为"第六批生态建设示范区试点县"，大北山5

213

万亩山林被省批准为省级森林公园，大北山茶被国家批准为 A 级绿色食品，金和蓝天果蔬公司的蔬菜被省批准为无公害蔬菜……，从而拉开了以茶果菜渔为主导的生态农业帷幕，加快了农业产业结构调整的步伐。三是根据揭西山水资源优势和具有旅游价值的 188 个景点及人们回归自然的需求，推动以大洋高山高尔夫旅游度假村及揭西特美思度假村为龙头的生态旅游品牌。四是对国有企业进行股份制改造，大力扶持发展民营经济。到 2001 年，民营工业企业总产值占全县工业总产值的 96.6%。在京溪园和棉湖两镇按政府挂帅、企业主导、市场运作的方式兴办两个 3000 亩的县对外工业园区，成立县外商投资服务中心，实行一个窗口办证、收费、管理一条龙服务等优惠政策。并着手在两个工业园区之间动工修建一条一级公路，搭上揭普高速公路，打通县域东部出口，沿路带动四个镇的经济发展。五是建立县信息网络中心，构筑网上快速通道。积极寻找科技合作，先后与华农、中大等院校和单位建立了科技合作及帮扶关系。六是利用贫困县项目省内优先权，积极争取资金，加快基础设施建设。采取走出去、请进来的办法，在海内外广泛开展乡情联谊活动，动员广大海内外揭西籍乡亲回乡投资兴业。坚持不求所有、只求所在、谁投资、谁受益和投资者受益、地方发展、群众受惠的多元投资政策，大力鼓励民间资本和外来资本投资兴业。七是对有限的扶贫资金采取资产抵押、无息使用、到期还本的契约扶植政策，破除了见者有份"吃大锅饭"行为。先后将资金投放到四个农业龙头企业，加快了企业发展和带动农户的步伐。八是从严打击假冒伪劣生产经营行为，打破地方保护和部门封锁，加快开放规范和统一市场机制建设。通过狠抓信用建设和形象建设，向海内外广泛宣传推介揭西优势，提高揭西的知名度和地位。通过上述一系列措施，加快了生态建设和基础设施建设，一批农业、工业及旅游项目相继落户揭西，科技贡献率明显提升，财政收入增幅较大（2001 年比 2000 年净增 4500 万元），人民生活水平提高，县内外对揭西投资的信心明显增强。社会舆论认为，揭西经济社会的发展已经进入了打造新揭西的快车道。

第四节 建县 40 年社会经济发展主要成就

1965 年至 2005 年，建县 40 年的发展，倾注着上级领导的亲切关怀。特别是改革开放以来，揭西的发展时刻牵动着上级领导的心，多位领导先后到揭西视察工作，为揭西的发展做出了重要指示。市委、市政府领导十分关心揭西的发展，领导的亲切关怀激励着揭西广大干部群众，凝聚成奋发图强、勇于进取的不竭源泉。2004 年，全县生产总值 59.74 亿元，地方财政一般预算收入 6756 万元。40 年来，广大旅外乡亲共捐资兴办公路、桥梁、学校、医院等公益事业 1103 宗，总计人民币 3.27 亿元。美不美家乡水，亲不亲故乡人。广大旅外乡亲热爱家乡的赤子情怀和造福桑梓的崇高义举永载史册。生态农业发展形势喜人，在稳定粮食生产的同时，发挥良好的生态优势，大力发展生态农业，建起初具规模的青榄青梅、茶叶、珍禽、蔬菜、甜玉米等五个农业龙头企业及农业商品基地。大北山乌龙茶、蓝天牌红脚芥蓝分别通过了"国家绿色食品"和"无公害农产品"认证。2004 年，全县农业总产值 13.18 亿元，比 1965 年增长 8.4 倍。特色工业日益壮大。初步形成了电子玩具、食品加工、纺织服装运动用品、五金塑料、制药五大支柱产业。河婆镇、棉湖镇分别被省里定为电子琴和五金电器专业镇。全县工业总产值 86.48 亿元，比 1965 年增长 337 倍。第三产业蓬勃发展。外贸出口总额 2172.1 万美元，比 1980 年增长 2.5 倍。金融、运输、房地产等产业也得到较快发展。改革开放之前，揭西人才缺乏，科技创新能力弱，教育面貌落后，卫生保健条件差。县委、县政府大力实施"科教兴县"战略，挖掘一切潜力，致力于科教文卫事业，取得了瞩目的成就。科技事业取得好成绩。全县共有高新技术企业3家、省级民营科技企业16家，累计申报专利286项。与省农科院、华南农业大学、华南理工大学等科研机构和院校建立起了长期合作伙伴关系，企业技术创新能力不断增强。科技考核连年被省评为先进单位。教育事业蓬勃发展。举全社会之力兴学育才，推动基础教育的跨越式发展。基本完成破旧、薄弱学校的改造，全县中小学校实现楼房化。1996年被评为全国"两基"工作先进县。文化事业繁荣发展。建成县广播电视台和县文化艺术中心等一批文化基础设施，活跃群众文化生活。卫生事业迈上新台阶。建成县人民医院、棉湖华侨医院、县疾病预防控制中心等28家专业医疗机构，被省评为"农村卫生三项建设先进县""爱婴县""初级卫生保健达标县"，农村合作医疗覆盖率达44.4%。建县40年，揭西的基础设施建设突飞猛进。原来偏僻闭塞的山沟，已是交通便捷、信息畅通、能源充足、旱涝保收的新兴山区县。全县公路通车里程990.6公里，其中上等级的水泥路面344公里，初步形成了以县城为枢纽，揭陆线、河棉线为主干，通镇公路为筋络，六大出口畅通无阻，至广州、深圳朝发午达的交通公路网络。全县建成水电站83座，装机容量9.12万千瓦，拥有22万伏输变电站1座、11万伏输变电站4座、3.5万伏输变电站6座，形成了水电、火电和省市电网三位一体的供电系统，为经济建设提供了强劲动力。建成揭西信息网络中心和总容量16.7万门的程控电话网络及覆盖全县移动通讯网络等一批信息基础设施，构筑通达世界的"信息高速公路"，山里山外一样精彩。水利建设得到加强，防灾抗灾能力明显提高，农业生产条件不断改善。随着经济社会的不断发展，人民生活水平明显提高，城乡面貌有了很大改观。河婆、棉湖、五经富列为省中心镇，并完成了 2000—2010 年总体规划修编。2000 年，全县实现村村通机动车、通电话、通邮、通广播电视，被省评为"突出贡献先进单位"。2003 年，农村居民生活水平总体上已达到省政府颁发的小康 10 项指标。至 2004 年底，全县城乡居民储蓄存款余额 44.11 亿元，比 1965 年底增长 2920 倍；农村人均年纯收入 3546 元，比 1965 年增长 63.3 倍；全县程控电话用户 13.1 万户，移动电话用户 12 万户，电话普及率每百人 27 部；农村人均住房面积 17.2 平方米。农村每百户居民拥有彩色电视机 97 台、洗衣机 63 台、摩托车 73 辆、液化气炉具 110 套。如今的揭西，县城是高楼鳞次栉比，交通繁忙，商贸活跃，高档酒店、花园住宅小区、休闲娱乐中心不断配套完善；农村衣食住行条件全面改观，庭院式建筑、小汽车等不断增多，城乡旧貌变新颜。揭西素有"群山环拱，碧水泱泱"之誉，生态保护良好，是粤东地区旅游资源最丰富、旅游因素最活跃的区域。初步建成了京明温泉度假村、黄满寨瀑布旅游区、大洋高山旅游度假区及 18 洞高尔夫球场等一批吸引力较强的生态旅游景区，生态旅游业呈现良好的发展势头。2004 年，揭西县委、县政府响亮提出，围绕"生态工业大县、旅游文化强县、绿色和谐揭西"的战略目标，组织工业、旅游、城镇建设、基础教育"四个新突破"，实施交通、水利、能源、环保、文化信息"五大工程"，强势推进政治文明、物质文明、精神文明建设，努力实现经济和社会的跨越式发展。

第五节　绿色揭西生态花园

揭西县首届生态旅游文化节

2005 年 11 月 1—3 日，广东揭西县隆重举办"首届生态旅游文化节"，向国内外游客展示揭西丰富的旅游资源、深厚的潮客文化和生机勃勃的发展朝气。1000 多名海内外嘉宾参加了开幕式，共 10 多万人次参与盛会。揭西是"国家级生态示范区试点单位"，山清水秀，生态资源极其丰富。揭西又是革命老区，民风淳朴，红色景点繁多。揭西还是潮客文化融汇点，人才辈出，文化底蕴深厚。美丽祥和的揭西是一块充满生机的沃土。近年来，县委、县政府在上级党政的正确领导和大力支持下，紧紧依托资源优势，围绕建设"生态工业大县、旅游文化强县、绿色和谐揭西"的总体奋斗目标，以超常规的措施推进了县域经济社会的发展。特别是生态绿色旅游，更是取得了一日千里的发展，韵味独特的揭西旅游已成为区域经济发展中一大亮点。在科学规划的基础上，揭西县委、县政府大动作、大手笔进行开发建设，先后投入资金近 10 亿元，初步建成了京明茶园、大洋旅游度假区、黄满寨瀑布旅游区、石内河漂流等一批吸引力强的景区景点，旅游配套设施不断完善。经过资源的整合，打造了京富洋、县城、棉湖三条旅游线路，形成了以绿色为主，古色、红色相融的"三色"旅游景观。发展思路的不断清晰，基础设施的不断完善，发展环境的不断优化，为旅游业的发展注入活力。

本届揭西旅游文化节看点多多，亮点纷呈。其中揭西县城"五大项目"的竣工落成剪彩，更是赢来一片赞扬之声。好日子广场、滨江公园、协贤桥、文学艺术中心和林世铿光彩事业展示馆的落成，改变了县城城镇建设、配套设施建设滞后的现状，城镇化建设亮点凸现；而县城霖都大道、县城西入口、农化路、新安路、过境公路、党校路等一大批项目的改建整修，更是使县城呈现前所未有的新貌与浓郁的节日喜气。作为一方古老而又充满活力的热土，揭西更是一块文化底蕴深厚的宝地，两千多年来的潮、客交融，更使揭西形成别具特色的地方文化。这次旅游文化节，海内外嘉宾充分领略了擂茶表演、客家山歌对唱、潮州大锣鼓、棉湖英歌舞、潮曲潮剧汇演、京明茶道等艺术表演，此外，还有百名青少年电子琴汇奏等，均给嘉宾们留下了深刻、美好的印象。揭西县首届生态旅游文化节的成功举办，取得了丰硕的成果，打响了生态旅游文化的品牌，提高了揭西的知名度；增进了友谊，扩大了同外界的交流与合作；促进了投资，加快了旅游、市政和交通设施建设步伐，取得了明显的经济效益和社会效益；大大振奋了揭西人发展经济、建设美好家园的士气，增强了揭西人加快发展、跨越式发展的信心和决心。

生态工业大县、旅游文化强县、绿色和谐揭西建设
迈上新台阶

2004—2007 年，揭西县紧紧围绕建设"生态工业大县、旅游
文化强县、绿色和谐揭西"的战略目标，狠抓发展第一要务，强
势推进经济建设，全面发展社会事业，经济社会保持良性快速发
展势头。2007 年，全县生产总值 76.82 亿元，比 2004 年（下同）
增长 28.6%；国民经济一、二、三产业的比例从 2004 年的
30.1∶42.4∶27.5 调整为 2007 年的 22.4∶50.0∶27.6。

【工业生产快速增长】　　坚持走新型工业化道路，努力推进
工业化进程。2004—2007 年，全县工业增加值 103.84 亿元，其中
规模以上工业增加值 14.52 亿元。民营企业较快发展，认真落实
扶持民营经济发展的各项政策措施，促进民营企业做大做强。电
子玩具、食品加工、纺织服装运动用品、五金塑料、制药等支柱
产业不断发展壮大，产业集群逐步形成。2007 年，新增省级民营
科技企业 2 家，累计 18 家；新增著名商标 3 件，累计 5 件。至
2007 年，全县共有民营企业 4326 家。工业载体不断完善。2006
年开工建设的棉湖鲤鱼门工业集中区、河婆工业集中区，京明工
业集中区配套建设逐步完善，累计投入资金超过 1 亿元，园区用
地基本供完。"三个新增 100"取得成效。不断加大资金投入，狠
抓项目建设，落实有效措施，扎实推进"三个新增 100"工作，
取得良好成效。2007 年，新建续建投资 1000 万元以上项目 27 个，
完成投资 9.67 亿元；新增投资 50 万元以上工业项目 19 个，完成

投资 3.02 亿元;新增规模以上工业企业 18 家,累计 85 家;新增规模以上商业企业 7 家。

【农业经济稳步发展】 努力克服各种自然灾害的影响,大力调整农业产业结构,促进农业农村经济稳步发展。粮食生产稳步增长。认真落实各项支农惠农政策,提高农民种粮积极性。2004—2007 年,全县农林牧渔业总产值 93.61 亿元。粮食种植面积 225.62 万亩,总产 85.97 万吨。农业产业化进程加快。坚持调整优化农业产业结构,大力发展特色农业、生态农业和效益农业,青榄青梅、甜玉米、茶叶、珍禽、果蔬等五大农业龙头企业发展势头良好,辐射带动作用不断增强。生态农业品牌逐步打响。大力实施名牌战略,2007 年,京明茶叶公司的"红心铁观音"、同心食品公司的"地瓜干"和农夫山庄公司的"农夫山庄九制杨梅"等 3 个农产品获省名牌产品称号。新农村建设步伐加快。积极发动群众、社会各界投入新农村建设,玉湖经验得到大力推广和落实,新农村示范点建设取得显著成效。

【投资建设力度加大】 创新投融资机制,多方求项目、筹资金,着力加快重点项目建设。2004—2007 年,全县社会固定资产投资 60.64 亿元。交通网络不断优化。完成了河棉公路(扩宽改造)、径新公路、县城过境公路、南大公路、坪石公路、京棉公路、金里公路、五黄公路、长池线五云路段、河婆至坪上路段等一大批重点项目建设,省道 S335 樟公线揭西五灰路段 17.1 公里一级公路改造工程,河婆至五云伯公岗二级路面改造基础工程均已完成规划建设。水利建设扎实开展。完成大溪拦河闸重建工程、钱东电排站工程和 47 宗小型水库除险加固工程、25 宗机电排灌技改工程等一大批农田水利项目,大大提高防灾抗灾能力。棉湖联围、金凤联围、龙潭联围等工程建设进展顺利。能源和通信建设得到加强。完成龙潭 11 万伏变电站、县电力调度自动化、霖都大道供电工程及地下输电电缆工程、凤江11万伏输变电站、县邮政综合楼、移动通信综合楼等一批能源通信设施建设。至2007年,全县电话总容量达18万门。县城建设力度加大。2004—2007年,全县共投入县城建设资金4亿多元,建设和完成协贤桥、滨江公园二期、县委党校二期、县城两河四岸景观工程、污水处理厂、温泉大道、党校路扩宽改造工程、河山路、河山横路改造等一系列市政项目建设。2007年,增设滨江公园体育运动场和LED大屏幕电视,进一步提升县城品位。城镇建设步伐加快。棉湖水厂取水工程、县第三自来水厂、龙江河一河两岸工程、县中医院等城镇项目有序推进,带动周边乡镇的发展;2007年,投资1500多万元,安装京棉公路、大北山公路、县城到五经富等路段的路灯,总里程达80多公里,美化和亮化城乡环境。

【财税金融形势稳定】 强化征管手段,积极组织收入,维护金融稳定,增强经济发展支撑力。财税管理力度加强。严格征管,强化稽查,积极组织税收收入;拓宽思路,多元化筹措资金,积极化解快速发展所需资金与正常运转所需资金的矛盾。2004—2007年,全县财政总收入29.40亿元,其中,地方财政一般预算收入3.39亿元。2007年,全县财政收入9.29亿元,创下历史新高,其中,地方财政一般预算收入1.11亿元,比增60.9%,首次突破亿元大关。建立健全财税管理机制和激励机制,强化财政支出的管理和监督,提高财政资金的使用效益,确保了财政收支平衡。部门预算、镇财县管、政府采购、国库集中支付、政府收支分类等改革有效实施,公共财政体制框架逐步形成。金融秩序保持稳定。正确处理好防范金融风险和促进经济发展的关系,确保金融稳定发展。农信社改革工作顺利实施。2007年全县金融机构各项存款余额64.82亿元,比增29.3%;各项贷款余额17.78亿元,比增58.2%。

【生态旅游品牌逐步打响】 立足生态资源优势，坚持大投入、大开发、大宣传，打响生态旅游品牌。先后引入资金10多亿元，着力发展京富洋、河婆、棉湖三个旅游圈，建成大洋高尔夫球场、京明温泉度假村、黄满寨瀑布旅游区、大北山森林公园京明度假村、三山国王祖庙等一批吸引力强的景区景点，基本形成以绿色为主，古色、红色相融的"三色"旅游景观。在2005年和2007年成功举办两届旅游文化节，特别是2007年，通过成功举办旅游文化节和"欢乐中国行·魅力揭西"大型文艺晚会，揭西的旅游档次和知名度明显提升，2007年被授予"广东省旅游特色县"称号，京富洋、河婆、棉湖三条旅游线路逐步成熟，生态旅游业呈现出良好的发展势头，旅游经济已成为揭西县域经济发展中的一大亮点。2004—2007年，共接待游客342.6万人次，旅游收入7.37亿元。

【社会事业协调进步】 注重统筹协调，全面发展社会事业。教育事业发展加快。2004—2007年，全县教育总投入13.3亿元。其中投入资金3.83亿元，新建扩建中小学148所，面积51.83万平方米；改建和维修危房校舍面积13.43万平方米，已全面完成C、D级危房改造任务；完成棉湖中学新校区、河婆中学校区扩建、县第一职业技术学校建设等一批基建项目。增配教师986名，其中本科以上学历367名。灰寨小学被评为省一级小学，棉湖中学被评为省一级学校，河婆中学顺利通过国家级示范性高中初期督导评估验收。认真落实农村义务教育阶段免收书杂费等工作。科技综合实力不断增强。加大科技开发和推广力度，科技进步对经济增长的贡献率不断提高。2007年，新增市级以上科技项目8项，其中省级4项；全年申报专利105项，累计728项。卫生工作取得成效。疾病预防控制和妇幼保健工作得到加强，公共卫生应急处理能力明显提高。新型农村合作医疗制度有效实施，2007

年，参加农村合作医疗保险人数51.2万人，参保率达70.9%。各项社会事业协调推进。"八荣八耻"社会主义荣辱观和"爱国、守法、诚信、知礼"现代公民道德教育活动深入开展，优秀传统文化得到弘扬。侨务外事工作取得成效。2007年，召开了县第二届海内外乡亲联谊会暨"金山奖"表彰大会，对543位国内外各界人士和47个社团进行表彰。

【人民生活水平继续改善】　高度重视民生民计，加大财政资金投入，着力解决群众切身利益问题，人民生活质量稳步提高。2007年，全县共投入财政资金1.38亿元，农民人均纯收入4070元，比增14.8%。社会保障不断完善。在财政困难的情况下，县财政坚持每年投入1500多万元，用于改善和配套城乡居民的医疗保险、农村合作医疗和最低生活保障。城乡居民最低生活保障水平逐步提高。2007年，全县共有8413户2.7万人享受最低生活保障救济，人月均补差标准提高到城镇80元、农村40元。全面启动城镇居民基本医疗保险工作。社保征缴工作得到加强。2007年，社保基金收入6369万元，比增118.9%，其中企业养老保险费收入4911.72万元，比增77.6%。企业离退休人员基本养老待遇得到较大提高，养老保险金按时足额发放。统筹就业有效推进，实施和完善积极就业制度，加大职业培训力度，提升技能，促进就业。2007年，参加百万农村青年技能培训和农民工技能提升培训2632人，退役士兵参加职业技能培训254人。新增就业岗位3300个，农村劳动力转移就业1万人。扶贫助困扎实开展。2007年，投入扶贫资金1162万元，扶持项目17个，完成农村危房改造750户。社会福利事业发展加快，赈灾救济工作得到加强，社会救助网络逐步完善。

7

第七章

党的十八大以来取得的成就

全面开展党的群众路线教育实践活动

在第二批党的群众路线教育实践活动中，揭西县按照"照镜子、正衣冠、洗洗澡、治治病"总要求，突出为民务实清廉主题，对照"三严三实"要求，认真查摆"四风"方面存在的突出问题，着力解决关系群众切身利益和联系群众"最后一公里"问题，完成学习教育、听取意见，查摆问题、开展批评，整改落实、建章立制的工作任务，并取得明显成效。全县参加第二批党的群众路线教育实践活动的对象有：县四套领导班子、82个县直单位、17个乡镇（街道）、318个村（社区）、84个"两新"组织，涉及的基层党组织有1549个，党员有34755人，参与活动覆盖面100%。按照市委"按要求、有揭味、求实效"的目标要求，立足实际，推进3个环节，同时，创造性地开展各项工作，确保"规定动作做到位，自选动作有特色"。整个活动工作扎实、发展健康、进展顺利。一是坚持提前谋划，从"高"抓好活动部署。按照市委的统一部署，揭西县及时成立领导小组，并下设工作机构；研究制订实施方案，成立7个督导组，对全县各单位开展教育实践活动进行督促指导；2014年2月18日，召开动员大会，对全县教育实践活动进行部署，将县四套领导班子和县直单位、乡镇（街道）、村（社区）分3个梯次依次进行。二是坚持理论先行，从"深"打牢思想基础。县委牢牢抓住深化思想认识这个重要基础，由县委领导班子带头，通过"三轮阶梯式"学习，不断深化学习教育。全县各套领导班子成员开展集中学习 54 场次，记学习笔记 427 篇，县委常委带头上专题辅导课 4 场次；各级领导班子成员带头讲党课 797 场次。对照"四风"问题，县四套领导班子和成员在活动中共征求到的初始意见、建议 4095 条，梳理汇总意见建议 78 条，其中"四风"方面的意见、建议 54 条，建立个人问题综合台账 24 个，各乡镇（街道）、县直单位领导班子征求意见、建议 731 条，建立领导班子党员干部个人问题综合台账 423 个。坚持问题导向，从"严"开展整风肃纪，开展"集体会诊"和谈心谈话，互相交换对班子存在问题的意见建议，深入剖析自身问题，认真撰写个人对照检查材料。2014 年 7 月 14—15 日，县委常委班子用一天半的时间召开高规格、高质量的专题民主生活会，县委常委班子成员间提出相互批评意见 188 条。全县各单位领导班子及成员切实贯彻落实县委精神，以整风精神为原则开展批评与自我批评；各基层党组织严格按照党内生活标准，开展专题组织生活会和民主评议党员工作，有效增强凝聚力和战斗力。三是坚持学用结合，从"实"开展建章立制。认真研究制定"两方案一计划一清单"，强化集中专项整治，着力解决"四风"方面存在的突出问题。制订《中共揭西县委常委班子党的群众路线教育实践活动整改方案》，确定 25 项整改项目；对照中央 21 项、省委 15 项和市委 4 项专项整治项目和时间节点、标准要求，制订《揭西县深入开展"四风"突出问题十项专项整治方案》，与中央 21 项、省委 15 项专项整治项目搞好对标，逐一分析，列出 19 项专项整治工作方案，逐一整改，达标销号；县委领导班子带头建立个人问题整改清单，明确有针对性和务实管用的措施，落实整改时限，进行边学边查边改。

推行"一监督"，农村问题得到依法治理。探索在全县 280 个行政村建立"三公开一监督"机制，即农村干部在办事过程中，做到"事前公开、事中公开、事后公开，接受群众监督"，从源头上减少和防止村干部的违法违纪行为。与 2013 年同期相比，全县群众来信、来访、来电同比减少 26.9%，2014 年，没有发生一宗进京非正常上访和到省大规模上访案件。

建立"一规定"，干部作风得到有效转变。制订出台《揭西县乡镇（街道）干部职工管理若干规定》，明确提出包括"五天四夜工作制度""双休日轮值制度"、工作预警机制、考勤制度、请销假制度、岗位替代和办事预约制度、卫生制度等 13 项规定，加强乡镇（街道）干部职工队伍管理，机关、乡镇工作人员工作作风有明显的转变，得到群众好评。

创新"两服务"，工作能力得到全面提高。在全县 280 个行政村建立党员代理服务站，制订切实可行的代理工作制度，明确代理流程，组建一支高素质的党员代理员队伍，在干群之间架起一座"连心桥"，密切社会转型时期党群干群关系；坚持以"减少办事程序、缩短办事时间、提高办事效能"为原则，出台《100 项便民利民惠民服务清单》，提高办事效能，打造便民惠民服务平台。至 2014 年底，揭西县党员代理服务站代理业务 16771件，其中党务代理 3210 件、政务代理 7590 件、生活代理5971 件。

践行"三承诺"，干群关系得到明显改善。承诺与群众共筑绿色家园，县委每年从财政拨出 1500 万元专项资金，在全县 280个行政村实行"户收集、村集中、镇转运、县处理"的农村垃圾处理模式，有效解决农村环境脏、乱、差的问题。至 2014 年底，全县建成 17 个农村生活垃圾转运站，完成 317 个农村生活垃圾集中点及 136 个自然村生活垃圾收集点建设工程；承诺管理好农村留守儿童，以上砂镇新东小学为试点，建立留守儿童寄宿学校，该学校集教育平台、爱心基地、安全庇护所于一体，于 2014 年 8

月底建成投入使用，并在 9 月 1 日开学日迎来第一批入学新生；承诺与群众共患难，揭西县统一出资为全县 17 个乡镇（街道）的农村住房购买政策性住房保险，使在灾情发生后，全县农村住房得到安全保障。落实专项整治，政府形象得到明显提升。县委制订 29 项专项整治措施，动真格，不打折扣，不搞变通，扎扎实实落实各项整改。整治文山会海，2014 年 1—5 月，以县委和县政府名义召开的会议 35 场次，比 2013 年（下同）同期下降 35.19%；发文数 148 件次，比同期下降 19.57%；整治办公用房超标，调整清理超标准办公用房 347.76 平方米；整治"三公"经费开支，"三公"经费同比减少 837.92 万元；整治落实惠民政策缩水走样，查纠城乡低保错保漏保的人数 43 人，查处落实惠民政策优亲厚友、以权谋私的问题 14 宗 14 人；整治办事难，基本完成县级政务服务中心建设和 17 个乡镇（街道）便民服务中心建设；整合村委党员代理服务站资源，完成 318 个村（居）委便民服务站建设，在全市率先基本完成县、镇、村三级服务体系建设任务；全年公开和简化办事程序单位 49 个，占 100%。

揭西县城乡生活垃圾处理工作取得成效

2012 年 4 月开始，揭西县推进美丽乡村"三大工程"，即农村基础设施建设大会战、农村环境卫生大整治、村（居）植绿覆绿大行动，改善城乡环境，实现"绿色崛起"，全面整合各方资源，动员全民参与，不断加大资金投入力度，实现"一县一场、一镇一站、一村一点"（即每个县一座以上生活垃圾无害化处理场、每个乡镇一座以上生活垃圾转运站、每个村一个以上生活垃圾收集点）目标任务，率先在全市建立"户收集、村集中、镇运转、县处理"的"四位一体"城乡生活垃圾集中处理运作机制，从机制运作和经费保障上彻底改变全县脏、乱、差的现象。城乡生活垃圾处理"四位一体"处理模式构建农村生活垃圾集中处置运行体系和城乡环境卫生管理一体化新格局，打破以往各自为政、运行不畅的问题，打通联系服务群众"最后一公里"问题。财政部、广东省财政厅对揭西县"财政买单生活垃圾处理经费为城乡保洁"的做法给予充分肯定。《南方日报》等报刊多次刊登报道，对揭西县城乡生活垃圾处理工作进行大力宣传。"户收集"就是农户要做好房前屋后的环境卫生保洁，每天产生的生活垃圾投放到村设立的固定垃圾堆放点。各行政村（或自然村）配备 1 名以上保洁员，配备 1 部以上保洁车等工具，负责所辖范围公共道路、沟渠及其他公共区域清扫保洁和环境卫生日常管理，做到村内无积存垃圾，无卫生死角，沟渠河道无漂浮物，道路清洁无垃圾。

"村集中"指村保洁员负责将所属范围内的生活垃圾清运到行政村垃圾集中堆放点，原则上做到镇区垃圾为一天一清运，重点村二天一清运，一般村三天一清运。"镇转运"指各乡镇（街道）配置1辆以上专用垃圾清运车，负责将辖区内各行政村集中的生活垃圾转运到县垃圾填埋场，做到日产日清。"县处理"指县环卫部门负责对各乡镇（街道）清运到垃圾填埋场的生活垃圾进行无害化处理。

一是强化组织领导，制订方案措施。专门成立以县长为组长、县分管领导为副组长的城乡生活垃圾集中处理工作领导小组，领导小组下设办公室，负责具体工作的推进实施，及时协调解决实际工作中遇到的问题和困难。全县各乡镇（街道）、各有关部门成立相应领导机构，进一步加强组织领导，落实工作责任，强化协作配合，全面形成齐抓共管的工作格局。同时，制订出台《揭西县城乡生活垃圾处理实施方案》，明确各乡镇（街道）的工作职责、资金分配，提出县城区与镇区垃圾集中处理率达到100%，其他地区达到95%以上的工作目标和任务。

二是强化经费保障，完善硬件设施。大力拓宽资金筹集渠道，采取"政府补一点，集体出一点，村民筹一点，外出乡贤、企业捐一点"等多种筹资方式，为全县生活垃圾处理工作长效运行提供有力的财力保障。在全县财政紧张的情况下，2012年拨出1000万元，2013年拨出1200万元，2014年又增加到1500万元，作为城乡生活垃圾清理专项补助经费，结合各乡镇（街道）户籍人口、流动人口、垃圾运输里程等不同情况，逐月拨到各乡镇（街道），并要求各乡镇（街道）把城乡生活垃圾集中收运处置工作经费纳入本级年度财政预算，确保经费及时到位；在硬件设施建设方面，揭西县多方筹资，全力加快建设进度，投入资金4800万元，建成日处理量600吨的揭西县坪上垃圾填埋场，负责全县范围的生活垃圾处理；争取省专项资金1167万元，作为全县城乡生活垃圾处理基础设施建设资金，并制订出台《揭西县乡镇（街道）生活垃圾集中点及中转站建设设施方案》，按照统一建筑方案图纸，给予每个垃圾收集点1万元、每座垃圾压缩转运站50万元的资金补助。各乡镇（街道）发动热心乡贤、企业家捐资，多方筹资，解决建设资金缺口，全力推进各项配套设施建设。如塔头镇筹集300多万元，用于各村垃圾收集点与转运站建设，以及车辆的购置和人员、工具的配备。至2014年底，全县各村（居）生活垃圾收集点和乡镇（街道）垃圾中转站建设全面完成，绝大部分行政村均配备保洁员和保洁车，各乡镇（街道）均配置专用清运车。

三是强化宣传引导，营造良好氛围。充分利用电视、广播、网络等各类媒体和会议、标语、横幅、广告牌、宣传册等形式宣传开展城乡生活垃圾处理的意义、目的和要求。县电视台每晚在黄金时间播放公益广告，县住建局通过信息平台经常性发送信息短信，教育和引导广大群众共同关心和参与生活垃圾收集处理工作，逐步养成讲文明、讲卫生的生活习惯，消除生活垃圾乱扔、乱倒、乱堆等不良现象。同时，推进城乡生活垃圾处理宣传进校园、进家庭、进社区，广泛开展"小手牵大手，共建文明城"等系列活动，精心制作宣传画册6万多册，通过每位小学生人手一册，把宣传画册带到家庭，带动广大干部群众共同开展城乡卫生治理，努力营造全民参与、全面发动、全县收效的良好社会氛围。棉湖镇发挥社团组织整合社会资源，印发环卫倡议书1万多份，提高当地居民的环卫意识。

四是强化督查考核，建立长效机制。制订出台《揭西县城乡生活垃圾集中处理考核办法》。按照考核办法，分别在每年的6月和12月，派出考核组，深入乡镇（街道）明察暗访、取证，再听取汇报，对全县各乡镇（街道）农村生活垃圾治理情况进行实地考核，逐项打分、排名，对工作成效好的乡镇（街道），大力推广成功经验，对排名前五位的，每个乡镇（街道）予以奖励5万元；对工作不力、进展缓慢的，予以通报批评，责令整改；对在每次检查评比中总得分不足80分的，扣除当年经费的10%作为罚款，并要求书面向县委、县政府说明原因，严格追究有关领导责任。

五是强化监督巡查，巩固治理效果。发挥"两代表一委员"的民主监督作用，2014年6月，揭西县组织部分全国、省、市、县党代表、人大代表、政协委员深入部分乡镇，开展城乡生活垃圾收集转运工程专项视察活动，现场视察揭西县城乡垃圾处理设施建设情况、了解具体运作模式，观看县电视台对各乡镇（街道）城乡生活垃圾处理暗访片，并召开座谈会，认真听取"两代表一委员"的意见建议，为进一步完善机制广开言路、吸言纳策。县住建和环卫等部门采取突击检查和日常检查相结合的办法，经常深入各乡镇（街道）开展巡查监督，加强业务指导，及时发现并协调解决工作过程中存在的问题和困难，有效地促进揭西县城乡生活垃圾处理规范化发展。各乡镇（街道）做好巡查监督，鼓励发动群众举报乱丢乱扔垃圾行为。塔头镇专门配备15名垃圾专管员，不定期到15个行政村进行监管，发现垃圾堆积没有及时清运，或者沟渠中有垃圾杂物，马上予以拍照并注明垃圾所在地，在镇有线电视台进行曝光并张贴于各村的宣传栏。通过这些手段，村民卫生意识大大提高，环境卫生脏、乱、差现象得到根本性改变，也提升镇、村干部在群众心目中的形象。村民对此深有感叹："以前厝前屋后、村头巷尾到处是垃圾，塑料袋满天飞，现在垃圾日产日清，日日干干净净。"揭西县把做好生活垃圾处理作为打通联系服务群众"最后一公里"问题，广泛深入开展宣传教育,多措并举加大资金投入,全面完善各项配套设施,健全完善考核制度,扎实推进各项工作,巩固治理效果,确保城乡生活垃圾处理规范有序有效。

第三节

揭西县荣获"广东省创建文明县城工作先进县城"称号

2014 年 1 月，揭西县获得"广东省创建文明县城工作先进县城"荣誉称号。揭西县创建文明县城工作从 2011 年开始启动，县委、县政府高度重视，多次召开县委常委会、县党政班子联席会研究创建工作，并召开揭西县创建省文明县城工作动员大会，对创建工作进行全面动员和部署。历经 4 年的时间，总投入 8000 万元，搞好城市建设，持之以恒开展群众性精神文明创建活动，全面提高市民文明素质和城乡文明程度。文明创建是一项群众性文明实践活动，揭西县营造创建文明县城的浓烈氛围，充分运用媒体、网络、手机信息、广告宣传牌、宣传栏等形式，大张旗鼓开展宣传，营造浓烈的创建氛围；弘扬社会主义核心价值体系和新时期广东精神、揭阳精神，多渠道广泛开展道德实践，形势政策、国情县情、法律知识、公民道德主题教育活动，强化公民思想道德建设；开展"道德讲堂"建设，"共筑中国梦"百姓宣讲教育、道德领域突出问题专项教育和治理活动、"小手牵大手、共建文明城"实践等活动和"三送三促""三个一百""双联双促"等机关党员干部接地气活动，评选出一批"优秀卫生文明村""优秀卫生文明户""卫生文明小标兵"；丰富群众文化生活，深入开展"欢乐进万家"社区文化活动、文化科技卫生"三下乡"活动、"乡乡乐起来"群众文化活动，推动农村文化建设，促进社会和谐发展；宣扬志愿服务精神，经常开展多形式、多内容、全方位的志愿服务。全县志愿者人数占县城人口总数的比例 5.2%，其中专业性较强的志愿者服务队 14 支。此外，在县电视台开设"创文"专题和专栏进行特别报道，同时利用网络、简报及时报道"创文"工作进展。民生工作推进，基础设施建设加强，环境不断优化，全面完成省道 S237 线棉湖镇和灰寨镇区路面升级改造、小型农田水利重点县、21 宗小型灌区改造等工程建设，110 千伏崇文输变电站、金塘电排站、桃溪洲电排站、五经富污水处理厂、坪上垃圾填埋场等工程建成投入使用。启动"创文"工程以来，政府实干有为，按照把揭西建设成为全市生态建设示范区的总体思路，以规划为龙头，以管理为手段，城市功能得到完善、县城品位得到提高，群众的幸福感也大幅提升。2014 年全县生产总值 202.6 亿元，比上年（下同）增长 10.6%；地方公共财政一般预算收入 4.7 亿元，增长 19.1%，其中税收收入 3.44 亿元，增长 20.2%，均全面完成市下达的任务；规模以上工业增加值 48.25 亿元，增长 15.9%。实现农林牧渔业总产值 48.94 亿元，增长 6.2%；十件民生实事全面完成，民生投入不断增加，2014 年民生支出 23.41 亿元，占公共预算支出的 84.2%，比上年提高 2.8%；国土资源管理不断规范，"三旧"改造稳步推进，完成森林碳汇林重点生态工程建设 5000 公顷，森林覆盖率 64.4%；全面抓好信访积案化解，深入推进"平安揭西"建设，严厉打击各类违法犯罪活动，社会大局保持和谐稳定，人民幸福指数提高。

揭西县高速公路建设顺利推进

　　按照省委、省政府的工作部署，至"十二五"期末全省基本实现高速公路"县县通"。构建大交通网络是省委、省政府促进全省经济社会均衡发展的重要举措。汕湛高速公路是《广东省高速公路网规划（2004—2030年)》规划"九纵五横两环"中"二横"的重要组成部分，起点位于汕头，终点位于湛江，途经揭西县金和镇、钱坑镇、大溪镇、南山镇、龙潭镇和河婆街道，全程约38千米，规划设计双向六车道，设计时速120千米/小时，路面宽34.5米，需征用土地约286.7公顷，总投资约40亿元。拟在河婆街道东星村、龙潭镇高田农场、钱坑镇设置出入口，在龙潭镇南福田和金和镇老芋村设置服务区。业主分别是中洲公司（汕揭揭西段约13千米）和省路桥公司（揭博揭西段约25千米）。潮惠高速公路是《广东省高速公路网规划（2004—2030年)》规划"九纵五横两环"中"四横"的重要组成部分，起点位于潮安县，终点位于惠东县，途经揭西县棉湖镇、凤江镇、塔头镇、金和镇、灰寨镇、大溪镇、坪上镇、五云镇和河婆街道，全程约44千米，规划设计双向六车道，设计时速100千米/小时，路面宽34.5米，需征用土地约320公顷，总投资约45亿元。拟在坪上镇九斗村、大溪镇井新村、灰寨镇南洋村、塔头镇旧住村设置出入口，在坪上镇石圳坑设置服务区。业主是省高速公路公司。汕湛、潮惠高速公路揭西段拟在大溪镇设置枢纽立交。

汕湛、潮惠高速公路建设对改变揭西县交通落后面貌，提升区位优势，加快物流、旅游、商贸事业发展，繁荣揭西县经济具有十分重要的意义。揭西县委、县政府高度重视，采取有效措施，全力配合和支持高速公路建设。揭西县切实加强对高速公路建设前期工作的组织领导，专门成立揭西县高速公路工程建设指挥部，由县长任总指挥，分管交通公路的副县长任常务副总指挥，下设指挥部办公室（设在公路局），由县公路局局长任办公室主任，负责日常工作。汕湛、潮惠高速公路揭西段沿线乡镇（街道）按照县委、县政府的工作部署，成立高速公路建设工程指挥所，由镇长任所长。征地拆迁工作是高速公路项目建设中的重点和难点。在征地拆迁工作中，揭西县严格依照国家有关法律、法规和程序，严把政策关口、严守纪律要求、严格规范程序，按照"公开、公平、公正"的原则，认真做好政策解释、房屋丈量、资料公示、资金发放等各项工作，对于征地拆迁、青苗、地上附着物补偿签字确认严格实行"四联单"（即业主或县、镇、村、农户签字或盖章确认）制度，做到"一碗水端平"，接受群众的监督，有力保障村集体和群众的利益，确保整个征地拆迁工作平稳推进。建立责任追究制度，明确责任、严肃纪律，对在工作中徇私舞弊、弄虚作假，不按政策办事的工作人员严肃追责，确保各项工作落到实处。在涉及宗族古墓的迁移、宅基地的补偿、横江水库水面补偿的水面界定等问题上，揭西县牢牢把握和谐拆迁、文明拆迁的指导思想，充分做好民众的思想工作和宣传教育工作，摸清问题底细，把握关键，加强与户主、业主单位、施工单位的协调沟通，形成合力共同推进征地拆迁工作。

全力推进新时期精准扶贫精准脱贫攻坚工作

2016 年，县委、县政府严格按照上级工作部署，强化组织领导，全面科学规划，落实工作责任，周密部署精准扶贫精准脱贫工作，全力打好扶贫攻坚战。县委、县政府负起脱贫攻坚主体责任，成立由县委书记任组长的精准扶贫工作领导小组，严格实行县领导挂钩联系乡镇（街道）和贫困村制度，建立驻镇帮扶工作组，各乡镇（街道）成立扶贫开发领导小组。县委、县政府、各乡镇（街道）、各贫困村逐级签订脱贫攻坚责任书，县、镇党政领导全部挂钩联系贫困村并对接非贫困村的贫困户，各乡镇（街道）领导班子成员全部直接联系群众，选派县直单位干部与挂钩帮扶揭西县 67 个相对贫困村的省直（中直）、东莞市、揭阳市直等帮扶单位帮扶干部全脱产驻镇驻村，落实帮扶到户，责任到人，实现帮扶全覆盖。出台《揭西县新时期精准扶贫精准脱贫三年攻坚的实施意见》《揭西县新时期贫困村外分散相对贫困人口精准脱贫攻坚工作方案》《揭西县精准扶贫开发资金使用监督管理办法》和《贯彻落实〈中共揭西县委揭西县人民政府关于新时期精准扶贫精准脱贫三年攻坚实施意见〉重要政策措施分工方案》等文件。聘请有资质的规划公司，对全县新时期精准扶贫暨 67 个相对贫困村进行精准规划，重点施策。坚持精准识别，通过产业扶贫、劳动力就业扶贫、社会保障扶贫、教育文化扶贫、医疗保险和医疗救助保障扶贫、农村危房改造扶贫、人居环境改善扶贫等措施落实精准扶贫精准脱贫攻坚工作。2016 年，开展贫困户实用技术培训 23132 人，转移劳动力 3727 人；对符合条件的全部或部分丧失劳动能力的贫困户 100% 纳入农村低保或特困人员救助供养，全县有 5610 户 17965 人纳入低保，3025 户 3059 人纳入特困救助供养，实现应保尽保；在落实现有各教育阶段家庭经济困难学生资助政策基础上，对贫困户子女就读小学、初中、高中、中职（含技校）、大专实行生活费补助。2016 年拨付 826.82 万元，符合条件的 4255 名贫困户子女生活费补助全面落实到位；落实政府全额资助贫困人口参加城乡居民基本医疗保险政策，100% 贫困人口参加医疗保险。8857 名符合条件的 60 岁以上相对贫困人口全部享受城乡居民医疗保险。出台实施对贫困人口先治病后付费的管理制度，将贫困人口全部纳入重特大疾病救助范围，对各项医保政策报销后的合规医疗费用按照不低于 70% 的比例给予补助。以长期居住危房且危房为唯一住所的农村分散供养五保户和建档立卡贫困户为重点，全面实施危房改造。2016 年完成 510 户贫困户危房改造。推进农村道路、农田水利、饮水安全等基础建设，2016 年投入资金 2500 万元，修建道路 47 条 50 千米，中央、省级投入资金 2212 万元，维修水利沟渠 27 条 44.5 千米，铺设农村饮水水管 169.3 千米，解决 41.15 万农村人口饮水安全，贫困村面貌得到有效改善。贫困村村庄规划、生活垃圾处理、污水治理、改厕和村庄绿化美化力度得到加强。在做好扶贫常规工作的基础上，探索脱贫攻坚新思路、新途径，打造揭西特色扶贫模式。推进"社会组织＋精准扶贫""互联网＋精准扶贫""乡村旅游＋精准扶贫"，探索推进"金融＋精准扶贫"。2016 年完成脱贫人口 13190 人，比市下达脱贫计划任务数 12554 人超额完成 636 人，其中属一般贫困户共 555 户 2451 人，属政策兜底扶贫的低保户、五保户共 5979 户 10739 人。

全力创建国家全域旅游示范区

2014 年，黄满寨瀑布旅游区在广东省旅游景区质量等级评定委员会"国家 4A 级旅游景区"评审中脱颖而出，于 12 月 26 日一举斩获国家 4A 级旅游景区"金字招牌"。黄满寨瀑布群位于广东最美丽乡村粗坑村，是广东省国民休闲旅游示范单位、粤东的龙头旅游景区、揭阳美丽十佳景区之一、揭西县最亮丽的生态旅游名片，被誉为"岭南第一瀑"。瀑布自上而下共分五级：一级是宽 82 米、落差 56 米，以排山倒海之势、雷霆万钧之力气撼山岳，被誉为"岭南第一瀑"的飞虹瀑布；二级是像繁星洒落人间的银河崆瀑布；三级是似银河倒泻、巨练悬天、落差 120 多米的落九天瀑布；四级是似舍不得一泻到底、温柔多情、与游人依依相恋的三叠泉瀑布；五级是侧看似万颗珍珠倒斗里的斗方崆瀑布。"飞虹瀑布"晴午观赏，必见彩虹，银河崆瀑布、落九天瀑布、三叠泉瀑布、斗方崆瀑布各具特色，美丽撼人。瀑布群以悬崖峭壁之险，峡谷深壑之幽，奇峰异石之美，瀑布成群之奇著称。黄满寨瀑布旅游区自 2006 年开业以来，不断完善配套设施、加强管理，提升品质，年游客接待 50 万人次，成为粤东生态旅游观光、体验的首选地。作为广东省首批旅游扶贫重点项目，景区开发建设得到省旅游局、省财政厅的重视和支持，300 万的省旅游扶贫基金带动企业投资累计 4 亿元。深圳安远控股集团有限公司对景区进行升级改造，规划建设黄满寨瀑布旅游区二期配套工程，包括药材基地、家禽表演区、农家文化区、农家度假区、茶园观赏区、农家餐厅区、农家乐综合服务区、旅游接待区、亲水活动区、毛竹种植区、公共设施和养蜂基地等 12 个功能区。2012 年，黄满寨瀑布旅游区启动创建国家 AAAA 级旅游景区有关工作，按照国家 AAAA 级旅游景区的评定标准，完善游客服务中心、景区各项管理制度和邮电服务，开通旅游中巴，更新景区中英文指示牌等，景区各项配套日臻完善。2014 年终获"国家 AAAA 级旅游景区"称号。2016 年，揭西县把"生态旅游"作为全县特色产业的主攻方向来抓，揭西县委十一届二次全会提出要以创建国家全域旅游示范县为目标，真抓实干，有序推进全域旅游示范区创建工作。揭西县加强组织领导，专门成立创建全域旅游示范区工作领导小组，采取有效措施，以创建国家 AAAAA 级景区和开发乡村旅游为抓手，做强生态旅游。完善全域旅游发展机制，启动编制《揭西县全域旅游发展规划》，推进《揭西黄满寨旅游区创建国家 5A 级旅游景区提升方案》《良田旅游小镇》《揭阳云上农场总体规划》《"金山湖"乡村综合体总体概念规划》《揭西县坪上石内生态旅游风景区总体规划》编制工作；以京明养老服务中心为依托，培育养生养老健康旅游产品，鼓励支持研学旅行发展；打造金和镇山湖村、良田旅游小镇、坪上梅花景区、樱山花谷等一批各具特色的乡村旅游示范点，推进"互联网 + 旅游"乡村旅游发展模式；推进旅游厕所建设，2016 年获得省旅游发展专项资金 185 万元，扶持新建、改扩建旅游厕所 14 座；将揭西县山湖村、庙角村、潭角村、欣堂村、活动村列入省旅游行业重点扶贫村；开展旅游万企万村帮扶专项行动，发动揭西县旅游企业与 5 个重点旅游扶贫村结对帮扶。加大旅游宣传，在市、县电视台、厦深高铁站和潮汕机场投放旅游宣传广告，升级改版揭西旅游网，开通揭西旅游微信公众号，丰富提升揭西旅游活页宣传营销资料。

强化旅游职业人员培训，聘请 6 名专业旅游发展顾问，为揭西旅游产业发展把脉开方，出招指路；加强与发达地区及周边县区的旅游合作，组织重点旅游企业组团参加博览会、交流会等活动。组织各种节庆活动，举办"中国旅游日"活动、茶文化节、妈祖文化节等，促进旅游文化交流。2017 年，揭西县成功入选第二批"国家全域旅游示范区"和首批"省级全域旅游示范区"创建名单。广东大北山旅游度假区成功入围首批"广东省游学旅游示范基地"；黄满寨瀑布旅游区成功申报省级地质公园。至此，生态揭西旅游正迈上新的台阶。

第七节 揭西县创建省级文明县城

2016 年 8 月 4 日，揭西县召开全县创建文明县城（简称"创文"）工作动员大会，提出全面铺开文明创建工作，按照省、市、县、镇"四级联创"工作要求，全面开展文明县城、文明镇街、文明村居创建工作，构建以绿色文化为核心的生态文明揭西。一是加强组织领导。落实工作责任，协调督促各创建单位按照"标本兼治、疏堵结合、边清边建、拆建并举"原则做好文明创建工作。全县召开创文动员会、推进会 15 场次，出台《全面开展文明创建活动总体方案》《关于开展城乡环境和交通秩序整治行动方案》《文明创建"四级联创"督查工作方案》等文件 26 份。二是加强宣传工作。利用公共基础设施、报纸、电视、网站、微信公众号等网络平台实现全方位、立体式、全覆盖宣传，使文明创建深入人心，在县城主干道每一个路灯挂红灯笼和中国结，在公园、高速公路出入口等重要部位设置大型公益广告牌。县广播电视台开设"争创文明县城，共建美好家园""创建文明县城大家谈""不文明现象"等专栏，对创文工作中存在问题及时曝光批评，通过正反两方面强势宣传和有效监督，增强群众创文意识。各乡镇（街道）、各部门按照属地原则，在主干道、公园、广场、学校等场所开展以社会主义核心价值观为主要内容的创文宣传活动。设立创文宣传牌（海报）和宣传横联两万多幅，发放《致全县人民的一封信》、《文明公约》折页、"门前三包"知识等宣传资料

30多万份。落实到各乡镇（街道）和县直单位，建立"网络化"、常态化创文督查、"门前三包"等工作机制和长效机制。三是加强清理整治。以城乡环境和交通秩序两项整治为突破口，全面开展大清理、大整治行动。2016年，全县出动各类人员7万多人次整治、拆除违规广告牌、违规搭建物18.4万平方米，清理"牛皮癣"约5万平方米，清理存积土垃圾122万吨。交警部门检查车辆超过1万辆，查处汽车乱停放2000多宗。四是加强示范带动。按照揭阳市"六个一"：一条示范路、一条商贸街、一个集贸市场、一个居民小区（村）、一个广场或公园、一个重点部位的要求，重点打造市场、医院、学校、公园、道路等13个文明创建示范点，带动提升全县文明创建整体水平。以多举措提升老百姓获得感、基层组织存在感、基层干部成就感为抓手，打造"文明揭西、共建共享"理念，先后开展"小手牵大手，共建文明城"、交通安全讲座、"中国梦·揭西美"文艺巡演、"文明创建大家谈"电视访谈等主题活动17项，评选并宣传一批揭西"善行义举"人物、"巾帼风采"人物、"最美揭西人"，弘扬社会正能量，为揭西县文明创建工作营造浓厚氛围。2017年1月8日，揭西县被广东省精神文明建设委员会评为"广东省县级文明城市"。自2016年8月起，揭西县全面铺开文明县城、文明镇街、文明村居创建工作，以县城（河婆街道）为中心，以城乡环境和交通秩序两大整治为抓手，加强城乡联动，开展文明创建活动，培育和践行社会主义核心价值观，构建以绿文化为核心的生态文明揭西。揭西县党政一把手负总责，全面压实工作责任，层层动员，县四套班子成员、县直各单位全部挂钩到河婆街道各社区（村）及各乡镇，指导、督促镇（街道）、村（社区）文明创建工作；各乡镇（街道）、各部门把责任分解落实到具体领导和部门；通过划分环境卫生管理责任区，明确各责任单位职责；与各商住户签订"门前三包"责任书，引导群众自觉参与环境卫生管理。建立工作管理机制，县"四级联创"督查组每月开展 1 至 2 轮全覆盖的督查行动。把"创文"经费列入各级财政预算，按每个人口 30 元/年标准拨付卫生保洁费，发动外出乡贤、热心人士为揭西县创文出资捐款，共接受乡贤捐赠扫路车、洒水车 9 部。在扩容提质的基础上，结合创文工作，以环境卫生和公园、市场等场所为重点开展大整治行动。围绕省"县级文明城市标准"，以城乡环境和交通秩序两项整治为抓手，集中整治城乡环境工作。以省、县道全面开展大清理，推进县城整治行动，公安等相关职能单位定期或不定期升展多管齐下的整治城乡环境卫生行动，出动各类人员 8 万多人次，拆除违规搭建物 20.4 万平方米，清理存积垃圾 202 万吨；各村（居）发动群众清理村道及村内大街小巷，疏通沟渠，清除卫生死角、"牛皮癣"，从严治理乱倒生活垃圾、道路绿化缺损等现象。县公安交警大队开展交通乱象整治行动，在县城区、棉湖镇等交通事故、拥堵高发区域增加交通执勤频率，采取严厉打击管理模式，严管交通秩序；对重点区域路段泥头车飘洒、酒后驾驶、货车超载、客车超员、飙车、驾乘人员不戴头盔等各种交通违法违规行为进行整治；推行重点路段停车标志与停车位施划工作，缓解停车难、乱停车等问题；科学规划设置一批红绿灯，教育引导群众自觉遵守交通规则。查处酒驾、醉驾、泥头车飘洒、超载、违停、不戴安全头盔等各类交通违法违规行为 9388 宗，纠正行人非机动车轻微违法行为 2750 宗，新增规划停车位 3364 个。升级改造县城道路，县城内 12 条主干道全面进行升级改造，铺筑沥青路面、安装地下排水管，安装指示标志、LED（发光二极管）路灯，人行道绿化等；扩建改造县城两个农贸市场，县城大同市场和河山市场主要从硬件设施、地下管网、水电、水产交易、禽类交易等进行全面重建，为周边流动摊贩提供 80 个固定摊位；配套建设各乡镇（街道）市政设施，各乡镇（街道）中心市场、农贸市场改造扩建全面铺开，部分镇区进行人行道、绿化带、排水排污设施建设；完善公园文体设施，县城滨江公园、棉湖云湖公园进行升级改造，各地新建一批文化小公园、小广场、绿道、文体活动中心，发动志愿服务、各地各部门组织、发动志愿者投身创文工作。县直各单位定期或不定期到挂钩乡镇（街道）开展环境卫生志愿服务活动；团县委从各单位招募志愿者，以交警、协警员、志愿者"三位一体"文明交通管理方式，开展文明交通志愿服务活动；县创文办、各乡镇（街道）印发 50 多万份《致全县人民的一封信》，号召广大干部群众，自觉参与城市管理，争做文明市民；县文明办、县妇联联合开展"争创文明家庭，共建文明县城"巾帼主题活动，号召广大妇女加入到创文队伍中；县教育局发动各中小学师生开展"小手牵大手"创文活动，以学生带动家长，进而带动全社会；县水务局、县体育局联合县自行车运动协会开展创文骑行宣传活动，发动社会力量参与文明创建和民生建设。创文启动后，全县外出乡贤和企业家支持家乡建设捐款近亿元，在 2017 年年初举办的乡贤座谈会上接受捐款 1600 多万元；全县共组织志愿者 3.54 万人次，开展各类志愿服务活动 823 次。县创文办编发《文明简报》《揭西创文特刊》，对各地开展文明创建工作的经验、亮点进行及时通报；开通"文明揭西"微信公众号，每日推送文明创建相关文章；开展"讲文明、树新风"随手拍活动，号召广大群众拍出文明、曝光陋习；县广播电视台开设"争创文明县城，共建美好家园""创建文明县城大家谈""不文明现象""文明掠影"等专栏；抓好示范带动，打造滨江公园、霖都大道、河婆街道大同市场、河山市场、龙潭镇陂尾村、南山镇上寮公园、棉湖镇湖西路步行街、贡山村、东园镇月湄村、玉湖村、塔头镇中心街等一批有亮点、有特色的文明示范点；树立先进典范，通过开展"广东好人""身边好人""玉德人物""学雷锋标兵""最美揭西人"等系列活动，树立社会主义核心价值观践行者、示范者、引领者先进人物典型。

第八章

党的十九大以来取得的主要成就

第一节　绿水青山就是金山银山　生态和谐发展谱新篇

　　2018 年是改革开放 40 周年，揭西县坚持以习近平新时代中国特色社会主义思想为指导，按照高质量发展要求，锐意进取，真抓实干，经济社会发展迈出新步伐。全年实现生产总值 251.53 亿元，比上年（下同）增长 3.7%；地方一般公共预算收入 5.26 亿元，其中税收收入 3.61 亿元，均比增 14.3%，增速在全市各建制县（市、区）中名列第一；城乡人均可支配收入 14252.8 元，比增 7.5%。全县上下凝聚力、抓产业、谋崛起，发展工程扎实推进。圆满理顺揭西电线电缆产业园管理体制机制，稳妥解决长期制约园区发展的"以租代征"问题，顺利收回园区管理权、经营权，完成园区征地 1580 亩和 3 条配套道路建设，进园西路工程。全面实施创新驱动发展战略，投入技术改造资金 8 亿元。3 家企业列入省拟认定高新技术企业名单。融资近 2 亿元，"一企一策"帮扶全县 30 家"梁柱"企业加快发展；新增规上工业企业 11 家。全年规模以上工业增加值 37.44 亿元，比增 0.8%，招商引资取得实效，共引进项目 44 个，计划投资约 40.9 亿元。生态旅游加快发展，黄满寨旅游区顺利通过创 5A 景观质量省级评估，全省首个县级旅游数据中心建成投入使用。启动创建"中国天然氧吧"，揭西万梅谷文化小镇纳入省级特色小镇培育库，"揭西擂茶"成功申报国家地理标志商标，三山国王祖庙创建广东省海峡两岸交流基地，与广州等珠三角城市签订旅游战略合作框架协议，圆满举办"梅花节""樱花节"等旅游节庆活动，旅游服务水平、影响力和美誉度显著提升。全年旅游接待总人数1193.9万人次，同比增长11.7%，旅游总收入67.68亿元，同比增长12.5%。县委、县政府强化统筹抓项目、补短板，美丽工程成效明显。"百日百项大行动"项目建设全面推进，全年完成固定资产投资76.29亿元，同比增长14.5%。潮莞高速公路至县城连接线、国道238线五云至坪上路段灾毁恢复重建工程、中小河流治理工程、县城横江河左岸景观配套工程、亮化工程、北环一路和棉湖兴华路、湖西路、棉西路升级改造等一批基础设施项目顺利完成，汕湛高速揭西东段、兴汕高速揭西段、农村公路安全生命防护工程、县城新自来水厂、两河四岸毓秀工程、东部商住区、北部新城等项目扎实推进。"路边工程""五路绿化"成效显著。创建国家森林城市总体规划通过专家评审并上报国家林业和草原局备案，且进入全面实施阶段。"五城同创""五河毓秀""五水清漂""五边清污"等工作全面开展，人居环境和营商环境持续优化。全力以赴抓重点、打基础，乡村振兴全面开展。全年农业总产值57.75亿元，同比增长4.4%。深入实施农业"一镇一品"工程，推进农业产业化发展，全县累计市级以上农业龙头企业12家。国家农产品质量安全县创建工作接受省核查验收。加快新农村建设步伐，累计投入省级专项资金6.4亿元，省定贫困村创建社会主义新农村示范村和非贫困村雨污分流及相关工程项目加快建设。第四批省级新农村连片示范建设扎实推进，以金和镇山湖村等为代表的新农村建设示范点全面铺开建设。农村土地确权登记领证工作基本完成。土地出让工作取得新突破，自行垦造水田、高标准基本农田建设和农村建设用地拆旧复垦三项工作均全面完成任务，走在全市前列。农村"四拆"工作扎实有效；拆后复种复绿及规整面积57.8万平方米，村容村貌明显改善；揭西县千方百计抓民生、解民忧，惠民事业持续进步。全年投入民生资金 42.83 亿元，占一般公共预算支出的 88.8%，同比增长 19.6%。全县新增 8 所普惠性幼儿园，17 个乡镇（街道）通过省教育强镇复评验收，"三通两平台"建设如期完成，成功创建省教育现代化先进县。卫生文化体育事业加快发展，完成 10 家标准化乡镇卫生院、110 家村卫生站建设，县人民医院、棉湖华侨医院和县妇幼保健计划生育服务中心住院综合楼等项目建设推进；新建 3 个乡镇文体广场、3 个体育场地设施示范点、10 个综合性文化服务中心示范点，完成 318 个行政村（社区）综合性文化服务中心建设。社会保障水平进一步提升，全县共 6184 户 19929 人享受最低生活保障，城镇低保标准提高到 675 元/月，农村低保标准提高到 491 元/月。脱贫攻坚取得扎实成效，至 2018 年底，全县累计 9721 贫困户 27330 贫困人口实现脱贫。县财政投入 2067.1 万元完成 569 户危房改造任务，并为 148 户五保户统一配置家具和生活用品。坚定不移抓治理、促和谐，社会建设全面加强。大力抓好重大金融风险防范，全县金融总体保持稳定。坚决打好污染防治攻坚战，完成县城污水处理厂及配套管网工期工程建设，加快建设棉湖污水处理二期工程和凤江污水处理厂；投资 7.26 亿元的农村生活污水处理设施建设 PPP 项目扎实推进，全县 14 个镇区污水处理厂和 303 个村级小型污水处理站全面开工建设。铁腕打击环境违法行为，严格执行"河长制"，加大巡河力度，榕江南河钱坑龟山塔、东园后寮两个考核断面水质稳定达标，基本实现水清岸绿。土地管理得到加强，卫片遥感监测图斑大幅度减少。大力整治问题楼盘，集中力量开展"两违"建筑和"小产权房"清理整治行动，规范房地产市场发展。深化道路客运体制改革，初步实现长途客车运营科学化、规范化。成功应对台风和强降雨袭击，共转移安置群众 7423 人，切实维护了人民群众的生命财产安全。着力加大市场监管、食品药品监管力度，深入开展安全生产大排查大整治和扫黑除恶专项斗争，全力排查化解信访维稳突出问题，社会大局保持和谐稳定。

2019 年是新中国成立 70 周年，县委、县政府和全县人民以习近平新时代中国特色社会主义思想为指导，全面贯彻党的十九大和习近平总书记对广东重要讲话精神，统筹推进"五位一体"总体布局，协调推进"四个全面"战略布局，认真贯彻落实中央经济工作会议和省委十二届六次全会精神，紧扣"绿色崛起示范县、潮客文化融合发展传承区"的发展定位，围绕"一个龙头、两翼齐飞"的工作思路，坚持党建引领，坚持稳中求进工作总基调，坚持以新发展理念和高质量发展要求为统揽，以供给侧结构性改革为主线，全力构建"一园两区"发展新格局，推动揭西全面加快发展。

第二节 以构建"一园两区"发展新格局
引领推动揭西县域经济加快发展

一、聚焦功能区引领，推动经济高质量发展

党的十九大以来，揭西县进一步践行生态发展理念。按照省"一核一带一区"和市"一轴一带一区"新格局要求，立足生态发展区的功能定位，深入贯彻习近平生态文明思想，坚决担负起生态文明建设的政治责任，自觉践行"绿水青山就是金山银山"的理念，坚持人与自然和谐共生，坚定不移走生产发展、生活富裕、生态良好的文明发展道路。坚持以绿色生态为产业发展的第一导向，构筑环境友好型产业发展格局。做大做强电线电缆产业。加快电线电缆产业园建设，落实"项目＋园区＋产业"工作思路，组建园区管委会，抓好进园西路等配套设施建设，打造全县生态工业发展和招商引资重要平台。制订投资优惠政策和入园条件等相关配套制度，全方位开展招商引资，精准施策、靠前服务；支持龙头企业做大做强，带动中小企业转型升级，培育小微企业上规模、上档次，做精做优生态旅游产业。积极申报创建"中国天然氧吧"，打造揭西生态旅游新品牌。继续推进国家全域旅游示范区创建工作；推动黄满寨瀑布旅游区和京明温泉度假村等主题景区联创5A、大洋国际生态旅游度假区创4A、樱山花谷景区创3A、大北山生态旅游度假区创建国家级旅游度假区，不断提升重点景区的档次和品位。加快文化旅游融合发展，推进大北山革

命历史纪念馆、南侨中学、南方人民银行纪念馆分别申报国家、省、市爱国主义教育基地，南山镇火炬村打造省"红色村"党建示范工程，实现文化价值和经济效益的有机统一。改造拓宽、美化绿化全县高速公路出入口，打造县域主干道门户景观工程，加快制定出台鼓励民宿（农家乐）发展的政策，大力发展民宿经济。结合新农村建设"绿满家园"，广植树多种花，全面加快乡村旅游发展。积极引进有实力的专业公司，规划建设揭西万梅谷文化小镇，打造集花海观光、乡村美食、民宿体验等多功能于一体的综合型特色小镇。完善旅游综合服务区，旅游厕所、旅游集散中心等配套建设，做细做实做优旅游服务。举办"首届潮客粤菜师傅（乡厨）旅游美食文化节"等旅游节庆活动，创新旅游营销方式，加大宣传推介力度，全力打造"粤东花海·揭西乡愁"旅游城市品牌。

二、聚焦服务提升，培育经济发展新动能

大力提升服务经济发展的能力，有效壮大实体经济。强化科技创新。推进实施新一轮技术改造三年行动计划，重点支持培育一批科技型中小企业。大力扶持创新能力强、产品档次高、发展前景好的企业，择优遴选 3 至 5 家企业建立高新技术企业培育储备库，发展壮大成为高新技术培育入库企业和高新技术企业。强化招商引资。推进"湾区行动"，主动融入粤港澳大湾区建设。用好用足海陆丰革命老区和省扶贫开发重点县各项优惠政策，通过"走出去、请进来"的方式，大力实施"乡贤回归"工程，精准招引一批优质项目落户建设，并对重大项目实行"契约式"服务，实现招商引资工作新突破。强化企业帮扶。落实县委"10＋3"改革总体布局，突破重点领域和关键环节改革，有效增强发展内生动力。推进商事制度改革，落实减税降费政策，构建亲情

新型政商关系，坚定不移地帮助和扶持民营企业发展壮大。加大领导挂钩帮扶企业力度，实行差别化、保姆式服务，推动"梁柱"企业做大做强，努力实现投资有回报、产品有市场、企业有利润、员工有收入、政府有税收、环境有改善的目标。

三、聚焦乡村振兴，促进"三农"加快发展

坚持农业农村优先发展，全面实施乡村振兴战略，努力把短板变为"潜力板"。发展富民兴村产业。坚持产业兴村，大力培育发展特色产业，积极创建省级"一村一品、一镇一业"富民兴村产业示范村镇。培育壮大家庭农场、农业合作社等新型农业经营主体，推广"龙头企业＋合作社＋农户"经营管理方式，推动农业规模化经营。坚持以工补农、以城带乡，积极申报创建揭西省级茶叶产业园项目，发展扩大供港蔬菜基地及供港食品，积极融入粤港澳大湾区农产品贸易合作。落实粮食安全和"菜篮子"负责制，深化屠宰行业改革，加强非洲猪瘟等动植物疫病防控，进一步强化农产品质量安全监管。

掀起新农村建设热潮。加快推进省定贫困村创建社会主义新农村示范村和非贫困村雨污分流、道路硬化、集中供水等相关工程建设，确保年底前全面完成建设任务。加快第四批省级新农村连片示范建设，着力完善和精细打造金和镇山湖村、棉湖镇鲤鱼沟村、塔头镇旧住村、大溪镇井美村、龙潭镇陂尾村等精品示范村，辐射带动全县美丽乡村建设。持续用力抓好"三清三拆""五路绿化""五水清漂""五边清污"等美丽工程，推进垃圾清运、水岸同治、"厕所革命"、绿满家园等重点工作，优化农村人居环境，打造干干净净、整整齐齐、漂漂亮亮、和和美美的揭西乡村名片。加强农村基础建设。加快建设移动网、宽带网、有线电视网等"村村通"工程，大力发展农村电商，补齐农村公共基

础设施短板。全力推进榕江流域凤江段等 6 条中小河流治理工程建设，做好灌渠清淤整治和河砂集中整治，提升灌溉排水效能。推进农村集体产权制度改革，规范农村集体"三资"管理和村级组织议事决策程序，发挥乡贤咨询委员会作用，形成民事民议、民事民办、民事民管的基层协商治理格局。

四、聚焦三大攻坚战，有效务实发展基础

打好防范化解重大风险攻坚战。加强政府债务管理，积极谋划好项目，提高债券资金使用效益。坚持底线思维，增强忧患意识，提高风险管控能力，重点加强金融领域风险防控和应急处置，严厉打击金融违法犯罪行为，防范区域性、系统性金融风险。深化政银企对接合作，推动金融资源更多投向实体经济。打好精准脱贫攻坚战。完善建档立卡动态管理机制，实施到村到户到人的精准措施，确保"两不愁、三保障"全面落实到位，坚决防止已脱贫人口返贫。坚持扶贫与扶智、扶志相结合，帮助扶贫对象提升技能、转移就业、稳定就业，形成可持续收入来源。大力推广发展特色扶贫产业，通过产业扶持、就业帮扶等系列措施，巩固提升脱贫成果，确保农村相对贫困人口全都实现稳定脱贫，67 个相对贫困村全都出列，如期完成脱贫攻坚任务。打好污染防治攻坚战。深入实施全县环保基础设施建设三年行动计划，加快推进包括 14 个镇区污水处理厂和 303 个村级污水处理站的农村生活污水处理设施建设 PPP 项目、棉湖污水处理二期工程、县城污水处理厂配套管网三期工程、凤江污水处理厂、饮用水源防护工程、空气自动监测站等环保项目建设，有效夯实环保工作基础。深化中央和省环保督察及"回头看"反馈问题整改，巩固提升凉果加工污染、畜禽污染整治成果，大力推进棉湖云湖水系、凤江青头庵、龙潭黄竹溪等内河涌水质提升工程建设，严厉打击各类环境

违法行为。强化造林绿化工作，大力创建国家森林城市，筑牢绿色生态屏障。

五、聚焦基础设施建设，提升城乡一体化水平

以"谋振兴·百日百项大行动"为抓手，按照"重要工作项目化、重点项目责任化"的思路，全面加快重点项目建设。推进城镇建设。全力推进县城扩容提质，盘活处置闲置土地，规划建设县城东部住宅小区，推进县城绣衣厂改制和白云山药厂老厂区改造，加快客潭洋综合开发项目、县城10条道路升级改造等项目建设，推动县城向东、西、北方向拓展。实施棉湖镇区道路和配套设施升级改造工程、五经富镇过境公路新建工程、大北山中药园等项目建设，提升中心镇综合竞争力，辐射带动周边乡镇加快发展。以东园镇为核心规划建设揭西东部新城，拓展发展空间，提高城镇品位。盘活国有农场土地资源，打造养生养老基地。每个乡镇（街道）启动建设一个以上"三旧"改造项目或房地产项目，引进知名房地产企业进驻揭西，满足人民群众住房需求。强化城镇经营管理。以创文为抓手，通过持续不断的"专项行动机制建设"常态化工作，构建"村居为基础，镇街为主体，县级抓统筹"的城镇管理运行体系。探索将城镇管理部分职能推向市场化，建立健全城市管理联合执法机制，采用绣花功夫，有效实现城市精细化、规范化管理。加快老虎坷垃圾填埋场扩容升级工程和揭西县建筑垃圾消纳场建设，进一步完善生活垃圾处理体系。加强和规范房地产市场管理，推进房地产市场健康有序发展。加快交通基础设施建设。全力服务好兴汕高速揭西段、汕湛高速揭西东段两条高速公路建设，组织实施"四好农村公路"建设计划，完成国道235线揭西径下桥改造、国道238线揭西坪上桥改造、县道094五黄线路段改建、金和新龙公路改建等工程，大力

推进京棉公路升级改造、农村公路安全生命防护工程、金鲤大桥和金和大桥改造等交通设施建设，完善连接交通枢纽、中心镇、旅游景区的公路建设。在全县农村客运和县际客车增设新能源客车客运服务项目，推动城乡公交一体化，持续优化交通环境。抓好水利能源建设。启动建设县城河江大桥上游堤防整治工程和龙潭联围塔头镇塔头村至桃溪洲电排治理工程，加快推进塔头拦河闸重建、瓠杓岭引榕灌区整治、象山拦河闸至坪上两南桥堤防加固工程、揭西五经富输变电等项目，完成县城两河四岸毓秀工程三期、2019 年供电新建配网等工程建设，不断完善水利能源基础设施。

六、聚焦民生发展，扩大优质资源供给

把人民对美好生活的向往作为奋斗目标，全面发展社会事业，有效提升公共服务水平。办好教育文体事业。巩固提高"省推进教育现代化先进县"创建成果，全面提升教育信息化应用水平，促进信息技术与教育教学融合创新。深入开展幼儿园"小学化"专项治理工作，积极稳妥实施义务教育学校教师"县管校聘"管理改革，建设揭西县教师发展中心，提高全县教育整体水平。大力发展文化体育事业，完善提升基层综合性文化服务中心，建设一批镇村文体设施示范点，抓好文化遗产资源保护传承工作，落实文化惠民、全民健身。大力弘扬社会主义核心价值观，促进精神文明建设。加快医疗卫生发展。全面深化医疗卫生体制改革，提升基层医疗卫生服务能力，抓好急救体系和紧密型医联体建设，创建卫生强县。完成县人民医院、棉湖华侨医院和县妇幼保健计划生育服务中心住院综合楼等项目，推进民营贝斯达医院建设，加快村卫生站公建规范化建设进程，实现每个行政村建设一个规范化卫生站。积极推动中医药事业发展。加强公共卫生服务，切

实抓好卫生创建和季节性流行病预防控制等工作。提升社会保障水平。实施就业优先战略，全面落实各项就业创业政策，发挥县职业技能公共实训基地作用，促进高校毕业生、农村劳动力、异地务工人员、退役军人等群体就业创业，稳妥做好军转干部安置工作。抓好城乡居民养老保险和医疗保险参保缴费工作，推进企业养老保险省级统筹和扩面征缴，稳步提高各项社保待遇水平。强化民生"兜底"，完善城乡低保、医疗救助、临时救助等社会救助体系，积极推进慈善事业和残疾人事业发展，扎实做好关爱保护农村留守老人和儿童各项工作，建设区域性敬老院，逐步建立适度普惠型养老服务体系。

全力办好十件民生实事。一是改造提升县城 10 条市政道路，推动每个乡镇（街道）至少改造 1 条通村（社区）道路，逐步解决路不通、路不平、路不畅等问题。二是加快县城新自来水厂建设，确保完成首期工程建设。三是加强现状空地和边角地、插花地整治，建设 3 个以上"小公园＋停车场""小绿地＋停车场"或局部景观小区。四是综合整治榕江南河 9 条内河涌，完成全县200 个以上自然村的雨污分流工程建设项目。五是改、扩建 8 所中小学校和 2 所中心幼儿园，对全县 18 所公立幼儿园安全设施进行改造提升，保持公办幼儿园和普惠性民办幼儿园覆盖率达到80% 以上。六是新开通 88 家村卫生站规范化建设项目。七是新建3 个乡镇（街道）文体广场、3 个体育场地设施示范点和 5 所乡村学校少年宫。八是为城乡居民基本养老保险和基本医疗保险等公共服务开通移动支付、银行转账等自助缴费方式。九是实施 3 个以上集贸市场标准化综合改造示范工程。十是规划建设和升级改造 2 所区域性敬老院，提高失能、半失能特困人员集中供养率。

七、聚焦社会治理，维护社会和谐稳定

创新工作机制，着力营造共建、共治、共享社会治理格局。加强土地资源管理。进一步强化土地执法动态巡查，严厉打击违法用地行为。严格按控规单元规范土地征收储备，加大用地促建、闲置土地清理、低效用地盘活和违法用地查处，提升土地资源使用效益。用活用足乡村振兴相关土地政策，加大"三旧"改造力度，促进土地资源节约集约利用。加大力度对全县农村旧住宅、废弃宅基地、空心村等闲置建设用地进行拆旧复垦，优化农村和城镇发展。建立健全应急管理体系。深入开展安全生产攻坚行动和专项治理，全面抓好各领域安全隐患排查整治，预防和遏制各类安全事故。推进"大应急"指挥体系建设，建立系统完备、快速高效的应急处置工作体制机制，保障人民群众生命财产安全和社会稳定。强化社会综合治理。完善市场监管体系，加强食品药品安全工作，创建省食品安全示范县。持续深化平安揭西、法治揭西建设，把扫黑除恶专项斗争同"众剑行动"、行业治理、基层治理、部门监管结合起来，重拳打击乡匪村霸、非法占用土地、非法买卖土地、盗采资源、污染环境等影响公平正义、破坏生态环境、"微腐败"黑恶势力，严厉打击假币、黄赌毒黑拐骗、"两抢一盗"等各类犯罪，以智慧新警务建设为抓手，提升综合治理信息化水平，全力推动信访矛盾化解，健全社会矛盾纠纷排查化解机制，努力把揭西建设成为最安全稳定、最公平公正、法治环境最好的地区之一。

第三节 党的建设进一步加强

以党建为引导 全力锻造基层党组织，勇于担当开创新局面

2018 年以来，揭西县以习近平新时代中国特色社会主义思想为指导，不忘初心、牢记使命，以强化品牌、示范引领、规范制度为着力点，扎实推进党的基层组织建设，以党建引领新农村建设等一系列中心工作，取得较好成效。一是强化品牌创建，提升品牌效应。以创建基层党建品牌为抓手，深入开展"三学三推"党建主题活动和模范机关创建活动，不断健全和完善各项机制，提升党员干部的学习主动性和积极性。各乡镇（街道）、县直单位共组织集中学习 1960 多场次，开展默写 49 期；县直单位副科级以上干部和乡镇（街道）驻村工作组深入驻点村，凝心聚力，推动垃圾日清、基础设施建设、水岸同治、绿满家园，打造干净整洁、美丽宜居的环境。为深入推进模范机关创建活动，全县还在县直机关深入开展铸魂引领、"补钙"提升、堡垒强基、品牌升级、"头雁"培育、党员先锋、筑本清源、文明前行等八项行动，着力建设文明服务机关，落实党建规范化建设，力促党员干部队伍忠诚干净担当，示范带动更加突出，政治生态更加清明。在良田乡等地开展"大山深处党旗飘"活动，加强岸洋村、桐树坪村的阵地建设、班子建设、党员队伍建设，不断发挥基层党支部战斗堡垒和党员先锋模范作用。二是强化示范引领，以点带面

促提升。坚持高起点规划、高水平推进、高标准实施，建设党建示范镇村和"红色村"党建示范工程，高质量打造基层党建示范样板。制定《关于"党建示范镇、党建示范村"创建工作的实施方案》，以金和镇党建示范镇为重点，围绕"四好"创建标准，制定示范镇创建工作方案，以加强党建引领全镇经济、文化、社会、生态文明等建设，扎实推进乡村振兴、脱贫攻坚、美丽乡村建设等工作。在村级党建示范建设方面，以山湖村为示范，突出抓党建促扶贫，打造一批特色鲜明的新农村建设示范村，以点带面促进示范村整体提升。全县 17 个乡镇（街道）扎实推进示范村建设，棉湖镇鲤鱼沟村、大溪镇井美村、南山镇火炬村、龙潭镇关山村等一批示范村建设取得了较好的成效。为大力推进"红色村"党建示范工程建设，揭西县充分利用南山镇火炬村的红色文化资源，以标准化规范化建设为目标，加强火炬村党群服务中心建设，夯实基层党组织的基础。在火炬村 8 个革命旧址修缮的基础上，重新对全村进行整体规划，逐步完善"红色村"党建示范工程，把火炬村建设成为一个发展红色旅游、传承红色革命基因的红色教育基地。三是强化规范管理，推进制度化标准化建设。为强化规范管理，坚持用制度管人管事，以制度化确保工作的提升，并形成常态化，推动各项工作落实。落实党支部规范化建设制度，向全县 1400 多个基层党组织发放《中国共产党支部工作条例（试行)》，把《条例》学习纳入各乡镇（街道）党校培训班学习内容。统一印制《党支部工作手册》，对村、社区、机关（事业）单位、国有企业、学校、非公有制企业、社会组织等 7 个领域党支部建设提出规范化建设指导标准，推进新一轮基层党组织规范化标准化建设，并以此带动基层党组织建设全面升级。与此同时，坚持以问题为导向，做到先行先试。制订《村（社区）"两委"干部个人档案的工作方案》，明确建档范围和建档程序，统一建立个人规范档案，完成档案材料的收集整理归档工作，进一步提升全县村（社区）"两委"干部队伍建设水平。持续抓好《村财镇管实施办法》和《驻村（直联）干部责任追究办法》两项制度落实，规范"经联社"财务管理，压实驻村（直联）干部责任，村财镇管工作扎实开展并取得了较好成效。通过多措并举，以各种方式努力把各级党组织锻造得更加坚强有力。有力推进"一园两区"建设，推动"融湾建带"，奋力打造生态发展示范区，以新担当新作为开创揭西工作新局面。

山清水秀揭西美　绿色发展绘宏图

2019 年是新中国成立 70 周年，是全面建成小康社会、实现第一个百年奋斗目标的关键之年。揭西县坚持以习近平新时代中国特色社会主义思想为指导，坚决贯彻落实上级党政的决策部署，以"不忘初心、牢记使命"主题教育为动力，围绕"五位一体"总体布局和"四个全面"战略布局，抢抓建设粤港澳大湾区和支持深圳建设中国特色社会主义先行示范区重大机遇，立足"生态发展示范区"功能定位，贯彻新发展理念，落实高质量发展要求，团结依靠全县人民，同心同德、攻坚克难，经济社会实现平稳健康发展。全年实现生产总值 231.76 亿元，比上年增长（下同）3.7%；地方财政一般公共预算收入 4.7 亿元，下降 10.6%，城乡居民人均可支配收入 15602 元，比增 9.5%。

紧扣生态主题，绿色产业稳步发展。

电线电缆产业园建设取得突破性进展，成立园区管委会，新引进电线电缆企业 2 家。投入技术改造资金 8.3 亿元，新认定高新技术企业 1 家，累计 4 家；获评省科技型中小企业 2 家，组建市级工程技术研究中心 1 家，新增规上工业企业 5 家、限上商业企业 6 家，完成规模以上工业增加值 40.66 亿元，比增 4.6%。成功创建粤东地区首个"中国天然氧吧"，成为广东省首批七个全域旅游示范区之一和广东省"旅游综合竞争力十强县"；京溪园

267

镇获评首批广东省旅游风情小镇和"广东省休闲农业与乡村旅游示范镇";圆满举办广东揭阳首届潮客粤菜师傅(乡厨艺)邀请赛暨全市全域旅游工作现场会等活动。乡村旅游渐入佳境,金和镇山湖村、棉湖镇南门里社区获评首批广东省文化和旅游特色村,棉湖镇鲤鱼沟村、南山镇火炬村、龙潭镇关山村等乡村旅游景点亮点纷呈,入选首批广东省乡村旅游精品线路 2 条。完成全县社会消费品零售总额 152.46 亿元,比增 7.3%。

聚焦三农工作,乡村振兴初见成效。

成功获评国家农产品质量安全县,揭西茶叶产业园确定为省级现代农业产业园,五经富镇、良田乡被评为省级"一村一品、一镇一业"专业镇,坪上供港蔬菜、大溪淮山、塔头冬瓜等一批农特产品加快发展,新增市级农业龙头企业 2 家,累计省名牌产品 32 个、绿色食品 14 个、有机认证产品 13 个,完成农业总产值 67.24 亿元,比增 5.6%。大力实施"千村示范、万村整治"工程,棉湖镇鲤鱼沟村入选"全国乡村治理示范村",金和镇山湖村被评为"广东美丽乡村特色村",南山镇火炬村被列为广东省第一批"红色村"党建示范工程,坪上镇石内片、龙潭镇关山村等一批乡村景观建设成为"网红点"。非省定贫困村雨污分流等项目全面推进,自来水通村入户率、村巷道硬底化率逐步提高。"五路绿化"、"五边清污"、农村"厕所革命"、"三清三拆三整治"等工作取得扎实成效,改造建设无害化卫生户厕 16.7 万户、标准化公厕 141 座,农村人居环境日益优化。脱贫攻坚成效明显,累计 2.88 万相对贫困人口脱贫退出,退出率 99.8%;54 个相对贫困村达到出列标准,退出率 80%。

狠抓项目建设，发展环境日臻完善。

全年实施重点项目104项，完成年度投资35.27亿元；完成固定资产投资87亿元，比增14%。汕湛高速揭西东段、兴汕高速揭西段、高速公路出入口综合整治、国道235线径下桥、国道238线坪上桥改造等项目抓紧推进，县道五黄线路面改造工程、五经富镇过境公路新建工程接近完成，建设"四好农村路"6.7公里，改造通村道41.4公里，交通环境进一步优化。中小河流治理一期工程基本完成，塔头拦河闸重建工程、瓠杓岭引榕灌区节水配套改造项目全面动工，水利设施进一步完善。完成县城南河四岸毓秀二期三期工程、温泉路升级改造工程、老虎柯垃圾填埋场扩容升级工程和棉湖镇湖西路、兴华路道路改造等市政项目建设；县城新自来水厂加快推进；县城道路升级改造二期工程等项目加快建设，成功引进世界500强企业碧桂园开发建设，城镇化水平进一步提升。10个生活饮用水源保护区标准化工程建设顺利完成，增加围网4.9万米；县城污水处理厂扩容提质及配套管网工程建成通水运行，棉湖污水处理厂扩容提质及二期管网配套工程基本完成，城乡生活污水处理PPP项目加快推进，开工建设龙潭黄竹溪、金和金鲤桥头等水质提升工程，完成全县城镇170公里、农村2060公里的污水收集管网建设任务，精准纳污12.6万户，环保基础进一步夯实。严格落实以控规单元规范土地征收整合供给，共编制土地控规单元37个，征收整合储备用地6宗421.4亩，处置已批未供用地26宗2847.8亩，盘活已供未建用地2宗115.8亩，增补"三旧改造"项目入库2宗89.6亩，存量用地得到盘活，发展空间有效拓展。

强化综合治理，社会大局和谐稳定。

坚决守住不发生系统性、区域性金融风险底线，积极做好地方法人金融机构潜在风险化解工作和质押资产处置，全县金融行业稳健发展。全力打好污染防治攻坚战，关停"散乱污"企业24家，立案查处41宗。严格落实"河长制"，全力推进畜禽养殖业污染综合整治，累计拆除禁养区各类养殖场（户）1318个，拆除整治栏舍面积17.73万平方米。"省考""市控"断面水质稳定达标，饮用水源水质达标率100%；空气质量6项指标全面达标，全年空气质量优良天数占比达到97.36%以上。牢牢守住林地红线，京溪园镇大鹿村、大溪镇井美村等8个村获评第二批"国家森林乡村"，森林覆盖率58.37%。集中开展涉土违法违规整治专项行动，共清理违法建设1443宗，查处违法用地案件667宗，拆除建筑物面积12.76万平方米，拆除违建别墅2座。全面加强安全生产、消防安全、三防、森林防火、道路交通安全等工作，全年没有发生较大以上安全生产事故，安全生产责任制及消防工作年度考核全市排名第一；排查化解社会矛盾，纵深推进扫黑除恶专项斗争，严厉打击违法犯罪行为，社会大局和谐稳定，群众安全感、满意度全市排名第一。

加强民生保障，群众福祉不断增强。

全年投入民生资金42.7亿元，占一般公共预算支出85.9%。十件民生实事基本完成。深化教育体制机制改革，落实教师绩效工资制度，撤并"麻雀学校"27所，公办幼儿园和普惠性幼儿园在园幼儿占比94.8%，有效促进教育均衡发展。"五城同创"持续加温，城乡文明程度、城市形象品质和市民素质整体提升。爱国卫生运动和全国卫生县城创建工作深入开展，获评"省级慢性病综合防控示范区"。建成棉湖华侨医院综合楼、县医疗急救指挥中心、8家标准化乡镇卫生院和88家村卫生站，钱坑镇敬老院升级改造工程，县人民医院综合楼和妇幼保健院综合楼完成建设。全县共648户2048人接受最低生活保障，城镇低保标准提高到743元/月，农村低保标准提高到541元/月。建成3个乡镇示范文体广场、3个体育场地示范点和73个行政村（社区）综合性文化服务中心。县工商联荣获全国"五好"县级工商联称号。

深化制度改革，治理效能有效提升。

以深入学习习近平新时代中国特色社会主义思想为主线，严格落实"第一议题"制度，扎实推进"不忘初心、牢记使命"主题教育和"三学三推"党建主题活动。严格执行民主集中制和科学决策机制，全年办理县人大建议16件、县政协提案12件。严格落实中央八项规定及其实施细则精神，突出整治形式主义和官僚主义，持续转变工作作风，行政效能有效提升。加强法治政府建设，统筹推进"放管服"改革，全面优化营商环境，落实减税降费政策，为企业减免税费1.97亿元。全力推进"数字政府"改革建设，打通便民利企服务群众最后1公里。

附　录

附录一 **大事记**

一、党组织的创建与大革命时期

1919 年

5 月 7 日，揭阳地区榕江中学的学生在杨石魂、林希孟、谢培芳等的领导下，成立榕江中学学生会，通电声援北京学生。尔后，成立了县学生联合会，选举杨石魂为揭阳县学联主席。秋冬间，灰寨新图村青年李耀先在省立第一中学（广雅中学）参加中国社会主义青年团。

1923 年

冬，在杨石魂的指导下，揭阳榕江中学"新学生社"成立，其领导骨干是许涤新、江明衿等。

1925 年

3 月 12 日，由蒋介石、周恩来、苏联顾问加伦等率领的东征军从揭阳榕城出发，何应钦的教导一团占领棉湖，钱大钧的教导二团向池尾推进，准备抗击驻里湖之林虎部。许济的粤军第七旅从潮安经揭阳进至棉湖东北的桐坑、狗肚（今古福）一带。陈铭枢、欧阳驹两部由河田向河婆前进，以便夹攻。13 日，棉湖之战在大功山周围的农村打响。教导一团于早上 8 时前只得独挡十倍之敌。初战东征军不利，幸亏攻里湖的教导二团赶到，猛攻敌司令部，敌发现后方被袭，恐腹背受敌，遂狼狈逃窜，乘夜向五华、兴宁一带撤退。棉湖之战在当日黄昏告终。

棉湖之战是第一次东征中最激烈的一次战斗，是中国近代战争史上光辉的一页，亦是战争史上以少胜多的典型战例。一团以一千余人浴血抗击万余名精锐之敌，伤亡达三分之一以上。全团九个步兵连连长，六个阵亡，三个负伤，副连长、排长伤亡也颇多。在东征胜利的推动下，在东征军中共党员的努力下，揭西地域党、团地方组织陆续建立，农会也恢复了活动。

夏秋之间，五云农会在下洞祠堂成立，主要领导成员有彭宗植、彭正初、彭史尧、彭宙、彭衍树等。在农会的领导下，广大贫苦农民向封建势力、土豪劣绅进行了一系列的斗争，提出"减租减息、打倒土豪劣绅、废除苛捐杂税"等口号。

9 月 26 日，农军夜袭上砂反动头子庄尝在河田开设的顺发盐栈，没收其财物一批。

10 月 1 日，国民革命军第二次东征出发，此次东征得到东江和潮梅农军的响应和支持。

10 月 26 日，蒋介石、周恩来、何应钦率东征军第一师第一团刘峙部和第二团金佛庄部到达河婆。30 日洪兆麟乘河婆东征军兵力薄弱之机，亲率李、谢等部三四千人，从里湖直奔河婆，扬言要"打进河婆，大劫三日"。一团团长刘峙怯战，周恩来因病在河婆大同医院住院，正发高烧，闻讯后即令刘峙及党代表贺衷寒率军驰奔九斗、樟树坑布防阻敌；又令新到河婆的潮梅挺进军千余人，西出庙山及北坑一带，掩护侧后；自己则抱病临阵指挥。从早晨打到中午，洪兆麟腿部受伤，部下四处逃散，死伤甚多。10 月 31 日，二、三团及师直属部队返回河婆，追击洪部，打入里湖、洪阳，11 月 3 日抵揭阳榕城。洪部向福建溃逃。此役俘敌四千余人，缴枪四千余支，基本打垮林虎主力，扭转了蒋介石在华阳轻敌冒进造成的失败局势。东征军到河婆时，周恩来身患胃病、眼疾，在河婆中华医院治疗，病愈出院后，赠给中华医院一上书"同心同德"的木质匾额，送给彭克猷院长一张八寸的半身照片和一面写着"博爱"二字的红绸匾。同时，送河婆大同医院一块上书"造福军民"的木质匾额和毫洋 100 元。

11 月，中共揭阳支部在榕城建立，成员有农运特派员颜汉章、梁良萼、彭名芳、卓献弼等四位同志，和从外地而来中共汕头特支的余德明、黄汉强，岭东农民协会的卢笃茂，及由团员转为党员的谢培芳。颜汉章任书记。此时，中国共产主义青年团员也参加党组织的活动。

冬，五云农会建起自卫军，设常备小队。1000 多名农民踊跃参加军事训练。后多次出动攻打对抗农民运动的上砂反动武装，屡次取得胜利。

同年，河婆下滩村青年张仰明在广东省立第二师范（韩山师范）读书时加入中国社会主义青年团。暑假期间与张海鳌一起回河婆创办平民学校，招收学生数十人。

1926 年

1 月 20 日，揭阳县第三区（现属揭西县）建立了全县第一个农会——三区霖田农会。

同月，中共普宁支部派到六区的特派员林景光（海丰人）和县农军大队长何石领导湖西村（现属揭西县棉湖镇）群众开展反帝、反封建的农民运动。在黄氏祖祠成立了农会组织，建立 100 多人的自卫军。培养和发展了一批中共党员，建立了湖西村党支部，林景光任书记。

年初，揭阳县有党员50多人，有4个区在农村建起党支部。

年初，河婆成立农会，有会员20多人，领导人张宾初（溪角村人）。接着，南和市成立农会，领导人是在河婆圩开"惠潮"棺材铺的彭姓店主，骨干有英德明、韩月运等。

3月，中共揭阳支部转为中共揭阳县特别支部，书记颜汉章，特支委员卢笃茂。此时，共青团员则分开活动。

春，五云农军攻打黄塘寨的由反动头子罗觉庵、罗碧成、罗晋权和罗大麻所组织的地方反动武装。烧掉其据点，活捉并处决了罗大麻。接着，与新田、河口等地的农军进驻罗溪、下砂、五云一带乡村。

至1926年5月，揭阳全县有区农会3个，乡农会75个，会员64300人。同时成立了揭阳农会筹备会，执委颜汉章、梁良萼、彭名芳、卓献弼、陈剑雄、黄锋、林声望（兼组长）、陈卓然（兼宣传）、张香吉（兼财政）、陈祖虞（秘书长，国民党左派）、郑德初（顾问、国民党左派）。下设4个区的农会组织。

7月，张仰明考入广州中山大学文科，为改变家乡落后面貌，与在中大就读的河婆、河田（现陆河县）籍学生张海鳌、张梦石、彭史尧、黄兆丰等人，倡议创办"河潮社"，出版铅印《河潮》刊物，介绍新文化和民主潮流，反对封建迷信。在家乡的黄敬丹、刘汉荣（向东）等人参加了该组织并积极撰写文章。同时，他们利用暑假下乡宣传并创办夜校招收失学青年，扫除文盲。

8月，在中共揭阳三区党组织领导人杨昌明的领导下，东园村在娘妈宫成立农协会，会员有70多人。农协会主席林文任，执委林待倾，委员林大荙。会员后来发展到500多人。继之甲浦、官田、下洲、赤岩、下浦、鸿江、瑞来等地先后建立了农会组织。

秋后，棉湖一带农会发展迅猛，至1927年春，农村中所有的贫苦农民都参加了农会，各村的会员由几个逐步发展到数十人、数百人。后来，棉湖一带的农会会员发展到数千人。

冬，中共揭阳县特别支部转为中共揭阳县部委员会，颜汉章任书记，卢笃茂任组织委员，张秉刚任宣传委员。

冬，海陆丰农民自卫军在大队长吴振民和中共五云区委书记彭宗植的率领下，攻打剑门坑，大破"讨赤军"，杨作梅残部逃往黄塘，农军再攻黄塘，杨败退入上砂，继续负隅顽抗。12 月，吴振民率领农军 300 余人，并组织新田、罗溪、五云等几处农军共数千人，联合五华县农军，分为五路进攻上砂。此役获得胜利，缴枪 300 支，罚款 650 余元，迫使上砂的反动地主豪绅答应在上砂组织农会。农民革命的红旗终于插上了上砂。

同年，陆丰县重新划区，五云划为 16 区，区农会设在下洞祠堂。农会组织已普及五云大小山村，会员达 10000 多人，参加农会户数占总户数 5 成以上。黄京埔、洛布、黄泥岭、下埔、郑塘等村，还成立村农会，树起犁头旗。

1927 年

4 月 12 日，蒋介石在上海发动政变，大规模捕杀共产党员，镇压革命。

4 月 15 日，广东的反动派以清党为名发动政变，并在全省范围内"清党"。揭阳县国民党右派头子孙开崖、谢仲仁等为首组织了"清党委员会"，派反动军队包围总工会、县农会，捕杀了农会秘书陈祖虞。

5 月上旬，五云赤告的地主豪绅彭肖岩（陈炯明军阀政府的省参议员）召集了五云一带的反动武装（俗称"十八股"）首脑18 人到河婆开会，组织反动武装，利用金钱收买坏分子。于次日早晨，勾结国民党反动军队，到五云镇压农民运动，杀害革命干部和革命群众，焚烧农会干部的房屋，袭击设在下洞祠堂的 16 区农会和自治委员会，打死区农会干部彭球裕（郑塘人）。共产党领导下的五云广大农民，紧密团结，向"十八股"反动武装进行英勇的反击，把反动武装打垮赶跑。当天下午，农会组织全体会员和农军冒着大雨为遭反动派杀害的彭球裕送葬，举行追悼大会。中共陆丰16区（五云）区委书记彭宗植，号召农会员要更加团结，坚持斗争。会后，区农会地点搬到郑塘村温屋祠办公。

5月12日，揭阳县公署发布公告，通缉肖斧、谢培芳、卢笃茂、彭名芳、颜汉章、卓献弼、梁良蓉等22名共产党员和进步人士。

二、土地革命战争时期

1927 年

9月13日，揭阳县委在渔湖江夏村召开20多名代表出席的党代会，选举产生新的揭阳县委，张秉刚为县委书记，林运盛为组织部部长，陈卓然任宣传部部长。原中共揭阳部委组织委员卢笃茂从泰国回到揭阳时，党代会已经结束，被上级委任为县委巡视员。在健全党组织的同时，以农军为基础，组建广东工农革命军东路军揭阳团，负责人先后为彭名芳、卢笃茂、吴函。

9月26日，"八一"南昌起义军抵达揭阳，中共揭阳县委组织发动工农群众，与起义军领导人周恩来、贺龙、叶挺、郭沫若等密切配合，占领了县城，成立了揭阳县工农革命委员会。28日至30日，在贺龙、叶挺指挥的汾水战役中，揭阳县工农革命委员会发动工人、农民为起义军运送粮食、弹药，奔赴战场协助战勤和外围警戒的工人农民达2000多人。这次战役给敌人以沉重打击。起义军撤离揭阳时，人民群众不顾个人安危，把140多名伤员安全转移到农村养伤。

11 月 13 日五云区也成立苏维埃政权，宣布实行土地革命，把五云农民运动推向新阶段。

1927 年，中共海陆丰地方委员成立，海丰各区特支委员改为"部委惠阳县高潭区农会"，属海丰县管辖，中共公平区部委派员前往建立中共高潭特别支部，地委书记彭泽平。刘远来（刘观和）任乡农会会长，赤卫队长驻海丰县朝南山区开展农会工作。

1928 年

春，中共紫金县县委委员、农民运动领导人钟佩璜、钟一强等人到龙潭乡陂尾楼村秘密组织 30 多人的农会。

4 月 7 日，潮梅特委书记沈青与秘书徐克家、共青团潮梅巡视员庞子谦及交通员等一行到揭阳猴牯溜山——守青寮布置暴动工作，被国民党暗探发觉，遭敌包围。沈青及揭阳县委组织部部长林运盛壮烈牺牲，县委宣传部部长陈卓然被捕遇害。县委领导机构陷于瘫痪状态，县委决定暂停基层支部活动，党员及革命同志进行分散隐蔽。

4 月中旬，东江特委派毛光同志到揭阳重建县委，委员 7 人，常委 3 人。下辖一、二、二、四区及渔区、官区 6 个区，共 22 个党支部，1 个特支。

6 月，中共广东省委派喻奇辉到揭阳改组县委，喻奇辉任县委书记，县委委员有卢笃茂、张家骥、张静民。县委机关常流动于三区的龙岭、下坡、河坑、朱坑等村开展工作。

夏秋间，中共广州市委代理书记李耀先在广州就义。

8 月，成立"中国共产党兴（宁）、五（华）、平（远）、梅（县）、大（埔）、揭（阳）、潮（安）七县联合委员会（以下简称"七县联委"）"，古大存为七县联委书记。卢笃茂为七县联委委员之一。在七县联委的领导下，八乡山的革命队伍迅速壮大，革命根据地进一步发展。至年底，八乡山、九龙嶂、铜鼓嶂的苏维埃区域基本连成一片。

秋，中共党员黄能从五华到河婆石肚活动后，介绍地下党员张震天、钟佩璜和进步青年张展英（女）、甘质良到石肚开展革命工作，把他们分别派到西坑村、鸡屎坑、上涵村、杨梅滩村教书，同时进行革命活动。发展了张客举、张裕民、张隆班、张兰头、张云益等 8 个共青团员。农历九月底，张震天组织几十个青年在西坑青云学校成立农民协会。

10 月，揭阳县革命力量被国民党摧残严重，中共东江特委指示揭阳县委暂停一切组织活动。

11 月 15 日，国民党河婆区署指派爪牙蔡道中，带了 6 个便衣人员直上莲花山，窜入石内西坑村，由于下涵村坏分子告密，转道窜进鸡屎坑村抓钟佩璜。1929 年 1 月 1 日，意志坚强的共产党员钟佩璜，在河婆沙坝唇被国民党杀害。

12 月 10 日，临时东江特委在八乡山开会，根据党的"六大"决议精神，做出恢复党组织发展武装的决定。尔后，东江特委常委方汝辑到揭阳第三区石坑寮召开棉湖及石坑寮一带部分党组织代表会议，传达中共"六大"和省委第二次扩大会议精神，并指示要恢复和发展党的组织。

冬，国民党政府军团长何宝书、营长林大光奉命到河婆"剿匪清党"。

1929 年

春，东江特委派黄汉强到揭阳，恢复党组织的活动。并组建揭阳县委，黄汉强任书记，委员是：叶静仁、陈达、张家骥、卢笃茂。此后，县委在毗邻八乡山的大北山一带建立赤卫队。

4 月，赤卫队配合古大存带领的工农武装攻下了新亨区警察署,推动了全县斗争的发展。接着,瑞来、霖田、河坑、下坡、顶坝、坪上、石内、尖石等村的农会、赤卫队和其他革命组织很快地恢复和发展,并成为革命活动的据点,县委在下坡村设立地下交通站,三区的霖田村、双山村、月眉村、石牌等村也设交通点。

10月1日,东江特委机关进驻八乡山,召开了华、揭、丰等八县的武装干部会议,决定发展工农武装,扩大东江红军。同月,在新亨的尖石村召开群众大会,成立北山区苏维埃政府。此时,在靠近八乡山根据地的三、四区已开始走上赤色区域的武装斗争道路。

同年,受"五四"新文化运动的影响,五经富曾凌角、曾史恩、曾育之、曾庆成、曾虞书、曾畅机、曾佩恭等十几位在道济中学毕业的青年组织了一个颇有浪漫色彩的"微浪社"。他们出版油印刊物,提出打倒学霸、反对迷信的口号,把刊物秘密散发到道济中学、教堂、牧师楼等地,同时发起罢课风潮,冲击西洋文化,致使道济中学、神道学校停办。

1930 年

3月5日,红六军教导队队长古宜权带领八乡山区范围的赤卫队和运输队共200多人,到大洋实行武装借粮,遭反动武装阻击。撤退时,负责没收粮食的运输队因失去联系遭敌包围。曾尧、魏利善、林凤英(女)、卢运妹(女)、学老妹(女)、陈招(女)、魏招(女)、冯麻(女)8人不幸被捕。除了年纪最小的冯麻被赎出外,其余7位赤卫队队员都壮烈牺牲。因其中两名妇女已怀孕,故当时称为"七尸九命案"。

5月1日至10日,东江第一次工农兵代表大会在八乡山滩下庄屋坪召开,正式成立"东江苏维埃政府执行委员会",委员长陈魁亚，副委员长古大存、陈耀潮。同时成立中国工农红军第十一军。军长古大存，政治委员颜汉章，参谋长严凤仪。下辖东江地区原有红军四十六团、四十七团、四十八团、四十九团、五十二团和一个教导队。军部设一个军校，由四十六团代管。还有一个独立营，全军约3000人。

9月22日早上，红军进攻棉湖。战斗中，陈龙连长不幸受伤。

9月23日上午，敌人一个营的兵力，进犯湖西。上午10时左右，敌营长陈思成被农民一枪击毙。敌军慌乱朝天开枪，守寨村民英勇应战，打退敌人几次冲锋。战斗中，湖西村农会干部黄暹、黄宝兴不幸牺牲。晚上，敌人纠集了普、揭两县敌军600多人，分两路包围湖西，守寨村民早已撤离。敌人扑空，残杀老、弱、病村民19人，重伤7人。放火烧寨，烧毁房屋305间。湖西人民被勒索300元大洋。

11月27日晚，红军46团团长古宜权率红军和八乡山赤卫队三四百人，从八乡山滩下出发，连夜进攻大洋何树堀村。遭该村自卫团反扑，伤亡30多人，一连连长英勇牺牲。

1931 年

2月，中共中央发出开展"肃反"斗争的指示信，号召在苏区内"为着肃清AB团与一切反革命派而斗争""以最严厉的手段来镇压"。东江特委所在地的大南山苏区执行这一错误路线杀害了不少领导干部，其中有特委组织部部长颜汉章，特委委员黄汉强等。此段时间，揭阳县委领导机构消失，革命斗争活动停止下来。全县仅有的第三区党组织机构也随之消失。是年，林美南、林密等人，在家乡东桥园组织"社会科学研究小组"，专门学习进步书籍，阅读马列主义著作。

1932 年

春，成立中共揭阳第三区区委及苏维埃政府，区委书记陈子山、区苏维埃主席张阿曼。10 月，中共揭普惠工作委员会成立。下辖揭西地域的河婆、棉湖，普宁的里湖，惠来的梅林（今属普宁）等区，工委负责人李彤（海丰人）、林汉希。县工委机关设在河婆。工委由东江特委领导，辖里湖工作委员会等 5 个支部，有 20 多个党员。河婆、棉湖、东园、金和、凤江、京溪园、五经富、灰寨、南山、坪上、钱坑、五云等乡村圩镇相继恢复了农会组织，成立赤卫队。许多地方建立了苏维埃政权，实行土地革命。

1933 年

三、四月间，古大存和卢笃茂带领红军 300 多人路经莲花山，留下 12 名武工队队员分别到石肚的江坑、瓜田等村进行革命活动。在石肚一带培养了革命骨干 40 人，并在瓜田村重点建立一支 18 人的武装赤卫队，队长张云益。

6 月，在刘明、李叶、卢笃茂、曾桂等 10 位红军的宣传发动下，京溪园大鹿村成立了苏维埃政府。又在上、下鹿村分别组织赤卫队。上鹿村赤卫队队长邹同利、陈清水，下鹿村赤卫队队长田镇昌、田则时。

上半年，王琴与吴孙光在棉湖组织了有 20 多位青年参加的"道光学术研究社"。许涤新经常在上海寄来《北斗》《洪水》《新中华》等书刊供学习讨论。

12 月 9 日晚，东江特委农运部部长、游击队总队参谋长卢笃茂率红军游击队和大鹿、涵池、曾寮等地赤卫队队员共 200 余人，向桃围地主吴裕记"借"枪"借"粮：缴长枪 40 支，子弹三四担及粮食等物资一大批。把没收来的粮食拿出一部分给农民。

1934 年

2 月 23 日，国民党反动军队包围了滴池，抓走驻村工作的黄大头和教师林两国。

4 月间，国民党侦缉队进驻曾寮村，抓走赤卫队领导人刘朝龙的妻子和刘文东、刘文信等赤卫队队员，村民的耕牛、家具和家产被劫洗。

6 月 11 日，红十一军第二路军总指挥卢笃茂在良田胡头菜园窝山地遭邓龙光部和以刘汉光为头子的地方反动武装自卫团共1500 多人包围，在战斗中受伤，被河輋村农民陈阿香发现并带回家，藏在破棚上隐蔽治疗。后被陈桶新和反动绅士陈盛坤抓走。1935 年 2 月 3 日（农历除夕）在广州黄花岗英勇就义。陈阿香则被潘彪以窝藏红军的罪名杀害。

1935 年

下半年，五经富二三十位进步青年在黄贻嘉（大革命时期的中共区委书记）、古子坚等进步教师的启发下，成立"我们书室"读书会。

农历十一月，邓龙光派何宝书部 1000 名官兵，由杨明乔带路"进剿"石内，实行"三光政策"，被杀害的革命干部有 11 人，群众有 7 人。勒索悬红款 857 元光洋。

冬，揭阳党组织被迫停止了活动。

1936 年

12 月 12 日，五经富成立"抗日义勇军"小分队，曾畅机为队长。

同年，王琴在地下党员马士纯、邱秉经的指导下，与吴孙光在棉湖组织"新文字研究会"和"棉华剧社",出版《棉华》专刊,开展抗日宣传活动。

1937 年

1 月,曾定石在汕头经李碧山介绍加入了中国共产党。

3 月15 日,中共韩江临时工作委员会(后称"韩江工委")书记李碧山到五经富,吸收曾广、曾畅机、曾冰、李日煌、曾木泉等 5 人入党,建立五经富党支部,书记曾畅机。这是土地革命失败后揭阳县第一个中共支部。

三、抗日战争时期

1937 年

9 月28 日下午,"揭阳青年救亡同志会"成立。

12 月,中共韩江工委潮汕分委审查并恢复了林美南的党籍。同月,中共揭阳榕城支部成立,支部书记郑玲(后林美南)。

同年,抗日战争爆发,揭阳县立第一中学迁至棉湖,韩汕师范学校迁至灰寨。

1938 年

年初,棉湖揭阳一中学生党支部成立,支部书记蔡耿达。

春,河婆中学师生组织了四支抗日救亡宣传队,深入良田、南山、灰寨、石肚、龙潭、河婆镇附近的乡村,开展宣传抗日救国活动。

1 月28 日,揭阳青年救亡同志会改名为"揭阳青年抗敌同志会"。同志会成立后,在榕城和棉湖成立救亡出版社,出版小报《火花》,后改为铅印小报《前线》,辟有副刊《烽火》。还出版各种小册子、快讯、传单。

接着，五经富、灰寨、棉湖、东桥园、钱坑、河婆、龙潭乡、龙溪青抗会相继成立。同时，成立了五经富、良田妇抗会。

同月，灰寨中心支部成立，支部书记李元调。

3月，中共揭阳县第三区区委会成立，区委书记曾广。区委办公地点设在水流埔。

同月，中共揭阳县第一区区委会成立，区委书记林美南。区委设在郑玲家，后在榕城东桥巷启蒙小学。

4月22日，以揭阳一中（当时校址迁在棉湖）为主体的揭阳几所中学，成立"揭阳学生抗敌同志会"。

三、四月间，棉湖党小组成立，组长方书酞，党小组由吴孙光直接领导。

4月，中共揭阳县工作委员会成立，书记林美南，组织部部长曾广，宣传部部长曾畅机。县工委上属潮汕中心县委领导，下辖一、三区区委，机关设在郑玲家，后设在东桥巷启蒙小学。

上半年，五经富党总支成立，书记曾木泉。下辖3个支部：营盘党支部、锅厂村党支部、妇女党支部，并单线联系石印村、上车村、下油房村、老屋家、做子角等村的个别党员。

下半年，河婆中学建立了中国共产党组织，党在河婆中学播下革命的种子。

7月，经中共潮汕中心县委批准，普宁县工委宣传部部长马士纯，带领兴文中学的党员、进步教师黄声、邱秉经、杨少任、洪藏、李坚、余天选、黄耀、王琴等人，在揭阳和顺乡石牛埔圩（现揭西金和）的义享公祠，办起西山公学暑假班。由黄声出任校长，爱国人士张华云为名誉校长，汕头暹罗（泰国的旧称）华侨抗敌同志会组织委员许煜为总务主任。同时，成立了教师党支部和学生党支部，直属普宁县工委领导。10月，党组织划归中共揭阳县工委领导。9 月 18 日，西山公学改名为"南侨中学"。成立了以"暹罗华侨抗敌同志会"主席马德兴为董事长的南侨中学董事会，并直接行文给国民党中央华侨事务委员会，申请批准备案。学校培养了大批抗日干部。1940 年 8 月，西山公学被国民党当局强行解散。

8 月，中共揭阳县第五区区委会成立。区委书记李日煌，组织委员李元调，宣传委员李追明。区委办公地点设在灰寨新宫林的中和小学。

10 月中旬，潮汕中心县委在澄海岐山召开扩大会议。会议发出了"一切为了发动群众，准备开展潮汕抗日游击战争"的号召，做出把党的工作中心和重点从城市转到农村，在农村与山区建立游击支点等决定。会议还确定了各县、市党组织的工作重点地区以及推动国民党当局加紧战备等工作。

同月，棉湖党小组改为棉湖党支部，书记方书酞。支部设在打油街俊群小学，上级领导人是吴孙光。

10 月，揭阳县工委领导机构调整，书记林美南，组织部部长吴德昭，宣传部部长曾冰，青年部长陈得智，妇女部长郑玲。机关设在榕城中山路刘百泉家和榕城韩祠街头吴凯痔疮诊所。

12 月，揭阳县工委转为中共揭阳县委员会，县委上属潮汕中心县委领导，下辖揭阳一、三、四、五区区委和丰顺的党组织，县委书记林美南，组织部部长曾畅机，宣传部部长曾冰，青年部部长余为龙，妇女部部长郑玲。县委机关先后设于郑玲家、启蒙小学、刘百泉家和吴凯痔疮诊所。当时，丰顺县党组织的活动也并入揭阳县委领导。1940 年，中共丰顺县工委会成立，揭阳、丰顺的党组织才分开活动。

至年底，三、五区的党员人数，发展到 300 人左右。

1939 年

　　春，南侨中学在揭阳水流埔、潮阳和平，增设第二和第三分校，全校学生总数急增至 1800 人。同年 6 月，由于日寇进攻潮汕，汕头、潮州失陷，此时，日机轰炸南侨二校，局势恶化，中共揭阳县委决定撤销两个分校，集中力量办好石牛埔总校。

　　3 月 8 日，在党组织的领导下，灰寨范围的女工在灰寨下寮祠堂举行罢工，向资本家提出 3 条要求：一、增加工资 20%；二、不准随意开除工人；三、病假要补发工资。

　　6 月 28 日，日机轰炸榕城后，飞抵棉湖上空，在棉湖沙坝尾投下炸弹，当场炸死蔡和悦、陈敬对、王继岳等 8 人，炸伤 2 人。

　　7 月，林美南调任潮揭丰边县委书记，揭阳县委由曾广任书记。

　　10 月，曾广因病休养，揭阳县委领导班子做了调整，书记曾冰，组织部部长李日煌，宣传部部长曾木泉。县委机关曾改设于水流埔、长滩日新小学，后因潮汕战事逐渐稳定，仍迁回揭阳县城，设于吴凯痔疮诊所和刘百泉家的后屋。此时，揭阳县委属中共潮普惠揭中心县委领导，下辖揭阳一、三、四、五区区委及丰顺汤坑的党组织。

　　11 月 28 日，4 架日机在棉湖四脚亭、商会前、广巷、造船港头、文祠教堂、陈氏宗祠、草厝巷、打铁街等地，投下炸弹 49 枚，炸死 68 人、炸伤 72 人，房屋倒塌 100 多间，造成交通受阻。

　　12 月，中共潮普惠揭中心县委在揭阳水流埔瑞来小学召开整党审干工作扩大会议，贯彻中共中央《关于巩固党的决定》，进行全面整党。整党工作持续到 1940 年，处理及秘密放弃了一批不合格的党员。在揭阳的 1000 多名党员中，开除、劝退及更多的是暗中放弃的有 200 多人。

下半年，中共揭阳县委在京溪园圩"上合书店"设立中共潮梅特委的情报站，陈权、陈瑞芝等同志负责接头。1940年，李元调负责"书店"工作，至1942年结束。

年底，南侨中学党总支成立，总支书记杨少任，组织委员邱秉裴，宣传委员许继。此时，南侨中学党总支直属中共揭阳县委领导。

1940 年

年初，王质如从五房转到河婆圩开设"卫生餐厅"，同去的还有王森林、王文征，任务是传送情报和开展统一战线工作。

4月，潮揭丰边县委撤销，其领导成员与中共揭阳县委合并，成立新的揭阳县委，书记林美南，组织部部长陈敏之，宣传部部长曾冰，青年部部长庄明瑞，妇女部部长蔡瑜。

5月10日，日机对棉湖进行第3次轰炸，时逢圩日，飞机对沙坝扫射，凤江金钩围村村民侯玉存被炸死。被炸后的棉湖百孔千疮，血与火混成一片，人们无家可归。

7月，以中共揭阳县委为基础，改建为"中心县委"，林美南任书记，何浚为副书记兼组织部部长，曾冰任宣传部部长。中心县委上属中共闽西南潮梅特委领导，下辖揭阳全境及罗天任书记的潮普惠揭边县的党组织。

12月，中共潮梅组织在揭阳水流埔召开临时代表大会，产生中共潮梅特委（初称"临委"），中共潮梅特委成立后，决定撤销所属各中心县委，由特委直接领导各县党组织。此时，揭阳地区的党组织工作由曾冰负责。

1941 年

春，中共良田区工作委员会成立，书记郑洪龙（郑挺生、郑群），委员魏麟基、杨励英。工委由五华县委领导。

2月，成立中共揭阳县委，书记罗天，组织部部长曾冰，副部长张鸿飞，宣传部部长李凯。揭阳县委上属中共潮梅特委领导，下辖揭阳全境党组织。机关设在大岭下（现京溪园镇）陈权家和揭阳东山围黄婵莲家。

5月，中共陆丰县委派王晨光、王文、王镜清、叶左恕到陆西北"填补空白"，同去的还有彭佩琼。他们在五云做各阶层人士的统战工作。

6月7日下午1时，2架日机在汕头基地起飞，沿榕江飞入河婆上空，为达到破坏交通的目的，以济襄桥为目标，轮流俯冲投了10多枚炸弹，其中1枚把济襄桥炸穿了1个大洞。有2名市民被炸死，数人被炸伤。日机返航时，其中1架在揭阳曲溪坠毁，残骸被运回河婆示众。

7月，为了便于组织领导，根据揭阳的地域特点，分别在一、二、四区和三、五区设两个县委，都称"揭阳县委"，属潮梅特委领导。三、五区的揭阳县委，张鸿飞任书记，委员李凯、陈彬，县委机关设在大岭下陈权家和东山围黄婵莲家。一、二、四区的揭阳县委，书记方朗。这时三区分为上三区和下三区：上三区区委书记陈权、组织委员陈国寿；下三区区委书记陈彬，组织委员林拔芦，宣传委员林衡。五区区委书记李元调。

8月，王文、叶左恕分别在五云的大鹏小学和培正小学任教导主任，取得了合法的社会职业。同年冬，叶左恕在培正小学吸收了彭凌述入党。

9月，中共潮梅党组织在揭阳水流埔召开代表大会，宣布改委员制为特派员制，撤销揭阳县委，把揭阳地域党组织分为三、五区和一、二、四区两部分。中共揭阳县三、五区特派员张鸿飞，副特派员王文波、柯国泰。此时，三、五区分为九个片，都设特派员，水流埔片李鸿基，五经富片曾烈明，塔头片姚祥礼，双山凤湖片林衡，高明片邱林春，灰寨片李元调，河婆片李凌冰，和顺片许隆秀，龙潭片蔡若明。

1942 年

6 月，中共南方工作委员会遭破坏，"南委"的下属党组织根据中共中央"隐蔽精干、长期埋伏、积蓄力量、以待时机"的方针，暂停活动，上下级党员之间不发生组织关系，不发指示，不开会，不收党费，撤退和转移已暴露的党员干部，利用职业隐蔽下来，执行"勤学、勤业、勤交友"的"三勤"方针。至 12 月底，三、五区全部完成各项工作，曾广转移到海丰公平中学任教，曾冰、王亚夫、王质如等转移到桂林，李凌冰、蔡若虹、蔡若明、张鸿飞等撤退到粤北，李日、黄一清、邱林春迁居江西。王文波留下来做根子，先后在炮台塘边小学及梅北老岭后小学教书，隐蔽下来，并与撤退的同志约好暗号，以备联系。

8 月，河婆人民枪杀了在河婆六约引起极大公愤的国民党政府区长梁伯平。中共党员魏麟基及进步人士张仿舟受民众重托，利用他们与县长林先立的关系及在县府工作的合法身份前往说明。林先立改变主意使河婆免遭一场兵灾。这样有效地保护了群众，打击了顽固分子的嚣张气焰。

同年，外国人珂莉在南森乡榕树寮村杀害了 1 名群众，河婆党组织看到民众的愤慨之情，组织民众向国民党政府请愿，要求缉拿杀人凶手归案，迫使国民党揭阳县政府做出了法办杀人凶手的决定，大快人心，大长了中国人的志气，给群众上了一堂活生生的抵制外国殖民势力、培养民族气节的教育课。

是年，五云党支部建立，彭凌述为书记，叶左恕为支部指导员。

1943 年

8 月 13 日下午 2 时，1 架日机从东南方向飞入河婆上空，两次在居民区投炸弹，炸死杨柳夫妇，造成"二尸三命"，死伤数十人。是年，因冬春连旱，早造收成无望，加上官商勾结，粮价大涨，出现大饥荒。据《揭阳民国日报》报道，1942 年白米每斗 83 元，1943 年 2 月升到 260 元，5 月竟涨至 990 元。县民多以野菜、树根、香蕉头充饥，逃往江西、福建者甚多，饥病交迫，饿殍遍野，惨不忍睹。据官方统计，当年全县饿死 68365 人，逃荒 24215 人，少女、婴儿被拐卖 22333 人。

1944 年

11 月，按上级指示，林美南在京溪园大岭下召开揭丰党员骨干会议，宣布全面恢复党的组织活动。会上宣布林美南任潮梅特派员，李碧山任副特派员。任命陈彬、王文波为中共揭阳特派员，陈权、黄佚农为揭丰边正、副特派员。此时，隶属东江五华县委领导的良田，隶属陆丰县委领导的五云地区，也恢复了党的组织活动。

12 月 15 日，日军 84 人侵占棉湖驻米街，到处抢杀奸淫。3 天后撤出棉湖。17 日占领里湖，又拟占钱坑，受到钱坑"杀敌队"阻击后窜往梅林、惠来。

同年冬末，中共陆丰县委特派员王文在南溪灯心洋召开会议，决定成立"陆西北区委"，彭凌述任书记，吴坚（佑汉）任组织委员，叶左恕负责政工。

1945 年

1 月 28 日，日军 300 多人经鲤鱼沟进犯棉湖，驻方围杨合丰、寨脚尾陈仁发等处,第 2 天撤离。

2 月 26 日,成立揭阳人民抗日游击中队,队员 100 多人(客家片和潮州片各 60 多人),中队长汪硕波,政治指导员陈彬,参谋黄梅杰。中队下面设三个小队(排),一个短枪班,一个非武装的政工队。

3 月 8 日,揭阳县城第 3 次沦陷,县府迁至钱坑、灰寨。

3 月 8 日至 5 月 5 日,日军再次侵犯棉湖,驻扎在洪鉴兴大楼,并成立伪区署,常驻 12 人。驻扎期间,澄碧楼被炸,日寇扣捕澄碧楼周围 200 多位无辜群众,施用多种刑罚企图让群众供出炸楼人员,结果用刺刀把澄碧楼附近一小旅店店主杨老途和新圩一名旅客活活刺死。

3 月 9 日,中共潮梅特派员林美南正式宣布潮汕人民抗日游击大队成立,王武为大队长,林美南为党代表,曾广为政委,林川为政治部主任,谢育才任军事顾问,杜平任参谋,张珂敏任军需主任。大队下设两个中队,一个短枪班,第一中队队长汪硕波,政治指导员陈彬。第二中队队长杜石,政治指导员李凯。

6 月下旬,根据中共广东区委指示,潮汕人民抗日游击队扩编为"广东人民抗日游击队韩江(潮汕)纵队",林美南任司令员兼政委,谢育才任军事顾问,下辖三个支队。

7 月 28 日,抗日游击队武工队派卢根、林美城到棉湖募捐筹款,卢、林向洪鉴兴号募捐后,又向洪万兴号募捐。万兴号向国民党棉湖区公所告密。卢、林被捕,后被杀害。

7 月 30 日下午 5 时许,韩纵三支队在曾广、汪硕带领下歼击国民党揭阳县警第一中队。俘敌 110 多人,缴获长枪 60 多支,短枪数支,战马 1 匹,子弹 2 箱及其他物资一批。

7 月 31 日下午,三支队一中队与短枪队共同作战,袭击了三区小溪村水结头陈氏宗祠的国民党县政府看守所,破其监门,释放"囚犯"30 多人，缴枪 9 支。

8 月 23 日下午，在中共揭阳地方组织的策动下，"河山部"两个中队在棉湖举行武装起义，并配合二支队里应外合，一举歼击棉湖守敌 100 余人，毙敌二三十人，缴获枪弹物资一批。

9 月 28 日，日军代表富田直亮，在汕头市签署投降书。潮汕地区的日军 4800 余名及所有伪军同时缴械投降。至此，潮汕地区抗战胜利结束。

四、夺取民主革命的胜利

1945 年

10 月 14 日，韩纵司令员兼政委林美南在大南山大窝村召开领导干部会议，决定部队精简疏散，由公开的武装斗争转变为地下隐蔽斗争。会后，将原来的四个大队精简缩编为两个大队。

11 月 20 日，中共潮汕特委在八乡戏子潭成立，林美南任书记，曾广任副书记，林川、古关贤负责军事工作，曾广、吴健民负责党务工作。会议决定进一步精简韩纵队伍，继续实行分散活动，把工作重心逐步转移到地下党的工作上来，做好武装人员的复员和疏散隐蔽工作。

同年，陆西北区委分设两个区委：彭凌述任西北区委书记，辖五云、上砂、良田、河婆、河婆中学、吉云中学及以后加上的螺溪等处党组织；朱靖祥为中区区委书记。组织恢复活动以后，五云党组织在彭凌述、叶左恕等的努力下，开辟了东江经陆丰、揭阳（河婆）、五华、丰顺通向西南、韩江的新交通线。五云成了联结东江纵队和韩江纵队的枢纽与联络站，负责传递情报、护送人员过境的重大任务。

12 月，中共揭阳县委成立，辖三、五区及一区的一部分和普宁的一、八区，书记陈彬，组织部部长王文波，宣传部部长林史，县委机关设在普宁下林村，不久转到揭阳玉湖、钱坑小学，后又转到普宁一区马索圩、南溪乡，后迁至京溪园学珂村。联络站设在下林村刘夷白家，吴容涛以西医门诊为掩护，住在联络站。县委成立"正风社"，出版党内刊物《正风》。

1946 年

3 月，中共潮汕特委直属经济工作队（亦称"特务队""武工队"）在五区陈屋寮村成立，队长邱志坚，政委由中共揭阳县委书记陈彬担任，组长张志华、黄欣进。

6 月，中共广东区委为贯彻上级关于"分散隐蔽，保存干部，积蓄力量，以待时机"的指示，与广东国民党当局达成协议，韩纵人员北撤山东，其中揭西籍北撤人员有汪硕、曾松、曾长江、曾杰、曾实、曾畅机、李元调、李环球、汪潮等人。

秋，五经富的地方反动头子放火烧掉韩江纵队领导人曾广、曾长江、汪硕的房屋，制造白色恐怖。

是年，中共潮汕特委在京溪园罗屋设印刷所，出版《新潮报》。

1947 年

1 月底，根据地委指示，挑选党员骨干进入大北山的良田、西田等地，扎根山村，教育、团结群众，为建立革命根据地做好准备。当时，良田有一个隶属中共陆丰县委领导的党支部（以上良田为主）和一个中共五华县委领导的党支部（以下良田为主）。大北山委员会主任何绍宽与他们取得联系后，潮汕特委书记曾广派党员黄佚农、曾郁青、高原、邱克明等进入良田，通过办学，与良田原有党员一起，开展群众工作。

是年春，县委在石牛埔开办党员训练班，培养建党骨干及区一级组织委员，派往各武工队任组织委员，专门负责武工队和有武工队开展活动的农村的建党工作。

4月，香港分局决定将中共潮汕特委改为"中共潮汕地委"，并派富有武装斗争经验、原广东人民抗日游击队珠江纵队政治部主任刘向东到潮汕任地委副书记，负责军事领导工作。

5月4日晚，中共揭阳县委与特委直属武工队率领党员、民兵和农民担粮队共1000多人秘密开到上陇村（现属京溪园镇），打开揭阳县政府棉湖粮田处设在该村的谷仓，把仓内1000多担谷子连夜挑光。第二天晚上，又乘胜破了灰寨的谷仓，得谷400多担。

6月7日，潮汕人民抗征队在大北山天宝堂（现属南山镇）成立。刘向东任司令员，曾广任政委。抗征队下辖一个大队，林震任大队长，陈彬任政委。大队下辖一个中队和一个短枪队，中队长邱志坚，指导员何绍宽（后蔡若明），短枪队长陈石。

6月下旬，潮汕地委书记曾广在大北山粗坑（现属京溪园镇）主持召开地委扩大会议，传达贯彻党中央和香港分局的指示，讨论研究武装斗争问题。会议决定：（1）选择揭丰华边界的大北山为潮汕军事斗争的中心战略据点，以大南山、凤凰山为战略支点，以南阳山、五房山为转动点，建立梅花形革命根据地。（2）积极发展武装力量，派骨干到八乡山、南阳山和河婆、卅岭、汤坑等地组织武工队，从山区到平原开展游击战争。（3）提出反"三征"行动口号，广泛发动群众进行减租减息，改善人民生活，组织广泛的民主统一战线，把群众斗争从经济斗争迅速提高到政治斗争，逐步建立民主政权或两面政权。（4）决定将地委领导机关由国统区移到大北山，抗征队指挥部设在粗坑村，同时决定各县委的主要领导分为军事工作和地方工作两条战线开展活动。会议还正式宣布了广东区党委的决定：中共潮汕特委改为"中共潮汕地委"，书记曾广，副书记刘向东，组织部部长吴坚，宣传部部长吴健民。

6月，根据中共香港分局的决定，中共良田地方组织全部移交给中共潮汕地委统一领导。

7月，潮汕地委以潮汕人民抗征队名义发布《告各界同胞书》，向全区人民宣布潮汕人民武装的成立，提出抗征队的宗旨和任务。

9月29日，抗征队奉命集中在大北山的碰尾进行整编，成立第一大队和第三大队。第一大队大队长林震，副大队长邱志坚，政委郑希，副政委王文波，教导员蔡若明；第三大队大队长李习楷，政委陈彬，教导员郑辉。第一大队留守大北山，第三大队开赴大南山开辟新的根据地。

同月，潮汕地委在大北山建立了一支政工队，由何绍宽任队长，曾郁青、蔡达材任副队长，队员有黄一清、李娥、张雪梅、王耀东、李瑞芳、黄伟萍等人。这支队伍在大北山腹地八乡山活动，任务是与抗征队配合开创革命根据地。

10月12日，潮汕地委和抗征队在粗坑创办了机关报《团结报》，此报为《汕头日报》的前身。

10月，中共揭阳县委分为揭阳县工委和霖田县工委。中共揭阳县工委，书记林史，组织部部长林兴恭，宣传部部长叶广仁，辖揭阳三区及下林、卅岭和普宁一区，工委机关先后设在岭完、青潭岭、杨桃脚等地；中共霖田县工委，书记曾烈明，组织部部长李日、宣传部部长李彤，辖五区和三区的客语片，工委机关设在长滩、小溪。

同月，卅岭武工队在灰寨陈屋寮村宣告成立，队长何绍宽。年底，武工队发展到30多人。

10 月至年底，揭阳县工委建立了棉湖、潭口、白石山等情报站，情报总站设在岭完村，站长洪永真。霖田工委在洪屋角设政治交通站，站长李开化；在河婆建立情报站。

11 月 20 日，潮汕人民抗征队在大北山发布《减租减息暂行办法》，规定一般年景二五减，利息以三分为限。

同月，三区武工队成立，队长林江、林远。

12 月 20 日清晨 5 时许，抗征队第一大队进攻河婆警察所。俘敌 30 多名，缴获长枪 30 多支和电话机等装备。天亮后，在镇上召开群众大会，宣传"人民必胜、蒋军必败"的革命道理，发动群众起来反"三征"，当地群众拍手称快。

1948 年

1 月 28 日下午，林震大队长带领抗征队员 50 多人，再次攻打河婆镇，有力地支援了当地武工队在广大农村的活动。

同月，揭阳县委决定从 1 万多民兵中挑选 700 多人建立民兵基干团，团长刘化南，政委林史。

同月，抗征队武工队派干部蔡福松到揭阳县五区的龙潭与当地党组织配合，组建河婆武工队，蔡福松为队长（后李荣），这支武工队主要活动于龙潭、龙溪、坪上和河婆一带。

2 月 18 日，抗征队第一大队第一中队领导邱志坚、蔡若明指挥第一中队从杨梅坪出发，设伏截击进犯粗坑的 200 余名驻灰寨的揭阳县保警。毙伤敌 20 余人，俘敌 11 人（内含民兵俘敌 2 人），缴枪 20 多支，弹药一批。敌仓皇撤出灰寨，败走揭阳县城。从此，打破了敌企图盘踞灰寨建立据点的计划。

同月，三区武工队分成上、下两个队：上队林江为队长，队员 10 多人，主要活动于大溪、钱坑、和顺一带；下队林远为队长，队员 10 多人。

3月17日，根据钱坑中学地下党组织提供的钱坑反动势力正在筹建联防大队的情报，林震大队长即带领短枪队于午后袭击钱坑，活捉敌联防大队长桑泉，缴获警服200多套、手榴弹20多颗。挫败了敌人筹建联防队的计划。

同月，黄平到卅岭组建另一支武工队，由黄平担任队长，活动于五经富以东的卅岭一带。

同月，潮汕地委从八乡山政工队调出蔡达材为队长，带领政治工作组进驻良田，开展群众工作。与此同时，良田党组织建立了良田区委，蔡茗明、刘德秀分别为正、副书记，还成立了政工队和武工队。

春，在灰寨的卅岭武工队的基础上成立一支武装中队，40余人，李范为中队长，李卓魁为指导员；在河婆武工队的基础上成立一支武装中队，30余人，刘寇为队长，蔡四显为副指导员；在卅岭成立一支武装中队，黄平为队长，黄一清为指导员。各地武装中队的成立，标志着大北山地区党领导的游击战争进入了新的阶段。

4月5日至16日，潮汕人民抗征队和人民群众英勇反击闽粤边区"剿共"指挥官喻英奇对大北山根据地发动的"围剿"，毙伤敌王国权大队长以下官兵150多人，俘敌7人，缴枪17支，打破了敌之围攻。抗征队战士蔡光、吴刘荣、邓租素、邱瑞第、蔡云、李显南、高志中等英勇牺牲。

4月上旬，潮汕地委在大北山良田惹角丘村召开县委代表参加的扩大会议，作出了《潮汕地委四月决议》。具体部署是：加强主力部队和民兵的配合，广泛建立和健全民兵组织，加强短枪队和爆破队，发扬群众性游击战争的优势，粉碎敌人之进攻；大量组织武工队开展平原游击战争，摧毁国民党基层政权，孤立敌人据点；提高抗征队主力部队的正规化程度；加强军队的政治工作，开展"三查三整"，提高指战员的阶级觉悟；积蓄经济，充实武器弹药，合理征收公粮和开展税收。会议还决定在原抗征队第一大队、第三大队的基础上，分别建立北山团和南山团。北山团团长陈彬兼政委（后林史任团长），副团长陈坚，参谋长郑剑夫，政治处主任曾冰（后陈纬）；南山团团长张希非，政委吴坚，副政委郑希，参谋处主任陈扬，政治处主任方东平。

下旬，县委在良田下村基干民兵队和上良田民兵队基础上成立良田民兵大队。

4月27日中午，林震、邱志坚和武装联队队长林枫在罗谦埔西北约一公里的白石山高地伏击敌王国权部，毙敌中队长以下官兵30多名。战斗中，第一大队小队长曾延芳，班长林光福，战士刘观，武装联队战士林德、吴顺发等英勇牺牲。

4月30日，第一大队在卅岭武工队、三区联队和民兵配合下，于晚间包围进攻驻揭阳县五经富的省保安第八营，双方激烈战斗，消灭敌人20多人。第一大队小队长陈升、班长黄广进、战士曾泉英勇牺牲。

同月，地委决定把揭阳工委和霖田工委合并为中共揭阳县委，书记林史，组织部部长李日，宣传部部长林兴恭，县委机关设在南山榕树楼、细溪。不久，地委派曾冰任县委副书记。7月，林史调任潮汕支队北山团团长，北山团政委陈彬兼任揭阳县委书记。

同月，良田武工队发展到50多人，成立了良田武装中队，队长刘镜，指导员蔡高排。下旬，成立良田民兵大队。并积极将工作向陆丰、五华边境推进，为打通闽粤赣、接通与东江的联系打下基础。

同月决定，从三区上、下武工队抽调一部分骨干并吸收一部分同志共60余人，在大溪乡成立揭阳三区武装联队，由陈端担任中队长。

5月上旬末，第三大队和卅岭武工队、揭阳县三区联队到揭阳县桐坑没收闽粤边"剿匪"指挥部政治处主任、少将林飞鸿的布匹一批。11日又击溃向坑美寨进犯的揭阳县政警中队、白塔联防队。战斗中，第三大队三中队队长孔佳等3人英勇牺牲。

5月10日，抗征队司令员刘向东在五区龙潭乡崇坑村召开会议，宣布成立潮汕人民抗征队第四大队，任命蔡达材为大队长，刘镜为副大队长，黄谷泉为教导员，蔡高排为副教导员。河婆武工队的武装中队编为第四大队第二中队。良田武装中队编入第四大队第一中队。

5月12、13日，第一、第四大队，紫五中队和张辉部共600多人在河婆附近的东心埔、三家村等地活动，截击到农村征粮的揭阳县保警二大队，并打退了刚到河婆立即出援的省保安八营。两天中，毙、伤、俘敌20多人，缴获一批枪支、弹药。第一大队战士邱友仪、黄吉灵英勇牺牲。抗征队乘胜追击，两次进入河婆镇。

5月28日，河婆中学38名师生集体参军，并发表了《揭阳县河婆中学师生敬告河婆各届同胞书》。

同月，潮汕抗征队二支队指挥部由大北山迁至龙跃坑（现属南山镇），有司令部、政治部、军政干部学校、团结报社、兵工厂、被服厂、法院、交通总站等，潮汕地委书记曾广任政委、副书记刘向东任司令员，徐扬任政治部主任。

同月，潮揭丰人民行政委员会在大北山的南山乡关西村三德堂宣告成立，主任杨戬（世瑞），后来何绍宽为副主任。下设6个处，这六个处及负责人如下：民政处，何绍宽（后李琼章）；民运处，姚木天、张洛寂；民兵处，刘化南；文教处，黄钟、林乐恒；财粮处，黄卓豪；秘书处，杨峰。这是潮汕地区抗日胜利后第一个县级的民主政权。

6月6日，潮汕人民抗征队第八大队成立，林江为大队长，许日生为副大队长，林少华为教导员，叶广仁为副教导员。

6月9日，国民党五县联防主任钟超武部300多人进驻河婆墟，攻打南森乡。潮汕人民抗征队第四大队登上曲湖崀应战，击退钟部6次进攻。

6月20日，潮汕人民抗征队第六大队在灰寨成立，李彤为大队长，李范为副大队长，黄一清为教导员，李卓魁为副教导员。灰寨武装中队编入六大队第一中队，卅岭武装中队编入六大队第二中队。

6月9日至30日，敌保安八营、十一营、揭普惠陆联防处自卫队、揭阳县政警队又分别向大北山根据地的龙潭、南山、灰寨等地窜犯抢掠，均遭到大北山地方部队的反击。这三次毙伤敌中队长1人、官兵共50多人。

同月，在抗征队和地方党组织的发动下，大北山周围掀起参军热潮，曲湖村一个晚上就有30多名青年参军，影响很大。

6月底至7月初，地委干部会议在大北山的条河村（现属南山镇）召开。会议检查了在减租减息中侵犯中农利益和防奸肃反中某些滥杀的过"左"现象，以及由于各地领导干部精力大部分投入武装斗争，忽视正常的建党工作等问题。决定今后的任务是：军事上继续分散发展，广泛活动，集中力量扫除山地周围的联防队、自卫队，开展平原游击战争；开辟揭丰华边和揭陆华边工作，以求与兴梅和海陆丰根据地连成一片；在部队和地方大量发展党员，建立与健全各级党的机构。会议增补李平为潮汕地委副书记、徐扬为常委。

7月，潮汕人民抗征队改编为潮汕支队，司令员刘向东，政委曾广，副政委李平，政治部主任徐扬。潮汕支队下辖北山团（团长林史，政委陈彬）、南山团（团长张希非，政委吴坚，8月改称"潮普惠南指挥部")和三个独立大队。共有指战员 1900 多人。在此之后，部队扩编，潮汕支队共辖 12 个大队：独立第一、二、三大队，北山团的第一、四、六、八大队，南山团的第三、五大队及南雄、西山、三清大队。还组建了一支 30 多人的文艺宣传队（后改为"第二支队政治部宣传队"）。

8 月 7 日至 24 日，中共闽粤赣边区党代会召开，会议根据香港分局决定，组建中国人民解放军闽粤赣边纵队，下辖四个直属团（边一团、边二团、边五团、边七团）和梅州支队、潮汕支队、韩江支队、闽西支队、闽南支队。

8 月 27 日晚上，陆丰西北武工队队员庄成学不幸在上砂圩街上被捕杀害。

8 月 28 日，上砂武工队刘当、张介萍、贝影、刘道蓝、刘道彬、刘道势、刘新春、贝荣春、庄觉共 9 人到上砂活动，被当地封建反动头子杀害在牛牯溜山上。1950 年在河婆象山顶建立上砂"七二四"殉难烈士纪念亭，供后人凭吊。

8 月，中共揭陆华边区工作委员会成立，书记陈权，委员曾烈明、曾郁青，辖横江、良田、五云、上砂及五华县的安流等区。

9 月 22 日，在揭陆华边区活动的东江、韩江部队合编成立了独立第三大队，又称"横江大队"，大队长钟良，指导员唐克。大队下设两个中队；原东江的华熊队为第一中队，中队长钟良（兼），指导员唐克（兼）；原韩江的武工队编为第二中队，中队长贝浩，指导员彭少明，副中队长彭彪。

9 月 8 日至 30 日，潮汕地委和支队司令部领导潮汕军民粉碎喻英奇对大北山主力部队的第四次"围剿"。

10 月初，潮汕地委在灰寨召开干部会议，会议分析了敌我双方的政治、军事形势变化，判断喻英奇将于近期对大北山根据地发动大规模的进攻，决定以"保卫秋收"动员全党和军民迅速备战，坚决打破敌人新的进攻。会上，还宣布了闽粤赣边区党委关于潮汕地委执委及常委分工的决定：曾广任书记，刘向东任副书记兼潮汕支队司令员，李平任副书记兼宣传部部长，吴坚任组织部部长，方朗任副部长，张希非任潮汕支队副司令员兼参谋长，徐扬任政治部主任。

10 月 15 日，刘向东、曾广、徐扬等领导人，在第一大队驻地贵人村，召集连以上干部会议，传达边区党委会议决议，终止地域性称谓的"潮汕支队"，正式启用"中国人民解放军闽粤赣边纵队潮汕支队"番号。并宣布整编命令。其中，第一、第三大队分别扩编为潮汕支队主力第一团、第三团。第一团团长邱志坚、副政委陈迅之，参谋处主任曾祥华，政治处主任刘百洲。第三团团长陈华，政委许衡，副团长黄欣进，政治处主任陈特础。

11 月 10 日，喻英奇调集第五（潮汕）、第六（兴梅）两地区的兵力 3000 多人，由保安团团长刘永图任总指挥，妄图以中央突破的战略，袭击良田，再分区"驻剿"平原，以达到摧毁大北山根据地的目的。

潮汕支队司令员刘向东，政委曾广，副司令员张希非，第一团团长邱志坚等，分析敌情后，当机立断，将计就计，引敌就范。15 日，第一团团长邱志坚等带领抗征队独立第三大队第一团战士和横江民兵，在茅坳嶂打败了强敌，歼敌 110 多名，俘敌 5 名，缴获枪支弹药一批，为第五次反"围剿"奠定了胜利的基础。战斗中，神枪手黄编、一连连长李快、炊事员黄坚壮烈牺牲。此役称"茅坳嶂战役"。

至年底，南山、灰寨、龙江、卅岭、瑞来、上陇、龙溪、龙潭、横江、良田、太原、大溪、塔头、大洋、新民、新联等乡建立了民主政权。另外员埔、南森乡接近国民党驻军据点，则建立流动政权。钱坑、金坑、凤湖、阳夏、东园等乡则由武工队、政工队开展群众工作。

1949 年

1月1日，中华人民解放军闽粤赣边纵队潮汕支队奉命编为中国人民解放军闽粤赣边纵队第二支队。司令员刘向东（2月奉调闽粤赣边区，张希非代任司令员），政治委员曾广，副司令员兼参谋长陈彬，副政治委员李平，政治部主任徐扬（5月奉调纵队，张希非接任）。

1月18日至30日，潮汕地委在京溪园人岭下村召开扩大会议。出席会议的有：闽粤赣边区党委副书记兼宣传部部长林美南，地委书记曾广、副书记李平、刘向东，以及全体执委、各县委书记共20多人。会议提出具体要求是：迅速拔掉敌人在根据地周围的据点，向榕江、练江平原和揭陆华边、丰华兴边发展，解放广大农村，形成对城镇敌人据点的包围，争取尽快与兴梅、粤赣湘边根据地联结起来。同时要求全区人民全力支援前线，准备接管城市，迎接全面解放。

大岭下会议后，中共揭阳县委机关由南山圩迁至灰寨。并调整了县委领导班子，县委书记林史，副书记林兴恭，组织部部长李日、副部长邱林春，宣传部部长林兴恭（兼）、副部长杨坚、县委委员何绍宽、吴瑛。工作人员四五十人，县委机关已公开了。

同月，中国人民解放军闽粤赣边纵队第二支队第六团建立。原北山团参谋长郑剑夫任团长，揭阳县委书记林史兼任团政委，参谋长郑剑夫（兼），政治处主任杨左生，副官处主任刘声。团部设在南山圩招江楼。以揭阳县民兵基干团的两个主力连、潭口税收中队、卅岭独立大队及第八大队的一个连队为主要对象。

潮汕军政干部学校诞生在一个百年祠堂里——河婆岭丰八斗种村的光裕公祠。

1949 年，为配合中国人民解放军解放全国，从 2 月至 8 月间，中共潮汕地委在八斗种村开办潮汕军政干部学校，由闽粤赣边纵队第二支队司令员张希非任校长，毕业于黄埔军校的张玉书等任教官。当时潮汕军政干部学校在八斗种村仅办 1 期，培训了一批军政干部，奔赴各地，加强了潮汕地区地方武装斗争力量，进一步打击国民党的政权和残余势力，在迎接广东全省解放和开展新中国建设各种地方工作中发挥了巨大作用，在潮汕地区历史上留下了重要的一页。

2 月 17 日，河婆宣告解放。同时，成立潮汕第一个军事管制委员会——河婆市军事管制委员会，主任蔡达材，委员蔡达材、黄如、王氓。下设保卫、民运、民政、敌资保管、财经等科及秘书室。

2 月 18 日，钱坑解放。

2 月 21 日，陆丰县五云（现属揭西县）解放。

2 月 26 日，潮揭丰人民行委会在南山圩成立的裕民银行发行裕民券。

3 月 4 日，揭阳县人民行政委员会在南山宣告成立，主任何绍宽。行委会机构设置及人事安排：秘书科科长杨丰（后曾实）；社会科科长曾木泉；财粮科科长黄润泽（后李一松、黄卓豪）；民政科科长黄贻嘉（后张洛寂）；文教科科长黄钟；建设科科长张兆熙、副科长李琼章。

同日，河婆市民主政府成立，市长张鸿搏，副市长张洛寂，下设民政、社会、文教、财经四股。

春，揭阳县农会成立。会长李捷，指导员邱林春，秘书张钧天。上半年，全县七个区的农会都组织起来，一共拥有会员30000 余人，区、村级的农会干部有 780 多人，全县 100 个行政村，90% 的村建立起村农会。

4 月 4 日，为迎接潮汕全面解放，中共潮汕地委在灰寨后埔村开办潮汕军政干部学校，王亚夫任校长。

4 月中旬，边纵正、副司令员刘永生、铁坚和政治部主任林美南在河婆召开闽粤赣边纵队、潮汕地委、第二支队和边纵直属团负责人参加的军事会议，传达了粤赣湘边区和闽粤赣边区领导人河田会议的基本精神及决议。会议决定，集中边纵第一、五、七团和第二支队大部兵力，组成强大的攻击部队，进行潮普惠南揭丰进攻战役，拔敌据点，扩大解放区。决定兵分两路：南线拔除潮普惠南平原的里湖、流沙、两英、惠来县城等敌重要据点，使之与粤赣湘边区的海陆丰解放区连成一片；北线进攻揭丰之棉湖、白塔、大头岭、汤坑、丰顺县城等地，使潮汕与兴梅、韩东解放区连成一片。

1949 年 4 月 24 日，中共潮汕地委发出"动员一切人力、物力、财力，拥护毛主席、朱总司令的进军命令，支援前线，迎接大军南下，解放华南，解放潮汕"的号召，广大革命群众热烈响应，掀起献金、献粮，拥军支前的群众运动。为迎接潮汕全面解放，培训接管城市干部与宣布入城纪律，做好城市接管工作。1949 年春，中共潮汕地委先后在南山、五经富举办两期干部培训班；闽粤赣边纵队第二支队司令部于 5 月分别在河婆、龙潭举办军事干部训练班和开办军政学校，培训接管城市干部。潮汕地委副书记李平于 8 月 2 日在揭阳县灰寨崇正学校向党、政、军、群有关负责人作（城市政策）报告，指出入城后的纪律和注意事项。着重强调：新中国成立后的城市，已成为人民的城市，不再是反动的堡垒，革命者应建立新的城市观点，禁止破坏、泄愤与随便没收行为；要贯彻执行《三大纪律八项注意》。李平在报告中还提出"三不动"和"五不准"的规定。"三不动"即不能随便动手、动脚、动口。"五不准"即不准被人请上酒楼，禁止大吃大喝；不准赌博，不论是明的或暗的；不准嫖妓、住旅馆，一定要集体生活；不准接受馈赠，即使小如烟支，亦要拒绝；不准乘坐黄包车。第二支队司令部、政治部于9月20日向全军发布八项入城纪律，号召全体指战员学习人民解放军各野战军入城时的纪律，彻底执行保护城市的政策，切实遵守人民解放军总政治部颁布的《三大纪律八项注意》，按照"约法八章"与"入城守则"，做好护城工作。

为了做好揭阳县全境解放后实行统一领导和分工接管工作，中共潮汕地委指示揭阳县委与潮揭丰边县委合并为新的中共揭阳县委。8月14日，林史、张华、王道宏等9人从灰寨出发抵达五房村与潮揭丰边县委领导王勃、陈君霸、方思远等一起商量两个县委合并及接管揭阳县城事宜。林史受曾广委托，宣布揭阳县委与潮揭丰边县委合并为新的揭阳县委。两个县委分头按计划进行有关接管揭阳县城的准备工作。后因胡连溃兵窜犯，两个县委的领导班子仍然并存，一直工作至揭阳县全面解放，才合为一个县委。

4月28日，棉湖解放。至此，原揭阳三、五区全境解放。

4月29日，棉湖市军事管制委员会、市政府成立。六团政委林史任军管会主任，陈实任市长。

同月，中共潮汕地委决定揭陆华边工委改为中共揭陆华边县委，书记黄佚农，组织部部长曾郁青、副部长李鹏，宣传部部长曾烈明。下辖地增加陆丰县水东、五华县琴江以东一带12区乡、丰顺县的上下八乡。

同月，青年团揭阳县筹委会成立，林兴恭任主任（兼）（几个月后由张洛寂负责），林戈为副主任、张文宏为宣传部部长、张淑英为少年儿童部长。妇联工作由吴瑛（正）、洪凯（副）负责。团县筹委领导下的建团工作队队长林苏，少儿工作队由温晋波、张熊子分别任正、副队长（后由温凌波负责）。

5月10日，揭阳县行委会发布命令，在全县范围内实行废乡建区，新建立县、区、村三级政权体制，全县成立七个区和两市政府：第一区（南联区）人民政府辖原南联、灰寨、大溪、太原四乡；第二区（新龙区）人民政府辖原新民、龙江、建安三乡；第三区（河婆区）人民政府辖原龙潭、龙溪、圆埔、南森、下滩、南和六乡；第四区（塔头区）人民政府辖原保安、惠安、东园三乡；第五区（卅岭区）人民政府辖卅岭一带；第六区（五联区）人民政府辖原和顺、金坑、钱坑三乡；第七区（凤汀区）人民政府辖原鸿江、阳夏、凤湖；另设二市：河婆市、棉湖市。区以下建立村人民政府，全县共有100个行政村。

6月19日，揭陆华边人民行委会成立，主任委员曾烈明。下设机构和负责人如下：民政科科长张九、财粮科科长张益谦、文教科科长蔡洛、民运科科长张夏、供管科科长刘导，青年团、妇联分别由出席潮汕地区青年妇女工作会议的曾绿枝、张夏负责（后分别由张复旦和李娥负责），还有民兵大队长张树权，农会会长古连。

6月，华南分局机关从香港秘密迁往梅县，途经河婆住在大同医院，设临时办公室（后迁往灰寨俊芳学校）。其直属机关分布于河婆的祠堂和学校等。华南分局书记方方，亲自接见河婆区委的主要领导，询问工作情况，做指示并在接见时发表了长篇的关于当前形势和主要任务的讲话。（这篇讲话后来在《团结报》全文发表）。

同月，为进一步加强汕头市各项工作的领导，做好接管汕头市的准备工作，中共潮汕地委在河婆成立新的中共汕头市工作委员会，书记李平，副书记吴健民。

7月8日，经中共中央批准，南方人民银行在河婆正式成立，总经理蔡馥生，副总经理赵元浩。设立南方人民银行总管理处，发行整个华南解放区统一使用的南方券。银行在良田先立小学（现良田中心学校）印刷南方券。

7月28日，经党中央批准的潮梅人民行政委员会在南山道南小学成立，辖潮汕、兴梅17个县市，主任林美南，副主任李洁之、黄声。

9月6日，潮梅人民行政委员会与中国人民解放军闽粤赣边纵队第二支队司令部联合在河婆培光学校召开潮汕党政军迎接南下大军动员大会，决定成立潮汕党政军迎接南下大军动员委员会总会，要求各县成立相应的组织。会议号召潮汕军民，立即行动起来，拥军支前。

9月21日，敌军4000多人，向大北山根据地进攻，遭三支队痛击。此役共毙伤敌营长以下100多人，保卫了潮梅行委会、潮汕地委等领导机关和后方各个部门。

附录二 革命遗址和文物

一、革命遗址

1. 棉湖兴道书院

棉湖兴道书院坐落在棉湖镇南隅，原为棉湖学社，建于清雍正八年（1730），同治十一年（1872）虎门水师提督方耀兴学时重新修建，大门上两处增设匾额"兴道书院"四字为清同治状元刘桂年所题，背面"砥行立名"四字是方耀手书。主座共四进，前三进是厅堂，后进是二层楼房，名为"造凤楼"。曾培养出许多才华出众之士，杰出者如清光绪十六年（1890）进士曾习经、当代著名经济学家许涤新、前厦门大学校长曾鸣。建国后揭阳县第一任县长王琴等，都是兴道书院校友。1925年3月12日，由蒋介石、周恩来率领的国民革命军东征右路军主力部队由揭阳榕城出发西进棉湖，迎战陈炯明叛军林虎部，指挥部驻兴道书院，蒋介石住造凤楼下左房，周恩来住右房。3月13日晨5时30分，东征军西渡榕江，与叛军林虎部血战于和顺乡大公山，击溃敌人10倍之师，取得著名的"棉湖战役"大捷，在中国近代革命战争史上写下了光辉的一页。

2. 河婆中华医院（1925年10月，周恩来第二次东征革命活动旧址）

河婆中华医院座坐在河婆排灌站内农机配件厂里面，原是医学博士彭克猷创办的私人医院。1925 年 10 月，周恩来任国民革命军总政治部主任兼国民革命军第一军政治部主任，率师到河婆时患胃病、眼病，在中华医院二楼治疗。他为严明军纪，保护医院秩序，亲笔写下"凡属军人，一律不得侵犯"的公告。院长彭克猷把它装入大镜框，置于进门显眼之处。从 1925 年至 1926 年，周恩来先后为该院题写"同心同德"和"博爱"两幅横匾，并将他本人的照片寄给彭克猷留念。

3. 棉湖湖西祠堂（1926 年 5 月，湖西区苏维埃政府旧址）

棉湖湖西祠堂是湖西区苏维埃政府旧址，即棉湖湖西村头的黄氏房祠堂，建于清末。第一、二次国内革命战争时期的湖西村农会、普宁县湖西区（六区）苏维埃政府驻此。1925 年，在彭湃派出的以陈魁亚为队长的农运宣传队指导下，湖西村黄兰相等 45 人到上村参加普宁六区农会。1926 年 1 月，经农运特派员、共产党员林景光的组织发动，湖西村成立农民协会并建立农民自卫队，彭湃曾亲自到湖西村指导农民运动，使该村农民备受鼓舞。同年 5 月，湖西村建立第一个中共党支部，由林景光兼任书记。1927 年 10 月，在林景光的指导下，湖西村重建党支部，书记黄兰相。1928 年 3 月，普宁六区在湖西村黄氏祠堂建立苏维埃政权，名为"湖西区苏维埃政府"。国民党反动派从 1927 年夏至 1930 年秋，先后三次对湖西村实行残酷的"围剿"。湖西人民英勇不屈，前赴后继，不怕牺牲，同敌人进行艰苦卓绝的斗争。1978 年，湖西祠堂被揭西县革命委员会评为县级文物保护单位。

4. 河婆大同医院（国民革命军第二次东征时医治伤病员的旧址）

1925 年 10 月，东征军驻河婆时，周恩来等领导常到大同医院看望东征军伤病员，并为该院捐款赠药。后将捐款仁人芳名制作成金字匾额，挂在进门显眼之处；东征军离开河婆时，周恩来又亲笔题匾，赠给该院一块金字匾额，上书"造福军民"。大同医院建于1921年，是西方哥特式建筑物，环境优雅，设备良好。并以孙中山先生的名言"世界大同"而取名"大同医院"。这是一所由海外侨胞、社会各界人士捐建并实行施医赠药的平民医院。1925年国民革命军两次东征，曾在虎山、员埔、南森、横江等地与陈炯明叛军展开了有名的河婆战役，击溃了叛军，取得了东征的伟大胜利。东征军众多的伤病员都送到大同医院治疗。蒋介石、周恩来、廖仲恺等领导经常到大同医院看望和慰问伤病员。并捐款给医院，医院捐款牌匾上记着："蒋总司令中正捐毫洋六百元，周政治部主任恩来捐毫洋一百元，何应钦军长捐毫洋一百元"，以及旅长以上军政要员李易标、黄任寰、张发奎、蒋光鼎、陈济棠、余汉谋等数十人捐款。捐款漆匾至今犹存，并作为珍贵文物收藏于揭西县博物馆。

大同医院后来曾冠名为"河婆卫生院"，揭西县人民政府批准复名为"大同医院"，并将其评为县级重点文物保护单位。改革开放后，华侨捐资兴建门诊大楼和住院大楼，大同医院更令人注目，现已为县妇幼保健院。

5. 河婆大光学校（国民革命军第一、二次东征时指挥部旧址）

大光学校，始建于1918年，1925年初国共两党合作，为肃清陈炯明叛乱武装，巩固广东革命根据地，国民政府组织革命军进行东征。3月，由廖仲恺、蒋介石、周恩来及苏联顾问加伦、鲍罗廷两将军率领的东征右路军某部及黄埔军校教导团，在棉湖战役打败陈炯明叛军，乘胜追击溃逃之敌至河婆时进驻大光学校，指挥部和顾问室设在此处。将领们都下榻在这里。同年10月进行第二次东征时，由蒋介石任总指挥、周恩来任总政治部主任、何应钦、李济深、程潜分别为一、二、三纵队队长的东征军，在取得惠州战役关键胜利后，东征军于 26 日占领河婆，指挥部仍设在大光学校，至 11 月 1 日离开。在这段时间里，东征军在河婆至五华华阳一带与敌人进行决战，取得最后胜利，统一了广东，巩固了革命政权，为北伐战争作了准备。周恩来同志在这段时间向群众做过演讲，宣传革命，留下了许多动人的故事。

河婆镇市区内的大光学校、大同医院和中华医院，是纪念 1925 年国民革命军两次东征时设指挥部的历史遗迹，具有重大的历史意义。1984 年被揭西县评为重点文物保护单位。

6. 京溪园和尚坑（古大存革命活动遗迹）

是京溪园西北面的一个小村。土地革命战争时期古大存曾在此地进行革命活动，其家属亦曾在此居住。

7. 河輋石洞（红军团长卢笃茂革命活动遗迹）

遗迹位于西田李望嶂下，海拔 960 米处。石洞里可容数人同卧。1928 年至 1934 年间，东江红军团长卢笃茂曾在此进行革命活动。湖头战役后，他曾在此隐蔽，后因反革命分子告密，不幸被捕。1935 年于广州黄花岗就义。

8. 七星石崖（古大存多次召开会议遗迹）

位于南山镇秤钩潭村北面，内有三排石座，可容数十人。是土地革命战争时期，古大存多次召开会议，指导革命斗争的地方。

9. 五经富"我们书室"

位于五经富下园角。1935 年，中共党员黄贻嘉在五经富教书，传播革命火种。进步青年曾定石、曾广等组织一批青年集资成立书室，学习进步书刊。当时订了进步杂志《我们》，故称"我们书室"。1936 年 12 月，在"我们书室"里成立了地下"抗日义勇军小队"。1937 年春，李碧山亲自吸收五经富地下义勇军曾广等一批积极分子为中共党员，并宣布成立五经富党支部。中共五经富支部是土地革命失败后揭阳地区重新建立的第一个农村党支部，为党培养了一批干部，并成为当地革命骨干。同年秋，五经富"我们书室"改为"救亡剧社"，成为潮汕宣传抗日活动的中心，出版抗日救亡小报，在抗日救国运动中发挥积极作用。

10. 石牛埔义享公祠——南侨中学旧址

南侨中学是抗战时期潮汕著名革命学校。1938 年 7 月，中共潮汕中心县委为适应抗日战争形势的需要，培养革命干部，开辟农村根据地，以陕北公学和延安抗大为榜样，在石牛埔义享公祠创办了"西山公学"。创始人马士纯、杨少任、邱秉经为首的一批共产党员和教育界进步人士黄声等。该校开学后声誉日著，潮汕各县进步青年分 5 批在此任教或就学。同时并获得南洋爱国侨胞之支持，因此于同年秋改名为"南侨中学"。至 1939 年春，因就读人数激增，共产党为扩大影响，又在揭阳水流埔和潮阳和平两处增设一分校，并在周围附设几十所农村民众夜校。至此，南侨中学便成为潮汕实施抗战教育的文化堡垒，培养了一批革命干部。1939 年秋，国民党破坏民族统一战线，掀起了第一次反共高潮，迫害抗日志士。共产党为了保存革命力量，开始将骨干组织转移，因此把两个分校合并于石牛埔总校，在反动逆流包围之中，坚持护校斗争。国民党反动政府终于在 1940 年 8 月下令强行解散南侨中学。因此，师生们在党的领导下，便转移到各地不同的岗位上继续进行革命斗争。1958 年在金和镇圩内复办。1978 年 8 月，被揭西县革命委员会评为揭西县文物重点保护单位，1996 年 1 月被中共揭阳市委、市人民政府评为揭阳市爱国主义教育基地。

11. 邱林春家

在京溪园竹尾沟村。1946 年春，中共潮汕特委转移隐蔽时曾将电台设在邱林春家，直接与中央联系。出版《新潮报》，指导潮汕各地党的活动。还在邱林春家埋藏了一批枪支子弹，至 1947 年抗征队成立时才启用。

12．大北山区革命根据地

在粗坑、归善、龙跃坑、秤钩潭一带。大革命时期，古大存在八乡山建立根据地，并于 1930 年 5 月正式成立东江苏维埃政府执行委员会，同时创立中国工农红军第十一军。抗日战争时期，韩江纵队大北山支队也在这几个村庄活动。解放战争时期，中共潮汕地委、《团结报》社曾设在归善、粗坑两村。大北山区后方医院曾设在秤钩潭；中共潮汕地委、潮汕军政法庭、潮汕军政干校及潮汕人民抗征队地雷厂等机关、单位曾设在龙跃坑。

这些革命根据地成为当时潮汕革命活动的中心，有潮汕"小延安"之称，这些革命活动地点包括：

（1）《团结报》

是解放战争时期中共潮汕地委机关报，1947 年 10 月 12 日在大北山粗坑村出版。版面为 4 开 1 张，逢 10 出版，初期油印，1949 年 7 月 1 日起改为铅印。1947 年底社址在粗坑村，1948 年 9 月社址在归善村。1947 年至 1949 年 3 月，迁至南山杨梅坪村。1949 年 4 月至 10 月曾先后迁至小溪、龙跃坑、小陂洋。1949 年 10 月 24 日汕头市解放，随即迁入汕头市。

（2）天宝堂

在南山圩北约 5 公里的山谷之中，是一座建于清嘉庆年间（1796—1821）的土木结构庵寺，坐北向南，依山建筑。抗日战争期间，共产党领导的韩江纵队北山支队曾以此地为驻地。解放战争期间，中共潮汕地委遵照中共中央香港分局（后改为"华南分局"）的指示，重新建立武装队伍，以开展解放潮汕的武装斗争。1947 年 6 月 7 日，潮汕地委在天宝堂召开会议，宣告"潮汕人民抗征队"成立，发表《抗征队宣言》，宣布以武装斗争的方式反对国民党反动派的"三征"。

（3）南山关西村三德堂

1948 年 6 月，"潮揭丰人民行政委员会"在此成立，颁布减租减息法令。

（4）南山田心村报本堂

1948 年夏天，大北山区后方医院曾设在此。

（5）灰寨后埔小学

为潮汕军政干校旧址。1949 年 4 月，为迎接潮汕全面解放，中共潮汕地委在这里开办"潮汕军政干部学校""党政财经训练班"，为接管城市培训大批干部。

（6）南山道南中学

位于南山圩之北的关西山南麓。1949 年 7 月 28 日，中共领导的新政权——潮梅人民行政委员会在此宣告成立。

13．大功山国民革命血战遗址

大功山位于金和圩东北三里之大山丘。1925 年 3 月 13 日，国民革命军第一次东征中，为平定广东军阀陈炯明的叛乱，以黄埔军校第一期毕业学生和在校学生为骨干，组成了教导第一团、第二团，蒋介石以黄埔军校校长的名义率领东征右路军某部及军校两个团，约 1000 多人，周恩来任政治部主任，还有苏联军事顾问加伦、鲍罗廷二将军等，凌晨从棉湖镇横渡榕江，征集江面木船，用大绳索连之，并向镇内居民借出铺板架铺在船上，一道浮桥横卧激流。革命军火速从浮桥上过去，在向大功山挺进。革命军教导一团抢占大功山对面的崩山（又名"狮山"）指挥部设在崩山顶，能俯瞰全阵地。架了六门山炮，双方激战终日。蒋介石、周恩来亲自在何应钦第一团团部指挥所督战。军阀陈炯明的主力林虎部队一万多人，指挥部设于金和石牛埔山下的义享公祠（即"南侨中学旧址"），占守大功山高地。时而出击向革命军阵地扑来。革命军山炮连竭力轰击但因炮筒发热，撞针失灵，不得不将炮筒卸下，革命军苦战到黄昏之时，颇有难以支持之势，黄埔军校的学生军中，一支队伍为攻占大功山而全部牺牲在山麓。山炮经一段冷却后又再进行射击，头发炮弹正落在逆军团指挥所前面的一堆敌人当中，炸死一些敌人，敌阵混乱。这时，六门山炮全部打响了，敌在革命军炮火猛击之下，全线溃退，国民革命军大捷，攻占了大功山。大功山这一战，是双方主力军的一次实力较量，革命军大功山战役的胜败，是关系国民革命广东根据地存亡的大事。《潮州志》记，棉湖战役"是役关系国民党之存亡甚大，脱有不幸、则党军因被消灭，即广州也不可保矣"。苏联军事顾问赞道："以少胜多，世上罕有。"棉湖大功山战役，是第一次国共合作取得的辉煌战果。

14. 曲湖崬战役遗址

曲湖崬属坪上区，东南临榕江与金山对峙，北与龙潭区山岭相接，南面山下便是曲湖村。1948年农历五月初三，潮汕人民抗征队第四大队，在南森乡民兵配合下，与五县联防主任钟超武部300余人在这里激战获得全胜。1948年农历五月初二，钟超武率领300多兵进驻河婆，初三日拂晓向南森乡进犯。潮汕抗征队闻讯由第四大队长蔡达材率领全体指战员登上曲湖崬迎敌。第一枪击毙了钟超武的胞弟钟铁坚，钟铁坚正骑着白马过河，应声倒下。钟部便以密集火力猛击曲湖崬，然后强冲。抗征队击退了敌人两次进攻，第三次得天助，东风大作，暴雨倾盆，敌人淋得难以睁眼，便又退下去。从拂晓至上午9时余，一连打退了敌人6次冲锋。敌人伤亡16名，潮汕抗征队有2名民兵轻伤。钟部败退回河婆。

15. 老虎崬战役遗址

老虎崬在河婆镇之东3.5公里外，是龙潭区的大片田畴，北接朱坑径，南邻赤岭埔。1948年9月下旬的一天上午7点钟，抗征队第四大队利用有利地形以"敌驻我扰"的战略，在老虎崬放开了排哨，想把镇内的敌人引出。敌人即中计，集合六七百人，南北两路向老虎崀进攻，他们南路绕过赤岭埔，从螺丝角方向登上老虎崀，北路则向朱坑径推进。双方火力接触，因众寡悬殊，抗征队便撤离该崀，向龙潭井田方向转移。

16. 厚埔岭战役遗址

厚埔岭位于河婆区西北，南为下滩村，北为乡肚各村，东隔横江溪与东心埔相望，西与北坑山丘接壤。1948 年 12 月上旬一天，刚与第四大队换防的第六大队驻守于龙潭的菜仔园村。为了诱歼河镇之守敌，先派出一小队到联防驻地厚埔村去张贴标语，伪联防即向河婆告急，驻守河婆镇的唐强中营三四百人便从下滩向厚埔急进。六大队大队长李彤同志率领部队抢先登上厚埔岭。敌人进入火力网时，他一声令下，机枪、步枪齐发，几个敌兵应声倒下。中队长黄平、指导员李金石沉着指挥，激战至下午，击退敌人几次的冲锋，六大队大队长发起向敌冲锋，敌人招架不住，逃窜回河婆镇。厚埔岭一仗，以寡敌众，以劣势装备打退了优势装备，鼓舞了士气，提高群众对我游击战争必胜的信心。敌死伤40 余人，抗征队李文周、陈雪金壮烈牺牲。

17. 横江反围剿战役遗址

1948 年 8 月 26 日，抗征队与东江游击队和民主联军邹世良部，在河婆十三乡（即乡肚）和横江一带，与国民党军及其联防部队大会战。当天下午，下滩乡联防配合国民党军曾吉营、莫营和钟超武部队向我游击区横江方向推进，敌人一进入十三乡古潭时，即受到抗征队驻守在走水凸、谢娘排的警戒部队的阻击，激战 2 个小时，接着蔡达材率四大队，还有两龙基干民兵，南山基干民兵从东边的菜仔园、东心埔方面前来投入战斗，横江方面有邹世良部的紫五队 200 多人投入战斗，西面则有东江叶佐恕同志率部 200 多人从下埔、北坑地带侧面进击。抗征队和游击队投入战斗近 2000 人，战斗一直持续到下午 5 时 30 分，敌方只得渡横江溪向河婆镇撤退。被命令做后卫的联防队员在顽抗中被击毙 1 人，其余全部缴械，中队长（兼伪保长）张行青等被俘。这次反围剿打得敌人落花流水，缩回巢穴——河婆镇，这次会战的胜利，是韩江部队与东江部队联合作战的硕果。

18. 茅坳嶂反围剿遗址

良田茅坳嶂是抗征队粉碎喻英奇第五次围剿并消灭其主力方景韩部的地方。这一仗，彻底粉碎了敌人"中央突破，洗劫山区"的计划，对反围剿具有决定性意义。

19. 虎尾崇截击蒋军胡连兵团遗址

1949 年 7 月蒋军胡琏兵团，为了逃避南下大军追歼而窜入粤东，企图采取"以进为退"进行最后的洗劫，胡琏兵团于 9 月下旬分二路向五经富进犯，遭扼守在虎尾崇的第三支队截击，损失惨重，狼狈逃回揭阳，不久向中国台湾、金门逃窜，这是潮汕解放战争的最后一仗。

20. 西山公祠（华南文工团旧址）

西山公祠——华南文工团旧址，位于揭西县河婆街道东风居委，为河婆蔡氏祖祠。

1949 年，中国人民解放军向全国发起总攻，原来在香港的华南文工团，结合形势，随军迁到河婆街道，团部驻西山公祠。文工团以河婆街道为中心，通过文艺演唱的形式，配合解放大军南下进行宣传。华南文工团在河婆期间，和河婆青联在西山公祠举行联欢会。华南文工团的许诺、陈群等文艺家应邀为河婆青联做戏剧、舞蹈、音乐等专题讲座。华南文工团三队还在钱坑中学开办文艺培训班，历时一个月，潮、梅、饶、大南山各根据地派人前来学习，为潮汕地区培养了一批文艺骨干。9 月底，该团随军向广州挺进。

西山公祠于 1939 年始建，坐东北向西南，面阔 5 间 22.0 米，深二进 22.7 米，硬山项土木结构，建筑面积 500 平方米。2007 年重修。

21. 光裕公祠（潮汕军政学校旧址）

光裕公祠——潮汕军政学校旧址位于揭西县河婆街道岭丰村委会八斗种村。

1949 年，为了配合中国人民解放军解放全中国，从 2 月至 8 月间，中共潮汕地委在八斗种村开办潮汕军政干部学校，由闽粤赣边纵队第二支队司令员张希非任校长，毕业于黄埔军校的张玉书等任教官。潮汕军政干部学校仅办一期，培训了一批军政干部，奔赴各地，加强了潮汕地区的地方武装斗争力量，进一步打击了国民党的政权和残余势力，在迎接广东全省解放和建国以后开展各种地方工作中都发挥了积极的作用。

光裕公祠建于清末民初，坐南向北，面阔 7 间 46.3 米，二进深 35.6 米，硬山顶土木结构，建筑面积 1640 平方米。左右各有一条灰巷，灰巷两侧及后侧为祠堂包屋，为潮汕地区传统特色民居。

二、革命文物

1. 军毡

藏于揭西县博物馆。1925 年 3 月 13 日，棉湖战役打响后，新塘村王良琴夫妇，为革命军做饭、送饭。战役结束后，周恩来赠军毡一条，以示纪念。王家珍藏 50 多年。

2. 南侨中学抗日大刀队大刀

藏于南侨中学博物馆。南侨中学 1939 年 1 月成立大刀队，共 22 人，学校特地为"大刀队"锻造了银光闪闪的大刀，供早操或军训之用。

3. 丰年银行币印模

原件藏于中央博物馆。1948 年，大北山区成立丰年银行。曾发行过票面一角、五角、一元的油印钞票，流通于大北山解放区。裕民币发行后，丰年银行币便收回。现收藏有当年"丰年银行"发行的钞票印模 3 种共 10 个。

4. 裕民币

1948 年冬，中共潮汕地委决定成立裕民银行，行址初设于揭西县南山镇南山圩。行长刘化南、副行长李子刚。1949 年 2 月，裕民银行迁至河婆。同时发行"裕民币"，票面分五角、一元和五元。它与港币的比值为二比一。裕民币印刷于南山圩福音堂，流通于潮梅解放区。当年 9 月间，潮梅人民行政委员会下令停止发行，并通告商民限期收回。

5. 南方人民币

南方人民银行于 1949 年 6 月上旬随中共中央华南分局机关从香港迁入河婆镇，成立南方人民银行总管理处。南方人民银行在良田乡良田中心学校设印钞厂，开始印刷"南方人民币"。票面分一角、二角、五角、一元、五元及拾元等六种面额。7 月 8 日，在河婆正式宣布成立南方人民银行，开始营业，发行钞票，流通于闽粤赣解放区。1949 年 10 月，潮汕地区全面解放，统一使用中国人民银行的人民币，南方币才陆续收回。

6. 日本马刀

藏于揭西县博物馆。此刀用不锈钢制成，是原广州警备区副司令员李彤在 1949 年 7 月从桑浦山土匪孙泉手上缴获，1983 年送给县博物馆。

7. 《华商报》

《华商报》是中共中央华南分局解放战争时期在香港公开出版的对开大报。1948 年，通过邮寄进入河婆镇，然后由共产党的地下交通站转入山区。它对大北山区的游击战争，群众的革命热潮及潮汕二支队的成立，潮梅行政委员会的建立等，均做过重要新闻报道。它是鼓舞军民同心推翻蒋家王朝有力的精神武器。

8．铁炮

1983 年 8 月，在凤江仙大村发现。重 700 多公斤，长 210 厘米，炮口直径 16 厘米，炮筒最大处直径 40 厘米。炮后端有鼻环、火孔，中间有耳架，炮身铸有皇帽标志，还有英文及阿拉伯字，大多数模糊难辨。较明显的有"16．0．1""KOGNR"等字样。英国产。炮口已缺。现藏于揭西县博物馆。

9．东征军和各界人士为河婆大同医院"施医赠药"捐款漆匾

这块漆匾是揭西县河婆镇大同医院进门端挂着的正匾。它立于 1926 年前后，记载着当时各界对该院"施医赠药"义捐款项的芳名。

在 1925 年 10 月，国民革命军东征军为平定广东军阀陈炯明的叛乱，追剿至河婆之际，在象山、虎山展开激战。东征军指挥部驻扎在河婆镇内的大光学校，大同医院成了当时东征军伤员的救治之所。全院对此战役的伤员进行大力救援，做出卓著成绩。东征军的首领们十分感动，上至总司令，下至连长都纷纷义捐，赞助医院"施医赠药"的美德。政、商、侨等各界人士也纷纷响应支持。

此外还有各公众团体、商号、热心公益事业的人士捐赠，不一一列举。

10．战场胜利品"美三〇"步枪

1949 年农历六月十五日，驻鸿沟的国民党军"围剿"山湖。凤江凤北民兵队长杨兴慎，活捉国民党军士 1 人，缴获"美三〇"步枪一支。现保存在凤北村。

革命纪念场馆

一、革命烈士亭、纪念碑

1. 河婆象山烈士纪念碑、亭

建于 1953 年，位于象山之巅。

纪念亭正面的柱上写着"用生命换来自由幸福，为人民立下不朽功勋"。

亭后柱上写着：

"为人民解放牺牲碧血彰书抗征队，是中华优秀儿女英名永著大北山"。

亭内石碑刻着革命烈士英名：

刘新春、贝荣春、刘三福、刘平、蔡勇辉、蔡新、黄菊花、张介萍、贝影、刘盛村、刘永清、蔡家纳、蔡流、黄编、刘道蓝、庄成学、刘槐，蔡高花、蔡光、黄秋泉、张兴怜、刘道彬、庄觉、刘德堂、刘萍、蔡常澳、黄进林、陈定齐、张国光、刘道势、刘天钩、刘治安、刘素娥、蔡明有、黄佳喜、张献恭、刘当、刘汉光、刘浩、蔡传蘸、蔡云。

在纪念亭前之西，立一石碑，碑上方刻一颗红五角星，星下刻"一九四八年"，正中刻"七·二四上砂殉难烈士墓"，两旁刻 10 位烈士英名：刘新春、刘道势、张介萍、贝影、庄成学为一边，刘道彬、刘当、刘道蓝、贝荣春、庄觉为另一边。

2008 年，河婆象山烈士纪念碑、亭被定为揭西县爱国主义教育基地，2013 年被评为揭阳市爱国主义教育基地。

2. 五云革命烈士纪念碑

位于五云中学对面，建于 1959 年。纪念五云镇在大革命时期牺牲的烈士。2004 年重修，把位于五云中学广场的革命烈士纪念亭迁到五云中学对面，与五云革命烈士纪念碑一起修建，纪念 1949 年五云赤告战斗中牺牲的烈士。

3. 大洋革命烈士纪念碑

大革命时期古大存在八乡山创建革命根据地，组织红军开展武装斗争。为纪念其间先后牺牲的同志，特建此碑。原建于北山嶂山下，1954 年迁建于大洋圩侧，1978 年迁至今址。位于大洋信用社对面 200 米处。

大洋革命烈士纪念碑碑文：

1927 年秋，大革命烈火照亮了中国人民解放斗争的道路。我揭、华、丰边区人民，在中国共产党的领导下，建立苏维埃政权，组织革命武装，与国民党反动派进行英勇的斗争，前赴后继，为中国人民革命事业献出了宝贵的生命。1929 年，我工农武装在古大存同志率领下，先后两次进军大洋。当时伪大洋乡的反动头子，纠集地主反动武装，猖狂反扑，在战斗中有曾尧、魏利善、林凤英（女）、卢运妹（女）、学佬妹（女）、魏招（女）、陈招（女）和从江西苏区调来的九位红军战士光荣牺牲。林石非、陈育轩等同志不幸被捕，坚贞不屈，英勇就义。陈育轩年仅 12 岁的幼子文龙也同遭杀害。1945 年秋，我东江纵队同八乡山游击队会师大洋，大洋的反革命头子负隅顽抗，勾结伪军袭击我人民武装，在战斗中，我杨、李两同志英勇牺牲。在伟大领袖毛主席和中国共产党领导下，经过长期的斗争，推翻压在中国人民头上的"三座大山"，我大洋人民也翻身做了主人，在镇压反革命和土地改革运动中，镇压了罪大恶极的反革命罪犯，为烈士报了仇，为人民平了愤。为了纪念革命先烈的光辉事迹，继承先烈遗志，发扬光荣传统，在中国共产党领导下，把老一辈无产阶级革命家开创的革命事业进行到底，特将在战斗中为革命献身的烈士遗骨集葬于此，立碑以作纪念。

革命烈士英名垂千古，浩气贯长虹！

揭阳县人民政府　一九五四年七月一日立

揭西县革命委员会　一九七八年八月一日重建

4. 金和革命烈士纪念碑

建于 1991 年 1 月，位于金和镇金园尖石山。纪念抗日战争、解放战争和建国后牺牲的金和籍烈士。

碑文正面：

革命烈士纪念碑；

左面：

忠诚的共产党员；

右面：

坚强的革命战士。

碑背面记载 9 位烈士生平：

林拔芦，男，柑园村人，1917 年生，1939 年参加中国共产党，1940 年任中共揭阳三区区委组织委员，1943 年牺牲。林世友，柑园村人，男，1919 年生，1939 年参加中国共产党，1942 年入伍，任韩江纵队班长，同年在超坑战斗中牺牲。林瑞泉，庵园村人，男，1926 年生，1947 年入伍，任排长，1948 年在丰顺县八乡山战斗中牺牲。林初益，新芋园埔人，男，1907 年生，1948 年任民兵班长，同年在圆姑山战斗中牺牲。林水，新芋园埔人，男，1929 年生，1948 年参加中国共产党，1948 年入伍，任指导员，1949 年在鲤湖战斗中牺牲。林宝传，新厝园人，男，1933 年生，共青团员，1950 年入伍，1951 年在抗美援朝中牺牲。林运，四十亩村人，男，1911 年生，中共党员，1937 年入伍，任连长，1953 年在西藏平叛中牺牲。林老石，前宅园人，男，中共党员，1949 年生，1967 年入伍，1969 年在曲江县大坑口因公牺牲。林刘华，仁安里村人，男，1927 年生，1949 年入伍，1952 年在抗美援朝中牺牲。

5. 南山革命烈士纪念亭

建于 1957 年，位于南山中学后面的山顶上。纪念南山、灰寨一带在各个革命时期牺牲的烈士。

正面柱联：

为革命献身生的伟大，为人民流血死的光荣。

后柱联：

反帝反封烈士功名垂千古，为民为国英雄事迹永流芳。

亭内石碑：

上方正中：人民功臣。左侧：万古长存；右侧：永垂不朽。正中碑文：李文法、李文可、李快、李开恕、李怀谦、李文坎、李开故、李永达、刘同志、刘对、刘兵林、刘道窜、杨森、杨隔、杨仲巷、李耀先、刘德安、邓祖素、邱华、张达、陈如兴、温贤抄、王同志、杨谦涛、杨伟明、杨谦坤、徐圳、黄龙金、林加猷、洪上静。

中共南山乡基层委员会　中共灰寨乡基层委员会

南山乡人民委员会　灰寨乡人民委员会

一九五七年十一月二十五日建

6. 五经富革命烈士纪念碑

建于 1957 年，位于五经富镇区中心旁。纪念五经富、京溪园一带各个革命时期牺牲的烈士，其中还有在五经富战斗中牺牲的外省籍烈士韩子奇等人的英名。

五经富革命烈士纪念碑人民功臣榜在纪念碑的中层，筑成长方柱形，四面刻着碑文。

正面刻：

万古长存。

背面刻：

永垂不朽。

右面刻着人民功臣榜：

人民功臣（即烈士姓名共 63 位）黄生、廖厚岳、邹天果、曾广容、孙国强、曾强、钟惠和、温洪胜、田则时、田老足、田阿声、曾流文、曾细奎、高春南、田老钻、韩子奇、陈庆安、陈德湘、汪世英、邱仲凛、邱瑞帝、刘阿容、陈清益、邹奕祥、邹亚锐、陈雪金、方皮、邱友仪、汪雪灵、陈亚凤、汪瑞枝、陈族和、刘锦清、刘素泉、刘阿摇、刘秀如、刘秀莲、李杨中、陈接对、陈自愿、欧永发、邱裕福、邱林宗、汪兆水、刘亚午、刘朝龙、田如仿、汪育林、欧永声、邹天度、陈传先、高如惠、钟仁先、曾古希、李阿桃、刘亚祥、高宜意、陈可德、余记光、黄忠、徐喜、柯东、吴大华。

中共五经富乡基层委员会　中共京溪园乡基层委员会

五经富乡人民委员会　京溪园乡人民委员会

公元一九五七年十二月建

7. 塔头革命烈士纪念碑

建于 1965 年，位于塔头圩鹅毛溪村边。纪念牺牲在塔头的韩江纵队独立大队长许继烈士。1975 年重建成革命烈士墓。

塔头革命烈士纪念墓碑文。

革命烈士墓左碑：

> 许继烈士生平。

右碑：

> 邓如适、林离遵、林介喜、陈如、吴顺发、吴长顺、刘成、刘亚选、曾古希、陈相玩、吴亮广、吴长音、杨群泉、巫大柱、林建辉、陈汉文、吴菜团。

左立柱：

> 缅怀先烈

右立柱：

> 振兴中华

8. 良田革命烈士纪念碑

1996 年，经揭西县政府批准，把 1965 年建于良田乡岭下后山坡的良田乡烈士纪念碑迁至良田乡良文小学后面。该纪念碑是为纪念抗日战争时期和社会主义建设时期牺牲的刘汉平等 15 位烈士。

纪念碑碑文：

> 革命烈士永垂不朽（一九八二年揭西县民政局拨款修建）。

原老碑文：

> 一九三四年北山革命烈士墓，公元一九五六年建。

（说明：1934 年，红军十一军古大存领导的属下以卢笃茂为团长的红二团，在良田乡湖头菜园坷被敌人包围，有 9 位红军战士殉难，故建碑纪念。）

9. 钱坑白石岭革命烈士墓

位于钱坑白石山顶，建于 1965 年。山脚路口立墓道铭，供引行人上山瞻仰。纪念 1948 年 8 月，在白石岭伏击匪首王国权时牺牲的潮汕抗征队 5 位烈士。

钱坑革命烈士纪念碑碑文：

潮汕人民抗征队革命烈士之墓

公元一九八五年立

10. 下砂革命烈士纪念碑

建于 1990 年 9 月 1 日，位于下砂乡背楼塘凸。纪念大革命时期牺牲的烈士：徐洪希、徐国旋、徐育芝、邱文景、邱文题、邱汉仪。解放战争时期的烈士：邓华茂。

11. 李日煌烈士之墓

位于灰寨镇东同福桥头，1986 年冬建。

柱联：

日丽风和，同福桥前葬忠骨；

煌辉盛世，协国亭后永流芳。

二、革命纪念馆

1. 大北山革命历史纪念馆

大北山革命历史纪念馆于 2007 年建成，位于解放战争时期中国人民解放军闽粤赣边纵队二支队司令部旧址，现位于南山镇大北山国家森林公园内。占地 2000 多平方米，建筑面积达 3200 平方米，现已布置了 15 个展厅，展出了大革命东征时期、抗日战争时期以及解放战争时期粤东人民开展革命斗争的史料、文物等。基本陈列主题鲜明、内容丰富、史实完整、脉络清晰、特色突出；展出的物品和史料客观真实，展品说明简洁准确，有一定数量的原件展品，复制品、仿制品和辅助展品均标注清晰，收集、整理、更新、维护工作常态化。大北山革命历史纪念馆主要展出反映大北山各个时期的革命斗争史的照片，大北山革命斗争主要领导人林美南、古大存、曾广、刘向东、陈彬、曾冰等人在新中国成立后的部分照片及有关回忆书籍、烈士名单、各乡镇烈士纪念碑和反映揭西建县以来经济社会发展现状的照片以及领导题词、歌颂大北山革命战争的诗词书法等。

2008 年 11 月，广东大北山革命历史纪念馆被中共揭阳市委、市人民政府评为揭阳市爱国主义教育基地，2014 年 12 月被评为广东省爱国主义教育基地。

2. 揭西县博物馆

1965 年置县，县博物馆设立，馆址位于县城河婆街道东风广场，存有周恩来题词的《施医赠药》金漆匾和丰年银行币印模复制品等。2018 年，在原有革命文物展室的基础上，打造红色文化资源展厅，发挥爱国主义教育基地作用，馆内收藏各类文物 592 件（套），较有特色文物 27 件（套）。

3. 南方人民银行纪念馆

南方人民银行印钞厂旧址（今揭西县良田中心学校），占地面积 4666 平方米，建筑面积 3333 平方米，陈列面积 1333 平方米，展线长度 20 米，展品数量 35 件，其中原件 3 件，陈列主题为"继承先烈遗志建设和谐良田"。馆内陈列有 3 台印制台（2 台印币台和 1 台印币床）此外还展有《南方人民银行大事记》、华南革命根据地发行的流通券、公债券主要分布图、南方人民银行券、南方人民银行史料和 1949 年前潮汕地区金融状况及当前揭阳金融发展状况档案资料和图片资料，以及印制发行南方券的重要贡献的碑记等珍贵的实物和档案资料。

南方人民银行是第三次国内革命战争时期中国共产党在华南解放区设立的银行，开启新中国华南金融事业，开创华南金融史新篇章。为统一华南金融市场，1949 年初，党中央同意中共华南分局请示，决定创建南方人民银行。1949 年 7 月 8 日，南方人民银行正式成立，总管理处设在揭阳河婆。随后发行南方人民银行券（简称"南方券"），并将潮汕地区裕民银行和新陆银行并入各分行，其业务覆盖粤、闽、赣边区和香港地区。1949 年年末，南方人民银行改组为"中国人民银行华南区分行"。2017 年 7 月 19 日，南方人民银行纪念馆在揭西县良田乡落成开馆。

4. 粗坑《团结》报纪念馆

《团结报》是《汕头日报》前身，是一份油印小报，1947 年 10 月 10 日诞生于京溪园镇粗坑村，是中共潮汕地委在解放战争中创办的潮汕地区第一份党报。革命时期，《团结报》围绕党组织根据潮汕革命发展形势提出每一阶段行动战斗口号，在军事报道上及时宣传解放军节节胜利的消息，发行量最高时有六七千份。在团结军民，打击敌人，鼓舞斗志上发挥重要宣传作用。《团结报》随着革命形势不断更名，1951 年元旦，《团结报》发行 431 期后更名为《潮汕日报》，1958 年 7 月 1 日，《团结报》更名为《汕头日报》。

2013 年秋，由中共揭西县委、揭西县人民政府、汕头经济特区报社发起，深圳安远集团协助，在其创刊地揭西县京溪园镇粗坑村的中共潮汕地委机关报《团结报》旧址建立《团结报》展览馆。2015 年 7 月 1 日，《团结报》展览馆在其创刊地京溪园镇粗坑村开馆。揭西县委领导和汕头经济特区报社领导共同为展览馆揭幕。《团结报》展览馆建筑面积约 680 平方米，展区面积 1000 平方米。整个展区分"启航""关怀""征程""亮点"四部分，一件件历史文物，一个个真实故事，再现《团结报》创刊于战火纷飞革命年代的光荣历程，记录从《团结报》到《汕头日报》的 60 多年历史。

附录四 历史文献

东征布告

我军奉命东征，实为讨贼救民。

父老苦秦久矣，不得已而用兵。

所至秋毫无犯，所过鸡犬不惊。

绝不拉夫筹饷，买卖贵乎公平。

愧承怀苏渴望，箪食壶浆以迎。

党军讨贼勇敢，与民相见以诚。

望各安居乐业，指望东区安宁。

努力国民革命，三民主义实行。

黄埔军校校长：蒋中正

党代表：廖仲恺

政治部主任：周恩来

民国十四年三月十二日

革命军东征告各界人民书

各界人民诸君，我们常常听得，自从我们离开你们之后，你们在陈炯明压迫之下，无论是工农商学，都受尽摧残与剥削，言论不得自由，结社不得自由，甚至组织救国救民的国民党部，都遭压迫，繁重不堪的苛捐杂税，向你们剥削，把你们的血汗榨干，都不顾恤，为此我们义愤填膺，盼国民政府快下命令，让我们痛快来驱除这恶魔陈炯明，现在我们受命东征，得偿宿愿何等畅快呵。各界人士诸君，你们一定能够认得国民革命军，是与军阀的贼军不同的，国民革命军，是保护人民的，倘若你们要解除一切痛苦，且看今年二、三月间，东江的战争，革命军得了民众的拥护，所以战无不克，攻无不摧，就可知道了。各界人民诸君，你们要言论集会结社都自由，苛捐杂税一切免除，非一心一意与国民革命军合作不可，你们要认得国民革命军，乃真正是你们自己的军队，你们有了他，你们才能脱离反革命陈炯明、林虎、洪兆麟、刘志陆等等的重重压迫和重重剥夺。

国民革命军印

民国十四年十月

革命军东征告农民书

我们最亲爱的东江农友们！我们今年春天，恰恰赶走了陈林军阀，正在谋真能解除你们痛苦的方法的时候，刘杨（按：刘杨指桂滇军阀刘振寰和杨希闵）诸逆，便在我们后方造反，我们要想永久的作你们的保障者，只有暂时离别了你们，回军来巩固革命政府。因为没有革命政府，便没有革命军，便不能保障你们的利益。现在刘杨诸逆及广州一切反革命派，都次第削平了，我们深念着刘志陆之辈在五华一带，是如何的摧残你们；李易标等在海陆丰一带，是如何剥削你们；及一般反革命者，如何勾结帝国主义者压迫你们；并念着你们在现在还没有绝大的组织和武装，去直接抵抗军阀，打倒帝国主义，所以我们不辞劳苦，来替你们做先锋打不平，要把你们从水深火热中再救出来。不拉夫不筹饷不强占民房，我们仍坚守着今春我们原有的精神和纪律，专为着你们的利益而奋斗。农友们！我们最亲爱的东江农友，你们是世界上被压迫阶级里最大多数，同时你们也是世界上最需要革命的一个阶级，你们应该趁着这个时机，自己组织起来，武装起来，结成工农兵的联合战线，然后才可以打倒一切反革命派，才可以打倒一切特权阶级；所以现在你们，一方面应自己组织武装，预备作我们的后援，一方面应该各尽所能的帮助我们。你们熟习路径的便应该做我们的向导；熟习地形的便应该替我们侦查；能知道敌情的，便应该做我们的间谍；精力强壮的，便应该助我们的输送！这都是为着你们自己的解放而工作的工作，这样最后的胜利，才是我们的。所以现在我们的口号是，工农兵大联合万岁，国民革命成功万岁，东江农民解放万岁，革命军胜利万岁。

国民革命军印

民国十四年十月

克服潮汕后之捷报

广州国民政府：

职于本月1日，率同第一师第一、三团，由河婆向里湖进发，里湖之逆，闻风溃退，当即进驻，次日向景察前进，逆向炮台溃退，3日进驻揭阳，4日何师长率领两师，向潮州进发，5日即可抵潮。林、洪之逆，均向饶平黄岗鼠窜，刘志陆亦于2日晚乘军舰逃港。职于4日，率领军政治部人员，于下午8时抵汕。抵汕时，码头欢迎者数万人，沿途各巷路为之塞，此盛大之欢迎，实为我政府及我军将士为主义奋斗之所致。职愧无以当此，除分电总指挥、何代督办，请其早日回莅汕主持外，并请转达后方诸将士，同伸贺悃。现汕市安谧如常，市长已委陈篅民代理，此后潮汕行政，急待更新，军民财政务必须统一，尚祈钧座提出政治委员会，订定具体方针，电示前方，俾得有所遵循，不胜企祷之至。

周恩来　徽

民国十四年十一月五日

（摘自《广州共和报》）

关于揭阳救亡工作的几句话

真理是矛盾的东西，假如各执着一方面，而且各用不很好的态度争辩起来，那就不能得到正确的结论。

揭阳的救亡工作已经开展了，也正在继续开展着，过去与现在都可以看到成绩。但是很不够，工作远远落在抗战的要求之后，存在很多严重的缺点。这样来对揭阳的救亡工作下个基本的总结，我想是比较正确的。因为若不采取全面的观点来看东西，只看见缺点而没有看见成绩，那不是悲观消极，便是愤慨激昂。只看见成绩而没有看见缺点，那便可有夸张与自满，不自积极克服缺点与困难，力求进步。

有什么具体的事实来证明这个结论，使这个结论不成为空洞抽象的呢？后援会、战工队、青抗、工抗、学抗、妇抗、教抗、救护队、战工团、一中、简师、真理、河中、南侨以及一些前进的小学校和个别分子，又各都有一时的或经常的工作成绩。第四区妇女壮丁的训练也正在开展成为将来妇女运动的基础。这些过去与现在的工作成果，都是我们应该珍重保留与积极发扬的。但是许多民众团体和学校，在组织上都不能巩固扩大，在工作上也不能深入普遍，甚至一些连组织与工作都不能坚持。这些缺点都是我们应该马上克服过来的。要克服这些缺点，必须找到根源。根源在哪里呢？首先我以为客观上的根源，是历史造成的。今天除了汉奸以外，谁也需要救亡工作，因此不能在抗日阵线内部叫谁来负阻碍救亡工作的责任。我们的历史在今天正展开飞跃的进步，但过去许多落后的因素拖累了今天的进步，许多人都被历史的成见束缚着，使新的意识不能鲜明展开。其次主观上的根源我以为是救亡工作者对于统一战线了解不够，经验不够。有些人惧怕统一战线，有些人不能好好为统一战线而工作，因此在工作上团结不够，脱离落后，民众团体不能真正民众化。

有什么方法来克服那些缺点呢！我以为这纯是主观的问题。只要大家忠于统一战线，认识统一战线的特点与发展的规律，展开以统一战线为原则的民众工作，便能够从基本上克服许多缺点。工作需要批判，今天能够开始批判那是好的，但不诚意不正确的批判又是不好的。而且批判还不够，主要的是帮助与谦让。谁有不足，我们应该帮忙。谁对我们不满意，我们要考虑是否自己应该积极谦让，已达到在工作上团结一致的目的。同时对于许多落后的青年与民众，我们的任务是如何去提高他们，教育他们，放弃与轻视他们是不对的，对于在工作上不正确和有错误的人，我们的任务是如何指导他，纠正他，攻击和阻挠他也是不对的。

最后说几句关于我说话的立场。我说话很简单，仅是提起几个要点，为的是避免许多意外的问题发生。但假如有人是站在工作的利益上，为理论的研究，用很好的态度，把我所提起及未曾详细说到的许多有关的问题，拿来展开下去，那是我所欢迎的。又假如救亡同志们认为我的意见是正确的，那我建议我们更进一步团结起来，共同来克服我们的缺点，把我们的工作更好地推进起来。

（注：上文为中共揭阳县地下党组织负责人林美南所写，录自1939年1月26日《揭阳民国日报》）

揭阳青抗会为纪念"五四"青年节告各界同胞书

同胞们：

今天是青年节，全国人民都很热烈地纪念着，但这并不是一个乐观的日子，中国人太苦命了，中国青年的命更苦。我们为什么会苦命不是天注定，亦不是地生成，而是百年前给帝国主义扼住了命脉！他们不让中国进步，不让中国解放！他们和封建势力勾结在一起来镇压中国人，特别是镇压中国青年！

但我们中国青年不怕他们，一百年来中国青年不断地反抗着。"五四"就是日本人要占我们的青岛，和迫我们承认廿一条条约，而引起北京学生起来反日反汉奸的日子，当时实在痛快极了！把汉奸卖国贼打得一塌糊涂，并且烧毁了他们的房屋，结果把日本鬼子吓抖了！

从此中国大大地进步了！

同志们！你说，像这样伟大的日子，怎么不值得纪念？特别是今日敌寇和汪派汉奸正在加紧来灭亡中国，有些顽固分子却也上了他们的当，跟他们同一鼻孔出气，什么"反共"呀！"清党"呀！"青年思想复杂"呀！"解散青抗会"呀！……不用说的，这完全是因为敌人和汉奸怕我们团结，怕我们青年的力量大，他们要灭亡中国，要投降日本，便不能不首先来迫害青年，摧残青年救国团体。现在，听说有些顽固分子主张"统一"青年组织，把原有救国团体都解散；其实他们的"统一"是假的，"包而不办"是真的，我们何尝不主张统一？我们拥护政府，拥护蒋委员长，服从三民主义，响应政府的一切号召，这不是"统一"吗？为什么偏要"统一"：成一个"名"？无非是扼绝青年救国而已！

这个，我们是不答应的，我们的家乡已在敌人的铁蹄下，或在枪口下了！谁敢叫我们束手待毙么？让他去做梦吧！我们总是要救国的！抗战到底的！反对投降的！反对分裂的！反对开倒车的！

同胞们！来吧，我们青年是愿意打先锋的！一定要打先锋的！跟着来吧！援助我们吧！

揭阳青年抗敌同志会

1940 年 5 月 4 日

南侨中学被迫解散告各界同胞书

亲爱的同胞们：

今天是"八·一三"，是抗战的纪念日，日寇还没有赶出去，抗战还没有得到胜利，但实施抗战教育的南侨中学，却在今天被迫宣告解散。这是一件痛心事，是一件"为仇者快、为亲者痛"的大事！

本校接到解散令是 7 月 14 日。接令后一面停止招生，一面派代表到省政府陈情请愿，同时为使各界同胞明了真相起见，7 月 21 日曾竭诚发表了一张告书。一直到今，只是静候上峰消息。现在消息得到了，虽然经过陈情请愿，经过海外各团体的通电呼吁，上峰总是不谅解，不收回成命，一定要解散本校，从今天起，本校便被迫宣告解散了。

亲爱的同胞们！南侨中学被迫解散了！为什么要解散南侨呢？根据解散令中所说："南侨尚未立案呢？且为异党所把持"，这是解散南侨的理由。南侨是不是未立案呢？即使未立案，是不是一槌便可捣毁？南侨是不是为异党所把持？什么叫异党？这一些疑问，在第一张告书中，我们已经略有解说，在这里我们还是要恳切加以陈述。

且说到立案吧。南侨是暹罗侨胞所创办的。开办不久，即奉中央侨委会批准备案，已成合法机关。一面遵照手续，呈准请求立案。每学期校务概况，都有呈缴侨委会和县政府存核，学生600多人，经费充足，设备充实，学校生气蓬勃，海外侨胞及当地民众无不同情爱护。即使未曾为立案，有此规模成绩，也不能风狂雨暴，横加摧残！而且学校好不好，并不限于有无立案，尤其在抗战建国的今日，决定学校的好坏，应该看它对抗战是否有利？如果对抗战有利，就是好的，应该扶植；对抗战有碍，就是坏的，应该取缔。不能抹煞一切，以有无立案而决定存亡。

再说到异党问题来。什么叫做异党呢？汪精卫党是异党，汉奸敌探是异党。本校主要负责人，多是国民党的忠实党员，全体员生一向都在三民主义的最高原则下，为国家民族的利益，为抗战建国教育的发展，埋头苦干，认真奋斗，党政军当局有什么号召，我们都热烈响应，两年来缴交当局的捐款，总共5000余元。潮汕沦陷后，本校员生奉召到前线随军工作的二三百人，到处最受当地老百姓和军队长官所称赞。因为辛苦工作，积劳成疾的百数十人，战死、被俘、悲壮殉国的五六人。如果强要诬说我们有党派，那么，我们就是忠肝赤胆的救国党、救国派，因为我们所办的是三民主义的救国教育，说到学校管教吧，我们的课程，方针，都遵照部颁所规定，遵照抗战建国纲领的原则，遵照蒋委员长历次对教育的训示。一向是严格、认真、忠实不苟。何从有异党？何从有把持呢？

不能的！"异党"这个罪名太笼统了。是不是忠心爱国的就是异党？是不是认真苦干的就是异党？是不是不贪污、不腐化、不顽固落后，不糊里糊涂的就是异党呢？如果是这样，那真不得了！除非昧了良心，准备妥协投降的，才肯这样说，这样做，才肯这样忠实地替敌人服务！如果是这样，我们定要坚决抗议，而且全中国不愿做亡国奴的同胞，都一定要来抗议的！

谁也不能否认，本来一个学校被解散是小事，如果背乎情理，以"莫须有"的罪名，把将南侨一刀腰斩，一定会影响到海外侨胞大失所望，影响到老百姓们的惊疑恐惧，特别是要影响到广大的爱国青年悲愤灰心；相反的，必将助长腐化势力的抬头，而直接削弱了抗战的力量，这就是大事，这就是帮助了敌人，就是准备妥协投降的先决步骤！如此步骤，日寇汉奸看见，一定欢喜；但国内外不愿做亡国奴的同胞，一定不欢喜，一定要起来抗议的！本校被迫解散了！我们想起暹罗的侨胞，备受暹政府的压迫，所有的华侨学校，完全被摧残，被解散，可怜的华侨子女被驱逐，被监禁，有的忍辱被奴化，回到国内来，都市沦陷，无书可读，父兄们所捐款创办南侨，惨淡经营，才庆幸子女有所寄托，想不到连祖国的政府，也不能相容！我们看到一群昔日被迫回国，今日被迫到无路可走的华侨子女，看他们叹息、欷歔，看他们流涕、痛哭，使海外侨胞听到了，将不知如何悲愤失望啊！我们还有一大批从沦陷区逃出来的同学，学校被炸毁，乡井被焚掠，亲朋流离，家人失散，但南侨收留我们，教育我们，正望在后方可以安心学习，准备报家仇、报国仇，谁料南侨也被毁了，不是被日本的炸弹所毁，是被一道不分皂白的命令所毁的！唉！我们并没有罪过，为什么被迫如此凄惨呢？

本来站在合理和正义上，为南侨的存在，我们一定要斗争到彻底，但看到目前抗战更加困难，看到日寇汉奸和顽固分子的分化政策，愈加阴险，为巩固国内团结，渡过难关；为争取最后胜利，早日实现，我们只得忍痛牺牲，宣告解散。这绝不是惧怕困难，更不是向黑暗势力低头，这种委曲求全的苦衷，坦白诚挚的态度，相信各界同胞一定会同情我们的。现在日寇汉奸已到处卖弄其挑拨离间伎俩，勾结一致，加紧进攻中国，出卖中国；英、美、德等帝国主义，又在施展其反动政策牺牲弱小民族，露骨迫诱中国投降，而抗战营内的顽固分子、动摇分子，为顾全自己目前的利益，更在积极制造摩擦，排斥进步力量，准备出卖大众，乘机投降妥协。这种逆流、危机，显然愈趋愈险，我们应该特别注意。勿受欺蒙，勿中奸计，尤应团结一致，克服时局逆转，力争时局好转，同胞们起来！我们要坚持抗战到底！中国不能亡！中国不会亡！

最后本校自奉到命令以来，承蒙内外各界人士，函电纷纷慰问，赐给我们深切的同情和不少援助，我们要在这里表示最大的感谢！同时，我们还要谨向各界表示：以前我们最拥护政府，拥护领袖！以前我们最忠实于民族国家，忠实于抗战教育，今后我们仍是站紧自己岗位，继续为国家民族的利益而奋斗，为抗战教育的发展而奋斗。南侨虽然被迫解散了，但南侨的精神是任何暴力所不能解散的！我们的 2000 校友都要团结一致，继续以往艰苦奋发的精神和诚恳虚心的态度，互相鼓励，互相督促，继续学习，继续工作，为实现三民主义的新中国而奋斗到底！

亲爱的同胞们！再会吧！

南侨中学全体二千校友敬启

1940 年 8 月 13 日

潮汕人民抗征队告各界同胞书

各界亲爱的同胞：

日本投降以后，我潮汕人民，正切望和平民主，以图复兴建设，安定民生。不料蒋政府竟皈依美帝国主义，出卖国家民族，撕毁政协决议，实行内战专制政策。两年以来，征兵、征粮、征税，苛重无以复加；保甲管制，清乡进剿，事事以人民为敌，生杀予夺，任所欲为。迫得商旅裹足，鸡犬不宁，人民骨肉离散，饥饿冻馁，转徙流亡，将何以堪！

同人等深感在蒋政府苛政迫勒之下，饱受凌辱恐怖和饥饿死亡之威胁，已无生存自由之可言。计自其执政 20 年以来，国家民族日陷危境，人民无时不在火热之中，时至今日，反动派业已走向众叛亲离，天人共愤之绝境，同人等为求得自由解放，乃高举义旗，出而组织本队，反抗三征，藉以达到改善民生，结束内战，实现和平民主独立自由之目的。半年于兹，深得各界同情、拥护与支持，感幸无比！兹谨略陈本队态度主张于各界同胞之前，希维亮鉴：

蒋政府反人民反民主之内战独裁政策，已严重威胁各界人民的生存，故为争取和平，结束蒋政府四人家族专制统治，乃为全民的共同任务，在此共同目标下，本队同人除对特务及反动分子外，愿与广大民主党派、地主、绅商、工人、农民、学生、市民、知识界、自由职业者、公务人员、退伍官兵等，真诚密切合作，争取和平民主的最后胜利。

我们主张不分地域、阶层、性别、宗教信仰，团结一致，维护各阶层人民利益，共同反对三征与清乡进剿的一切反动措施；举凡地方治安，社会福利，商旅维护，乡里守望，纠纷调解，本队同人必竭力以赴，深望地方人士通力合作，共同维持，尤望各界着重生产救济，实行减租减息，确保佃权，照顾债权债务业佃双方利益，救济失业饥饿和被难的人民，使免于转徙流亡，庶我潮汕同胞痛苦得以减轻，社会得早日趋于安定。

同胞们！时机到了，大家应迅速奋起自救，目前反动派前线军事已遭受严重挫败，后方政治经济危机日形尖锐，全国大规模反内战反饥饿的运动，风起云涌，这一切表现民主革命高潮快要降临，反动派自食其果，已为期不远，愿各界同胞迅速奋起，争取真正和平民主日子的到来！

一切被蒋政府压迫剥削的人民联合起来！

反对三征，反对内战独裁！

反对美帝国主义干涉中国内政！

清除特务分子，反对勾结蒋政府残害地方的歹徒！

减租减息，确保佃权！

争取和平民主独立自由！

潮汕人民解放万岁！

中华民族解放万岁！

潮汕人民抗征队

民国三十六年七月

告民主军弟兄书

民主军亲爱弟兄们：

你们在张辉的错误的领导之下，走来走去，今天竟走上和你们的理想完全相反的道路，从人民的子弟兵，变为反动的爪牙！人民的仇敌！该是多么冤枉多么可耻的事呀！

什么叫做革命，什么是真正的人民路线，你们从前或许有点模糊，现在已完全明白了吧！在伟大的革命运动中，有些人企图假借革命的美名，来达到他私人的卑污龌龊的目的，也就有许多人原来是热情纯洁的，不自觉的受骗了跟上去。但革命终归是不能假的，反革命的面目终归是要暴露的。反革命的面目一经暴露，这支部队便丧失了战斗的能力。这是铁的真理，你们已经在实践中领略到了。

你们流落来潮汕，受尽潮汕人民抗征队的抚爱和招待，现在张辉竟忘恩负义，以德报怨，公开背叛人民，带领你们来屠杀劫掠曾经无数次节衣缩食来慰劳、鼓励你们的潮汕人民和抗征战友，你们能予容忍么？

全国的形势你们是知道的！潮汕人民力量的雄伟你们也是清楚的，张辉如果坚持错误下去，升官发财的目的未达，先给人民

345

消灭是一定的。王国权在投降喻英奇之初他的部下是300多人，如今只剩下二、三十人的事，你们不是时常热心地谈论着吗？

　　亲爱的弟兄们：你们都是东江纯洁的青年和朴实的农民，你们家乡的革命胜利正一天天的扩大，你们对革命的功过其报应是最现实的。我们相信你们是知道如何去开辟你们的前途。

　　亲爱的弟兄们，欢迎你们拖枪反正！欢迎你们回到人民的怀抱来！

　　欢迎你们为革命立功！

潮汕人民抗征队全体官兵同启

民国三十七年十月

　　（注：《潮汕人民抗征队告各界同胞书》《告民主军弟兄书》为中共潮汕地委书记、抗征队政委曾广撰写）

揭阳县河婆中学师生被迫离校敬告河婆各界同胞书

亲爱的父母兄弟姐妹惠鉴：

　　余等师生一行30余人，已于5月27日被迫离校矣！吾人原济济一堂，只知努力学习，不务其他，方期稍有成就，出为社会服务，以慰我河婆热心教育的父老兄弟殷望，岂料蒋政府反动当局，不但与人民为敌，且更仇视文化教育，将我河婆唯一最高学府——河中，视为眼中之钉，企图破坏而后快！对余等师生初则诬蔑中伤，继以引诱恫吓，压迫我王一帆先生解职之后，又威胁我张海鳌校长离校。最近更声言将逮捕残害余等师生，使吾人遭受重重威胁，步步迫害！余等深知蒋政府对各地学校师生之残害，已豺狼感性，毫无人权保障，故为争取生存计，不得不脱离虎口，以求继续余等之学业。

　　余等窃念河中创办迄今，已达十余载，中间幸赖我海内外父老兄弟苦心经营，几遭危难，终于克服；近年来又赖我父老兄弟之爱护及张校长之主持设计，校务蒸蒸日上，对河婆文化教育之影响与贡献至深且大。我河婆千百青年，深表额庆！讵料反动当局，不顾我父老苦心经营之心血与河婆教育前途，蓄意摧残，企图驱逐我办学有方之张校长后，把河中变为党棍特务实施奴化青年之场所，兴念及此，至为痛惜！

余等为河中前途，为河婆文化教育着想，在被迫之下，是一时忍痛离校，然余等誓不放弃河中立场，绝不为反动特务之威胁所屈服。将更坚决为河中前途而奋斗！余等深信，今日欲使河婆教育进步发展，非结束蒋政府之专制统治不能实现。全国如此，河婆当无例外，际兹蒋管区千万青年学生为反对蒋政府专制卖国统治之斗争，正如潮如涌，前仆后继，莫可遏止！是可证明蒋王朝崩溃之日不远矣！至望我河婆父老兄弟一致奋起，摧倒蒋政府在河婆独裁统治，争取实现全河婆人民之幸福生活，并使河中教育再向前迈进！

为此，余等在此恳切向我各界同胞提出呼吁，并请求支援，一致团结，共同制裁蒋政府摧残文化教育政策，清除为害文化教育之奸贼，反对专制奴化教育，争取实现新民主主义之文化教育。余等认为河中之受破坏摧残，正表现河婆文化教育危机之开始，如不立即团结斗争，各地文化教育，将陷于同样命运。现在人民解放军已大举胜利反攻，解放区新民主主义教育之曙光，已高照大地，吾人为争取生存与保卫河婆文化教育，实责无旁贷！余等为恢复河婆中学教育自由，为发展河婆教育事业，谨此提出下列数项意见，恳请各界同胞支持，使早日实现：

（1）立即请张校长海鳌回校，主持校务；

（2）立即召开全河婆教育大会，共同制止蒋政府摧残教育政策！制止特务分子干涉学校行政！

（3）保证河中师生生活安全与人身自由；

（4）恢复河中师生研究学术自由！

（5）立即惩办破坏河中校务祸首张玉谦！

各界亲爱的同胞们：请立即团结起来！为保卫河婆中学而奋斗！为保卫河婆文化教育而奋斗！河婆中小学校师生团结起来，反对蒋政府摧残教育！

河婆各界同胞团结起来，制止反动当局干涉学校行政！清除反动特务，保证自己子女安心学习！

援助河中被迫离校张校长、教师和学生！

恢复河中教育万岁！

中华民族解放万岁！

林乐恒	孟 珂	杨方笙	杨 丰	潘 康
蔡梅花	蔡万育	蔡立民	彭竞雄	蔡纪薇
张国光	贝慕新	张壮卢	张熊子	张淑英
张壮孟	黄锡汀	黄访青	黄玉偶	蔡质民
李开变	黄新位	刘海金	张毅生	蔡富新
李维群	张惠群	张淑贞	张旭初	黄秀凤
邓雪容	韩永宁	李彤云	张国豪	黄国辉

黄永才等同启

1948 年 5 月 28 日

（注：当时还有张云淡、张明鉴同学离校后即到队伍，没有参加签名）

告上砂乡民众书

上砂乡的父老兄弟姊妹们：

反动分子不断地欺骗你们，陷害你们，你们也上了许多当，吃过不少亏。自农历七月二十四日，本队几位同志在贵乡被反动分子虐杀后,你们就经常地在谣言迷惑恫吓下,处于惶恐不安的情况中。反动分子作恶犯罪,却害得你们寝食不宁,我们万分同情你们的不幸境遇。

反动分子横行霸道的日子不长了。看大局:两个半月来,人民解放军以"雷公打豆腐"的秋季攻势,解放济南、烟台、锦州、长春、沈阳、郑州、开封、包头、归绥、承德、保定等大城市,迫近徐州,威胁南京,歼敌近百万,蒋朝廷已在重重危机煎熬下,摇摇欲坠。看潮汕:人民抗征队威力万丈,于秋收斗争中,在良田、河西、大南山,把那些打家劫舍、抢粮夺货的喻、莫匪军,杀得落花流水。你们想:蒋介石、宋子文,喻英奇、莫希德的统治,还能苟延残喘多久?你们想,"大树"都快倒了,猢狲们还能"调皮"到几时?

然而,XXX之流即使被装进棺材,也还要伸手抓一把。他们过去威胁你们组织联防,设卡收税,抵抗本队,欺骗邻乡,甚至掳掠抢劫,企图使大家生怨恨,结冤仇,在自相残杀中同归于尽。将来必更狡猾,更狠毒,把"以民制民"的把戏玩得更彻底。你们想:继续给XXX之流的反动分子牵着走,和抗征队做对头,和同胞们结冤仇,是不是踏陷阱,寻死路?

上砂乡的父老兄弟姊妹们:认清大势,明辨是非,分清敌友吧!你们应该和那些欺骗过你们,曾经使你们蒙灾受难的反动家伙算账了。我们愿和你们携起手来,全潮汕解放区人民都欢迎你们投向光明!

上砂乡的父老兄弟姊妹们:我们以最高度的挚诚,向你们宣告下列诺言:

第一,我们深知,旧历"七·二四"的惨案是少数反动分子造成的,与你们无关。今后我们对解决此案,无论采取何种途径,均保证不涉及你们的利益。

第二，凡过去或现在有破坏革命行为，与革命人民及人民武装作对，而能及时悔过自新改守中立者，一律以中立人士相待，友好地友谊相待。

第三，欢迎联防组织自动解散，联防队员反正起义。这样行动的，我们决予奖赏！

潮汕人民抗征队

1948 年 11 月 26 日

潮汕人民抗征队告蒋管区青年同学书

同学们：

中国人民解放军自秋季攻势展开以来，势如破竹，节节胜利，东北已完全解放了，华北除少数孤立城市之外，绝大部分地区也完全得到了解放。最近解放了徐州，打开了进入南京的大门，使战争形势急转直下，进入了新的阶段；在南方，人民武装力量是在日益壮大发展，尤其是在我们潮汕，人民子弟兵不但有力量打退蒋、宋、喻、莫匪军的进攻，并且已经从山地伸入平原，包围城市，建立了民主政权，将来还要进一步解放全潮汕。这些事实告诉我们，中国人民将在今后一年左右彻底打垮蒋介石的反动政府，解放全潮汕，不但是可能而且已经在逐步实现而成为事实了！

20 多年来，中国人民在蒋、宋、孔、陈四大家族层层剥削之下，过着黑暗和悲惨的日子。政治腐败，贪污横行，绝大多数人民在极端痛苦中过着牛马不如的生活，在贫困与死亡线上挣扎。在暴政压迫下，特务遍布，人民没有自由权利。最近两年来，为了从事反人民的内战，丧心病狂，勾结美国帝国主义，竟不惜出卖国家主权，使中国人民在战胜了日本帝国主义之后，又重新沦入被奴役的境地。

对于这些，尤其是我们青年同学，在自己的生活中也是深切的体验着。在蒋介石独裁统治下，思想、言论、出版、集会、讲学、结社是没有自由的。在特务制度的监视下，青年处在被迫害与被摧残中，大批热情有为的青年被送进牢狱刑场。因此，到处所听到的是苦闷叹息，对前途的彷徨、悲观和失望，使中国青年在蒙受着历史上空前未有的苦难。

然而，今天在现实的残酷与惨痛的教训中，中国青年的觉悟也同样的空前提高了，每个人都深深地认识到如果没有全中国人民解放事业的胜利，没有彻底推翻蒋介石法西斯的统治，中国青年也永远不能得到民主自由的幸福。因而，20多年来，特别是最近的数年来，在全国各地，不论在蒋管区，在解放区，青年们进一步地团结起来了，采用了各种各样的方式，为推翻蒋介石反动政府而从事着英勇的斗争，在人民解放事业中，贡献了伟大的力量。

在我们潮汕，知识青年在革命事业曾有过光辉的历史传统，当人民解放事业即将在今后一年左右在全国范围内彻底获得胜利，中国人民即将在罪恶的黑暗的蒋介石反动政权的统治下获得翻身的今天，我们将这些事实告诉大家，希望仍在蒋管区统治下的青年朋友们，认清楚当前革命的新形势，以及历史所赋予的光荣而伟大的新任务，切实的担负起来，为解放全潮汕，解放全中国而做英勇的战斗。

一、我们诚恳地欢迎蒋管区的知识青年朋友们，大批地涌向解放区来，参加实际的革命工作。潮汕人民子弟兵在一年多的艰苦斗争中，已经在大南山、大北山建立了自己的民主政权，巩固的根据地，配合着日益变化发展着的新形势，需要大量的革命青年干部。因此，我们欢迎你们到这里来，在忠实为人民服务的实际的革命事业中锻炼。

二、倘使由于家庭或其他种种困难，不能立即到解放区来，则希望你们时刻做这种准备，在人民解放军到达了自己的地方时，不必跟随蒋介石政府到处流浪，甚至更进一步在本地积极地帮忙新政府的建立，以及地方的革命建设，参加到革命队伍来。

三、在蒋管区的一切青年们，应该进一步团结起来，坚强地组织起来，广泛地展开爱国的民族统一战线，团结各阶层进步人士，教育落后分子，通过公开合法或秘密非法的各种斗争方式，反对蒋介石政府的伪装民主摧残人权，出卖国家民族利益，勾结美国帝国主义；反对蒋介石反动政府横征暴敛，剥削人民，在城市进行反迫害、反饥饿的群众运动，深入展开群众组织，配合解放城市的斗争，在农村则准备直接领导农民进行反"三征"的武装斗争。

四、对一切被蒋介石匪帮所欺骗或一时错误而从事反动的特务工作，以迫害人民的青年，我们则寄以热切的期望，自即日起，洗心革面，痛改前非，改邪归正，不再做罪恶的反人民反革命行为，以至进一步为人民立功，将功赎罪，这样做才能得到人民的宽大和宥恕，前途光明远大。倘若始终执迷不悟，也必然会受到人民的制裁。

五、在蒋管区的一切进步青年朋友们，除了加紧团结组织教育广大的落后青年外，更应该经常地加强对目前形势的学习和研究，勿受美蒋李宗仁之流的假和平所欺骗，认识唯有推翻国民党，才能实现真和平，用种种方法解决困难；搜集资料，将解放区的建设，解放军胜利的消息，解放军对一切放下武器的蒋军官兵的宽大政策，传播到每一个角落里去，在群众中展开深入的宣传工作。每一个立志献身人民事业的青年朋友们，应将了解时局和进行宣传当作日常工作中的重要工作之一。

同学们：我们将在长期的痛苦压迫中获得自由和解放了，天快亮了，度过了黑暗的长夜，就是红日普照大地的明天。我们不必悲观、失望，更不应该坐着等待，人民解放事业的胜利是需要千千万万的青年朋友的努力，自由幸福是有赖于自己努力去争取。在中国共产党的英明领导下，人民解放事业的胜利很快就会到来了！让我们每一个在蒋管区的青年学生，认清当前形势，在人民解放事业中，在未来新社会建设中，贡献所有一切力量吧！

（注：此文发布于1949年春，其时中共潮汕地委及军政机关均设在灰寨）

访问揭阳县博物馆张宗仪同志记录
——关于大革命时期周恩来同志东征史料的忆述

我在前揭阳县博物馆工作时，曾征集过东征史料。其中以全国政协《文史资料》中有关人物（如曾随总理东征的覃异之先生等人）的回忆文章记载颇详，可惜至今事隔多年，由于各种原因，那些材料没有保存下来。现只有靠本人记忆所及的部分述之，其中不免有遗失错误之处，尚待今后能得到进一步的调查与核实，目前只提供一些线索介绍如下。

一、大革命时期的历史背景及两次东征的历史意义

辛亥革命失败后，帝国主义瓜分中国的侵略行动日甚一日，军阀混战无休止，官僚豪绅对城乡人民凶残的盘剥使农村更趋破产。国家主权沦陷，工农劳苦大众置身于水深火热之中。经过多次举行民主革命而失败的孙中山先生在十月革命影响下，觉悟到必须"以俄为师"，走十月革命的道路。在中国共产党的帮助和苏联共产党的支持下，他在广东建立了革命政府，改组了国民党，和共产党合作，组成革命统一战线，制定了"联俄、联共、扶助农工"的三大政策。这样集结在广东的革命力量便成为全国民主革命的中心。当时，以毛泽东、周恩来等同志为代表的大批共产

党员参与了国民党的党、政、军的领导和建设工作，推动了反帝、反封建、反军阀混战的统一全国的民族民主革命，而 1925 年的两次东征，则是推动中国大革命趋于高潮的奠基礼。

1924 年第一次国共合作形成以后，以毛泽东、周恩来、彭湃、恽代英、肖楚女、张太雷、叶剑英、聂荣臻等同志为代表的中国共产党人竭智尽忠于祖国的革命事业，在建设革命政府、革命军队和促进国民党的改组、发展等方面，都做出了卓越的贡献。1925 年的两次东征及其后的北伐，也是依靠了共产党人忠于祖国、忠于革命、为民前锋的战斗精神，取得一个又一个关键性的胜利；而伪装革命、骗取了孙中山信任的大地主大资产阶级的代表蒋中正，窃据着党政军要职，夺取了共产党人和革命群众用鲜血和生命换来的胜利果实，至其羽毛丰满时，即暴露出其本来的反动面目，公开反革命，把革命人民打入血海之中。

由于蒋介石的叛变和共产党内陈独秀的右倾投降，招致大革命的失败。但周恩来同志和一大批共产党员、进步的革命军人的英雄业绩，却永垂青史。东征之举推动了粤东地区的工农革命运动，广泛地布下了革命火种，为此后中国历次的革命斗争做好思想准备和组织准备，具有深远的历史意义。

二、关于第一次东征和棉湖之役

1925 年春，军阀陈炯明乘孙中山先生北上之机作乱于粤东，准备进攻广州，威胁革命政府。为了荡平陈匪的叛乱，广东革命军举行了第一次东征。当时周恩来同志任中共两广区委员会常委兼军事部长和黄埔军校政治部主任。1925 年 2 月初，周恩来同志率领以黄埔军校教导团三千余人为主力的学生军，会同当时尚留在革命阵营的许崇智部粤军中的一部分（其中有一部分是来自江浙纺织工人，在军校经短期训练过），后来又加上张民达所率领的潮梅挺进队，组成了东征右路军誓师出征。东征右路军得到党所领导的东江工农运动的大力支持，雄师所至，连战皆捷。仅一个多月的时间，就全部攻克潮州、兴梅，初步打开了革命的局面。

棉湖之役是第一次东征中继淡水之后的一次主力决战。此后，陈炯明匪部溃退闽边，潮梅地区遂在短期内全部光复。据史料记载，棉湖之役地点是在"棉湖大寨至伍山一带"（即今之凤江、金和境内）。初战之时，由于当时混入革命阵营的国民党右派将领蒋介石、何应钦、王伯令等临阵怯战、指挥无能，造成革命军重要伤亡和防守阵地被冲破的危险局面；在周恩来同志和苏联顾问团（这是列宁生前应孙中山先生之邀请派来支援我国革命的）加伦、罗加诺夫等将军及时地亲临阵前时，正值林匪军猖狂反扑至距东征军第一梯队司令部几百米处，军校校长蒋介石惊慌失措，第一教导团团长何应钦急得满头大汗，部队伤亡大半（一千余人仅存二三百人）。而周恩来同志临危不惧，沉着指挥，由于学生军中以刘畴西为首的共产党员挺身而出不怕牺牲，同敌反复冲杀浴血奋战，才挽救了陆军的危局。事后，周恩来等同志又马不停蹄地亲自登临崩山上的炮军阵地视察，发现六门苏制野战炮都未打响，而炮兵连长陈诚却躲在离阵地二里余处，以致炮阵失去指挥，遂下令调整炮阵，轰击敌营。崩山上的六炮齐响，命中敌某旅指挥部，敌旗遂倒，敌旅长、参谋长当场毙命。我军奋勇反击，这时张民达部队从里湖方向闻炮声从敌后包抄而来，配合作战，终于取得歼灭万余之敌的大捷。迫使陈匪残部经兴梅败走闽南。在这场战斗中，仅第一梯队就牺牲了共产党员 48 名。我记得当时读过一本书，其中写此役情况的标题是"石破天惊"——形容棉湖战役的惨烈程度惊天地泣鬼神之意。

第一次东征的胜利，在周恩来、叶剑英等共产党人参与组织和领导并临阵指挥之下，给陈匪主力以沉重的打击而威震粤东。

同时，传播了革命火种，分化瓦解了敌人，并通过改编、教育，扩大了革命军的队伍，至东征军回师广州时，其人数似乎已扩大至约三万人。棉湖之役首次以正面击敌和大迂回包抄敌后的运动战打法，树立了以少胜多的范例。因此，苏联顾问曾对此役做了很高的评价。从此周恩来同志及他所率领的学生军的英名一直在民间广泛流传，誉载粤东。

三、关于第二次东征及河婆之役

第一次东征之后，陈炯明迫于形势，表示拥护广东革命政府所派任的潮、梅各属行政官员，革命政府同志同意陈部重驻东江；那时滇、桂军阀刘震寰、杨希闵叛乱于广州。周恩来同志率领东征军右路军主力回师平叛后，陈炯明即乘机与北洋军阀勾结，驱逐革命政府官员，称兵于东江各属，重行作乱。为了统一广东，巩固革命基地，为北伐打下基础，改编后的国民革命军一部分又于 1925 年 10 月间在广州誓师，举行第二次东征。周恩来同志这时担任东征军指挥部总政治部的总主任兼国民革命军陆军第一军党代表和政治部主任。这次东征军的成分比较复杂，除第一次东征后整编回师的三万人外，加上广东、湖南部分地区农运中涌现出来的积极分子，以及黄埔军校中的骨干和由刘、杨的滇桂军残部改编过来的兵员，共组成三个军，约有七八万人。第一路军由周恩来等同志协同军长蒋中正率领进军惠州；第二路军由许崇智带领向从化、英德一带进军；第三路军卫戍广州城。第二次东征的主要战役是惠州石龙之战（略）。

周恩来同志亲自参与指挥的惠州之战打垮了陈炯明的精锐洪兆麟的主力之后，蒋中正留在惠州收拾战场，洪部残兵向五华、兴宁方向溃退，而由周恩来同志率领刘峙一个团和张民达所带领的潮梅挺进队三四千人，经河田进军河婆。当时陈炯明军林虎部盘踞着河婆地区，拥兵一万七千人左右，匪司令部设在河婆镇，前哨布于大庙山。当刘峙的先遣部队在庙山顶与敌前哨一接触，敌即向东溃退而去，刘峙团的先遣营继续冲上象山顶正面击敌，留张民达之部负责从庙山、塘角寨外至北坑、乡肚一带作为后卫。刘峙部队在象山时，周恩来因胃病和眼疾发高烧仍坚持乘担架上前线策励军民。他发觉刘峙指挥不得力，当场给予训斥，并加强指挥，终于在龙潭一带歼灭了林虎部、谢文炳、陈修爵等部万余人。残敌逃往福建诏安，张民达部则向石肚方向追击败兵。在周恩来指挥下，三天中打了两个胜仗，歼敌一万七千余人。至此，东征取得了决定性的胜利。以后东征军分兵到潮安、揭阳、普宁等地镇守，已用不着再打大仗，就重镇东江。周恩来同志因劳累过度病未痊愈，离河婆入揭阳榕城后，曾在学宫稍事疗养，并对揭阳工农运动做过具体指导。

两次东征的胜利，为其后的北伐创造了巩固的后方，使粤东出现了蓬蓬勃勃的革命形势。1926 年上半年，周恩来同志出任广东东江各属行政委员，肩负起收拾被陈匪残害已甚的东江地区的党政重任，先后在东江各属建立党的组织，发展工农运动，培训出了一大批的革命骨干，东征中的周恩来同志为中国革命事业立下了不朽的功勋。

（揭阳县博物馆张宗仪忆述，揭西县文化馆余树之记录，1977 年冬整理）

第二封来信

揭西县文化馆负责同志：

你们在七月四日的来信及寄来的四张相片均已收到。

关于你们提出的有关周恩来当年在河婆的革命活动的一些问题，经我们全家人的回忆及纪鲩的来信，现把我父亲过去讲述的概况提供给贵馆。

一、周总理当年亲自率领黄埔军校学生军东征到河婆，亲自指挥象山战役，每人颈上都系上红、蓝两色领巾（表示国共合作），当时还有俄国顾问，一个是鲍罗廷将军，一个是加伦将军，学生军的纪律非常严明，作战非常勇敢，只有前进，没有后退。由于周恩来同志的正确指挥，打败了军阀陈炯明及一个叫做洪兆麟的敌军。

当时仗打得激烈，伤亡也较大。伤员当时安排在中华医院和大同医院。我父亲帮忙为伤病员动手术及治疗，为伤员动手术取出子弹及做截肢术等。

二、周恩来同志当时因眼病及发高热（具体病名不详）叫我父亲为他治疗，并在中华医院住院几天，经我父亲精心治疗，痊愈出院，他称赞我父亲医术高明。周恩来同志又很平易近人，和蔼可亲。有一次，他看见我父亲在医院的菜园里淋菜，就拍拍我父亲的肩膀说："你是个劳动医生。"

当时周总理是住在中华医院小门楼上去的二楼那个大房间，他和一个医生住在那里，房间的陈设很简单，只有两张木床和一张办公台。

三、鉴于当时军阀混战的战争年代，周总理为了对中华医院和我父亲进步保护，亲笔挥毫书赠一告示："凡属军人，一律不得侵犯"。

四、周总理赠送的题词是写在粉红色的丝绸上，横向长方形，横长约120公分，直长约50分分，字均是墨黑毛笔正楷字，形式如下：

中华医院

彭院长克猷
留　念

博　爱

周来来赠

五、当年周总理分别赠给中华、大同一块字匾。送给中华医院的是"同心同德"，送给大同医院的是"造福军民"。

同心同德

周恩来赠

周恩来于 1925 年 10 月第二次东征时，送给河婆中华医院的匾额，上书"同心同德　周恩来赠"。

造福军民

周恩来赠

周恩来东征时，在河婆期间经常到大同医院看望伤员，赠了一块漆金木匾给该院，上书"造福军民　周恩来赠"

彭世康

1978 年 7 月 21 日

（摘自中共普宁市委党史研究室编《负轭奋耕录》，余树之著）

附录五 **红色歌谣、歌曲**

南侨中学总校校歌

1=G 4/4

法国《马赛曲》
黄声 填词

起来吧! 中华民族的儿女们,伟大的时代来到了。 南侨就是我们的

熔炉, 我们的作风忠诚坚苦, 我们的传统 牺牲奋斗, 看到

千千万万的老百姓, 在敌人铁蹄残踏下, 战斗 呼声呼遍全中

国。 我们要做老百姓的先锋, 挺起胸来同学们, 咬

定了真理, 前进! 前进! 抗战建

国, 要我们来担承。

战斗在家乡

黄一清　词

牛　单　曲

1=C 2/4

进行曲、沉着、有力

```
5·3 1·3 | 5  -  | 1·2 3 | 6 5 | 2·31 | 1 | 03 22 | 1 3303 |
拿起我的 枪，     我们要   战 斗  在家乡！  从 南山 到 北山，从

11 7 | 66 0 | 3 66 | 553 | 2 3 | 332 | 2 1 | 5 - | 5 03 |
桑埔 到 凤凰， 到 处是 美丽的 山 水，雄伟的 战   场。   从

22 1 | 3303 | 11 7 | 660 | 3 6·6 | 11 6 | 5 5 | 22 1 |
乡村 到 城镇，从 高山 到 平原， 到 处是 我们 的 同 志，斗争 的

76 | 5 - | 50 | 5·3 1·3 | 5 0 | 1 2 3 | 6 5 | 2·3 1 |
红 光！    拿起我的 枪，     我们要   战 斗  在家乡！

1 0 | 1 1·2 | 33 4 | 550 | 53566 | 036·6 | 11 76 | 5 - |
    我们是 乡土 的 主人， 人民的 公敌  哪能在 到处烧杀 抢？

3 35 | 66 5 | 1 10 | 65611 | 036 | 1176 | 5 - | 5·3 1·3 |
我们是 人民 的 前锋， 自己的 家乡  要靠 自己来解  放！ 拿起我的

5 - | 1·2 3 | 6 5 | 2·31 | 1 0 :| 65 5 | 2 1 | 1 - | 1 - ‖
枪，  我们要   战 斗  在家乡！        战斗在 家  乡！
```

〔注〕：①1947年10月29日晚，我为了参加潮汕人民抗征队上山打游击，特为黄一清同志这首词谱曲，

带给战士们作见面礼。

②这首歌曲发表于48年5月4日的油印《团结报》副刊，流行全潮汕游击区。

刘天一　1979.12.29.附注

河婆中学校歌

1 = D 2/4

进行曲 雄壮有力

张海熬原词
周松楷原曲
集体修改

5 5 0 6 | 5 3 2 1 | 1 0 | 1 2 3 4 | 4·3 2 1 | 5 - |
榕江 流水 滔滔，象 山 林木葱 葱，

5 5 0 6 | 5 2 | 7·1 | 2 1 | 5 - 5 0 1·2 3 4 |
河中 矗立 为民立 功。 改 造社

5 0 | 1 1 5 | 1 0 | 3·4 5 4 | 3 0 5 | 1 0 5 0 3 0 1·1 |
会 化雨春 风，作 育英 才 做建设 祖国的

2 6 7 | 1 - | 5 5 5 5 0 | 5 5 5 5 0 | 5 5 5 5 3 | 1 1 5 5 5 5 0 |
前 锋 （啦啦啦啦，啦啦啦啦）我们要勤勉 坚毅。（啦啦啦啦，

5 5 5 5 0 | 5 5 5 5 3 | 1 6 5 | 5 - | 2 7 | 1 ⌄ 1·3 | 5·6 |
啦啦啦啦）我们要紧张 活泼 庄 重。学 习、

3 3 5 | 1 2 2 3 1 | 2 ⌄ 1·3 | 5·6 | 3 3 5 | 1 2 2 3 1 | 2 0 |
我们要 努力地学 习；行 动 我们要 积极地行 动，

5 3 0 1 | 1·6 ⌄ | 7·1 | 2 1 | 5 - | 5 0 | 1·2 3 4 |
进德 修业，贯 彻始 终 水 远山

Rit……

5 - ‖ 3 3 | 3 - | 2 - | 1 - ‖ 2 - | 1 - ‖
长，爱我 河 中！ 河 中！

忆江南·北山好（十五首）

李铁生

北山好，最好护群峰，聚耸联峨南岭表，龙蟠虎跃潮梅中，真简万夫雄！

北山好，再好龙潭砼，一练三帘腾百丈，皑鳞碧甲舞银龙，润物劲无穷！

北山好，好是红旗飘，来了救星共产党，抗征反暴势如潮，万众砸铐镣！

北山好，巨擘举红旗，鼓战斗兮召胜利，山苍猴蕨甘如饴，曾广俺政委。

北山好，三月杜鹃花，点染万山红胜火，抗征队伍顶呱呱，邱大人人夸。

北山好，灰寨南山圩，一抹朝暾绯早浣，缤长夕照返锄犁，六大凯歌归。

北山好，泥腿起当家，劳苦工农翻天地，团结起来力量大，打倒恶绅霸！

北山好，泥腿好当家，民主政权真是好，贫雇中农掌印把，众卉发春华！

北山好，泥腿当兴家，互助变工合作化，山南山北尽稻蔴，开荒又劚畬！

北山好，篙手变神枪，苦练黄编成善射，翻身解放爱戎装，勇猛加技强！

北山好，奉伯老英雄，十八年前赤卫队，风寒雨雪红心烘，今建民兵功！

北山好，西侧出河婆，争战经年老虎崇，两龙子弟良田哥，捷报曲湖坡！

北山好，老快英名扬，茅坳伏兵诛白兽，反围血战保家乡，弹罄石雷琅！

北山好，群众竞支前，最是甲溪陈鼠婶，薯汤茶水送前线，鱼水军民篇！

北山好，歌不尽风光，岂是故乡分外赞，欢呼解放乐徜徉，奋发向前方！

（原载《揭西党史资料通讯》1984年第一期，总第八期）

山歌十字唱

解放战争时期，人民武装的宣传鼓动工作做得很好。特别是武工队，每到一个村庄，便使用各种形式，进行宣传。这首十字山歌（客家山歌）便是当年上砂武工队同志们集体创作、由小鬼仁（即贝干）演唱的歌曲之一。

一字写来一横长，各位同胞听分详；中国出了个蒋该死，一心想要做帝王，害得百姓无春光。

二字写来下横长，老蒋是个衰帝王；专制独裁二十载，人民年年受凄凉，百万元的钞票无用场。

三字写来三条桁，蒋光头死心打内战；跪求美帝帮军火，订定条约卖江山，真正是个大汉奸。

四字写来四四方，老蒋罪恶唱分详；抽兵捉人打内战，派钱派款派军粮，砻糠榨油正凄凉。

五字写来两头坪，解放军百万打江山；半壁山河都解放，劳动人民把身翻，当家做主好喜欢。

六字写来点在先，广东百姓受熬煎；饥荒月里无米煮，还要派粮又派钱，唔（不）知几时出头天。

七字写来嘴钩钩，共产党来了唔使愁；新兵地税唔使出，减租减息好计谋，穷苦百姓有出头。

八字写来两撇开，男女老少快起来；组织民兵搞农会，当家做主把头抬，分田分地逐步来。

九字写来撇向西，反动分子坏死哩；制造谣言来破坏，配合特务探军机，大家合力肃清渠（他）。

十字写来向四方，毛主席提出好主张；共产党领导力量大，为我们人民求解放，大家拥护共产党。

大家拥护共产党，打倒老蒋得安康；新民主国家建立起，不分姓界强弱房，男女老少喜洋洋。

男女老少喜洋洋，人民翻身有春光；有食有着有田耕（种），赖赖（男孩）妹妹（女儿）上学堂，自由平等万年长。

抗日救亡保家乡（客家山歌五句板）

刘少卿

椰树结子叉叉叉，涯兜住在马来亚，
水路行船三四日，就到涯兜个国家，
可亲可爱大中华。
可亲可爱大中华，物产丰富顶呱呱，

日本想了万八日，口水流上又流下，
硬想并吞涯国家。

硬想并吞涯国家，中国唔系咁好惹，
自从抗战到今日，三年没零也没差，
打得日本眼都花。

打得日本眼都花，胜利必定属中华，
近来日本施诡计，利用汪贼四脚蛇，
实行以华来制华。

实行以华来制华，强抓壮丁添兵马，
抢夺原料制军火，然后又来攻中华，
阴谋险恶毒过蛇。

阴谋险恶毒过蛇，想嗌中国同佢和，
因为世界大战紧，佢想浑水捉"滑哥"，
想占安南并暹罗。

想占安南并暹罗，联合英国欺侮我，
阴谋勾结日日紧，瓜分中国来讲和，
中国人民（爱）警惕高。

中国人民警惕高，誓将全力保山河，
督促政府战到底，反对屈膝去求和，
贪生怕死变"高魔"！

贪生怕死变高魔，世界战争日日多，
劳苦大众唔团结，爱圆爱扁任人磨，
涯兜生命样奈何？

涯兜生命样奈何？南洋唔系安乐窝
太平洋上风云紧，一波未平又一波，
头尖尾扁战过多。

头尖尾扁战过多，所以涯兜爱醒拖，
为着抗战爱团结，若唔团结死过多，
奉劝男士并番婆。

奉劝男士并番婆，中国抗战正坚强，
中国越打越强大，拖住日本个尾枪，
佢就无法打南洋。

佢就无法打南洋，涯兜或者较安康，
若然自扫门前雪，不管他人瓦上霜，
大祸临头自己当！

大祸临头自己当，且看世界个战场，
从前还系亚洲战，今下欧洲也来将，
不久南洋变战场。

不久南洋变战场，炮火连天命遭殃，
世界哪有安全地，你想逃难没地方，
请问大家样主张？

请问大家样主张，希望快快来商量，
为着华侨个利益，为着大众个安康，
团结抗日正应当！

团结抗日正应当，反对分裂反分帮，
山溪小河点滴水，集合起来成海洋，
咁大船只也能装。

咁大船只也能装，万众一心力量强，
士农工商大团结，出钱出力出主张，
抗日救亡保家乡！

附记：

　　"七七"抗战五十周年了，忆当年海外华侨敌忾同仇，抗日救亡运动风起云涌，感人事迹可歌可泣。1940年，本人在马来亚霹雳州朱毛埠培南学校就读时，参加抗日宣传队，到华社各居民区进行宣传筹账活动。当年情景仍历历在目，曾与胞兄刘少群同台对唱之五句板客家山歌"抗日救亡保家乡"，至今只字不忘，特忆录于此，以作纪念。

　　（原载于政协揭西县委员会文史组《揭西文史》第四辑，1988年9月）

附录六

革命烈士英名永存

革命烈士英名

第一、二次国内革命战争时期烈士

刘　居	彭球裕	彭正胃	彭美练	邱维忠	邓如适
彭孟椅	彭密开	彭高维	李耀先	彭碧连	彭玉族
彭崇周	彭有解	蔡美类	彭衍造	黄亚暹	邱汉仪
林　尾	庄耿洲	黄天度	徐洪希	徐国旋	邹天果
田　钻	邱文景	张隆博	张贯美	张有带	张子仓
张隆水	张隆米	曾流文	张武或	徐育芝	邱文题
田如传	田老声	卓朝刚	张隆浮	刘兵林	田老足
邹亚锐	邹亦祥	陈　益	田则时	刘锦瑶	卓亚展
刘亚客	林离遵	林锦承	刘秀如	林老四	彭景志
张隆怀	张有正	张隆斗	张双喜	张果成	蔡明向
刘亚午	刘亚祥	刘素泉	刘锦清	刘朝龙	王仁春

抗日战争时期烈士

黄居谷	李茂木	林介喜	李观运	李日煌	王伦学
林拔芦	林世友	汪瑞枝	陈两顺	陈自愿	蔡　新
林美城					

解放战争时期烈士

邱仲凛	陈　英	林仁有	曾古希	李文法	邓祖素

彭凌述　汪世英　曾　杰　吴刘荣　林良双　林美成
刘亚选　汪育林　邱友仪　汪粟这　汪兆水　李文可
高宜意　陈雪金　蔡勇辉　张富昌　林庆良　彭成蚕
陈亚凤　蔡　光　蔡　流　蔡　云　黄章素　杨仲项
蔡传醮　林初益　林瑞泉　吴热信　王心炎　陈　如
陈德湘　陈　齐　高春南　刘天钩　张国光　黄家善
黄常胡　蔡明有　林亚泉　贝　影　蔡高花　张良辰
庄　觉　庄成学　刘新春　刘道当　刘道影　刘道势
刘道蓝　张介萍　贝荣春　刘　平　蔡常沃　刘　浩
刘三福　黄秋泉　彭　练　彭成否　黄碧汉　彭百他
张　弓　李　快　张记达　林　美　李开古　黄菊花
吴长顺　陈族和　彭经维　彭云珍　刘　成　邱瑞帝
李　正　陈　兴　林广足　陈可德　李文坎　刘汉平
蔡奇求　蔡家讷　杨　隔　吴顺发　刘始安　刘汉光
曾细奎　刘兴对　李怀谦　陈接对　李开怒　林　水
温翻修

（《揭西县志》1994 年版）

部分革命烈士简介

钟佩璜（1897—1929）：1897 年出生于广东省紫金县南岭东溪塘背村。1923 年 1 月，彭湃在海丰开展农民运动，成立了海丰县总农会，钟佩璜立即辞去教职工作，与钟一强等人到海丰投身农民运动，开始走上了革命道路。1924 年 5 月加入中国共产党，先后组织了清除农会坏分子、龙窝战斗，攻打紫金县城的战斗，主持紫金南岭农会工作，率南岭农民自卫军攻打紫金县城，兼任龙炮区委书记，到龙潭陂尾楼开展革命活动，到西坑村成立农会，在石内开展革命宣传。1929 年，由于特务的跟踪袭击，不幸被捕，受尽折磨，英勇不屈，光荣牺牲，年仅 32 岁。钟佩璜为革命流尽最后一滴血，留下了一个革命者威武不屈的光辉形象。

卢笃茂（1903—1935）：土地革命战争时期潮梅地区农民运动的领导人之一，也是中国共产党革命武装力量的优秀指挥员。大革命时期他担任中共揭阳县委第一任组织部部长。土地革命开始以后，他先后担任揭阳县委巡视员、县武装团队长、东江特委农运部部长、东江红军第二团团长，东江红军第二路总指挥、东江红军游击总队参谋长等职，为革命做出了重大贡献。1934 年被捕，1935 年 2 月 3 日，正是农历除夕，卢笃茂，这个革命热情如火，斗争意志似钢的共产党人，横眉蔑视敌人的枪口，深情地眺望着即将到来的春光，壮烈地牺牲在黄花岗烈士长眠的芳草丛中，时年 31 岁。

马上纯（1910—1941）：原名马大宁，曾用名马梦樵、马应樵、马翼亭、马伯元等，广东省潮阳县和平区里美乡人，1910 年 11 月 26 日出生于一个贫农兼华侨小商贩的家庭。1929 年上半年，马士纯于汕头市立一中经张典贵介绍加入了中国共产党。1930 年 4 月至 5 月，作为汕头市学生代表，马士纯前往大南山，出席在雷山岭下厝仔村召开党的工、农、兵、学代表大会。由于身份暴露，被国民党抓捕入狱，他立场坚定，始终同敌人进行针锋相对的斗争，在狱中坚贞不屈，表现了一个共产党员崇高的革命气节。经组织多方营救，终于出狱。1932 年春，前往上海求学，参加进步文学活动时，再次被抓入狱，备受酷刑，坚强不屈，在党组织和亲友营救下，二次出狱，前往泰国。1937 年 3 月中共韩江工委成立，恢复了马士纯的党籍，他积极开展抗日救亡宣传活动。同年 7 月，中共普宁特支成立，马士纯担任组织委员。8 月又任普宁工作委员会组织部部长，组织成立兴文青年读书会，兴文中学被誉为潮汕抗日救亡运动的摇篮。1938 年 4 月，马士纯任普宁县工委书记，6 月又任潮汕中共县委书记。在南桥中学期间，他致力于党的建设，坚决贯彻"一切为了抗日的抗战方针"，成为抗战教育的旗帜，为抗日培养了大批骨干，为党做了大量的统战工作。1940 年 4 月调任梅县中心县委书记。在十多年的革命生涯中，忠于党和人民，不辞辛苦，全心全意为人民工作。由于长期呕心沥血工作，加上受尽苦刑，积劳成疾，身患重病。1941 年 11 月 11 日不幸逝世，时年 31 岁。党组织和高美村农民把他的遗体安葬在村庄附近青松苍翠的鸟木山上。

黄居谷（1910—1937）：原名国盘，河婆马头村人。1930 年春，进广州航校第六期航空科甲班学习。1933 年 4 月在陈济棠部下任空军飞行中队长。1937 年曾多次率机在南京和上海上空迎战日本机群，并亲自击落来犯日机 3 架，战功卓著。1937 年 9 月 19 日晨奉命率机 5 架在镇江上空拦击来犯之敌，与日军"岗野猛"机群恶战于长空，击落敌机 7 架。他的座机被日机击中，机尾冒火。自己身中 3 弹，伤重力乏，未能张开降落伞，终在南京近郊坠地，不幸殉国，时年 27 岁。1960 年，广东省人民政府为黄居谷的家属颁发"光荣烈属"的横匾。

李日煌（1911—1942）：灰寨区灰联乡新宫林村人。1936 年，曾广、曾畅机等在五经富成立了"我们书室"的读书会，组织社会青年学习新文化。在他的带动下，"我们书室"的读书活动搞得很出色。书室以《大众哲学》《经济学》《社会科学概论》为必读的书目。1939 年秋，李日煌任揭阳县委组织部部长。上级派他去南侨中学工作。他经常同师生一起，到学校周围的农村帮助农民劳动，办夜校，开展抗日救亡宣传。1942 年 2 月，李日煌不幸与世长辞。终年 32 岁。1981 年 4 月，广东省人民政府追认他为烈士。

黄声（1910—1966）：揭西县塔头区顶埔乡人，就学于厦门云梯中学、上海南洋医科大学，后转学北京大学至毕业。1938年初，到普宁兴文中学任教务主任，同年夏季创办南侨中学，任校长。1940年夏，南侨中学为国民党政府解散。1941年赴新加坡、曼谷、河内，1942年回国，到重庆，任《新华日报》编辑。1945年10月又到新加坡，并在曼谷主持民主同盟，出版《民主新闻》。1948年冬回国，1949年8月任潮梅行政委员会副主任。新中国成立后任汕头市副市长，后调任广东省侨委会处长，"文化大革命"初逝世。曾出版诗集《未来集》。

林拔芦（1917—1943）：原名林大弟。1917年生于揭西县金坑柑园村一户贫苦人家。父亲林葵，为人正直，在村里颇有威望。1938年，他参加了南侨中学的夜校学习，进步很快，1939年上半年，他加入了共产党，下半年，成立了柑园支部，他任支部书记。他团结贫困农户，揭露地主恶霸，开展面对面的斗争。工作出色，建立"守青队"，掌握全村武装。1940年，他到揭阳三区区委工作，叮嘱同为共产党党员的弟弟林拔平，照顾好母亲，他接三区区委书记陈彬的通知，到揭阳新圩开辟潮梅交通线。战斗在激烈又危险的地下交通线上，不幸被敌人抓捕入狱，他受尽折磨，严守党的秘密。1943年4月13日病危获释，隔天便与世长辞，年仅25岁。

余天选（1911—1944）：抗战时期潮汕地区优秀的女共产党员，妇女解放运动的出色宣传员，是一个坚强的革命战士。余天选乳名"阿璇"，祖籍广东省澄海县莲阳乡中社村。1911年10月出生于泰国。1925年，她在师长和父亲的鼓励下，毅然同该校的几位女同学回国，到陈嘉庚创办的厦门集美女子师范学校学习。在求学期间，结识了该校学生总会负责人、中共地下党组织领导人邱秉经。这对她思想的进步和走上革命道路，起到了指导性的作用。1928 年底，余天选从集美毕业回乡。翌年春天，她应聘到澄海附城进步学校的港口乡小学任教，致力于教学工作。这年暑假，她同邱秉经在该校结婚。余天选随邱秉经到揭阳县棉湖兴道高等小学（现属揭西县）执教，邱被聘为校长。他们在学校很快便打开了局面，校风、学风和教学之风等方面都呈现出新的气象。兴文中学是由旱塘乡群众集资创办的，具有光荣的革命传统，首任校长许宜陶先后聘请黄声、邱秉经、马士纯等一批共产党员和进步教师到校任教。她还结合自己的教学实践和政治见解，在兴中校刊发表了不少教学论文和《现阶段的中国妇女运动》《新文字与妇女运动》等颇有见地的政治性文章，受到广泛好评。通过革命实践的锻炼和组织的培养教育，1937 年夏，她由马士纯介绍入党。1938 年 8 月，经组织决定由马士纯带领一批进步教师到揭阳石牛埔（现属揭西县），创建了"西山公学"（后改称"南侨中学"）。南侨中学是在中共潮汕中心县委直接领导下创办起来的革命学校。它以陕北公学为模式，旨在培养抗日骨干力量。1943 年下半年，余天选应邀聘任江西省瑞金福幼中学教员。1944 年初，邱秉经离开瑞金到达广西柳州，会晤中共南委驻柳州的联络站负责人徐扬、王珉，以及从南洋回国的老同事黄声等人。余天选母子和邓达发随胡甫开等一行 6 人，与一批男女华侨乘一艘八吨的芒街木船朝越南海防市方向出发，途中遭美国飞机滥炸，沉没于越南海域青梅岛附近。全船 20 多个乘客和船员无一幸存。余天选殉难时年仅 33 岁。

林美城（1914—1945）：乳名"书江"，东园乡大寨村人，生于 1914 年。1931 年，林美南、林英杰、林密等人成立了社会科学研究组，美城参与了其中的活动，共同涉猎了马克思、恩格斯的部分著作。1942 年，在党组织的安排下，林美城与林树夷到福建闽粤赣三省盐务使林美福（林树夷之父）家，暂时隐蔽起来，以待时机继续战斗。他坚决贯彻执行党的统战路线，团结社会各阶层进步人士，与国民党顽固派进行不懈的斗争。1945 年 2 月，"潮汕人民抗日游击队"成立，他经常与卢根同志奔走于揭普之间，深入敌人心脏，为游击队筹粮借款，帮助游击队打开局面。1945 年 9 月前后，卢根与林美城六次到棉湖富家大院，成功募集了粮款。9 月 3 日傍晚，林美城、卢根等武工队队员来到鸿江山头村找侯祥织（林美城在汕头同济中学的同学），当晚在山头村鸿西小学住宿，并商定明天分成两组，一个组到棉湖富户借款，一个组到鸿江乡公所找侯泽略借粮；完成任务后于下午到鸿江乡公所集合。林美城为掩护同志，倒回来引导卢根走路，卢、林二人结果被捕。林美城、卢根两同志在狱中 20 多天受尽折磨，但坚贞不屈，志如磐石，让敌人一无所获。敌人便枪杀了卢、林两位战士。1950 年林美城的遗骨被迁到东园乡狮尾山安葬，以便家乡人民瞻仰。

陈自愿（1929—1945）：京溪园镇大岭下人。1944 年参加潮汕人民抗日游击队。1945 年 8 月间，领导安排他留在甲溪乡后田坷庵堂护理两位伤员。他便到京溪园圩取药。就在他往回走的时候，见一群敌兵正朝着后田庵搜索。在这千钧一发之际，他当机立断，拔出手枪，边跑边回头向敌人射击，把敌人引向与后田庵相反的方向，最后弹尽力单，不幸被捕。敌人一无所得，恼羞成怒，便用铁丝穿过他的手掌，游街示众，但陈自愿始终坚贞不屈，守口如瓶。敌人无计可施，于 1945 年 9 月 18 日在丰顺县汤坑镇把陈自愿杀害。陈自愿牺牲时年仅 16 岁。

彭凌述（1920—1946）：号"杨明"，揭西县五云区龙江乡林和田村人。求学于陆丰县龙山中学、揭阳南侨中学。长期在五云区上云乡小学任教。1939 年参加革命活动，1941 年在培正小学入党。先后任五云党支部书记、陆丰西北区书记、陆丰县中心县委副书记。因革命工作积劳成疾，1946 年病逝于五云。新中国成立后，广东省人民政府追认他为烈士。

卢根（1910—1945）：原名卢鸿照，字辉煌，化名卢艾之、卢路陋，笔名卢雪痕，广东省潮安县庵埠镇人。他是潮汕最早的中共地下党员之一，著名的革命宣传家。抗战初期，以善于宣传发动群众，团结争取抗战对象而称誉潮汕。1945 年 9 月 18 日下午 5 时，敌人把卢根、林美城押往揭阳榕城进贤门外较场埔刑场。卢根昂首阔步，神色自若，边走边向路旁围观的群众喊道："我叫卢根，与林美城都是共产党员，我们为国为民，舍弃妻儿，今日被反动派杀害，相信人民是会替我们报仇的。革命就要成功，国民党日子不长了，大家努力吧！"并高呼"共产党万岁"等口号，一直高呼到刑场，从容就义。卢根虽然牺牲了，但他的革命精神永远激励着人民奋勇前进，他的英名和革命业绩，永远记载在我党的革命斗争史册上，永远被人民传颂着。

许继（1920—1946）：广东抗日游击队韩江纵队第二大队长、共产党员，澄海县隆都区后沟乡人。1940 年，受党的派遣，隐蔽于潮阳沿海一带，做党的地下工作。1944 年冬，到大南山、大北山打游击战。他对革命满腔热情，工作艰苦深入，善于发动群众、组织群众进行斗争。1946 年 1 月 3 日，这位好党员在揭阳（现属揭西）鹅毛溪作战中壮烈牺牲，年仅 26 岁。当敌人包围搜查新兴围村时，许继等在鹅毛溪村闻报，3 个人立即向后山大廊坷燕子岩方向撤退，不料敌人另一路兵马从山背灰寨村登上燕子岩，埋伏在山顶。许继和队员们受到上下夹击，虽然进行了奋勇抗击，但由于众寡悬殊，下午 1 时 30 分，被敌人机枪击中大腿动脉，流血不止，壮烈牺牲，其余两位同志沿着汤尾茂密的甘蔗园杀出了重围。许继为革命牺牲了。他全心全意为人民服务，服从斗争需要，坚决接受任务，艰苦深入、英勇作战的精神，激励着韩江纵队全体指战员去夺取新的胜利。

曾杰（1920—1947）：又名运房、志杰，1920 年出生在揭西县五经富一个贫民家庭。抗日战争爆发以后，曾杰考进中共潮汕地下党人创办的西山公学（后改名"南侨中学"）文专班，不久加入中国共产党，踏上人生光辉的旅程。南侨中学停办后，又转到由汕头迁到五经富的聿怀中学就读，并从事学生运动，秘密开展革命工作。他在聿怀中学时借房子给走读同学住，先后让进步同学蔡洛、蔡若虹等宿在自己家里。1945 年，潮汕人民抗日游击队成立，曾杰奉命加入到武装斗争的行列。韩江纵队成立后，曾杰被任命为第三支队第二中队中队长。部队转入揭阳三、五区（今灰寨、河婆、五经富、大洋一带）活动以后，战斗比较频繁，二中队又是主力。灰寨溪背圩战斗，石碣埠袭击监狱的战斗，以及其他战斗，曾杰中队都作为主力中队参战，并且取得了胜利。在白石岭的伏击战和在崩塘突围中，他查验了每一个班组，率领全中队安全撤出阵地。在袭击五华的战斗中，夜里枪声火影，他带头冲过数十米长的木桥，勇敢沉着地进入阵地，在他的带领下，二中队一直是比较整齐、坚强的部队，受到支队领导多次表扬。1946 年北撤山东后，曾杰进华东军政大学学习。由于战争的需要，曾杰作为中级指挥员的培养对象，进入华东野战军第三纵队司令部工作，任作战处的营级参谋。先后参加过解放洛阳和开封的几次较大的战役。1947 年冬，淮海战役前夕，在区青年兵团扫荡外围的豫东战役中，曾杰奉命研制反坦克汽弹，不幸失事牺牲，年仅 27 岁。他的英年早逝，令人十分惋惜。

张良辰（1931—1948）：1931 年出生于揭西县横江排仔寨，乳名张兴灵。由于他品性善良诚实，其堂兄张诺为他另取名良辰。1947 年 6 月潮汕人民抗征队成立，抗"三征"的烈火在大北山区燃烧起来。良辰的家乡三面环山，是通往河婆、五华的必经之地，因此也是抗征队经常活动的地方。1948 年 2 月，他和同伴张任然等人前往龙潭游击区，参加抗征队。由于他灵活勇敢，活跃在大北山区。良辰被捕后，关押在天主教堂。敌人审问他："你为什么要做匪当老八！""因为家穷，要翻身解放。"他瞪着眼睛回答。"你叔伯兄弟几个人都当老八，他们在哪里？你若叫他们回来，可以放了你。""各人有脚，有脚就走路，我怎能叫他们回来！"敌人不断地追问，要他说出部队的机密。他一口咬定"不知道"。敌人恼羞成怒，对他拳打脚踢，施以毒刑，企图逼他招供。此时，张良辰怒火填膺，高呼"中国共产党万岁！""毛主席万岁！"，敌兵乱了手脚，慌忙抓住他的头发打嘴巴，并且拳脚交加，按住他的头要他跪下。坚强的战士张良辰，威武不屈，拒不下跪，继续高呼口号，最后英勇就义。

蔡流（1924—1948）：龙潭镇岭下村人。1945 年参加潮汕人民抗日游击队。1946 年 9 月为潮汕特委特务队员。1947 年 7 月任潮汕人民抗征队第四大队第三中队队长，参加击毙八乡山反动乡长、恶霸地主廖少成，奇袭丰顺汤坑警察所，夜袭普宁里湖之敌等战斗。他在战斗中身先士卒，英勇无畏，被誉为潮汕人民抗征队"五虎将"之一。1948 年 1 月 28 日下午，在攻打河婆的敌人时，不幸中弹牺牲，去世时年仅 24 岁。

林美（1926—1948）：原名林老诶，1926 年出生于揭西县东园镇玉湖村一户农家。1947 年夏，林国志带着林美跑了几十里路，到京溪园粗坑情报联络站与站长洪水希接头。从此，林美便成为革命队伍的一员。从 6 月开始，解放战争形势发生很大变化。中共潮汕地委根据上级的指示，在揭阳县天宝堂（现揭西县）成立潮汕人民抗征队，开展反"三征"（征兵、征粮、征税）斗争，同时筹枪筹粮和扩军，建立平原游击据点，保卫大北山中心根据地安全的斗争。林美英勇善战，在潮汕人民抗征队第八大队一中队一排，先后担任战士、班长、排长，转战在揭阳三区一带先后参加了打河婆守敌据点，钱坑白石山伏击王国权，赤告打反动地方武装，攻克钱坑、金坑、东园敌伪联防，坎头伏击敌保安十六团等 10 多次战役。排长林美沉着指挥一排战士转移，自己和轻机枪手留在阵地，做撤退掩护。就在撤退前几分钟，林美用手里的"红毛十"步枪，打死了两个冲上来的敌人。当他站起来要后撤时，敌人的子弹击中了他的头部。他倒下去时，手里还紧紧握住"红毛十"。林美为了掩护一中队一排的战士突围，英勇杀敌，献出了宝贵的生命。几百人在塔头顶埔祠堂为林美召开了隆重追悼会，追认他为中国共产党正式党员。林美牺牲时，年仅 22 岁。

刘问（1931—1996）：1931 年出生于良田洋得坑，其父亲刘远来（原名刘观和）原是惠东县高淡朝隔村人，1927 年参加农民起义，加入共产党，选为乡农会会长、赤卫队队长，后被敌人追杀而落户良田。1947 年 10 月，刘问参加共产党领导的潮汕人民抗征队，任战士、侦察班长，英勇杀敌。被主力团团长邱志坚挑选为警卫员。他先后参加战斗 38 次，两次负伤（其中 1 次弹片嵌入眼中取不出来，留下致命祸根），被授予解放奖章 1 枚。1953 年在粤中军分区和省军区任通讯参谋，他刻苦研究，为军队建设做出显著成绩，年年立功受奖，包括立三等功两次，获"五好学员"称号、出席省军区积代会、通令嘉奖等 12 次。1971 年被评为佛山军分区积极分子。1976 年转业到和平县任县委副书记兼纪检书记。在职期间，纠正 200 多人的冤假错案。1980 年调任省党史办公室主任和任征集处处长，他先后单独或与他人合作出版了《回忆陈郁》《回忆珠江纵队》《珠江纵队史》《东江华侨回乡服务团》《琼崖抗日战争史料选编》《为崇高理想奋斗的一生》《英雄的业绩永存记》《对党的土改政策的创造性运用》等著作，共收集党史资料 100 多万字。1987 年调任佛山市党史研究室主任并当选为党史学会会长，主持《珠江纵队史》发行，收集《刘向东传略》珍贵史料一批。1991 年底离休，1996 年 3 月 29 日因病去世，享年 65 岁。

刘怀（1924—1948）：1924 年出生于广东省揭阳县（现揭西县）良田乡桐树坪村一个贫苦农户。1945 年 11 月初，广东人民抗日游击队韩江纵队三个支队来到八乡山会师和整编，整编后改为大队。当时，为了解决给养问题，韩江纵队组织一个短枪班在揭阳南山至丰顺八乡山高基一带收盐税，并在刘怀小店门前设税收点。刘怀对这支共产党的武装税收队，看在眼里，喜在心里。住在八乡山的北山工作队负责人何绍宽，根据短枪班陈珠的提议，认为刘怀对革命有认识，思想进步，忠诚老实，工作肯干，便培养、吸收他参加革命队伍。刘怀是个胆大而勇敢的彪形大汉。他入队后被编在高凤大队。1946 年 3 月，中共潮汕特委决定，韩江纵队部分骨干遵照广东区党委的指示，北撤山东烟台解放区，大部分人员复员、分散、隐蔽，只在纵队中挑选一些政治坚定、作战勇敢、身份未暴露的连排战斗骨干，成立中共潮汕特委直属的特务队 10 多人，执行特委规定的特殊任务。刘怀他们在处决了廖少成后不久，又接到抗征队司令部的指示，要袭击汤坑警察所，消灭八乡山根据地周围敌人有生力量，巩固八乡山根据地。刘怀带领第三小队，在司令员刘向东、政委曾广直接指挥下，由大队长林震、中队长邱志坚率领，首袭汤坑警察所获胜，又于 8 月 24 日奔袭普宁县鲤湖镇，接着进军南阳山开辟新的根据地。11 月开赴揭阳、五房山，于 7 日袭击新亨警察所。12 月 20 日袭击河婆警察所，取得一次又一次的胜利。抗征队在大队长林震指挥下，积极组织伏击，进行反"围剿"。这时，他和邱志坚，带领大队与五经富敌人争夺卅岭地盘。与国民党号称"王牌军"的王国权部在揭丰公路的石桥头决战，争夺交通线，敌人死伤 40 人。第一大队为了挺进五华开辟新区，刘怀和邱志坚带领部队第二次打五华县双头圩。短枪队冲破敌人第一道防线，接近敌驻地大门，敌人登楼顽抗，短枪队没有攻陷。刘怀掩护同志们撤退，不幸中弹牺牲，年仅 24 岁，为革命事业献出了年轻宝贵的生命。

林庆（1925—1948）：原名林庆良，1925 年出生于揭西县东园镇玉湖村一个雇农家庭。林庆编入潮汕人民抗征队第一大队第二中队（"直五团"前身）。从此，成为革命队伍的一员。他自 1947 年 7 月入伍到 1948 年 5 月牺牲，在部队不到 1 年时间，先后参加了袭击汤坑镇营盘山脚刘家祠与警察所、袭击鲤湖镇码头警察所、袭击新亨警察所、袭击河婆警察所、袭击钱坑寨敌联防大队、袭击长滩崩塘山保安独立第十一营王国权部、八乡山反"围剿"、卅岭反击战等十几场战役。林庆在河婆东心埔的战斗中，更表现了不怕死的精神。林庆参加了八乡山反"围剿"的激战，当敌人进入伏击圈时，机枪步枪齐发，他回过头回答说："30 发。"接着说："现在我们的给养很困难，每发子弹都来之不易。我们这挺轻机枪全部只有 200 多发子弹，你一下子就打了 30 发。"林庆接过轻机枪，沉着应战，打退了敌人的几次冲锋，粉碎了敌三路想会师戏子潭的阴谋，保卫了八乡山革命根据地。林庆参加了同敌人争夺卅岭地盘的战斗，胜利后又连夜行军，北上揭（阳）丰（顺）边，控制揭丰交通线。他带领机枪班的同志，冲出了村庄，抢占公路旁的有利地形，架起机枪，与敌展开山地争夺战；敌组织火力，几次冲锋，他坚守阵地，一次又一次击退了敌人。敌集中火力，向抗征队机枪射击，子弹如雨点般落在林庆的身旁，就在这个时刻，一颗子弹从林庆的胸部穿过，他倒下去了。林庆的遗体就地埋在了他洒下鲜血的石桥头山坡上。牺牲时年仅 23 岁。

彭成蚕（1927—1948）：陆丰县五云乡罗洛村人（现属揭西

县），1927年5月出生于一个贫穷的农家。1937年，11岁的彭成蚕继续回培正小学读书。由于勤奋好学，在全五云乡高小毕业统考时，他获得第1名。1945年2月，彭成蚕由彭少明同志介绍，光荣地加入了中国共产党。1946年初，他被任命为石山支部组织委员，负责地下党组织建设工作。1947年党组织让彭成蚕担任西北区委"北平"交通站交通员，化名"张墩"。在西北区委领导和教育下，出色地完成了许多艰巨的任务。1948年3月6日，我海陆丰人民自卫队东北大队铁流武工队，在碗窑交通站交通员张瑶同志带领下，在河口逮捕了当地反动分子刘焕文、朱旭东等人。刚好这一天，他又一次从五云护送七八个参队的青年来到碗窑交通站。参队人员由武工队被带走后，他就在交通站张瑶同志家里住宿，准备第二天一早回五云。是夜，朱旭东的胞弟朱文炳到大安向敌人告密。国民党县警队第二天凌晨突然包围了碗窑村，准备逮捕张瑶同志，恰好张瑶同志的母亲早起发现了敌人。彭成蚕是外地口音，敌人一听便严加搜查，当时他身上还有一份上级给"北平"的文件，卷成小卷藏在衣服中，被敌人搜出，便给抓起来讯问"你是什么人？""信是从哪里来的？""'北平'又是谁？"。彭成蚕镇定地回答敌人，自己叫张墩，河婆人，是路过河口准备去探访叔父的，别的什么也不知道。至于那封信，是一个素不相识的人写的，叫他走到一棵大树下，交给一个穿白衫蓝裤的人。信里写的什么？我也不知道。敌人问不出什么，就把他押回陆城，同时还封了张瑶的家，抓走了他的父亲。在狱中，敌人对彭成蚕施加各种酷刑，辣椒水、老虎凳都用上了。但从彭成蚕口中得到的，只是"不知道"三个字。敌人看到无法从他口中得到什么，便把他押回河口枪杀。1948年4月27日，彭成蚕为了保护党和人民的利益，献出了年轻的生命。

张国光（1925—1948）：俗名"张大炮"，河婆镇下滩村人。

1948年5月瞒着家人投奔抗征队。他用放哨和替人跑腿的机会，和原打入联防队的同志取得联系，搜集敌人的军事情报，转送到潮汕人民抗征队情报站。1948年9月10日，张国光因叛徒告密被捕。反共联防主任钟超武亲自审讯，用烙铁、电刑把张国光折磨得死去活来，但他始终没有泄露党的秘密，敌人无所获，于1948年9月23日把张国光杀害。张国光牺牲时年仅23岁。

李快（1925—1948）：1925年3月出生于揭西县灰寨乡新宫林村一个普通农家。1937年，潮汕重建党支部，灰寨乡成立了党支部，曾广、李日煌和何绍宽等地下党员在树文小学教书，进行党的秘密活动。李快怀着满腔热情，报名参加了青抗会。年仅16岁就参加了中国共产党。1940年后，由于国民党反动派发起反共高潮，革命形势逆转，灰寨青抗会活动逐渐转向低潮，在新的斗争形势下，党组织安排李快负责地下情报交通工作。1942年因"南委事件"，潮汕党组织暂时停止活动，党组织安排李快留在当地农村。1947年6月，潮汕人民抗征队在大北山天宝堂成立，开展轰轰烈烈的武装斗争。李快家中有年迈的双亲和已怀孕的妻子，为了投身武装斗争，夺取革命胜利，他说服双亲和妻子，放弃温暖的家庭带头参加武工队。入伍不久便被任命为短枪班班长，带领战士开展游击活动，有时利用夜间开进敌占区，到地主豪绅家里征枪征粮，有时潜入敌军驻地张贴宣传标语，剪断电线，破坏敌人的交通电讯设施，有时配合抗征队攻打反动联防，侦察敌情，做向导。后来紧跟邱志坚同志，奔驰大北山，在多次对敌作战中冲锋陷阵。李快在抗征队一年左右，参加10多次战斗，表现勇敢机智，是抗征队连队年轻的指挥员，为革命立下不朽的功劳，牺牲时年仅24岁。

黄编（1926—1948）：原名黄碧汉，1926年出生于揭西县坪上镇员埔西门村一个贫苦农民家庭，1947年6月，潮汕人民抗征队在揭西县大北山天宝堂成立，开展公开的武装斗争。黄编闻讯后，于 10 月份来到龙潭汤坝找到地下党联络站，参加了潮汕人民抗征队。起初，领导发给黄编一支长枪。他总有点不太满意，因为他早就看中了那挺结构比较复杂、威力较大的捷克式轻机关枪，一梭子弹 20 发，杀伤力较大，这才打得过瘾。后来中队长邱志坚考虑到黄编身强力壮，胆大心细眼力又好，经过测试后，终于满足了他的愿望，让他当了轻机枪射手。1948 年 11 月 15 日在良田茅坳嶂战役中，黄编与战友们击退敌人一次次进攻，誓死保住阵地。打至下午 3 时多，在激烈的战斗中，黄编的机枪越打越准，消灭了大批敌人。这时敌人又从下面冲上来，而黄编的机枪只剩下 10 多发子弹。危急关头，黄编为了节省子弹，便搬起旁边的大石头滚砸敌人。就在这时，英勇善战的神枪手，不幸被敌人击中，负了重伤。黄编这次是伤了主要部位——咽喉，子弹穿过喉管，由颈部右边穿出，流血过多，伤势严重。医院里所有医务人员和伤员，都为黄编担心。1948 年 11 月 22 日，即黄编负伤入院的第 7 个晚上，年仅 24 岁的他因淤血堵住气管，永远地离开了。

刘成（1927—1949）：1927 年出生于揭西县塔头区锦龙村一个贫苦农民家庭。他自入伍那天开始就刻苦学习文化知识，练习杀敌本领，严格遵守纪律，工作任劳任怨，被任命为二支队第三团二中队一个班的副班长。1949 年 4 月 26 日，喻英奇调保安十六团唐强中部、揭阳自卫总队两个中队及地方武装 1000 人，兵分两路进犯梅北山区。为了掩护 10 多位后勤人员撤退，刘成带领全班战士，死守阵地，奋力阻击敌人。敌人冲下山来，边冲边喊"抓活的、捉活的"。在这危险时刻，刘成一边向敌人开枪，一边指挥大家赶快撤退到第二个山头，就在这时，一颗子弹击中了他的腹部，他咬着牙强忍着伤痛"唰"地腾起身狠狠地向眼前的敌人开枪射击，卫生员和林三见到他受伤，连忙上前救护，他推大家说："你们别管我，快撤退。"吴彬和林三用力把他从阵地上拉下来，两人搀扶着他上山，刚走几步，又一颗子弹击中刘成，刹那间，伤口的鲜血像泉水般冒出来，他回首用仇视的眼光望了一下敌方，推着身边的两位战友说："同志，我不行了，把我的枪背走！快！快撤退抢占山头！"刘成在这场激烈战斗中光荣牺牲。

彭云珍（1931—1949）：女，原名"云花"，五云镇鹏岭村人。1949年8月5日，国民党186师一个美式装备营和海丰县大队在海丰县黄姜与粤赣湘边纵主力三团二营发生战斗。彭云珍在抢救一位战友时，被子弹击中左手。她包扎已受伤的手后，又去抢救另一战友。此时，彭云珍左胸又中弹，鲜血直喷，用一团棉花塞住伤口后，又去抢救伤员。不一会儿，就倒在地上壮烈牺牲，年仅18岁。新中国成立后，县人民政府在五云石山桥附近的小山岗竖起一块烈士纪念碑，上面刻着彭云珍的名字，供后人悼念。

柯国泰（1924—1949）：1924年8月12日出生于潮州城刘察巷一个华侨家庭。1938年2月，抗日烽火燃遍祖国各地，潮梅地区的共产党组织已恢复工作，建立了中共韩江工作委员会，领导潮梅人民开展抗日救亡运动。柯国泰光荣地参加了中国共产党。1939年1月，柯国泰被选为县中心党支部书记，同年4月，任中共潮安三区区委分委书记。6月27日，日本侵略军占领潮州，柯国泰负责潮安白水军民合作站的领导工作，7月，担任中共二区区委组织科长。他深入农村，发动农民群众，做好抗日的宣传和组织工作。不久，他被党组织派往揭阳聿怀中学（汕头沦陷时迁往揭阳五经富），以读书为掩护，领导学运工作。1940年，林美南任中共潮揭丰中心县委书记，柯国泰任南侨中学党总支书记，并负责其他学校的青年运动工作。1941年7月，他任中共揭阳县三、五区区委宣传科长。柯国泰成为学生运动的卓越组织者和领导者之一，被选为暨南大学学生会主席。1948年6月，他一回到阔别多年的故乡——潮州，就化名"阿曾"，立即走上凤凰山，先在闽粤赣边纵队韩江支队第十一团六连当文化教员，不久便调到六连做副指导员，于1948年9月初到中共潮澄饶平县工委，接替邱河玉同志负责澄海中学青年运动工作，并担任《海啸》报总编。柯国泰同志壮烈牺牲后，中共潮安县工委通过其亲属将其遗体收葬于潮州北郊。1955年4月，中共潮州市委、潮州市人民委员会、中共潮安县委与潮安县人民委员会将烈士遗骸移葬到潮州西湖烈士纪念碑下。

林英杰（1913—1950）：揭西县东园镇玉湖村人，1913年出生于泰国曼谷。在集美水产学校参加了中国共产党。1937年，英杰任普宁桥柱育青小学校长，1939年任普宁县军埔汤坑小学校长。他坚持对学生进行正面教育，桥柱育青小学设立图书室。在县工委领导和汕青救会一五五师随军工作队帮助下，各地青年救亡工作者代表200多人，在流沙教堂开会，会议由黄声主持，正式成立"普宁青年救亡同志会"。他积极参加领导工作。1940年春，林英杰和陈绿绮夫妇来到被誉为"革命熔炉"的揭阳县南侨中学任教。1940年8月，南侨中学被国民党反动派强迫解散，林英杰服从党的安排，北上抗日。同年10月，到达新四军军部所在地盐城，进华中抗日军政大学学习。1941年春夏之间，日本军队对苏北地区进行"大扫荡"。林英杰参加了反"扫荡"的战斗。1941年9月至1942年春被分配到盐城县政府工作，担任教育科长。1943年春至1945年夏任县政府秘书长。1945年8月任盐城县第六区区委副书记。同年10月，调任盐城市（相当区镇）市委书记。在盐城工作这段时间，经常为《盐阜报》编写稿件，为党的新闻报道工作做出了很大的贡献。1945年5月16日，他的遗作（与盐城县委书记周一萍合作）《盐城县委怎样领导通讯工作》一文，对盐城县通讯工作做了精辟的总结，提出了怎样打通通讯员的思想，党委怎样领导党报工作等切实可行的具体措施。对当时的宣传工作有很大的指导作用。1946年初，他和洪幼樵一起，接受党派往台湾工作的任务。他的爱人陈绿绮后来也从汕头去到台湾，和林英杰一起工作。林英杰同志到台湾后，担任台中中心县委、台中市地下党领导工作，后任中共台湾省工作委员会宣传部部长，在台中、台南一带从事党的地下活动。在台湾期间，他代表党组织，参与了1947年"二二八"起义的领导工作。1947年2月28日，台湾人民在谢雪红的领导下，举行武装起义，武装队伍进攻伪警察局，烧掉纸币，林英杰协助起义领导人谢雪红筹谋划策，掌握局势。起义运动声势浩大，反动派万分惊恐，一面进行假谈判，一面调动部队，疯狂镇压起义队伍，从台北到台南大肆屠杀无辜人民。起义遭到暂时的失败，他又协助谢雪红撤退，取道香港到达北京，重新建立台湾民主自治同盟总部。1949年10月，林英杰通知陈仲豪撤退，并安排台中地下党负责人张伯哲护送他上飞机。10月6日，陈仲豪安全地离开台湾，陈少强和方乔然夫妇也在党的保护下离开了台湾。林英杰把一批批同志安全地撤出台湾，送回大陆，自己却仍然留在台湾，继续同敌人做顽强斗争。1950年初，由于叛徒出卖，他被捕了。1950年7月22日，林英杰被国民党反动派枪杀。

杨少任（1914—1963）：生于揭西县。1934年考入清华大学。1938年7月与马士纯、丘秉经、黄声等到揭阳石牛埔创办西山公学（后改为南侨中学）。任教务主任、中共党支部书记。1943年初参加安达公司工作，负责组织苏联影片向港澳和东南亚各国发行。1950年到北京参与筹组全国性影片发行机构。1956年，任中国电影发行放映公司经理、中国电影工作者会联谊理事，1960年任中国电影工作者协会第一届理事会常务理事。

王烘（1934—1979）：揭西县棉湖镇贡山村人。1934年12月生于泰国。参军到部队后，他被分配在步兵团侦察连当侦察员。入伍第一年就两次立功。1953 年 8 月，他光荣地加入了中国共产党。全排各项工作都走在全团的前面，获得了广州军区颁发的一级优等射手称号。1979 年参加对越自卫反击战，2 月 17 日凌晨 5 时，他率二营向莫隆敌军发起进攻，果断命令各种火炮摧毁拦阻石墙，并迅速指挥六连发起正面冲击，到最前沿阵地上指挥战斗。经过 4 个多小时的激战，全歼了莫隆之敌，共毙敌 224 人，伤敌 6 人，俘敌 10 人，为师主力撕开了口子。他又奉命率二营攻打高千余米、坡度五六十度的天丰大岭。部队的连续穿插，粮水无法及时供应，部队面临断粮缺水的危机，他们就只好就地隐蔽等待时机，大约过了两个小时，敌人的军犬突然窜了上来，王烘为了掩护还没有暴露的林俊明，带着黄松彪向山下走去。当凶恶的敌人靠近要活捉他俩时，只见王烘和黄松彪的右手一扬，两颗手榴弹在敌人的队伍中炸开了花。没有炸死的敌人疯狂地乱叫着，当他们发现已经精疲力竭的王烘和黄松彪手里没有什么武器了，便像恶狼一样从四面扑上来。王烘光荣牺牲。战后，广州军区给王烘同志追记一等功。

曾春华（1958—1979）：揭西县五经富区中和乡珍子围村人。1976 年参军，1978 年入党。在部队侦察连任副班长。1979 年 3 月，在对越自卫反击战中，为拔掉敌人一个火力点，他英勇向前，虽不幸中弹多处，但仍然坚持战斗，直至摧毁这个火力点，最后壮烈牺牲。广州军区授予战斗英雄，给他颁发"二级战斗英雄"奖章，中国人民解放军总政治部组织英模报告团向祖国人民报告了他的英雄事迹。

南侨中学：吴秀远　洪勉之　陈立道　陈　勃　李开立

**　　　　　李学礼　陈海涛　杜鹰杨**

1938 年夏，潮汕中心县委根据抗日形势发展需要，派普宁县工委书记马士纯，带领一批教育界共产党员和进步教师，在国统区揭阳县石牛埔创办南侨中学，由黄声出任校长。南侨中学是潮汕地下党亲手创办和直接领导的一所抗日革命学校，以抗战教育为中心，进行一系列的教学改革，为适应抗日需要，采取多种形式培养抗日骨干，在抗日战争和解放战争时期发挥了重要作用。南侨中学革命师生为了民族的繁荣昌盛，为了人民的翻身解放，牺牲了 13 位同志，马士纯、林英杰、余天选、许继、柯国泰五位已有传略，吴秀远、洪勉之、陈立道、陈勃、李开立、李学礼、陈海涛、杜鹰扬八位烈士写上简介。

　　吴秀远（1920—1939）：1920 年出生于普宁县占陇镇陂头村。她擅长绘画、刺绣。14 岁那年，她绘绣一幅"丹凤朝阳图"，被送到西贡宫廷里展览，令人赞叹。七七卢沟桥事变前夕，她考进兴文中学念书，在进步教师的培育下，成为一个"跳班生"和抗日救亡运动的积极分子。她参加课外读书会和校外的扫盲工作，参加学校剧团和歌咏团，积极开展各种抗日救亡宣传活动。1938年 3 月，在兴文中学参加普宁青年抗敌同志会。同年 8 月，转学到南侨中学文专高级班读书，并立即投入紧张的学习和抗日救亡活动。她参加学校组织的"妇女呼声社"，继续进行抗日宣传。1938 年末加入中国共产党。1939 年 6 月，日本侵略军入侵潮汕腹地。6 月 7 日，南侨中学校长黄声选送她和其他 5 名学生参加"汕头南洋华侨战地服务团"，随军参与对日军的战斗。8 月 19 日下午 3 时左右，日机轰炸潮安县黄沙田。吴秀远疏散到村外一座石桥中间，不幸中弹，光荣牺牲，年仅 19 岁。吴秀远牺牲后的 9月 28 日，岭东各地青年抗敌同志会通讯处在普宁县流沙的白塔秦祠堂召开"追悼吴秀远诸同志殉难大会"。潮汕各县青、妇抗会派代表团参加，会议隆重肃穆，会后举办宣传周，10 月 1 日，岭青通讯处为悼念吴秀远出版了《青报增刊》，独九旅为她在黄沙田建墓树碑，以示纪念。

洪勉之（1918—1940）：普宁县鲤湖镇乌石村人。1918 年生。1939 年春，进揭阳县石牛埔南侨中学文专高甲班学习，接受党的教育。他认真学习马克思列宁主义和抗日军事知识，担任军事小组组长。1940 年旧历 3 月 27 日，在莲阳乡与国民党顽固派遭遇，被敌人包围，英勇战斗，突破敌人包围，退至海边，直至子弹打尽，不愿充当俘虏，毅然与 2 个战友投海，壮烈牺牲。人们称这三位同志为抗日"三勇士"。

陈立道（1923—1945）：又名陈应传，普宁县流沙镇赤水乡人。1923 年生。1939 年春考入揭阳县石牛埔南侨中学第五届文专班。1939 年冬，在南侨中学参加中国共产党。1940 年夏，南侨中学被迫解散，他回到家乡，与陈勃、陈海涛、黄光硕、黄光德等党员，建立了中共赤水乡支部。1944 年冬，潮汕党组织恢复活动，他参加潮汕人民抗日游击队。1945 年 2 月，他与王武、杜平等率领武装小组赴什石洋缴获国民党兵团寄藏于该地的一批枪支弹药。3 月，他任游击队小队长，在战斗中屡立战功。同年 9 月 23 日，在大南山跳坑战斗中，壮烈牺牲，年仅 22 岁。

陈勃（1922—1945）：字海寂，普宁县流沙赤水村人，生于 1922 年 8 月 20 日，在兄弟中排行第五。1939 年春，陈勃与同村一批进步青年一起到南侨中学读书。积极参加抗日救亡宣传活动，并发挥自己的艺术特长，写标语，出版墙报漫画。同年 10 月上旬，经同班党员同学詹益庆和陈彬介绍，他正式参加了中国共产党。1940 年上学期被选为全校学生自治会干事，负责宣传工作。他出壁报，写文章，搞美术，抄写，样样在行，被选为中共南侨文专支部委员，是当年南侨学生中的佼佼者。1941 年暑期，陈勃接受县委指示，到流沙平湖村黄刚华家里住下，任务是为县委刻印《新消息》小报。专门摘印《新华日报》的重要消息，然后分发给各地党组织学习。1942 年"南委事件"发生后，党组织暂时停止活动，党员各自找职业进行掩蔽。陈勃暂时到揭西县金和镇崩山顶村，在南侨校友王平（远蒲）夫妇任教的小学里隐蔽一个月，随后受聘到潮阳、普宁交界的石桥头逊敏小学任教，担任义专班主任。1943 年，潮汕地区发生了史上罕见的饥荒。陈勃串联几位好友，逃荒到江西省泰和县苍岭村，后又转到罗塘村开荒种田，1944 年冬，回到普宁，翌年春到大南山大窝村抗日游击队司令部参加抗日武装队伍，先后参加了围歼鲤湖、棉湖等地守敌的战斗。在陇头战斗中，陈勃不幸被炮楼里的敌人击中，于 1945 年 7 月 31 日下午 3 时许光荣牺牲，年仅 23 岁。

李开立（1923—1945）：又名李立，1923 年生于潮阳县第六区壬屿北村。初中毕业后，他在胞妹李凤（地下党员）的鼓励下，转到揭阳石牛埔南侨中学文专班学习，在校深受爱国主义和共产主义教育，进一步懂得了抗日救亡和马列主义等道理。1940 年夏，他在该校毕业后，便回到自己的家乡壬屿村。不久被吴扬、郑希等掩护在南阳乡小学与地下党员一起教书。在党员的带动下，他更加积极参加抗日救亡活动，一边教书（兼办夜学班），一边协助地下党组织建立南阳乡革命据点工作。1941 年底，地下党的一些同志继续转移到六区壬屿村开展工作。利用他家和村里的学校宅关十三乡小学，掩护潮阳地下党县委副特派员郑希、县妇委钟素华等同志。他的家成为当时地下党一些负责同志联系、接头、研究布置工作的活动地点。于 1945 年 1 月，由郑希同志介绍，光荣地参加了中国共产党。1945 年 3 月，潮汕人民抗日游击队在普宁白暮洋村正式宣告成立。当部队抵达六区壬屿村时，潮阳地下党组织决定派李开立公开出来接待。他在村里的县立联合中学大操场上，向聚集的广大群众，宣传共产党的主张，宣传抗日救亡的革命道理，发动群众参军杀敌。1945 年 9 月 5 日傍晚，李开立在带领 4 名伤病员到羊公坑村寨门口农民陈丁文屋子楼上隐蔽时，匿藏在该村的国民党谍报员兼保长陈阿福，乘夜偷偷地到两英管理局告密。李开立因转移不及不幸被捕，在双溪镇的雷岭公路旁被害牺牲，年仅 22 岁。

李学礼（1920—1946）：澄海县莲阳镇人。1926 年入小学读书，他喜爱文学、社会科学和英语。7 岁能上台讲演。1938 年，经林之原（野寂）同志介绍，到南侨中学总校文专高甲班读书。他学习勤奋，喜欢写诗。1940 年在《文化堡垒》上发表过题为《望》的抗日诗作。1943 年，李学礼同志和李平同志一起，取道广西到达重庆。经杜国庠同志介绍，找到郭沫若。他在郭沫若同志身边工作，曾在《新华日报》上发表过诗作。不久，郭沫若介绍他到延安找成仿吾同志，信中称他为"青年诗人"，他被送到延安鲁迅艺术学院深造。结业后，被分配到冀中教育学院任教。1946 年，在由冀中转移去烟台东江纵队的途中，不幸遇难牺牲。

陈海涛（1924—1946）：原名陈景瑶，普宁县流沙镇赤水乡人。1939 年春，由陈勃、陈立道等人的介绍，到南侨中学学习。他们利用假期，与同乡的南侨中学同学 10 多人一起，在赤水乡办民众夜校，宣传抗日救国道理。1940 年，南侨中学被迫解散，他回到家乡。同年，被中共赤水乡支部吸收入党，并以教书为掩护，开展地下革命活动。1944 年参加潮汕人民抗日游击队，担任文书，负责宣传和出版工作。1945 年，革命低潮期间，他在奉命撤退汕头时，被国民党反动派逮捕入狱。在狱中，他坚持斗争，受尽酷刑，但坚贞不屈。1946 年 5 月 28 日，在汕头英勇就义。年仅 22 岁。

杜鹰扬（1922—1952）：澄海县莲阳镇石埕村人。1922 年生于柬埔寨。1939 年 1 月，在汕头青抗会加入中国共产党。他参加南侨中学组织的第一批战地服务团，到炮台、邹堂、焦山一带活动。后在焦山参加游击队，当地下交通员，后由林美南同志派回汕头进行地下工作。1940 年 6 月，党组织任命杜鹰扬同志为庵埠、华美区区委委员。1941 年 3 月，在揭阳砲台、邹堂一带工作，不幸被捕。任凭敌人怎样严刑拷打，他始终保守党的秘密。敌人连续两天两夜，用屯刑、火刑、水刑等惨无人道的刑罚打得他遍体鳞伤，死去活来。但他坚贞不屈，没有暴露半点党的机密，表现了一个共产党员的高贵品质。一直到 1943 年 10 月，才被营救出狱。1944 年冬，鹰扬同志回到潮汕，后调任埔丰边区委书记、饶诏和埔丰边县委组织部部长。闽粤赣边纵队成立后，党派他任第四支队十一团政委。1949 年 10 月，汕头解放，被任命为汕头市公安局第五分局局长。1952 年，在执行任务时，以身殉职。

上砂"七·二四"事件：张介萍　刘　当　贝　影　刘道蓝
　　　　　　　　　　刘道彬　刘道势　庄　觉　庄成学
　　　　　　　　　　贝荣春　刘新春

1948 年农历 7 月，中共良田区委组建一支武工队，挺进上砂开发新区。在队长刘当、张介萍率领下，于 23 日进驻上砂径背村。当天傍晚，上砂反动武装进行突然袭击，九位同志被捕。残暴的敌人用铁线串过他们的双掌，押至上砂圩。晚上，陆丰西北武工队队员庄成学准备营救被捕同志，不幸被杀。次日（农历七月二十四日）上午，敌人以"透水入船"为托辞，枪杀了庄觉同志。中午，其余八位武工队的同志被押出上砂圩游街示众。张介萍、贝影等同志向群众宣传革命道理，揭露敌人的残暴行为，高唱《国际歌》，高呼革命口号，大义凛然，视死如归。在押送河田途中的牛牯溜顶，敌人把八位武工队队员杀害。这就是上砂"七二四"事件。在这次事件中，牺牲的共有张介萍、刘当、贝影、刘道蓝、刘道彬、刘道势、庄觉、贝荣春、庄成学、刘新春十位烈士。

张介萍（1920—1948）：1920 年出生于河婆镇。河中毕业后先后在南新小学、大华小学、下滩小学任教。擅长音乐、体育，还会雕木刻画，是一位多才多艺的老师。他于 1946 年参加中国共产党，任金山支部书记。1948 年参加潮汕人民抗征队，任武工队长。当年 7 月受命去上砂开展新区工作，被当地反动武装抓捕。农历七月二十四日与同队校友庄成学等九位同志英勇就义。

刘当（1918—1948）：1918 年生，揭西县西田乡中心村人，家庭贫苦，14 岁跟舅父在五华学医。18 岁到韶关参加孙中山领导的北上青年军，任巡医队长。1936 年回家务农兼行医。1942 年参加革命，1948 年在潮汕人民抗征队任上砂武工队长。

贝影（1926—1948）：1926 年出生于揭西县坪上镇曲湖村贫苦农民家庭。1941 年在河婆中学毕业，后在河婆圩当店员，在家乡组织进步青年成立湖友推进会和银光书室。1946 年春在潮安艺专学校读书，是年冬回乡组织青年自学社开展读进步书籍等活动。1947 年冬，他参加潮汕人民抗征队，曾任政工队长、上砂武工队教导员等职。

刘道蓝（1928—1948）：生于 1928 年，揭西县西田乡桐树坪村人。1946 年参加革命，后在潮汕人民抗征队的武工队当武工队队员。他身背双枪，枪法准，勇敢善战，牺牲时年仅 22 岁。

刘道彬（1928—1948）：生于 1928 年 4 月，揭西县西田乡人。1946 年参加革命，后编入潮汕人民抗征队任武工队队员。

刘道势（1921—1948）：生于 1921 年，揭西县西田乡桐树坪村人。家里以农为主，经济较为宽裕，兄弟两人排行第一。在本村小学读一年书后，在家耕田。他个性梗直，好打抱不平。1946 年经常在家接待来往的革命同志，并为地下党输送情报，后加入潮汕人民抗征队短枪班，是一名较活跃的武工队队员。

庄觉（1922—1948）：生于 1922 年 8 月，揭西县上砂镇联东村径背寨人，家庭贫苦，兄弟三人排行第二。庄觉在本村小学毕业后，在家自学提高文化知识，后来妹夫介绍，曾在五云下埔小学、本村小学教书。1948 年 2 月，参加潮汕人民抗征队，任武工队队员。8 月 28 日在上砂径背村被捕。因他是上砂籍，敌人说他"透水入船"，于 29 日上午遇害。

庄成学（1914—1948）：生于 1914 年，揭西县上砂镇活动村黄嶂寨人。1948 年 2 月，庄成学参加西北武工队，他性格豪爽、勇敢。8 月 28 日晚上，到上砂圩准备营救被捕的九位同志当场遇害。

贝仁春（1919—1948）：生于 1919 年，揭西县坪上镇曲湖村人。1948 年春，参加潮汕人民抗征队，武工队队员。在部队工作表现好，作战勇敢，牺牲前参加了中国共产党。

刘新春（1933—1948）：1933 年出生于揭西县龙潭镇北联村泉水塘寨一个农家，生活贫苦。父母去世后成了孤儿。1948 年 7 月，参加潮汕人民抗征队，在部队里当个"小鬼"，负责送情报，牺牲时年仅 14 岁。

附录七 **著名红色人物**

古大存——早期革命活动家

古大存（1897—1966），出生于五华县梅林镇优河村。中共第七届、第八届中央候补委员。1921年春入广东法政专门学校学习。1924年春，加入中国共产党。1925年参加广东革命政府组织的东征军，后在五华县组织领导农民运动，历任中共五华特别支部军事干事、广东工农革命军东路第七团团长等职。土地革命战争时期，在五华与丰顺县交界的八乡山区创建东江革命根据地，历任"五县"暴动委员会主席、中国工农红军第十一军军长兼代政治委员、中华苏维埃共和国第一、第二届中央执委会委员等职，是东江革命根据地的开创者和领导者，使东江红旗始终不倒。解放战争时期，历任中共晋察冀中央局党校校长、东北行政委员会交通部部长等职。中华人民共和国成立后，历任广东省人民政府副主席、中共广东省委副书记、中共广东省委书记处书记、中共广东省委统战部部长、中共中央党校一部主任等职。1966年在广州逝世。

李耀先——革命先驱

李耀先（1904—1928），揭西县灰寨新图寨人。1919 年，以优异成绩考进省立第一中学（广雅中学）。1923 年参加中国社会主义青年团，积极参与平定武装商团、滇桂军阀叛乱，参与反帝和省港工人大罢工活动。1925 年参加中国共产党，调到中共广东区委职工运动委员会工作，兼任中华全国总工会宣传部部长、中共广东区委委员、省港罢工委员会党团书记，同时兼任邓中夏秘书。10 月，国民政府举行第二次东征，协助邓中夏发动省港罢工工人，组织宣传队、运输队随师出发，有力支援了东征。1926 年 3 月，担任共青团广东区委经济斗争委员会书记，5 月，任劳动学院教务主任。10 月，到粤港澳同德总工会任秘书长兼党团书记。1927 年，协助组织广州起义，之后，任中共河南、芳（村）花（地）区委书记。1928 年 8 月，担任中共广州市委书记，夏秋间被捕，英勇就义。

林美南——党的早期卓越领导人

林美南（1909—1955），揭阳县东园镇东桥园村人。1934 年 4 月参加中国共产党。1938 年 3 月起历任中共揭阳县三区区委书记、县委书记、潮普惠揭中心县委书记、潮揭丰中心县委书记、潮梅特派员等职。1944—1946 年，任中共潮梅组织负责人、潮汕特派员、潮汕特委书记、广东人民抗日游击队韩江纵队司令员兼政委。1946 年 6 月被派往香港。1948 年 8 月，任中共闽粤赣边区党委副书记。1949 年任中国人民解放军闽粤赣边纵队政治部主任。1949 年 12 月，中共汕头首任市委书记、汕头市军事管制委员会主任。1950 年 12 月以后，任潮汕地委书记、潮汕军分区政委。1951 年 6 月后，任粤东区党委常委兼秘书长，粤东办事处副主任、主任，粤东区党委副书记、第二书记兼粤东行政公署主任等职。1953 年 6 月，调任广东省农林厅副厅长兼珠江水利总局局长。1954 年 10 月，调任广东省计划委员会第二副主任。

曾广——丰功伟绩革命志士

曾广（1912—1983），男，揭西县五经富镇人，原名祥光。潮汕抗征队政委。1936 年冬，参加中华民族抗日义勇军，次年 3 月加入中国共产党。1944 年秋，任潮、揭、丰县委书记，并创建了揭阳人民抗日游击队。1945 年春，与林美南在普宁领导建立"潮汕人民抗日游击队"，任政委。7 月，广东人民游击队韩江纵队建立，任支队政委。

1947 年春，担任潮汕地委书记，领导地委制订以反"三征"（征兵、征粮、征税）为中心，以大北山区为主要根据地，放手发动群众开展游击战争。并领导潮汕党组织，发动闻名潮汕的"四月暴动"。6 月，在大北山正式成立潮汕人民抗征队，任政委，亲自撰写《告各界同胞书》，宣告潮汕人民重新开展公开的武装斗争。1949 年 1 月，潮汕支队编为中国人民解放军闽粤赣边纵第二支队，任政委。潮汕解放后，任潮汕专区第一任专员，在领导潮汕人民建设新政权、发展工农业生产、恢复经济工作等方面有卓越的建树。1952 年后，在海南岛兴隆华侨农场及农垦局工作。1983 年 11 月 28 日，在广州逝世。

刘向东——文武双全革命志士

刘向东（1906—1984），男，揭西县良田乡人，1906 年出生，学名汉荣，曾用名潜迅、海浦、何向东等，潮汕抗征队司令员。1926—1927 年就读于省立第二师范学校。1927 年 2 月，参加中国共产主义青年团。1931 年 6 月考入上海暨大高中师范科。先后赴日本、新加坡，并就读于日本大学社会科学研究系，曾参加郭沫若等人组织的进步团体。1937 年参加中国共产党。七七卢沟桥事变后，回国参加抗战，以记者身份到延安并采访了毛泽东同志。10 月，把广州市区游击第二支队改造成党领导下的抗日武装，为后来组建珠江纵队做出贡献。珠江纵队成立后，任政治部主任。1947 年 4 月之后，历任中共潮汕地委副书记，潮汕人民抗征队司令员，闽粤赣边纵队副司令员兼第二支队司令员，珠江区前敌指挥部副政委兼解放军珠江军分区政委，中共珠江三角洲地委副书记，省农林厅第一副厅长，国家水利部计划司副司长、司长，国家建委水利燃料局局长，国家计委地区局副局长，佛山地委副书记。1976 年任国家计委农林水利局顾问。1978 年任全国政协委员。离休后撰写出版了《回忆珠江纵队》。1984 年 12 月在北京病逝。

张海鳌——革命教育家

张海鳌（1902—1979），男，揭西县河婆镇人，1902 年出生。1928 年毕业于中山大学，参与河婆中学的创建工作，先后在广西

梧州师范、中山大学附中、广西师范专科学校任教，后去日本从事新闻工作，接受马列主义思想，于 1937 年参加中国共产党。以后长期从事教育工作，在广西、广东、香港从事地下革命活动。1944 年至 1948 年任河婆中学校长，本着对教育事业之赤诚，披肝沥胆，劢精图治，开创学校发展的崭新局面。新中国成立后历任华南工作团副团长、广州军管会文教接管委员会秘书、广东省文教厅办公室秘书长、广州师专校长、广东学院副院长、广州医学院副院长、广州市教育局副局长兼广州市教师进修学院院长等职，是广东省资深的、卓有建树的革命家、教育家。

邱志坚——革命志士军事家

邱志坚（1924—2016），男，1924 年生于泰国，揭西县京溪园镇上陇竹尾沟中心寨人。1940 年加入中国共产党后，任潮汕抗日游击队副中队长、闽粤赣纵队直属第五团团长兼政委等职。建国后任华南军区独立第一团团长。1952 年冬，参加抗美援朝战争，任九十二团团长。回国后，进南京军事学院深造，毕业后任军事科学研究部研究员、陆军第十七军副参谋长、河南省军区副参谋长、解放军政治学院教员。参与编写《解放军军事条令概则》《军师团营战斗条令》，发表军事学术论文、纪念文章、战例研究等 30 多篇。连续三年被评为军事科学研究部先进工作者。先后被授予少校、中校、上校军衔，并获中央军委颁发的"独立功勋荣誉章""三级解放勋章"。1984

年在北京政治学院离休。

许涤新——著名经济学家

　　许涤新（1900—1988），男，揭西县棉湖镇人，1900 年出生，中共党员。著名的中国马克思主义经济学家、中国生态经济学的倡导者和创始人、南方人民银行的创始者之一。解放战争时期，在香港任《群众》周刊编委并创办《经济导报》。建国后，历任中共上海市委委员，统战部长，华东财委和上海市财委副主任、市工商局局长，中共中央统战部副部长，国家行政管理局局长，中国社会科学院副院长、经济研究所所长，汕头大学校长，中国统一战线理论研究会副会长等职，是第一、第三届全国人大代表，第五、第六届全国人大常委。周恩来总理评价到："潮汕为中国革命贡献出两个经济人才，一个是理论的许涤新，一个是实践的庄世平。"他对经济理论的研究做出了巨大的贡献，特别是对社会主义改造的理论与实践，价值规律在社会主义经济中的作用，社会主义生产与生态环境的关系等研究都有显著的成果。主要著作有：《中国经济的道路》《官僚资本论》《政治经济学辞典》《生态经济学探索》等。

李彤——戎马倥偬的革命志士

　　李彤（1920—1983），男，揭西县灰寨镇人，1920 年出生。1937 年就读于中共外围组织的越华中学，并于 1939 年 3 月参加中国共产党。1939 年，先后被委任为揭阳县委特派员及区委书记，以务农为掩护，组织地下活动。1941 年以丰顺县八乡山区为基地发动群众，组织起义暴动并建立抗日游击队，为党和国家培养了

一批军事及政治干部。1949 年春，就任闽粤赣边纵队直属二团团长。他领导的边纵二团组织指挥大北山暴动；参加解放丰顺县汤坑，解放汕头、梅县、揭阳等重大战役。为解放粤东地区做出重大贡献。新中国成立后，曾任粤东地区剿匪委员会主任兼总指挥，为剿匪平定地区的治安做出贡献。先后出任粤东军区侦察科长；潮阳县委书记兼潮阳县人民武装部长、汕头市委常委、汕头市武装部长、广东省军区征兵退伍处处长；梅县军分区副司令员。"文革"之后任广州市"革委会"政工组组长、工交工运办主任。1970 年任广州市警备区副司令员、广州市政协副主席，他一生为关心山区及家乡的建设做出了极大的贡献。1983 年 6 月病逝，享年 63 岁。

曾定石——广东省人大常委会原副主任

曾定石（1920—2006），男，1920 年 12 月出生，揭西县五经富镇人。1937 年加入中国共产党。1936 年 10 月参加抗日救亡工作，1939 年入"抗大"学习。曾任中共济南市委联络部副部长、徐州市委联络部部长。新中国成立后，历任中共五华县委书记，汕头市委副书记，广东省计委主任、副省长，广东省第六、第七届人大常委会副主任，是第五至第七届全国人大代表。1979 年，他参与完成了上报中央的《关于发挥广东省优越条件，扩大对外贸易，加快经济发展的报告》。他对广东省扩大对外贸易、实行财政大包干、实行新的经济管理体制、试办出口特区等方面提出了许多建设性的意见。他大力改革投资机制，实行"以桥养桥""以路养路"等多种筹资形式，加快基础设施建设；参与了广东省驻港澳办事机构粤海公司、南粤公司的筹建工作；主持筹建广东省对外经济工作委员会，为广东扩大对外贸易打下了坚实的基础。他积极开展对外交流与合作，在广东与澳大利亚新威尔州、日本兵库县缔结友好关系的过程中发挥了重要作用。在担任广东省人大常委会领导期间，他仍为完善广东省人民代表大会制度和民主法制建设不遗余力地工作。2006年9月13日在广州逝世，享年87岁。

何绍宽——为国为民的革命志士

何绍宽（1916—1990），男，1916年出生，揭西县五经富镇人。1938年3月参加中国共产党。抗日战争后，在笃志小学任教，和学校进步教师、学生一起组织"青抗会""民众救亡剧社"，开展抗日宣传、揭发汉奸罪行的活动，并通过募捐支援前线。1940年，在小陂洋小学教书，任党支部书记。1945年，在灰寨小学以教书做掩护，负责地

方交通联络，后转入游击活动，任交通联络员。1947年6月，任潮汕人民抗征队中队指导员。1948年5月，任潮揭丰人民行政委员会民运处处长。1949年3月，任揭阳县人民行政委员会主任委员。1949年冬，揭阳解放后，任揭阳县第一任副县长。1953年7月，任揭阳县县长。1954年至1979年，历任中共华南分局纪检组组长，珠江农场党委书记、场长。"文化大革命"期间，受迫害停职。"文革"后，落实政策，任中共番禺县委常委。1980年调任广东省华侨农场管理局侨务处处长。1983年离职休养。1992年2月4日在广州逝世。

张毅生——永远坚强的革命家

张毅生（1929—2012），男，1929 年 8
月出生于广东省揭西县。他青年时代思想追
求进步，在中学阶段就积极参加进步组
织——揭阳河婆中学微明读书会。1946 年 6
月，加入中国共产党，任揭阳河婆中学地下
党党小组组长、支部书记。1948 年 5 月，从
中学动员 38 名师生一起参加游击队，担任
中队副指导员。尔后，先后担任广东潮汕人
民抗征队四大队一中队政治指导员、闽粤赣边纵队二团政治处组
织股长、广东军区潮汕军分区团干部处副处长，参加了揭阳良田
茅坳嶂战斗、河婆老虎崇战斗、水流埔战斗、丰顺战斗等 20 多次
战斗。新中国成立后，先后担任中南军区独立二团和暂编 30 团干
部处副处长、广东省顺德县兵役局统计科科长、守备十师政治部
群工科科长，1955 年被授予大尉军衔，后晋升为少校军衔。1961
年，调到海军院校工作，任海军二预校教务科科长，为推动学校
建设发展做了大量开创性工作。1974 年任海军草坨子"五七干
校"学员一队队长。1981 年任海军政治学校三系政治部主任，为
海军政治学校的全面建设做出了重要贡献。1984 年 1 月，因年龄
原因退出领导岗位，离职休养。在几十年的革命生涯中，他在党
的教育培养下，自愿放弃衣食无忧的富裕条件，自觉投身于血与
火的洗礼和各种严峻考验中，成长为一名中国共产党的忠诚战士，
为中华民族的解放事业，为祖国的独立、自由，为新中国的诞生
和海军的建设发展贡献出了自己的力量。1988 年被授予"中国人
民解放军胜利功勋荣誉章"。

附录八

重大革命事件记述文章

周恩来抱病指挥河婆战役

1925 年，为彻底消灭陈炯明反动势力，国民革命军进行第二次东征。10 月 1 日从广州出发。26 日，总指挥蒋介石、总政治部主任周恩来等领导人率第一师第一团刘峙部和第二团金佛庄部，到达河婆。其时，洪兆麟从海丰退至榕城，与李云复、陈修爵、谢文炳等部集结，盘踞于棉湖和里湖一带。28 日，东征军第一师第三团到达河婆，与第一、二团会合。因东征军第三师在五华塘湖附近失利，一师二、三团及师直属部队，于 30 日开赴五华增援，只有一团留守河婆。洪兆麟乘河婆东征军兵力薄弱之机，亲率李、谢等部三四千人，从里湖直奔河婆，扬言要"打进河婆，大劫三日"。一团团长刘峙怯战，周恩来因病住河婆大同医院，正发高烧，闻讯后即令刘峙及党代表贺衷寒率军驰奔九斗、樟树下布防阻敌；又令新到河婆的潮梅挺进军千余人，西出庙山及北坑一带，掩护侧后；自己则抱病临阵指挥。从早晨打到中午，洪兆麟腿部受伤，部下四处逃散，死伤甚多。10 月 31 日，二、三团及师直属部队返回河婆，追击洪部，打入里湖、洪阳，11 月 3 日抵揭阳榕城。洪部向福建溃逃。11 月 4 日，东征军总指挥部抵达汕头，第二次东征胜利结束。

古大存山中赋诗

大革命时期，古大存曾来到揭、普、陆三县交界的革命根据地莲花山。敌人探知即悬赏通缉：捉到古大存，赏银一千圆。敌人还在下涵岗设下岗哨，过往行人逐个盘查。其时，一群挑炭佬，光着膀子，头戴尖笠，腰围浴布，脚穿草鞋，来到这里后放下担子，吃"草粄"，下"屎缸棋"。大名鼎鼎的古大存军长就在其中。他和炭佬、樵夫、农汉一模一样，敌人哪里能辨认出来呢！古大存买草粄时，故意丢下一纸团。半个多钟头后店主才拾起纸团送给国民党兵，说："先生！这是你们那一位丢的?"敌军排长打开一看，里面写着"红十一军军长拜会，请见石壁留诗"。排长吓了一跳，失声喊道："厉害！"惊魂稍定，才向石壁走去，只见用木炭写的龙飞凤舞的四句诗：

一日离家一日心，如同孤雁宿寒林。

有朝奋发青云志，直上长空笑百禽。

古军长在石肚山区时，有一位叫杨清波的地下党员，请他赋诗留念，在场的同志也一再要求，古军长便即兴吟诵道：

幼习干戈未习诗，诸君何必苦留题。

江南美味你先食，塞北风寒我自知。

割草结缰牵战马，扯袍抽线补旌旗。

雄师百万临城下，遑问先生一首诗。

据传在大革命低潮时，古大存还给杨清波写过一首诗：

自怜非蠢亦非狂，战事输赢孰可量?

本为斯民除痛苦，岂因失败怨存亡！

梅开北岭何知冷，剑伏羊城未见慌。

同志团结如磐石，万钧重任喜担当！

曾定石同志谈五经富支部成立经过

1930 年前后，五经富有一批知识青年，由于受到伟大的"五四"运动的影响，怀着反对封建迷信的强烈愿望，自发地组织了一个带有浪漫色彩的"微浪社"。那时候，五经富农村每逢元宵节都要迎"三山国王"老爷，很热闹。1933 年的元宵节前的一夜，"微浪社"成员放火烧毁三山国王木头偶像，在当地反响很大。由于"微浪社"缺乏正确的指导思想，斗争经验不足，后来这个组织慢慢地消失了。

1934 年，我在五经富培英中学读书。当时，培英中学来了一批进步教师，其中有黄贻嘉（一战时期入党的党员）和古安华、张仿周等教师。这些进步老师利用学校这个阵地，开展抗日宣传活动。古安华老师是我的班主任，他在学生中威信很高，经常向同学们宣传抗日救国的道理，讲列宁领导俄国人民闹革命的故事，宣传苏联十月革命。我们的作业他看后都写了批语，从中引导学生的思想转变。有时他还找我到办公室个别谈话（他当时不是党员，是同情苏联革命的）。张仿周是十九路军的政治工作者，他曾经找我个别谈话，说青年人要敢于追求真理。革命老师的引导，给我留下了深刻的印象。那时学校有许多进步书籍，我最喜欢看《东汉》《西汉》《三国志》《水浒》等小说，也常看上海出版的进步杂志。1935 年，五经富成立了"我们书室"。我们身上有一些钱，都无私地拿出来买书和订购刊物，我们如饥似渴地学习，读书活动搞得很活跃。青年们经常在一起议论社会上的事情：上海十九路军的抗日，"九一八"事件；蒋介石的消极抗战，中国的国土沦陷，使我们逐步对当时的社会现实不满，思想上受到很大的启发和影响，开始接受抗日救国的主张，决心为真理而斗争。

1935 年下半年起，我转学到汕头，这时，我和姐姐都在汕头读书。起初，我是到英华学校的，姐姐在汕头二中。我住在曾应年的家里，那时，形势发展很快，红军已开始北上抗日。《八一宣言》发表后，文化界的各种杂志纷纷发表文章，我看后，思想收获不小。1936年"一二·九"运动对全国影响很大，后来南京、济南、上海等地掀起了学生运动。在抗日形势鼓舞下，我经常到书店买书和看书，也在常去书店看书的过程中，认识了李碧山。他是在一所牙科医院工作的，医院离书店很近，他也常去书店看书，而且我俩都是看同一类的书籍，所以便认识他了。这一年，古安华往日本留学，他去后来信给我，说我年轻（那时我15岁），国家又这么多事，要我争取考正规中学。后来，我想办法，借曾孟允的文凭以较好的成绩，考进了汕头市一中。在一中读书时，正值全国的学生运动蓬勃掀起，从北向南发展。市一中组织了读书会，出墙报，宣传我国抗日的形势，以唤起民众同心干。李碧山要我们组织"抗日救国会"，不久，汕头"抗日救国会"便组织起来了。有一次，李碧山问我："汕头你认识谁?"我告诉他："我有一个姐姐在汕头市二中读书，已毕业回家了，她信仰基督教。"李碧山要我帮助姐姐转变思想，并介绍进步书籍要我拿给她看。一段时间后，李碧山提出要组织抗日救国义勇军，以适应抗日的需要。这个组织当时是比较秘密的，有严密的组织和纪律，实行三人一小组，九人一小队。10月间，汕头组织了抗日救国义勇军，我参加了这个组织，参加义勇军后，我还不知道李碧山是党员，只知道他追求真理，搞抗日的，我们都很尊重他。后来他还把他的住址告诉我，从此，我们更多的接触。有一次，他严肃地对我说："你想不想加入中国共产党?"我说："我还不够条件。"他说："我是中国共产党党员，可以作你入党的介绍人。"在李碧山的教育启发下，不久，我写了入党申请书递给他。原来李碧山1936年从苏区出来时没有带上组织关系，是中共南方局派李平同志来汕头给他恢复的组织关系。1936 年底至 1937 年初，经李碧山介绍，我光荣地加入了中国共产党，同我一起入党的还有周礼平、郑克林同志，我们三人成立了一个党支部，支部成立后，还进行了庄严的宣誓仪式。

我入党后，李碧山问我："你家乡还有哪些进步青年？"我说有曾广这些人，这些人常看进步书籍，有马列主义觉悟。于是，学校放寒假后，我回到家乡五经富，找曾广、李日煌、曾冰等人在"我们书室"谈话。我向他们介绍汕头的革命形势，讲汕头参加义勇军的情况。我告诉他们，义勇军是一个秘密的抗日的武装组织，有正式的纲领和组织章程，参加者要严守秘密，遵守纪律，随时为抗日参加战斗，它是党领导的全国性的外围组织。他们听后很高兴，表示要参加义勇军，争取做个抗日救亡的先进青年。在这基础上，我们就在五经富组织起义勇军小组，共有 9 个青年参加，这 9 个青年是：曾广、曾畅机、曾佩恭、曾冰、李日煌、李毓明、李追明、陈权、曾木泉。寒假将过，我只好又回到汕头，向李碧山汇报了家乡组织义勇军的情况，他听后问我："这些人中有哪些是较好的？参加党成不成？"我把这几个人的基本情况详细向他汇报，李碧山说要亲自到五经富去。后经与曾广、曾畅机他们联系，派李毓明到汕头接李碧山。李碧山到五经富住了一个星期，在义勇军小组里面挑选了 5 个人逐个谈话，进行党的基本知识和为共产主义奋斗终生的教育，然后填写入党申请表，在书室举行入党宣誓。监誓人是李碧山。参加入党宣誓的有曾畅机、曾广、李日煌、曾冰、曾木泉 5 人，入党介绍人是李碧山和我。参加宣誓后成立党支部，支书是曾畅机。李毓明没有入党（因他将去泰国），由于当时全国抗日救亡形势的影响，我又在汕头读书，使五经富山村的活动与全国的进步活动联系起米。五经富支部建立后，由中共韩江工委直接领导，成为揭阳县在大革命失败后重新建起的第一个农村党支部。

（陈美清整理）

（原载于《揭西党史资料通讯》，1985 年第二期，总第 12 期）

南侨中学的回顾与展望

邱秉经

民主主义革命时期，特别是抗日战争到解放战争前后，我们在爱国主义和新民主主义思想指引下，曾先后在祖国的南疆和东南亚一带，创办了一批富有生气的革命学校。时间虽已过去近半个世纪，而历史系统地回顾起来，深感这段战斗历程很有意义，社会影响也很显著。其中最具代表性的是南侨中学。

当年，南侨中学是在潮汕中心县委直接领导下创办的，一切为了抗日，一切为了民族解放，一切为了建设人民民主新中国，是我们共同的奋斗目标。南侨在一致团结的抗日运动高潮中创建发展，它既是抗战教育、乡村教育，又是华侨教育。溯其办学历史，起点是泰国的崇实学校。崇实由许宜陶、邱秉经等创始于1932 年，开办之初，即得到来自祖国的黄声和马梦樵（士纯）的合作。我们志趣相投，同心同德，艰苦创业，发展以抗日民主思想为中心的华侨教育，全心全意培育华侨青年，给社会以进步影响，受到公众欢迎，从此形成一个新的教育集体的基础。1933 年底 1934 年初，邱、马、许、黄先后回国，适普宁兴文中学建校，许宜陶应聘为校长。许先邀黄声为教务主任，继邀邱秉经为训育主任，马士纯为舍务主任，把崇实的领导骨干移植到兴文来；同时先后招聘进步青年教师如余天选、林艺、洪藏、王琴、杨少任、黄耀等加强师资力量。这是兴文得以发展的重要因素。他们迎着抗日形势的逐渐高涨，结合农村环境，大力发展抗战教育、农村教育，以中学带办农村小学，以正规学校带办群众夜校，以学校推动社会文化，对抗战教育发展和社会进步，起到推动作用，在地方影响很大。因此，兴文校董会中的顽固势力，对我们深怀敌意，竟拒绝许校长续聘革命教师之议，我们愤而倡议自创新校，得到党组织的及时支持。1938 年，暑期在揭阳石牛埔创办的西山公学，就是新校的最初形式，大张抗战教育旗帜的崭新形式。南侨中学是它的继续和发展，出现形式虽力求一般化、正规化，但实质上没有二致。新校的领导力量统一于党，这有别于兴文，某些指导思想和要求，也不同于兴文，它既集兴文工作的长处，而又越过了兴文。西山公学最初的拓荒者是马士纯、黄声、邱秉经、杨少任、王琴、洪藏、余天选、黄耀、李坚等。行政负责人：名誉校长是张华云，校长是黄声，教导主任是杨少任。改名南侨中学后，挂称汕头暹罗归国华侨抗敌同志会主办，建立校董会，主席是旅暹进步人士林德兴（廊主德），校长是黄声，旋扩设分校，二校校务主任邱秉经，三校校务主任马士纯。许宜陶后到，没有担任行政职务，实际上是我们的顾问，各校领导统一于党，行政上独立办事，机动灵活。总校也称一校，教务主任杨少任（初期），训导主任林野，总务主任许煜，文专部主任邱秉经，小学部主任王琴。二校教务主任杨世瑞，训导主任马剑南。三校教务主任许风，训导主任郭克明，总务主任马毅友。全校先后拥有一大批重要教师，如袁琼、杜柏奎、李建藩、林耀、卢蔚民、伍治之、陈曙光、赖隆甘、吴祖光、刘化南、陈明苑、林英杰、陈绿漪、陆伯屏、姚木天，吴灵光（吴刚）、吴济光、吴国璋、黄鸿图、郭湘萍、陈德智、蔡雪琼、吴德绍、吴子谦、黄浪舟、林邦靖、黄霭、许介侠。还有颇有贡献的革命书刊供应者黄润泽、吴孙光等。我们助办的金坑中学，林野寂、姚木天相继任校长，郑餐霞等任教师，实际是南侨的一部分。南侨中学的创办，赢得了全社会进步力量和海外爱国华侨的广泛支持，在潮汕蒋管区是个革命熔炉，短短时间共集各县一千余进步青年于一炉而冶之，还带动数千农民群众兴起文化学习运动，从而为地方建党、建军、建政和文化教育工作，提供了大批骨干和后备力量，其发展之快，影响之大，在当地是史无前例的。南侨轩然崛起，终成为潮汕地区革命教育中一面鲜明的旗帜。

南侨中学的创办和存在，时代赋予了重大的历史使命和社会意义。虽则时间只有两年，但它是"陕公""抗大"式的新型的培养革命青年干部的学校，是党的工作队，是革命的播种机，具有无限的生机和创新精神，所发挥的作用及其影响远远超过时间和空间界限。事隔半世纪，光辉依然未减。人们至今念念不忘其革命特色，尤其对当年南侨中学突出的优良学风和校风，更是有口皆碑：（一）党性思想得到充分发挥，党和人民的利益高于一切，服从革命需要，服从工作需要；（二）民主团结，上下一心，全心全意自觉学习、自觉工作、自觉为人民服务；（三）理论联系实际，不事空谈，有的放矢，自强不息，朝气蓬勃；（四）群众路线与统战工作紧密结合，注意做到主动广泛深入和力求有理有力有节。这些革命优良传统形成了具有时代意义的"南侨精神"。后来这种精神，又由南侨革命师生和群众广为传播，承前启后，发扬光大，在潮汕地区各战线产生了深远的社会影响。

南侨中学之所以成为潮汕地区革命教育的一面旗帜，是因为在它创办和存在时，有力地团结带动了周围的兄弟学校，如梅峰中学群众学校、流沙中学、鲤湖中学和其他一批进步的中小学校，它们互相支持，互相推动，形成了强大的进步力量。而在南侨中学被迫解散后，革命教育的种子更通过广大师生和群众在祖国南疆各地以至东南亚一带迅速传播，开花结果。据记忆，先后有杨少任、卢蔚民等在云南昆明办育侨中学，邱秉经、余天选、丘达生、丁立明、吴祖光、王贯三等在福建永定继钟骞之后办侨育中学；张华云、陈明苑、王义炽、林养迪等在揭阳办钱坑中学；林野寂、杜伯奎等在香港办培侨中学；郭湘萍、王琴、王贯一等在越南办南侨中学；杨世瑞、吴刚、曹冰、王亚夫、巫峰等在老挝办寮东公学；姚木天、王瑚等办崇德中学；日寇投降后，他们转到泰国，由吴刚、姚木天、曾冰、巫峰、谢文思、卓炯、邱秉经、王琴、丁立明、林志远、廖铖等创办有名的南洋中学；许宜陶先在印尼坤甸办振强学校，后到泰国和卢蔚民、郭克明、倪宏毅等办中华总商会所属的中华中学；吴祖光于泰国"6·15"事件南洋中学被封后，在缅甸另倡办南洋中学。起伏相替，闪闪发光。由此可见，南侨被迫解散后，革命教育不是缩小而是更为扩大了，不是后退而是大前进了！它由潮汕一隅而扩及闽西南革命根据地、西南大后方、香港和东南亚一带，春晖遍南疆，蔚为一股壮观的教育洪流。但由于时代的风暴，政局的变化，致使海外各地的革命学校不能继续存在，国内的革命学校在十年动乱中则遭受了严重的摧残破坏。迨至"四人帮"被粉碎，国内各地党政和地方群众才先后为革命学校恢复原来的校名和荣誉，并严肃地提出恢复和继承以往革命教育优良传统，要为"四化"建设培育合格人才而奋斗。我们为南侨中学，包括揭西南侨中学、揭阳南侨中学、潮阳南侨中学、普宁兴文中学、普宁梅峰中学和福建永定侨育中学的重光而欢欣鼓舞。但我们不仅珍惜它们过去和现在的荣誉，而且更瞩目和冀望于它们光辉的未来。

去年，我在广州南洋中学校友会成立时，曾略述了这批国内外革命学校的历史渊源，用一句诗句"革命源流一脉同"，来概括描绘他们的相互关系和启发对未来的期望。我的心意在于唤起散布国内外各地广大师生对革命学校的共同眷念，引以对业已重光的南桥中学和其他兄弟革命学校的共同关注，使它们得以进一步继承和发扬革命优良传统，为祖国的"四化"建设事业做出新的贡献。

党的十二次代表大会颁布了宏伟的建设纲领，把科学文化教育列为战略重点之一。因而，这些重光的革命学校的存在和发展，其现实性和可能性是毋庸置疑的了。问题是，党中央号召开创社会主义建设事业新局面，要求在本世纪末实现工农业年总产值翻两番，急迫地要求培育造就千千万万具有现代科学知识和工作能力的合格人才。而我们这批革命学校，几经风霜雨雪的凌厉摧残，元气大损，复校后虽力求改进，但现状和荣誉仍很不相称，不急起争取充实提高，是难以完成祖国的期望和时代的重托的。正因此，我们首先要激励已恢复的革命学校的师生继承革命优良传统，自力更生，艰苦奋斗，勇于改革，敢于进取；并希望地方党政领导给予重视，加强领导。同时，我们有一腔强烈心愿，要求国内外的革命师生，秉承一向爱国爱乡爱校的赤诚，携起手来，共同给予南侨中学和其他革命纪念学校以应有的关怀和热情的扶植，为它们的进一步发展建设出谋献策。愿众心所至，早日取得成效。

(原载于《南侨中学创办四十五周年纪念特刊》
1983 年 11 月 25 日)

在河婆革命活动的回忆

魏麟基

1941 年 10 月，国民党揭阳县政府通知我去任河婆警察所所员（巡官）。12 月，林先立率部来良田铲鸦片烟，遭到良田人民的武装反抗，群众由于仓猝应战，不支败退，向高寮一带大山避难。此时，反动家伙刘俊英又重回良田向林先立密告，说高寮一带群众准备武装反击，并藏有大量鸦片。林信以为真决定当晚出兵围攻，适我由河婆赶到良田，遇见一位熟悉的中队长，得知此信息，一面通过刘汉枢告知高寮群众撤走，同时以实情告林，劝他不要上当。林知受骗，随即收回命令，使良田人民避免了一场更大的灾难。值此兵荒马乱群众四处逃走，良田的上层人士也不敢见林先立的情况下，支部研究如何使群众不再遭受损失，决定由刘汉枢、魏祥育以先立学校教师名义和我去见林先立。这时，林先立也正在考虑如何收拾局面，见了我们，商定第二天由林先立和老师们从桥头铺、田心、洋沥坑学校再到学堂坝转一圈，就率队去横江。善后工作由教师负责处理。就这样了决了这场官兵灾难。此事在群众中引起强烈反应。在国民党做了官的良田人刘俊英却人面兽心加害良田人，那些外地来的教师反而处处为良田人民着想，维护人民的利益。这成了鲜明的对照，从此，刘俊英更加孤立，我们的同志在群众心中深深地扎了根。1942年春，由于我在河婆工作，和当地社会人士有较好的关系，五华县委决定把党的工作向河婆地区开展。我认为张仿周的家乡石内村属山区，虽离河婆较远，但地处揭阳、普宁交界，在此建立据点，有利于与潮汕党大南山根据地联系，河婆南森乡是我支持过他们新建立的乡，和当地人士关系比较密切，因而，决定先开辟这两个点。征得县委同意，派曾明（原名曾杞贤，现名曾光）、魏祥育、李惠芳（苏梅初）任教于南森中心小学，派何兴仁到石内小学教书，魏丙到河婆警察所作党的交通员；同时增派刘锦帆、刘德秀到良田新办的龙岗学校教书。派曾光为副特派员。四月间的一个晚上，南森乡榕树寮天主教堂发生枪杀农民事件，适我在南森学校，即与乡长同往现场查验，随即提审开枪主犯玛莉（修女，意大利人），经盘问，玛莉供认。我即与曾光同志研究并经河婆警察所长同意，将玛莉扣押。对此案的处理震动很大，揭阳、陆丰、五华等地的天主教负责人以天主教无国籍，不受当地法律约束为由来河婆请愿，要求释放玛莉；我们说，在中国土地上枪杀中国人，不管谁，都应受中国法律制裁。只要不是汉奸卖国贼，是中国人，就要维护中国人的尊严。驳得他们无话可说。后经揭阳县政府判处赔款了事。群众说：过去县太爷路过天主教堂都要下轿，这些人横行霸道，谁也不敢哼声，这次外国姑娘也捉去坐监，真长了中国人的志气，灭了他们的威风。趁此机会，我们向各阶层人士广泛宣传我党的联合抗日的主张，指出只要中国人民团结起来，就能打败日本侵略者，只要敢于斗争，就一定能取得胜利的道理，进一步激发了河婆人民的抗日热忱。1942年7月，传达"粤北事件"后，党决定停止组织活动，采取单线联系，分散隐蔽，长期埋伏，积蓄力量，等待时机。"留得青山在，不怕没柴烧"。此时，河婆南森、石内和良田培养了一批建党对象，阳源接替南森；曾光调走，不另派，由万里江接替；石肚何兴仁调走，由欧汉荣（刘向东）将进步书刊分发给同志们阅读。当时，还回顾提高了理论水平，为下一步发展打好坚实的基础。良田的工作，五华县委认为就是良田党组织坚决执行上级党组织的决定，团结中间势力，孤立顽固势力，在斗争中贯彻党所提出的抗日民族"有理、有利、有节"等一系列方针政策的结果，今后还要继续贯彻。但在新形势下，斗争方式要更加隐蔽。8月，国民党河婆区区长梁伯平调戏张姓妇女，被群众发觉，群众包围区署，梁伯平化装成士兵，拂晓前突围逃走，群众尾追至坪上，将其捉回河婆圩枪毙。当群众追捕时，我和所长商量，警察所不能不管，又不能与群众对立，听说梁伯平向坪上方向逃，便决定让所长带警察向龙潭方向追，这样既支持了群众的斗争，又向县政府交了差。事发后人心大快，但又听说梁伯平是省长李汉魂的亲戚，杀死区长是大事，怕县府出兵。为此，当地士绅推出张仿周来要求我去揭阳县政府打听情况，说服林先立不要出兵。当我到县政府见林先立时，林已决定派兵，我将梁伯平所犯众怒及枪杀经过告林，并转达河婆人民抵抗到底的决心，劝林不要用武，应即派新区长去安民，最后商定不派兵，派魏大伟为河婆区长。这个案件，后来赔款了结，避免了一场官兵灾难，同时也增强了河婆人民的斗争勇气和决心。

10 月间，陈署木任揭阳县长，我辞职去安流工作。

（原载于《揭西党史资料通讯·河婆解放三十五周年纪念专刊》1980 年第一期，总第八期）

记抗战中的"曲湖青年读书会"

（1938—1944）

抗日战争的炮声，震醒了全国人民，在中国共产党的领导下，潮汕青年纷纷组织起"青年抗敌同志会"，宣传抗日救亡。揭西最早由五经富的进步青年，组织起青年读书会"我们书室"，发展到抗日义勇军，逐步建立起中共党组织。1938 年，金和镇的石牛埔办起了一所"抗大"式的新型学校——南侨中学，校长黄声，学生是各地的进步青年（其中一部分骨干是中共党员），他们一边学习文化，学习革命理论和军事，一边经常派出师生到城乡各地宣传抗日主张、办民众夜校，引起国民党当局的恐惧，故于 1940 年 8 月下令强行解散。解散后南侨 1000 多名师生回到各地仍然深入发动群众，组织青年读书会等。至今石牛埔附近乡村的墙壁上，仍留下许多南侨师生宣传抗日的大幅标语，这些字迹肥大有力，引人赞赏的大字，多是出自曲湖村学生贝玉台之手。他约 30 岁，大胡子，为人忠厚，写得一手好字，人人叫他"贝大哥"。他读南侨文专班，大凡学校从香港等地购来的进步书籍一到,他必大量购买。他每次回家,一个"滕呷哝"都装满新书。他自己看的倒不多,而是整呷哝的送到庆杨公祠左侧的"青年闲间",让 10 多位常在这里聚首的青年大饱眼福。这批青年读过河婆中学、保粹国文专科或大光小学等学校,他们也把自己的旧书聚集一起,自由阅读,估计足有四五百本。因此,大家就把这两间房子起名叫"曲湖青年读书会"。没什么会章和组织机构,只有一方盖图书用的长条印,是一个名副其实的群众组织。这些人多数又是"湖友促进会"(即湖光校友)成员,逢着"湖友会"有什么活动即前往参加,平时没有不协调的地方。

青年读书会数玉台叔,还有就读于河婆中学的玉泉(据知他在河中入了党后来外出),以及刚从马来亚回国、曾读保粹国文专科的玉粦,这"三玉"的年岁较大,文化水平较高,自然成为负责人,大家戏称为"三玉同台"。我是一个十六七岁的失学青年,属小弟弟,但我是不收房租的房东屋主,还要倒贴煤油和家具,因此也算是一位积极的会员。

青年读书会自 1938 年形成至 1944 年因成员外出停止活动,共持续六年多,曾有下面几项活动:

一、学习革命书籍,提高成员的政治思想水平

新书,当时不但许多人买不起,且在国统区多是禁书,根本无法买到,现在一二百本进步书籍摆在桌上,怎不令人如饥似渴地争着读呢。我就是在这时读到了毛泽东、朱德等人著的《论持久战》《论新阶段》《论抗日民族统一战线》等著作,感染人最深的还是蒋光赤(慈)、邹韬奋等人著的《鸭绿江上》《萍踪寄语》,以及一批陕北诗歌、苏联译著等;贝玉泉也曾向我们介绍艾思奇的《大众哲学》怎么好,因此从《大众哲学》入手,也读了一些哲学著作。此外,喜欢隋唐演义等新旧小说的也可以看到这些读物,我也先后看过四大名著和《袁枚诗话》、朱淑真的

《断肠集》等。还跟随玉燊兄写起旧体诗词和作起联对来。

这四、五百本图书结束时，部分物归原主，一部分由玉台转赠湖光学校图书室，一部分被人借出没有收回。

二、半耕半读，日以诗书寄兴

青年读书会学习的抗日救国的知识，一般是关于宣传和组织抗日行动的。我们也曾希望投身抗日行列，但几位僻处农村的小青年能到哪里去呢？真有"救国无门"之叹！农村生活贫苦落后，谁不希望找寻出路，干一番事业，但路在何方？由谁引进？这时候汕头、揭阳沦陷，河婆尚属"世外桃源"，曲湖僻处一隅，异常闭塞，故读书会成员多是半耕半读，或聚议村政，或和琴弈棋打发日子。较有意义的是通过诗联，表达对日寇的愤怒控诉，抒发对黑暗现实的不满和豪情壮志的抱负等。1938 年春节和 1939 年春节，读书会借为村人写春联的机会来表示抗日的行动。这两年几乎把全村的春联都包了下来，主人只出纸费，玉燊义务为各户和单位撰写冠首联，他和玉台分头挥写。这年春节，各处春联内容成了村人议论的话题，村人感到耳目一新。试举下面几联：

曲水亭（茶亭）联

（一）

曲径辟长亭，四面清风迎客坐；

水泉消久渴，一杯甘露涤尘襟。

（二）

曲径建茶亭，引着凉风，请客暂留一二刻；

水源来狭径，烹成瑞草，劝君畅饮二三杯。

青年读书会联

（一）

青剑锋芒光射斗；

年华英勇气吞虹。

（二）

青剑杀清倭寇；

年关重振中华。

（三）

青史欲流传，效宗悫乘风破浪。

年华莫错过，步终军弱冠长缨。

1938年中秋遇雨，令人扫兴，玉獜即景写一七绝，诗云：

相逢处处话中秋，预约良朋尽夜游。

那晓嫦娥哀国难，偏教此刻泪长流。

在这环境陶冶下，我和其他几位青年也学着写起旧体诗词和联对，藉以发泄对日寇的仇恨，对现实的不满和感叹身世、怀人惜别等牢骚。1940年后，玉獜急于重返南洋，但汕揭沦陷，海运断绝，只得和我三哥（文通）做伴步行至惠阳鲨鱼涌港乘帆船过香港，辗转到了侨居地马来亚。自后他每次给家人寄信都附有给读书会青年朋友的诗词，如他第一封"平安信"里夹来《浪淘沙》词一首："去国再南游，倏又经秋，韶光不为客中留。壮志未酬三尺剑，欲问东流。旅邸一登楼，明月如钩，无穷烽火慨神州。几度砧声寒宿草，夜色悠悠。"另一封信又寄来如下诗句："素心未晤怀天壤，寇祸欲知看地图。珍重时期须自爱，莫教辜负好头颅。"及"尚想当年陶乐处，琴弦虽好梦魂中。"对寇祸的忧心和连梦中也梦起读书会的情景，感情多么真挚。

这时玉台到小学教书去了，玉泉则远赴四川谋职，汉才当了店员，我和清香也外出当小学教师，到 1944 年读书会便自然解体了。但，春节回乡又常旧地重聚，诗联活动仍延续不辍。直至 1947 年春节，日本投降了，但，国民党又搞假和谈真内战的骗局，全面内战打响了，这年贝影给我送来他书写的长联嘱为斧正。联曰：

> 喜此日新年，讲讲谈谈，但期爆竹声声从今换旧；
>
> 叹前朝旧事，拖拖打打，仍是烽烟处处何日维新。

我复信与他斟酌改动个别字眼，同时又作两联请他修改，联曰：

（一）

> 今日喜新年，愿与同侪相惕励；
>
> 普天犹多事，敢忘吾辈有担当？

（二）

> 胜利已年余，依然剑影刀光，营无闲马；
>
> 复员经载许，无那米珠薪桂，野有嗷鸿。

新年与贝影弟切磋诗联不久，内战加剧，我们也先后投身解放战争。他先我入伍，不幸于 1948 年 8 月在上砂遇难（时任武工队指导员）。为了人民的解放事业，他献出了他宝贵的生命，家乡父老和亲友都沉浸在悲恸和对敌人的仇恨气氛中，当时我含泪写了下面一副挽联：

> 廿载交深，常以扶危相励志；
>
> 一朝永诀，誓诛残寇慰英灵。

附录于此，以表哀思兼志青年读书会的尾声。

三、关心时政，为民请命

青年读书会成员来自群众，常代表群众说话。记得有下面几件较有意义的活动。

（一）关心村里治安秩序，保护村民田园作物。

1943 年，潮汕遭逢特大饥荒，千万难民涌到河婆街头。曲湖虽僻处一隅，未受难民之扰，但村境河道，晚上常有抢船劫货事件发生，曲湖村常受连累赔款。当时田园作物也常受盗窃，民心不安。村里虽组织有巡逻队（叫掌夜），但互利不好，巡逻不力：青年读书会认为必须健全这支队伍，加强维护治安，因此，积极向当权的房长们建议，并派员参加充实"掌夜"人员，提高生活补贴，补充枪弹武器，健全巡逻制度，结果使全村安全度过荒年，田园作物有所收成。

（二）修整人头塘涵洞，保证田园灌溉用水。

曲湖村田园种作，一贯靠"三口山塘"蓄水，当时因最大的人头塘涵洞失修淤塞，村民急切要求修整，读书会积极协助村里当事人主持整修，保证蓄水灌溉。

（三）1943 年大饥荒，粮价一日三涨，河婆发生抢购米粮风潮。

曲湖村一般米贩，在村里低价收粮。加工后运抵南山等地高价出卖，获取厚利。贫苦村民担心将来有钱买不到米。纷纷向青年读书会要求出面制止。读书会接受了群众建议，在门楼下等处张贴"禁运米粮出口布告"，一面布置贝有库、贝佳仁等"掌夜"人员严守路口，不让米粮运走。经过一番斗争，禁令终于生效，米粮不致外流。

布告以"青年读书会"出名，文稿由我起草。附录于后。

曲湖村禁止米粮出口布告

为布告事，按照民为国本，食为民天，故粮食一项，关系国计民生至为重大。数载以来，连遭天灾人祸，耕作失收，赋税重征。造成千载未有之荒年。米粮一项欠缺甚巨。更有一般奸商，希获巨利，私运资敌，或囤积居奇，操纵米市，弄得各埠大闹米荒。近据安流河婆等处为着民生和治安计，均严禁粮食出口。查吾曲湖村之粮食，自救犹且不足，而一般米商仍源源不息之输出，际此青黄不接，将来必致发生有钱无米购之危。同仁等目睹此情，有如燃眉之急，若不严行禁止，民食前途，何堪设想？故即严申禁令，除通告各绅者同意外，现列禁规如左，仰各米商及全村父老人等一体遵照，切切此布。禁规（略）

发起：曲湖青年读书会

民国三十二年三月廿五日

（1943 年农历三月）

（贝闻喜撰）

（原载于揭西县政协文史资料委员会编《揭西文史》第十六期）

湖西村早期党组织活动

棉湖镇郊湖西的中共活动，比镇区的要先 10 多年。早在第一次国内战争时期，1925 年广东革命政府第一次东征胜利后，在中国最早的共产党人之一、农民运动领袖澎湃派出的以陈魁亚为队长的 10 多人的农运宣传队指引下，湖西村黄兰湘、黄巧国、黄通孝、黄速德、黄炳宏等 45 人率先到上村参加普宁六区农会。1926 年 1 月中旬，经农运特派员、共产党员林景光的组织发动，湖西村成立了黄兰湘为会长的农民协会，并建立了以黄巧国为首的 100 多人的农民自卫军，农会会址设在黄氏房祖祠内，犁头红旗高高飘扬在祠堂上空。黄杏（女）、黄侯脚、黄慈鸿等人是农会的交通员。当时，普宁洪阳以方耀家族为首的地主豪绅集团借故殴打、拘捕农会会员和农会宣传员，1 月 15 日，又纠集地主民团进攻一区农会。湖西农民自卫军成立后，在中共普宁支部的领导下，和全县 10 万农民参加了围攻普宁县城洪阳镇的斗争。周恩来派员前往支持，李春涛在《岭东民国日报》发表评论，支持农民的斗争，在舆论上产生影响。加上全省各地农会的声援，斗争取得了胜利。同年 2 月中旬，澎湃亲自到湖西村指导农民运动，在大寨前谷埕召开群众大会，向湖西农民作了鼓舞人心的演说，并赞扬了湖西农军在围城斗争中的表现，使该村农民备受鼓舞。同年 4 月 18 日至 20 日，中共普宁支部在塔脚召开了普宁县第一次农民代表大会，到会代表 300 多人，黄兰湘、黄巧国作为湖西村农民代表出席了这次大会。5 月，经特派员林景光介绍，黄兰湘、黄巧国、黄通孝、黄益填参加中国共产党，湖西村建立了第一个中共党支部，林景光兼任支部书记。1926 年 9 月 19 日，湖西农会根据县党支部的决定，参加大坝葫芦地旗北虎广场召开的"驱熊"（普宁县长熊矩）大会。共 4.5 万人参加了这次大会。大会结束后，湖西农民参加了声势浩大的示威游行。游行队伍从葫芦地到棉湖的大路上，绵延数十里。湖西的"遏云轩"锣鼓班锣鼓震天，口号声此起彼伏，在历史上写下了史无前例的壮观一页。1926 年 11 月，中共广东省农委派黄埔军校第 4 期毕业生、党员林本和余立寰到普宁，与何石一起举办农民自卫军训练班，第一期学员 200 名，湖西农会选派黄兰湘、黄巧国参加了为时 4 个月的训练。同年 12 月 5 日，普宁成立了以何石为大队长的农民自卫军骨干大队，下辖 2 个中队，林本、余立寰分别担任第一、二中队中队长，黄兰湘任第二中队的副中队长。湖西农军素质有所提高。1926 年秋收时，全县晚造因螟虫为害减收。9 月下旬，湖西农会黄兰湘、黄通孝出席了普宁县农会在塔脚召开的全县临时代表大会。会议通过了依照中央决议减租二成半的决定。黄兰湘、黄巧国回村后组织农民开展了减租斗争。12 月 1 日，湖西农会100 多名会员参加了在大坝葫芦地旗北虎广场召开的普宁县减租动员大会。会后，设在湖西的六区农会在六区区委书记张良和农会会长黄兰湘的组织下，于湖坡村后空地召开区农民大会，会后举行示威游行，当天，正是棉湖圩日，队伍在棉湖街内行进，声威巨大。棉湖的地主劣绅只好按农会规定收七成半田租。农民黄大有到棉湖卖鱼，鱼被郭长利抢去，黄兰湘、黄巧国带领农会会众与郭长利据理而争，迫使郭长利折还鱼款，并在南门街放鞭炮，以金花红绸赔礼道歉。1927 年蒋介石在上海发动四一二反革命政变后，潮汕地区也开始"清共"屠杀。4 月 23 日，湖西农会由黄和宾、黄春桃、黄再丰等人带领农军 100 多人，参加围攻洪阳的暴动。27 日晚 6 时，在赤岗、英歌山一带，湖西农军和从汕头来援的第三路敌军激战，终因武器装备太原始落后，加上洪阳城内地主武装出城接应，敌军得入洪阳城，增强了城内守卫力量。5 月 3 日，棉湖商会会长李章甫、潮州善后委员会委员郭弼仁等，乘湖西农军主力在洪阳，纠合反动军队、地方民团和阳夏被蒙蔽群众 300 多人袭击湖西村，放火烧掉村前书斋一座（农会活动地之一）和民房 10 多间，抢去家私、农具一批。1927 年 9 月 28 日，湖西农军 70 多人在黄兰湘、黄通孝、黄巧国等人组织下，汇合六区其他乡村农军 300 多人参加第三次攻打普宁县城洪阳的战斗，全县农军共 1000 多人，还有八一南昌起义军叶挺部一个营 300 多人，攻克了洪阳城。1927 年 11 月中旬，林景光又被派到六区工作，并住湖西村。12 月，新吸收了黄阿溜、黄宝兴、黄烈胜、黄开祥、黄炳宏等党员，重新建立湖西党支部。1928 年 3 月，普宁六区在湖西村黄氏房祖祠建立苏维埃政权，名为"湖西区苏维埃政府"。执行主席张良，副主席黄兰湘，黄烈胜任文书。原先的农民自卫军改称"赤卫队"，队长黄巧国。区苏维埃政府成立后，在不足半年的时间内，领导农民惩罚土豪劣绅，收回当铺典当物，收缴地主田契、债券，掘田塍，分田地。1928 年 7 月 18 日，当时的反红色政权当政者普宁方耀之子方十三及棉湖郭弼仁、林染青等纠集地方民团进攻六区苏维埃政府所在地湖西村，湖西赤卫队迅速组织群众转移，地方民团进村后抓不到一个人，把各家各户财物抢劫一空，并烧毁了黄氏房祖祠和几十间民房。1928 年 9 月，普宁县委书记方家悟和县委委员杨少岳等潜伏到六区湖西和六乡等活动，湖西党支部又与上级联系上。在方家悟的努力下，组成了一支 11 人的短枪队，由黄兰湘带领，坚持隐蔽斗争。1929 年 1 月，六区农会会长黄兰湘、赤卫队长黄巧国和六区农会干部一起，协助调解六区杜香寮和月窟寨两村因争水纠纷积怨引起的互斗。在县委领导下，湖西农会恢复活动。黄兰湘在六乡一带活动，黄通孝利用到大坝等地贩卖物品的机会了解有关情况，黄巧国、黄速德、黄开祥、黄和宾等则组织赤卫队队员夜间练武。10 月 9 日，湖西农会干部参加了新任县委书记杨少岳在普宁上村召开的纪念彭湃、杨殷等 4 位烈士的大会。会后，黄兰湘等将县委印发的《纪念彭杨宣言》等传单、标语带回湖西，在棉湖南门外的功公宫和柴头港等地张贴，这些地方是棉湖南侧各乡群众到棉湖赶集的必经之地，影响很大。1929 年 11 月 5 日《揆华报》对此进行了报道。1930 年 9 月 22 日，湖西农会在县委部署下，配合红军攻打棉湖。当天，天刚亮便烧水做饭给 100 多名红军吃，湖西赤卫队约 100 人化装成赶集农民给红军带路并配合作战。这次攻棉的重点目标是商会会长李章甫的李万合号铺庄，目的是夺取钱粮，打击反动派。李章甫等一面组织民团和阳夏地主武装防卫，一面到普宁县城洪阳方十三处请来保安队几百人，还到揭阳白塔向国民党驻军乞援。红军和赤卫队队员虽毙敌几十人，也牺牲了 10 多人。敌援陆续到来，力量悬殊，红军只得快速撤到湖西村，在湖西农会赤卫队掩护下安全转移。事后党内曾总结了这次所犯冒险攻坚、急进性和盲动主义的错误。9 月 23 日凌晨 3 时多，国民党军队陈思成营、普宁县城保安队、棉湖民团和阳夏地主武装等共 1000 多人夜袭湖西。值班赤卫队队员黄永遂、黄列宇、黄合想即擂鼓报警，湖西全村男女老少一齐起床，能上阵的都拿起土枪、土炸炮、钢叉、尖串等，或爬上屋顶，或守住寨门、巷口同敌人作殊死战斗；妇女老少则做搬运、救护等后勤工作。黄兰湘带领 10 多名赤卫队队员守卫在最险要、最薄弱的北面围墙边，击毙敌人多名。村民凭着对地形熟悉，占据有利地势，杀死杀伤来敌。赤卫队队员黄侯秋，向敌扔去土炸炮后，跳出围墙，用尖串刺死敌人，夺其枪支，又迅速返回寨内。村民黄永坤守卫在后寨门，乘敌暂停进攻之机，勇敢打开寨门，把被打死的敌人的枪支弹药夺了过来。天刚亮，敌人后勤兵送饭经寨门外，赤卫队队员黄开祥把土炸炮扔向敌人，炸得敌兵人伤饭失。至上午 10 时许，敌营长陈思成亲自上阵督战，被从窗口瞄准的赤卫队队员一枪击中。敌军见营长毙命，纷纷溃逃，一口气涉水逃过榕江南河，到鸿江村后才集合残兵败卒撤退。这一仗，毙敌 100 多人，并击毙敌营长陈思成，迫敌败退。湖西赤卫队队员黄暹、黄宝兴分别在屋顶扔炸炮和守寨门时被敌飞弹击中英勇牺牲。隔天，黄暹之妻杨再到棉湖买棺材，又被抓住枪杀，死时腹中怀有胎儿，一尸二命。杨再的死更激起村民的愤恨，也教育了村中个别对敌人抱有幻想的村民。富户黄梁福、黄梁宗兄弟，其母是方十三的乳娘，原以为凭这一关系敌人可能会放过他们。这次敌人的恶行使他们认识到寨破家必亡，于是把从方十三处拿来的藏在家中的 5 条广东步枪和 1 箱子弹全部交给农会，使村中的防卫力量得到了加强。从 23 日下午开始，除青壮年男性村民继续留下守寨外，其余妇女及老少皆收拾细软，陆续撤离，有的投亲靠友，有的成群结队逃到附近山中，流离失所。陈思成被打死后，他的老婆罗锦英即往汕头向国民党警务司令部哭诉，请求发兵为夫报仇。9 月 25 日，汕头国民党警备司令部直接派兵，连同棉湖、阳夏民团、县城保安队共 2000 多人带机枪大炮再次围攻湖西。东面从与湖西隔湖相望的湖坡村至东坑口围攻，在湖坡村后安上大炮，在东坑口布上伏兵；西面从花园村至湖西与仙坛村交界的长坑尾围攻；南面则由方昌伦带领的普宁保安队，准备从英歌山至湖美村一带，阻住撤退的湖西村民；北面则从棉湖出发直接攻打湖西。湖西村民打死了20多个敌人后，中午弹药将尽，敌人又以炮火轰击，黄兰湘、黄巧国下令突围撤离，由农会干部和赤卫队队员断后。其余村民都向南突围，因南路的普宁保安队在英歌山被红军伏击歼灭，小队长方昌伦被砍了头，所以南面有缺口，大部分村民突围而出。敌人进攻时不断缩小包围圈，西面和东面的敌人追杀未突围的村民和断后赤卫队队员。断后的赤卫队队员黄阿粿、黄弥勒佛、黄阿溜等被敌人追至长坑尾。黄阿粿年轻力壮，跃过了一丈多宽的长坑，逃脱了敌手。60多岁的黄弥勒佛被敌人抓住割肉而死，黄阿溜被枪杀在湖里。在突围中牺牲的断后赤卫队队员还有：黄同顺、黄红毛（牺牲在大埔城），黄大兴（牺牲在北爷门桥尾）。村妇蔡哩罗因帮守寨村民烧水做饭而后转移，被敌人追赶落湖而被捕，被捕时把身上所带50个大洋全部丢下湖，不给敌人，最后被杀害。敌人对湖西人民实行杀光、抢光、烧光的"三光"政策。首先是杀光，挨家逐户搜查，把村中老、弱、病、残无法转移者统统杀害，82岁的老宅姆被匪兵先砍掉手足后才用刺刀刺死。70多岁有病的黄年春和走不动的胶东、阿宝、哥姑3位老年妇女躲在家中，被敌人发现后都被百般毒打折磨，最后放火烧死。黄同益、黄阿粒、黄大吉、黄明校等则被抓到北爷门桥严刑拷打，然后或开枪或刺杀或割肉而死。其次是抢光，当时敌人利用封建迷信派别"龙灯派"和"关爷派"的矛盾，鼓动阳夏的地痞，并挑唆其村民，分片"包干"，到湖西村抢东西，上至屋梁、楼板，下至石门斗、草木灰（可做肥料）等一概被抢光搬走，搬不动的则毁掉。最后是烧光，抢劫过后，又用大量面粉加煤油搅和后贴在湖西村所有房屋的墙上点火燃烧，全村 350 多间房一瓦无存，全被烧毁。全村 900 多人流离失所在外，用甘蔗壳叶搭成简易寮棚暂时栖身，用番薯野菜权充饥肠。在逃难中出生的孩子，因地命名，如在庵堂生的取名"斋堂"，在山上生的便叫"山精"，在湖边竹旁生的称"湖得"（潮语"得""竹"同音），以示不忘血泪仇。黄兰湘、黄通孝等受通缉而漂洋过海，避难他乡。湖西村赤卫队队员和村民这次牺牲和被杀害的共有 19 人，在潮汕农民革命运动史上留下了壮烈的篇章。1930 年 9 月的《北京晨报》也报道了这次"国军三路夹攻，歼灭湖西"共匪"的消息。

后来，湖西人民在普宁党组织的指引下，经黄天庐从中牵线协助，找到当时任北洋舰队舰长的普宁雨堂人黄绪虞（土改中被评为开明绅士）和长于词讼的普宁旅汕普益小学校长、普宁广太镇富儿村人黄蕙圃，在他们的帮助下，控告了李章甫等人的罪行，并由汕头专署出布告让湖西村民归寨，颠沛流离了 46 天的湖西村民才重返家园。阳夏的宗族头人林秉清放言："如果你们脱离共产党，脱离红军，我们保证出钱帮助湖西建好民房。"湖西人民气愤地说："我们宁可住自己的草寮，也不住这帮狗杂种盖起来的灰厝！"年底，经过一年努力，农作物收成后，生活稍有改善，村民又集资到潮州买来大锣鼓，湖西"遏云轩"班的锣鼓又响了起来。在村农会组织下，湖西人民到棉湖镇示威游行，以废纸糊成大标旗，以谷糠粘成大字："城楼虽破，更鼓还在""烧不尽，抢不了"。1931 年，陈思成的老婆带兵来到湖西村，企图勒索人命钱，还逼湖西人在棉湖北爷门为陈建造纪念亭，受到湖西人民的抵制，建亭工程半途而废，至今还剩 3 根水泥柱在寨前代销店。

（黄凡整理）

揭陆华边革命斗争回忆

蔡洛

1948 年 10 月，我奉命到揭阳县良田（现属揭西县）任潮汕人民抗征队司令部驻良田办事处主任。当时由潮汕地委书记曾广同志通知我："经组织上研究决定你到良田去接替蔡若明同志的工作，你们把工作交接好之后，若明同志则回司令部工作。办事处的任务是做好当地上层人士的统战工作，主要对象是刘卓云，可利用他们和五华罗经坝那里的亲戚朋友关系，收集敌人活动的情报，购买枪支子弹供应部队作战。"我记得那时所有收集的情报，是由交通站的交通员从良田送到归善的交通站陈烈夫同志那里，再转送到南山龙跃坑司令部，由曾广或刘向东亲自拆阅。购买枪支不多，似乎只买过一二支驳壳枪，子弹则先后一共买过几千发，多数是七九步枪用的，也有六五步枪用的，还买过几批黄色炸药。先后用过金圆券（国民党政府 1948 年发行的货币券、港币）。这些钱是由司令部派人送来，也用过谷子去购买，每颗（子弹）的价格是 3 升，或 3 升 3，谷子是在当地拨付。我买到之后派人或由司令部派人挑去，蔡若明同志给我介绍他所联系的一些人当中有张权等，还有一个叫做回七哥的。他们帮我们买了不少子弹。关于上层人士的统战工作方面，刘卓云是积极支持我们的，通过他了解还有刘赞兴（音，或是"刘赞卿"）、刘道罗等利用罗经坝走亲戚（的机会）和当地上层人士取得联系，主要是通过这些办法了解有关五华方面的政治动态，做好我们部队开赴新区时的接应工作。在办事处领导下有一个政工队，我记得队长是蔡高透，副队长是蔡洁芳，他们的工作职务，应以他们本人回忆为主要依据，队员大约 10 人左右，名字都记不起来了。政工队主要任务是在当地发动群众和组织群众，组织民兵、农会、青年会、妇女会，协助乡村政府征集公粮等。我除了听取他们汇报工作之外，也根据司令部指示，主要把曾广、刘向东同志指示精神传达给他们，并向他们布置工作任务。总的印象是他们怀着满腔革命热情，工作上认真负责，不怕艰苦，深入联系群系，每次都能很好地完成工作任务。我只是驻在良田，当时还没有进入五华县境。办事处在良田的一个小山腰上，与在另一个山腰上的刘卓云家形成斜对角。是由五华方面有关人士到这里联系，不是由我或派人到他们那里去。我经常向他们宣传革命形势，指出发展方向，向他们提出要做好情报工作及进军解放五华边区时的策应工作，则是事实。我记得了解通过他们把潮汕人民抗征队的布告、传单，主要有《告蒋军官兵书》《告各地士绅书》等宣传品拿去散发、传播。我是在部队进驻了黄竹坑的大地主张庸先生的"建中楼"之后，才由曾广、曾烈明同志通知离开良田，去那里报到接受工作任务的，时间大约是在三月中旬。当时给我的任务主要是负责政权建设和民运工作，并和曾烈明同志一起领导几个政工队，先后和政工队负责人张夏、张益谦、张雪梅、张复旦等同志，还有张权、张若伦等有过工作联系。部队进驻"建中楼"之后，成立了揭陆华边临时指挥部，由李彤同志兼任指挥员，以统一指挥军事行动。我到罗经坝之后，直到进驻安流之前，是住在"建中楼"。召开过上层士绅座谈会，向他们宣传党的方针政策，要他们捐献粮食，维持当地的治安和生产。我负责主持成立了棉洋乡人民政府，乡长由当地一位有威望的张姓绅士（名字一时记不起来）担任，时间约在三月底，乡政府设在原乡公所，是由河婆到安流，经过罗经坝时的必经之地，靠在黄竹坑边的一座砖木结构两层楼。这里后来也成为由安流通到司令部去的一个交通站，我到地委去开会和后来调到地委去分配工作时，来往都要经过那里住一个晚上，第二天再赶路，因此印象特别深刻。棉洋乡人民政府，是我们进军五华之后，成立的第一个乡级政权。1949 年 4 月底，安流解放后，在安流成立了揭陆华边临时指挥部安流镇军管会，指定我和张若伦分别任军管会正、副主任。这是和李彤、曾烈明等同志研究后决定的，由于需要有一位比较熟悉情况的当地同志去和当地各方面人士联系，以适应工作的需要，军管会就起用张若伦同志（当时还未入党）为副主任。安流虽然是一个小镇，却是揭陆华边首先解放的一座"城市"。遵照党中央、华南分局和地委关于城市工作政策成立了军事管制委员会。由于是小镇，没有组织系统的接管工作，只是用军管会名义出布告张贴安民告示，召集商界和各界人士的各种会议，宣传党的方针政策，及成立安流市人民政府，负责处理政权、行政的各项工作。我是安流镇解放后第二天才由黄竹坑转到军管会的。军管会设在靠近镇区一座砖木结构的三层楼房（据说是原镇公所和小学的所在地）。我住在靠 2 楼楼梯口的一间小房。过往的部队也常驻在这里，有时从地下到 3 楼都有许多战士密密麻麻地睡在地板上，连过路都不方便。我和张若伦同志的分工是，我负责和上级联系，他主要负责和当地有关人士联系。从军管会成立到 6 月间正式成立揭陆华边行政委员会，一共不到 2 个月的时间，作为一个过渡期间军管会，主要是根据指挥部及部队的要求，做好接管、接应、供应工作。由于机关名称太大，且冠上"揭陆华边临时指挥部"，因此，曾经有同志以为是整个揭陆华边的军管会，这是一种误会。揭陆华边行政委员会成立之后，军管会也就自然消失了。揭陆华边行政委员会是在 6 月 18 日正式出布告宣告成立，这时还没有分设临一区、临二区。根据我当时的笔记，全揭陆华边行政区一共是 16 个乡，9 个独立行政村，2 个市，全区一共 4 间中学。即揭阳边有良田、横江两个乡政府；陆丰边一个五云乡政府和下砸村、径头村、黄布寨村、南进村、黄泥岭村、黄京埔村一共6个独立行政村政府；五华边有12个乡政府和3个独立村政府；加2个市。即棉洋、溜砂、三水、伏溪、安流、泉砂、平东、龙岗、油田、平南、鲤江、大石双共12个乡政府，叶湖村、枫林塘村、黎塘里村3个独立村政府。2个市，即安流市人民政府和水寨市人民政府；丰顺边有1个乡，即上四乡政府。4间中学是：河口的五华县立二中、水寨的振兴中学、安流的三江中学（当时任命徐芳铭为校长）、五云的吉云中学。我是8月间离开揭陆华边的，分设2个区名该是我离开以后的事了。

1984年10月2日

河婆中学微明读书会的诞生和发展及作用

　　微明读书会的前身是微明学术研究社。它是首届高中班部分进步学生组织起来的。1944年到1945年冬春之交，日本侵略军侵入潮汕腹地，直到普宁的鲤湖、池尾一带，距离河婆仅20多华里，人心惶惶。学校曾停课一段时间，后看日军没有入侵河婆的迹象才复课。此事引起学生对国民党当局十分愤慨，对时势感到迷茫，渴望得到光明。寒假期间，首届高中班的张克亚、张雪梅、张天竞和张文宏等发起组织读书会，班里有10多人参加。1945年1月，在南光小学开成立会，定名为"微明学术研究社"（以下简称"微明"），决定办一个会刊《绿洲》（不定期的墙报），讨论通过了该社章程。开始时组织比较简单，张克亚是负责人，还有二、三位同学负责学习等方面的工作。从"微明"的命名，可以看出这些学生不满现实，向往光明，追求进步的心情。"微明"成立之初，人数不多，但很有生气。并经黄尔铿、陈清宇、麦坚弥、刘慎文等进步教师的指导，读书活动搞得活跃。微明成员通过默许，可以在学校图书室古梅老师处借到进步书籍，并通过与校外进步人士互借的方式得到所需的读物。如《社会入门》《大众哲学》《苏联纪行》《西行漫记》《中国近代革命运动史》《新民主主义论》《八月的乡村》《呼兰河传》《李有才板话》、《洋铁桶的故事》，均可以借到阅读。另外又通过各种关系，由香港弄进来《华商报》《正报》《世界知识》《群众周刊》《知识青年》等报刊，以及一些秘密传阅的游击区油印小报，大家对这些书报如饥似渴地学习。学习的形式多种多样，有时是在自学的基础上小组交流心得体会；有时是统一读一本书，然后拟出讨论提纲，再开讨论会；有时开专题辩论《英雄造时势，还是时势造英雄》《抗日胜利后，中国向何处去》《日本投降的主要原因是苏联出兵东北，还是美国在广岛长崎投了原子弹》等。辩论双方充分准备，抓住论据，各抒己见，畅所欲言，甚至争得面红耳赤，目的在探索真理，加深认识。有时利用星期天、节假日到山清水秀的天竺岩、广德庵开讨论会，气氛更轻松活泼。"微明"会刊《绿洲》经常出版，大家积极撰写文章，畅谈读书心得，分析形势，抨击时弊，展望未来。这些活动使同学们达到互相学习，共同提高的目的，开阔了视野，增广了知识，提高了觉悟，明确了政治方向，对社会发展规律、中国社会的性质、革命任务等基本问题，有了初步的认识，逐步树立起正确的人生观。

1946年春，地下党员黄钟和谢选老师来河中任教。黄钟老师担任首届高中班的班主任，讲授国文课。他迅速开展建党工作，争取把"微明"置于党的直接领导之下，促使"微明"的活动进入一个新的阶段，逐步成为党的外围组织，成为团结和教育青年学生的重要阵地。在他的指引下，微明学术研究社改名为"微明读书会"。认为"微明"的活动，不能局限在学术研究方面，"读书会"的名字比较通俗，更易为同学所接受。聘请谢逸老师为"微明"的顾问，辅导"微明"开展活动。修改章程，扩大"微明"为全校性的组织。组织扩大后，不仅学生会的干部是会员，而且绝大多数班会骨干也是会员，1947 年上半年会员达到七八十人。就是这样，通过"微明"的会员，学生会和绝大多数班会的领导权，牢牢掌握在党组织手中。"微明"团结了广大青年学生，成为一支占绝对优势的进步力量。这段时间，学校聘来的进步教师增多，大大加强对"微明"的指导。1947 年上半年，"微明"进行过一次大型活动，到广德庵野餐，开讨论会，就有黄钟、谢逸、黄贻嘉、罗乔兴、王一帆和徐昭华等教师参加。

1946 年 6 月，国民党全面掀起内战。全国人民的反蒋斗争如火如荼，反对内战的学生运动风起云涌。在这潮流的推动下，学校里充满了革命的气息。"微明"开展有针对性的学习活动，引导大家认清形势和任务。再就是大家撰写文章，出版反内战的墙报，这种墙报遍布学校每个角落，琳琅满目，令人振奋。谢逸老师教唱许多革命歌曲，如揭露国民党腐败透顶，依靠美国打内战的《五块钱》《USA "赞"》以及《古怪歌》《唱吧！夜莺》《农家苦》《民主是那样》《茶馆小调》《夜深沉》。在课堂，在校园里，革命歌声此起彼落，悠扬激昂，鼓舞人心。在"微明"的带动下，学校的话剧活动非常活跃。1945 年公演大型话剧《家》，在社会群众中影响很大。1946 年成立河中剧社，公演话剧《升官图》《朱门怨》。1947 年元旦公演由王一帆老师改编的音乐剧《新年大合唱》，1947 年上半年，以河中剧社和河婆小学教师为主要成员的黎明剧社，联合公演《草莽英雄》，1948 年元旦公演《风雪夜归人》，1948 年春节演出《抓壮丁》《劫中劫》、苏联儿童剧《铁木耳》、解放区歌剧《兄妹开荒》等等，不只对学生，而且对社会群众，都起到了宣传教育作用。"微明"会员在每次的演出中都扮演主要角色，起了核心骨干作用。

地下党组织在"微明"里发现培养建党对象，先后吸收"微明"的骨干张克亚、张雪梅、张毅生、张壮划等人入党，建立了党的组织。"微明"的领导同时又是学生党组织的负责人。"微明"从此直接置于党组织的领导之下，成为党的外围组织。1947年7月，"微明"的创始人张克亚、张雪梅毕业离校，"微明"便由张毅生接任领导工作。"微明"除了组织学习宣传之外，还积极做配合游击区斗争的工作。如派人深夜到河婆镇和韩屋楼等地张贴游击队宣传品：张云淡、张壮挑等还在下滩村办农民学校。1948年3月，国民党军队"围剿"八乡山根据地，戏子潭村被烧掉几十间民房，大批粮食衣物被抢，河中党组织领导"微明"在同学中秘密募捐了一批衣物，由组织转送到八乡山。

随着解放战争形势的迅速发展，河中师生受到很大的鼓舞。从1948年元旦开始，河中师生掀起了一个参加武装斗争的热潮。首届高中班毕业的"微明"创始人系张克亚、张雪梅等10多人，放弃读大学和就业的机会，陆续参加武装斗争。5月27日，河中师生38人，大多数是"微明"会员，集体上山参加游击队，在潮汕各界震动很大。这时"微明"的绝大多数会员都先后离校入伍，只剩下少数年龄较小的会员。师生集体上山，国民党反动派对河中十分仇视，加强对师生的监视。在此情况下，为了保存革命力量，"微明"的活动暂时停止。1948年7、8月间，隐蔽在河中的张壮划，串联刘天喜、杨景展、张武展等进步学生，成立学生自学小组，准备寻找机会，恢复"微明"读书会。

1949年2月26日，河婆解放，军管会派张海鳌老校长、蔡若虹同志到河中搞接管工作。"微明"正式复名，以公开合法的地位进行活动，会员迅速增加，达到100多人。"微明"发扬传统，开展丰富多彩、生动活泼的活动，带领革命师生积极参加河婆解放的盛大庆祝活动。揭阳县城解放后，还组织数十人的文艺宣传队到榕城等地演出。还响应号召，献捐支援前线，为解放全潮汕出钱出力。由于河中已成立新民主主义青年团总支部，"微明"已完成她的历史使命，1950年5月间，经学校党支部研究，区委同意，"微明"正式宣布结束活动。

（原载于《河婆中学校史》，香港奔马出版社2014年版）

上砂乡和平解放始末

（作者：叶子）

原陆丰上砂乡（现属揭西县），距离陆丰县城170华里，是陆丰县最北端一个山区乡，东邻揭阳，西连紫金，北靠五华，四周高山峻岭，构成天然屏障。全乡纵横40里，中间形成盆地，上砂圩是全乡唯一的集市所在地，是当地和周边的政治、经济、文化活动中心。解放前上砂乡约有人口19000人，全乡姓庄，聚族而居，一脉相传，据传已有500多年历史。封建宗族观念极为浓厚，加上山高皇帝远，国民党政府鞭长莫及，无可奈何。于是，庄氏家族自治会就成为当地族权、政权的统一体，集政治、经济、军事于一身的"最高权力机关"。上砂乡在广州读书的庄文、庄鉴兄弟等返回河田参加革命队伍，东江一支领导派遣他们回家乡上砂进行革命工作。他们利用自己是上砂庄姓强房的条件，向上砂各乡绅正面宣传，争取他们派代表谈判和平解放问题。反动头子对这些青年学生的宣传不予理睬。于是庄文、庄鉴他们秘密串联组织了"上砂青年联谊社"，并于5月19日动员18位知识青年前往龙窝，参加边纵政治部举办的政治大队第2期学习。1个月结业后，他们又奉边纵政治部派遣回来陆丰。经县政府领导研究决定从中抽调10人组成工作组，庄鉴为组长，庄杰为副组长，布置他们回上砂工作。他们的任务和做法是：秘密组织贫农团和知识青年，发展和壮大群众力量；宣传党的方针政策和革命新形势，揭露反动头子抗拒和平解放的错误，发动群众起来要求和平解放，造成政治声势；利用矛盾，分化瓦解，孤立最顽固分子，设立情报站，收集情报。与此同时，县人民政府领导继续抓紧通过民主人士口头传话或写信敦促上砂反动集团早日接受和平解放。并通过附近乡镇商人、群众与上砂交流商品，收购农产品等机会，接触上砂下层群众，宣传我党新区政策，消除群众疑虑，粉碎敌人谣言。上砂的商民、农民随后陆续到螺溪、河田、河婆等解放区圩场进行交易，亲自看到解放区的新气象，有些人还带回宣传品，在群众中传阅。1949 年 10 月 25 日，叶虹、庄铁民等进入上砂时，反动头子庄照楼父子及上砂上层人物 100 余人，身穿长袍马褂，头戴瓜子帽，列队欢迎。上砂圩居民商人燃炮欢迎。上砂青年和教师们则高举红旗集合在广场上欢迎。10 月 26 日，工作组召集了各界代表 200 余人，在上砂圩法祖家庙开会，叶虹代表县政府和六团讲话，宣读县政府和六团命令：解散乡公所、自治会、护乡团等组织，护乡团武器全部上交；并宣布成立上砂乡人民政府及任职人员名单：乡长庄冠云，副乡长庄培廉、庄缙云，常备队队长庄鉴（兼民兵大队长），常备队副队长庄宏（兼民兵副大队长）。上砂乡人民政府正式成立了。接着，县人民政府委派叶子为上砂接管处主任，负责办理接收等项工作。一个远近闻名的"封建小王国"，终于结束了长期的封建统治。

（注：有些内容与作者亲身经历有些差别）

（原载于庄文编《野火·春风》，2015 年 11 月）

参考文献

本书在编修过程中，得到了县直有关单位和各乡镇的大力支持。同时，还参考了大量的历史文献等，主要如下：

1. 揭西县史志办公室著，《中国共产党揭西地方史（第一卷）》，中共党史出版社 2008 年版。

2. 揭西县史志办公室编，《中国共产党揭西地方历史大事记（1919—2008）》，2009 年。

3. 揭西县史志办公室编，《中国共产党揭西县历次代表大会资料汇编》，2014 年。

4. 揭西县地方志编纂委员会编，《揭西县志（1965—1993）》《揭西县志（1979—2003）》，广东人民出版社 1994 年版、2005 年版。

5. 揭西县军事志编纂委员会编，《揭西县军事志（公元前214 年—公元 2005 年）》，2009 年。

6. 中共揭西县委党史研究室、揭西县民政局合编，《揭西英烈传（第一辑）》，1991 年。

7. 揭西县年鉴编纂委员会编，《揭西年鉴（2008—2019）》，广东人民出版社 2007—2019 年版。

8. 中共揭西县委原书记周新全著，《试论山区经济发展与政府的作用——揭西山区经济发展思考》，2003 年。

9. 揭西县文物志编纂委员会编，《揭西县文物志》，1985 年。

10. 河婆中学校史编委会编,《河婆中学校史（1930—2014)，香港奔马出版社 2014 年版。

11. 邹亿水主编,《我是揭西人》,花城出版社 2008 年版。

12. 珠海市关心下一代工作委员会编,刘汉波主编,《良田革命堡垒乡》,2005 年。

13. 中共揭县县委办公室编,《揭西县情》,2020 年。

14. 庄文（庄凯贤）编著,《野火·春风》,2015 年。

15. 南侨中学创办四十五周年纪念特刊编委会编,《南侨中学校庆四十五周年校庆纪念特刊》。

16. 揭西县政协文史资料委员会编,《揭西文史》（第十六期),2001 年。

17. 黄凡编,《湖西村早期党组织活动》。

18. 揭西县河婆中学教育发展促进会《风会河中》编委会编,张志诚、张秉辉、张秋绿、黄南翔主编,《风华河中》,当代文艺出版社 2019 年版。

19. 中共普宁市委党史研究室编,作者余树之,《负轭奋耕录》,2000 年。

后
记

　　北山群峰叠翠，榕江流水滔滔。地处莲花山脉大北山区的揭西县是潮汕地区历史最悠久的地域之一，揭西人民秉承中华民族五千年光辉灿烂历史文化和优良的传统美德，在中国共产党的领导下，谱写了光辉灿烂的革命斗争历程，具有光荣的革命传统。为贯彻落实习近平总书记关于"发扬红色资源优势，深入进行党史、军史、老区革命史优良传统教育，把红色基因代代传下去"的指示，以及中共中央办公厅关于"积极支持老区精神挖掘整理工作，扶持创作一批反映老区优良传统，展现老区精神风貌的优秀文艺作品和文化产品"（中办发〔2015〕64号）文件的精神，中共揭西县委、县人民政府，揭西县老促会根据中国老区建设促进会和广东省老区建设促进会、广东省老区建设办公室关于编纂《革命老区县发展史》的文件通知要求，成立了编纂领导机构，于2019年3月启动编修《揭西县革命老区发展史》，正式开展编修工作。在省、市老促会和县委、县政府的指导关怀下，经过大家的共同努力，在大家的热切期盼下，终于和老区人民和家乡父老见面了。这部传承革命历史，记述千百万革命先烈足迹和艰苦奋斗精神，记载革命老区发展的光辉历程的宝贵精神财富，是老区人民的一部史诗丰碑和传家宝，富有深远的历史意义和现实意义。本书旨在追根溯源，承先启后，继往开来，砥砺前行，大力弘扬革命先烈抛头颅洒热血，崇高的革命情怀和远大的革命理想，以及大无畏牺牲的革命精神。"不忘初心，牢记使命"，为中国人民谋幸福，为中华民族谋复兴，是我们神圣的职责和使命。我们坚信，在习近平新时代中国特色社会主义思想指引下，我们一定能够撸起袖子加油干，为实现"两个一百年"（2021 年建党一百周年全面建成小康社会，2049 年建国一百周年进入世界中等发达国家的行列）的宏伟目标谱写华丽的诗篇。

本书以马克思列宁主义、毛泽东思想、邓小平理论、"三个代表"重要思想、科学发展观、习近平新时代中国特色社会主义思想为指导，运用辩证唯物主义和历史唯物主义的立场观点和方法论进行编写。记述的时间上限为 1919 年、下限为 2019 年。记述的地域范围为今揭西县全境。揭西县的乡镇、街道、村（社区），其规划多有调整，名称多有更改，本书则按当时的称谓区划记述，必要时加以括注。人物记述一般附于革命活动和重大事件中，个别重要人物则单列记述。本书参照《广东省革命老区县发展史》之书编纂大纲，根据揭西县的实际情况，分设章、节、目进行编写。历史是人民走出来的，记载着人民的足印，党的革命史和斗争史书写的是党的革命历程。修史是一个系统的综合工程，要将全部革命历史收集起来，编写入书，是广大老区人民的共同心愿，也是我们全体党员干部和广大人民群众开展革命传统教育的一项义不容辞的任务。我们克服时间紧、启动慢、人手少、经验无等诸多困难，先后查阅大量史志和相关书籍报刊，到相关单位采集原始资料，并深入基层走访知情者。对收集到的材料筛选，去粗取精，去繁从简，务求准确翔实。在文字上，力求朴实无华，言简意赅，条理分明，注重革命性、史实性、系统性。经过同志们废寝忘餐、孜孜以求的努力工作，完成各章的编写。其中，第一章记述了革命老区的基本情况及其发展变化；第二章至第五章记载了揭西县域在新民主主义革命时期的斗争史；第六章为揭西区域在社会主义初级阶段的革命建设和改革开放及市场经济发展过程简史，第七章是中国共产党揭西县历次党代会概述；第八章是党的十八大以来所取得的成就，第九章是党的十九大以来的主要成就。附录部分是为后人保留了重要革命遗址、文物及历史上重要人物、重要事件和历史文献记述文章等的记录。在彩页插图方面，除了一些革命遗址、文物、场馆如实反映之外，对于揭西县，特别是革命老区的发展轨迹，尽量搜寻昔年的照片，以期形成鲜明的对比，使读者更有感性的认识，由于史料内容涉及史事和人物较多，局限于篇幅因素，故只选取较有代表性的予以编写展示。所有这些，旨在起到"存史、资政、育人"的作用。在编修过程中，坚持以习近平同志关于革命老区的系列讲话精神为动力，坚持以揭西区域在中国共产党领导下的革命斗争史实为依据，坚持以革命老区的奋斗史为重点，坚持以揭西县建制以来，尤其是中共十八大以来在经济社会各方面取得的成就以及革命老区的进步为亮点，做到历史的真实性、事件的准确性与文章的可读性有机地统一。

在修编本书的过程中，我们怀着无比崇敬的心情，缅怀先烈，力求忠于党的事业、忠于先烈、忠于革命前辈的丰功伟绩，尽最大努力，记载中国共产党在揭西大地上走过的光辉历程，如实反映革命老区建设发展过程，竭尽全力将最全面最翔实的史实呈现给家乡父老和时代未来，告慰先烈，教育后代，激励后人，感怀时代，砥砺前行，向党和人民汇报，完成肩负的职责和使命！

限于编辑时间仓促，深知收集革命史料，定有遗漏和不尽之处，篇章结构，组织汇集，亦限于篇幅和结构，很多史料无法编入书中，仅录入相对有代表性的史事内容。

《揭西县革命老区发展史》编委会

2020 年 12 月 20 日